2025 최신개정판

LOGIN
세무회계 3급

김영철 지음

머리말

회계는 기업의 언어입니다. 또한 이러한 회계의 자료를 가지고 기업의 경영성과에 대하여 기업은 사회적 책임을 집니다.

회계는 매우 논리적인 학문이고, 세법은 회계보다 상대적으로 비논리적이나, 세법이 달성하고자 하는 목적이 있으므로 **세법의 이면에 있는 법의 취지를 이해하셔야 합니다.**

회계와 세법을 매우 잘하시려면

왜(WHY) 저렇게 처리할까? 계속 의문을 가지세요!!!

1. 회계는 이해하실려고 노력하세요.
2. 세법은 법의 제정 취지를 이해하십시오.
   (처음 접한 세법의 용어는 매우 생소할 수 있습니다.
   생소한 단어에 대해서 네이버나 DAUM의 검색을 통해서 이해하셔야 합니다.)
3. 이해가 안되시면 동료들과 전문가에게 계속 질문하십시요.

회계를 잘하시는 분이 세무회계도 잘합니다. 세무회계도 회계입니다.

특히 법인세는 회계이론이 정립된 상태에서 공부하셔야 합니다. 법인세는 세무회계의 핵심입니다. 법인세는 세법의 꽃입니다. 법인세를 모르면 세법을 안다고 할 수 없을 정도로 우리나라의 가장 중요한 세법입니다.

또한 부가가치세법, 소득세법도 회계에서 나왔을 정도로 회계는 세법의 뿌리입니다. 마냥 암기하는게 세법이 아닙니다. 회계라고 생각하시면서 공부하시면 됩니다.

세법은 우리들의 실생활과 밀접한 관계가 있습니다. 그리고 세법은 매년 변경됩니다. 이러한 변경은 수험생들에게 짜증날 정도입니다. 그러나 **큰 틀에서 세법은 똑같습니다. 뼈대를 공부하십시오.** 지엽적인 것에 너무 깊게 공부하지 마시고, 큰 흐름에서 세법의 흐름을 이해하십시오.

세법은 시대의 흐름을 반영합니다. 외우지 마시고 이해할려고 노력하십시오.

LOGIN세무회계 3급은 한국세무사회 주관 세무회계 3급 뿐만 아니라, 나중에 공인회계사/세무사를 도전하는 수험생과 대학생의 세무회계기초를 위하여 집필하였습니다.

LOGIN세무회계 3급을 접하는 순간 세법의 취지를 이해하실 것으로 생각됩니다.

자신을 이기십시요!!
회계와 세법의 전문가가 되실 여러분의 미래를 상상하십시오. 여러분들의 무한한 능력과 저의 LOGIN세무회계가 밑거름이 되어, 여러분이 장차 미래 회계/세무 전문가가 될 것이라고 확신합니다.

조세특례제한법은 세무회계 3급에 출제되지 않으나, 세법의 이해에 필요한 조세특례내용은 본서에 일부 포함되어 있으므로 참고하시기 바랍니다.

마지막으로 이 책 출간을 마무리해 주신 도서출판 어울림 임직원들에게 감사의 말을 드립니다.

2025년 1월
김 영 철

다음(Daum)카페 **"로그인과 함께하는 전산회계/전산세무"**

로그인카페

1. 오류수정표 및 추가 반영사항
2. Q/A게시판

NAVER 블로그 "로그인 전산회계/전산세무/AT"

1. **오류수정표 및 추가반영사항**
2. **개정세법 외**

[2025년 세무회계 자격시험(국가공인) 일정공고]

1. 시험일자

회차	종목 및 등급	원서접수	시험일자	합격자발표
115회	세무회계1,2,3급	01.02~01.08	02.09(일)	02.27(목)
116회		03.06~03.12	04.05(토)	04.24(목)
117회		05.02~05.08	06.07(토)	06.26(목)
118회		07.03~07.09	08.02(토)	08.21(목)
119회		08.28~09.03	09.28(일)	10.23(목)
120회		10.30~11.05	12.06(토)	12.24(수)
121회		**2026년 2월 시험예정(2025년 세법기준으로 출제)**		

2. 시험종목 및 평가범위

종목 및 등급	평가범위
세무회계 3급	• 세법1부(객관식 20문항) : 법인세법(5문항), 부가가치세법(15문항) • 세법2부(객관식 20문항) : 소득세법

3. 시험방법 및 합격자 결정기준

1) 시험방법 : 객관식(4지 선다형) 필기시험으로 함.
2) 응시자격 : 제한없음(**신분증 미소지자는 응시할 수 없음**)
3) 합격자 결정기준 : 세법 1,2부로 구분하여 각 부가 40점 이상, 합산평균 60점 이상

4. 원서접수 및 합격자 발표

1) 접수기간 : 각 회별 원서접수기간내 접수
   (수험원서 접수 첫날 00시부터 원서접수 마지막 날 18시까지)
2) 접수 및 합격자 발표 : 자격시험사이트(http://www.license.kacpta.or.kr)

차례

제3편 법인세

제5편 기출문제

2024년 최신 기출문제와 2022~23년 시행된 기출문제 중 합격율이 낮은 기출 중 9회 수록

[로그인 시리즈]

전전기	전기	**당기**	차기	차차기
20yo	20x0	**20x1**	20x2	20x3
2023	2024	**2025**	2026	2027

1분강의 QR코드 활용방법

본서 안에 있는 QR코드를 통해 연결되는 유튜브 동영상이 수험생 여러분들의 학습에 도움이 되기를 바랍니다.

방법 1

❶ 스마트폰에서 다음(Daum)을 실행한 후 검색창의 오른쪽 아이콘 터치

❷ '코드검색'을 터치하면 카메라 앱이 실행됨

❸ 도서의 QR코드를 촬영하면 유튜브의 해당 동영상으로 자동 연결

방법 2

카메라 앱을 실행하고, QR코드를 촬영하면 해당 유튜브 영상으로 이동할 수 있습니다.

개정세법 반영

유튜브 상단 댓글에 고정시켰으니, 참고하시기 바랍니다.

댓글 1개 정렬 기준
LOGIN 댓글 추가...
LOGIN @loginat1 1년 전
<개정세법 2023> 2023년 0.8억원 2024.7.1~2025.06.30
답글

✔ 과도한 데이터 사용량이 발생할 수 있으므로, Wi-Fi가 있는 곳에서 실행하시기 바랍니다.

Part I

조세의 기본개념

Chapter

조세의 기본개념 1

로그인 세무회계 3급

Login

제1절 조세의 기본개념

1. 조세의 의의

조세란 국가/지방자치단체(과세주체)가 경비충당을 위한 재정수입을 목적으로 법률에 규정된 과세요건을 충족한 모든 자에게 직접적 반대급부 없이 부과하는 금전을 말한다.

2. 조세의 분류 

구 분		내 용
1. 조세부과주체	국세	국가가 국민에게 부과하는 조세 예) 법인세, 소득세, 부가가치세 등
	지방세	지방자치단체가 국민에게 부과하는 조세 예) 취득세, 재산세 등
2. 사용용도지정	목적세	조세의 용도가 특별히 지정되어 있는 조세 예) 농어촌특별세, 교육세 등 ☞ 농어촌특별세 : 농·어업의 경쟁력 강화와 농어촌의 산업기반시설의 확충에 필요한 재원에 충당하기 위하여 과세하는 세금 교육세 : 교육을 수행하는데 필요한 경비를 조달할 목적으로 징수하는 조세

구 분		내 용
2. 사용용도지정	보통세	조세의 용도가 특별히 지정되어 있지 않는 조세 예) 대부분의 조세
3. 담세자와 납세자의무자가 동일한지 여부	직접세	조세를 부담하는 자(담세자)와 납부하는 자(납세의무자)가 동일한 조세 예) 법인세, 소득세, 상속세, 증여세 등 ☞ 상속세 : 사망으로 그 재산이 가족등에게 무상으로 이전되는 경우 상속재산에 부과하는 세금 증여세 : 재산을 무상으로 받은 경우에 당해 증여받은 재산에 대하여 부과되는 세금
	간접세	조세를 부담하는 자와 조세를 납부하는 자가 동일하지 아니한 조세 예) 부가가치세, 개별소비세, 주세 등 ☞ 개별소비세 : 특정물품(주로 사치품)이나 특정장소(골프장 등)의 입장 및 특정장소에서의 영업행위에 대하여 부과하는 세금 주세 : 주류에 붙이는 세금
4. 납세의무자의 인적사항 고려여부	인세	납세의무자의 담세능력(인적사항)을 고려하여 부과하는 조세 예) 법인세, 소득세, 상속세, 증여세 등
	물세	납세의무자의 담세능력을 고려하지 않고 수익 또는 재산 그 자체에 대하여 부과하는 조세 예) 부가가치세, 재산세, 자동차세

3. 조세의 이해

(1) 납세의무자

세법에 의하여 조세를 납부할 의무가 있는 자를 말한다.

(2) 납세자

납세의무자와 세법에 따라 국세를 징수하여 납부할 의무를 지는 자(원천징수의무자)를 말한다.

(3) 과세대상(세원)

국민에게 부과・징수하는 세금의 대상되는 소득・재산 등을 말한다.

소득세는 개인의 소득이, 법인세는 법인의 소득이, 부가가치세는 재화 또는 용역의 공급이 과세대상이 된다.

(4) 과세기간

과세표준을 계산하기 위한 시간적 단위를 말한다.

(5) 과세표준

세액산출의 기초가 되는 과세대상의 수량 또는 금액이 된다.

(6) 세율

세금으로 부과 · 징수하기 위하여 세법에서 규정하고 있는 율을 말하며, 과세표준에 세율을 곱하여 산출된 금액을 산출세액이라고 한다.

제2절 회계와 세무회계

1. 부가가치세

부가가치세는 기업의 부가가치를 과세대상으로 하는 조세이다.

부가가치 = 매출액 – 매입액

손익계산서상에서 기업의 부가가치를 구할 수 있다. 매출액과 영업외수익 중 유형자산 처분가액 등이 부가가치세법상 매출액(과세표준)에 해당하고, 매출원가 및 판관비 중 부가가치세 과세대상인 것이 매입액이 된다.

손익계산서

20×1년 1월 1일부터 20×1년 12월 31일까지

㈜백두 단위 : 원

과 목	부가가치세법
Ⅰ. 매 출 액	매출액
Ⅱ. 매출원가	매입액
Ⅲ. 매출총이익(Ⅰ－Ⅱ)	
Ⅳ. 판매비와 관리비	매입액
Ⅴ. 영업이익(영업손실)(Ⅲ－Ⅳ)	
Ⅵ. 영업외수익	매출액(유형자산의 처분가액)
Ⅶ. 영업외비용	
Ⅷ. 법인세비용차감전순이익(Ⅴ＋Ⅵ－Ⅶ)	
Ⅸ. 법인세비용	
Ⅹ. 당기순이익(당기순손실)(Ⅷ－Ⅸ)	

매출세액[*1]

매입세액[*2]

부가가치세＝ 매출세액－매입세액

*1. 매출세액은 매출액에 세율(10%, 0%)을 곱하여 산출한다.

*2. 매입세액은 매입액에 세율(10%, 0%)을 곱한 금액을 말하나, 세금계산서 등을 수취하였을 경우만 공제해 준다.

2. 법인세(법인사업자)

법인세는 **법인이 얻은 소득(순자산증가설)**에 대하여 그 법인에게 부과되는 조세이다.

따라서 순자산증가에 대해서 포괄적으로 과세하는 특징이 있다.

그리고 **순자산의 증가는 당기순이익이 대부분을 차지하므로 당기순이익으로부터 법인의 소득을 산출하는 것이 법인세**이다.

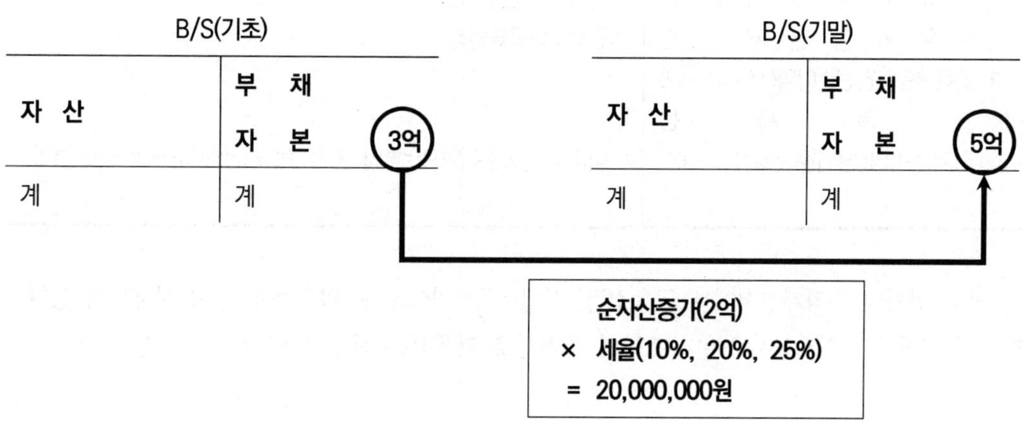

3. 소득세(개인사업자)

소득세는 개인의 소득을 과세대상으로 하여 부과하는 조세이다.

소득세에서는 금융(이자, 배당), 사업, 근로, 연금, 기타, 퇴직, 양도소득으로 열거된다. 따라서 열거된 소득에 대하여 과세한다.(열거주의)

다만 예외적으로 금융소득과 사업소득은 열거되지 않은 소득이라도 유사한 소득을 포함하는 **유형별 포괄주의를 채택**하고 있다.

개인사업자의 손익계산서를 보면서 사업소득에 대해서 개괄적인 설명을 하여 보자.

손익계산서(개인사업자)

20×1년 1월 1일부터 20×1년 12월 31일까지

레고상사　　　　　　　　　　　　　　　　　　　　　　　　　　　　단위 : 원

과 목	소득세법
Ⅰ. 매출액	
Ⅱ. 매출원가	
Ⅲ. 매출총이익(Ⅰ－Ⅱ)	
Ⅳ. 판매비와 관리비	
Ⅴ. 영업이익(영업손실)(Ⅲ－Ⅳ)	
Ⅵ. 영업외수익	
① 이자수익	－이자소득으로 과세
② 배당금수익	－배당소득으로 과세
③ 유형자산처분익	－원칙 : 과세제외(토지, 건물은 양도소득으로 과세)
④ 유가증권처분익	－과세제외(양도소득으로 과세될 수 있음)
Ⅶ. 영업외비용	
① 유형자산처분손	－원칙 : 비용불인정
② 유가증권처분손	－원칙 : 비용불인정
Ⅷ. 소득세등차감전순이익(Ⅴ＋Ⅵ－Ⅶ)	
Ⅸ. 소득세등	
Ⅹ. 당기순이익(당기순손실)(Ⅷ－Ⅸ)	－따라서 당기순이익으로부터 출발하여 사업소득금액을 산출한다.

개인사업자의 손익계산서에는 금융소득, 사업소득, 기타소득, 양도소득 등이 산재되어 있다. 따라서 이러한 손익계산서로부터 **소득의 원천별로 과세하는 특징**이 있다.

Part II

부가가치세

Chapter

부가가치세의 기본개념 1

로그인 세무회계 3급

제1절 부가가치세의 의의

1. 부가가치란?

부가가치란 재화 또는 용역이 생산되거나 유통되는 각각의 거래단계에서 새로이 창출된 가치의 증가분을 말한다. 이러한 부가가치를 과세대상으로 하는 조세를 부가가치세라 한다.

즉 기업의 매출액에서 매입액을 차감하면, 그 기업의 부가가치가 된다.

그러한 부가가치에 세율을 곱하면 부가가치세가 된다.

부가가치 = 매출액 − 매입액

맥주회사 제품의 생산과 유통흐름을 보면 다음과 같다.

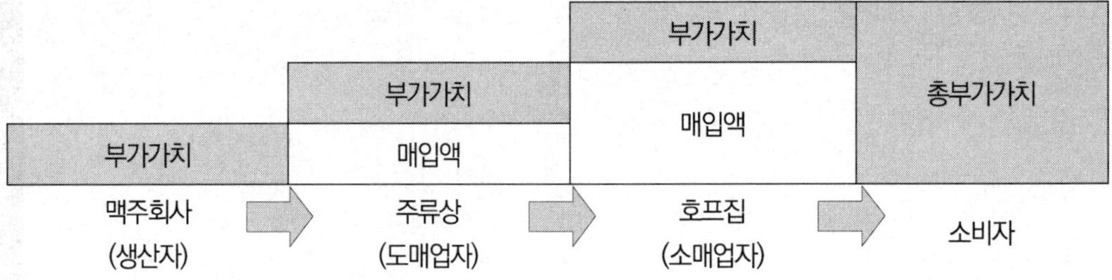

2. 부가가치세

부가가치를 과세대상으로 하는 조세를 부가가치세라 한다.

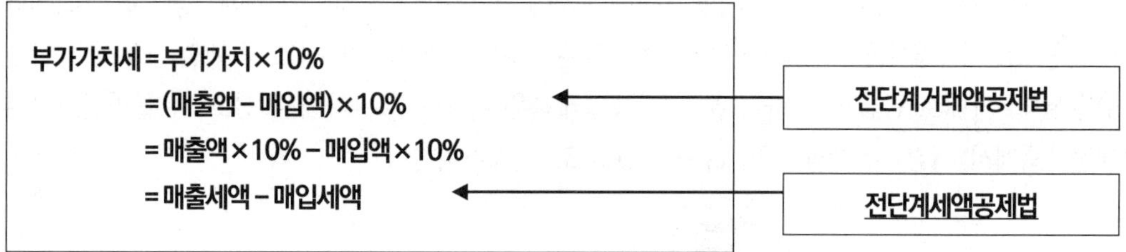

부가가치세 = 부가가치 × 10%
= (매출액 − 매입액) × 10% ← 전단계거래액공제법
= 매출액 × 10% − 매입액 × 10%
= 매출세액 − 매입세액 ← 전단계세액공제법

3. 부가가치의 흐름(전단계세액공제법) 

불일치 → 간접세

	사업자(납세의무자)	≠		소비자(담세자)
	맥주회사	주류상	호프집	
부가가치	10,000	5,000	3,000	18,000(소비)
공급가액	10,000	15,000	18,000	
매출세액(A)	1,000*	1,500*	1,800*	
매입세액(B)	0	1,000	1,500	
납부세액(A − B)	1,000	500	300	1,800(부담)

납부 납부 납부

(사업장 관할세무서장)

* 공급자가 공급받는 자로부터 거래징수하고 세금계산서를 교부

[주류상의 회계처리] 

① 맥주 구입시	(차) 상 품	10,000	(대) 현 금	11,000
	부가세대급금 (매입세액)	1,000		
② 맥주 판매시	(차) 현 금	16,500	(대) 상품매출	15,000
			부가세예수금 (매출세액)	1,500
③ 부가가치세 납부시	(차) 부가세예수금	1,500	(대) 부가세대급금	1,000
			현 금	500

사업자가 부가가치세가 과세되는 재화나 용역을 공급 시 판매가액(공급가액)과 그에 대한 부가가치세(판매가액의 10%)를 공급받는 자에게 거래징수한다. 여기서 판매가액은 매출이라는 수익계정으로 회계처리하고 부가가치세는 관할세무서에 납부해야 하므로 부가세예수금(유동부채)이라는 계정으로 회계처리한다. 이러한 부가세예수금은 나중에 부가가치세 신고 시 관할 세무서에 납부하면 된다. 반대로 공급받는 자가 부담한 매입세액은 나중에 부가가치세 신고 시 돌려받으므로(매출세액에서 차감) 부가세대급금(유동자산)으로 회계처리한다.

4. 현행 부가가치세의 특징

구 분	내 용
1. 일반소비세	모든 재화, 용역의 공급에 대하여 모두 과세한다.(**특정 재화는 개별소비세**)
2. 소비형 부가가치세	소비지출에 해당하는 부가가치만을 과세대상으로 하고, 투자지출(자본재구입)에 해당하는 부가가치에 대해서는 과세하지 아니한다.
3. 전단계 세액공제법	부가가치세법은 전단계세액공제법을 채택하고 있으므로 과세대상을 부가가치가 아니라 거래간의 매출과 매입의 차이에 과세하는 것으로 규정하고 있다.
4. 간접세	납세의무자는 부가가치세법상 사업자 등이고 담세자는 최종소비자이다.
5. 소비지국 과세원칙	현행 부가가치세법에서는 국가 간의 이중과세를 조정하기 위하여 소비지국과세원칙을 채택하고 있다(VS 생산지국 과세원칙).
6. 면세제도 도입	세부담의 역진성을 완화하기 위하여 특정 재화 또는 용역의 공급에 대해서는 부가가치세 과세대상에서 제외시키는 면세제도를 두고 있다. ☞세부담 역진성 : 소득이 낮은 사람이 세부담을 더 많이 지는 것을 의미한다.
7. 다단계거래세	부가가치세는 재화와 용역의 생산과정에서 소비과정에 이르는 모든 유통단계에서 각 단계마다 과세하는 다단계거래세이다.

〈소비지국 과세원칙〉

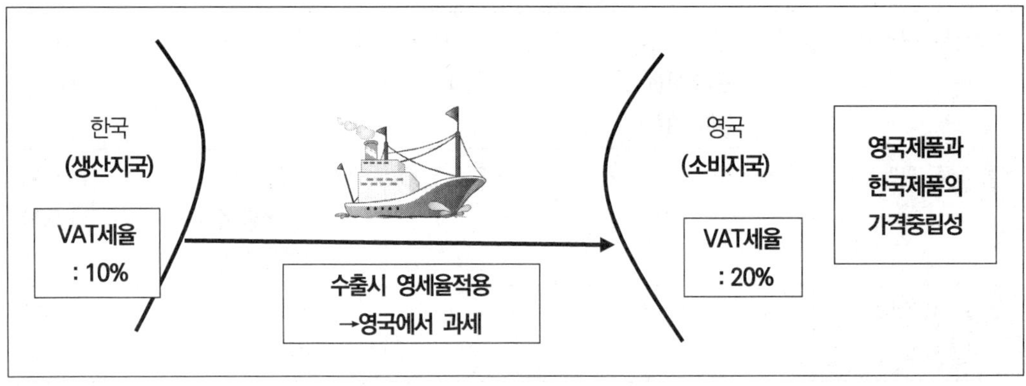

재화의 생산지에서 과세하지 않고 소비지에서 과세(부가가치세)하는 것을 말하는 것으로서 이렇게 되면 생산지(한국 10%)와 소비지(영국 20%)의 세율이 달라도 소비지에서만 과세하므로 영국 내에서 영국제품과 한국제품간의 가격의 중립성을 확보하게 된다. 또한 수입하는 재화에 대해서도 한국에서 10%의 부가가치세를 세관장이 징수하게 된다.

제2절 납세의무자

1. 납세의무자의 개요

부가가치세의 납세의무자는 사업자이고, 부가가치세의 부담은 최종소비자가 지게 되는 것이다.

2. 사업자

(1) 사업자의 개념

부가가치세법상 납세의무자는 사업자이다. 즉 사업자란 **영리목적의 유무에 불구(국가나 지방자치단체 등도 포함)하고** 사업상 독립적으로 재화 또는 용역을 공급하는 자이다.

㉠ **계속 반복적으로 재화나 용역을 공급**한다.

㉡ **사업이 독립성(인적, 물적)**이 있어야 한다.

(2) 사업자의 분류 

유 형		구 분 기 준	부가가치세계산구조	증빙발급
부가가치세법	일반과세자	① 법인사업자	매출세액 – 매입세액	**세금계산서**
		② 개인사업자		
	간이과세자	개인사업자로서 **직전 1역년의 공급대가가 1억 4백만원에 미달**하는 자	공급대가[*1]×부가가치율×10%	세금계산서[*2] 또는 영수증
소득세법	면세사업자	부가가치세법상 사업자가 아니고 소득세법(법인세법)상 사업자임.	납세의무 없음	**계산서**

*1. 공급대가=공급가액+부가가치세액

*2. 직전연도 공급대가 합계액의 4,800만원 이상의 간이과세자는 세금계산서를 발급해야 한다.

제3절 납세지(사업장별 과세원칙)

1. 납세지의 개념

납세지란 관할세무서를 결정하는 기준이 되는 장소를 말하며, 부가가치세법상 납세지는 사업장별로 판정한다. 사업자는 ***각 사업장별로 다음과 같은 납세의무의 이행***을 하여야 한다.

① 사업자등록
② 세금계산서의 발급 및 수취
③ 과세표준 및 세액의 계산
④ 신고 · 납부 · 환급
⑤ 결정 · 경정 및 징수

☞ 결정 : 법인이 무신고시 과세관청이 납세의무를 확정하는 것
경정 : 법인이 신고한 금액에 오류가 있어 과세관청이 재확정하는 것

2. 사업장

(1) 사업장의 범위 : **업종별 특성을 이해하세요.**

구 분	사 업 장
광업	광업사무소의 소재지
제조업	최종제품을 완성하는 장소
건설업 · 운수업과 부동산매매업	**① 법인 : 당해 법인의 등기부상 소재지**
	② 개인 : 업무를 총괄하는 장소
부동산임대업	당해 부동산의 등기부상의 소재지
수자원개발사업	그 사업에 관한 업무를 총괄하는 장소
무인자동판매기를 통한 사업	그 사업에 관한 업무를 총괄하는 장소
비거주자 · 외국법인	국내사업장
기타	사업장 외의 장소도 사업자의 신청에 의하여 사업장으로 등록할 수 있다. 다만, 무인자동판매기를 통한 사업의 경우에는 그러하지 아니하다.

(2) 특수한 경우의 사업장 여부

직 매 장	사업자가 자기의 사업과 관련하여 생산 또는 취득한 재화를 직접 판매하기 위하여 특별히 판매시설을 갖춘 장소를 직매장이라 하고, **직매장은 사업장에 해당**한다.
하 치 장	재화의 보관, 관리시설만을 갖춘 장소로서 사업자가 설치신고를 한 장소를 하치장이라 하며 **이러한 하치장은 사업장에 해당하지 않음**
임시사업장 (기존 사업장에 포함됨)	임시사업장의 **사업개시일부터 10일 이내에** 개설신고서를 제출하여야 하고, 폐쇄시에는 **폐쇄일로부터 10일 이내**에 폐쇄신고서를 제출하여야 한다. 그러나 임시사업장의 **설치기간이 10일 이내**인 경우에는 개설신고를 하지 않아도 무방하다. (예) 박람회 등

3. 사업장별과세원칙의 예외 : 주사업장 총괄납부, 사업자단위과세제도

구 분	주사업장총괄납부	사업자단위과세
주사업장 또는 사업자단위과세사업장	- 법인 : 본점 또는 지점 - 개인 : 주사무소	- 법인 : 본점 - 개인 : 주사무소
효 력	**- 총괄납부**	**- 총괄신고 · 납부** **- 사업자등록, 세금계산서발급, 결정 등**
신청 및 포기	- 계속사업자의 경우 과세기간 개시 20일 전**(승인사항이 아니다)**	

제4절 과세기간

1. 과세기간

부가가치세법상 과세기간은 원칙적으로 제1기(1.1~6.30), 제2기(7.1~12.31)로 나누어져 있다. 사업자는 **과세기간 종료일(폐업하는 경우에는 폐업일이 속하는 달의 말일)로부터 25일 이내에 과세기간의 과세표준과 세액을 신고 · 납부**를 해야 하는 데 이를 확정신고납부라고 한다.

<table>
<tr><th>구 분</th><th colspan="2">과 세 기 간</th></tr>
<tr><td rowspan="2">과세사업자</td><td>(제1기) 1월 1일부터 6월 30일까지</td><td rowspan="2">☞ 간이과세자는 1기로서 1.1~12.31이다.</td></tr>
<tr><td>(제2기) 7월 1일부터 12월 31일까지</td></tr>
<tr><td rowspan="2">신규사업자</td><td colspan="2">① 신규사업자의 경우 : 사업개시일~당해 과세기간의 종료일</td></tr>
<tr><td colspan="2">② 사업개시 전 등록의 경우 : 등록일(등록신청일)~당해 과세기간의 종료일</td></tr>
<tr><td rowspan="2">폐 업 자</td><td colspan="2">① 폐업자의 경우 : 당해 과세기간 개시일~폐업일(폐업일이 속하는 달의 다음달 25일까지 신고납부)</td></tr>
<tr><td colspan="2">② 사업개시 전에 등록한 후 사업을 미개시한 경우 : 등록일(등록신청일)~사실상 그 사업을 개시하지 아니하게 되는 날</td></tr>
</table>

*1. 사업개시일

제조업	제조장별로 재화의 제조를 개시하는 날
광 업	사업장별로 광물의 채취·채광을 개시하는 날
기 타	재화 또는 용역의 공급을 개시하는 날

2. 예정신고기간

부가가치세법은 각 과세기간마다 예정신고기간을 설정하여 사업자에게 예정신고기간에 대한 과세표준과 세액을 **예정신고기한이 종료되는 날로부터 25일 이내에 신고·납부**하도록 하여야 하는데 이를 예정신고납부라 한다.

구 분	예정신고기간
일반사업자	(제1기) 1월 1일부터 3월 31일까지
	(제2기) 7월 1일부터 9월 30일까지
신규사업자	1) 신규사업자의 경우 : 사업개시일~예정신고기간 종료일
	2) 사업개시 전 등록의 경우 : 등록일(등록신청일)~예정신고기간의 종료일

〈예정신고기간 및 과세기간〉

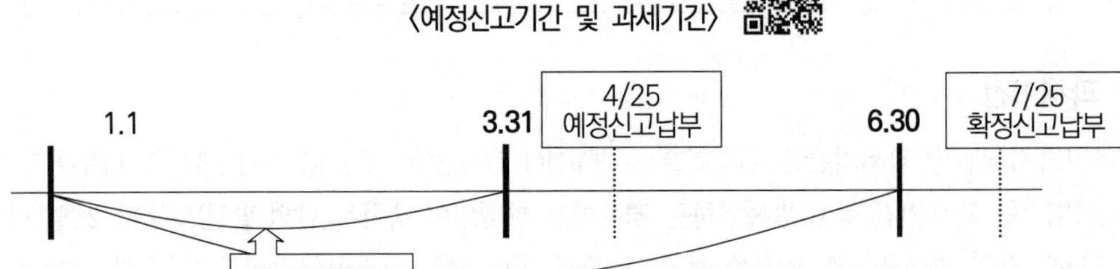

2기도 분기별로 신고·납부하여야 한다.

제5절 사업자등록

1. 사업자등록의 개념

사업자등록이란 부가가치세법상 납세의무자에 해당하는 사업자 및 그에 관련되는 사업내용을 관할세무관서의 대장에 수록하는 것을 말한다. 이는 사업자의 인적사항 등 과세자료를 파악하는데 적합한 사항을 신고하면 대장에 등재되고 사업자등록번호를 부여받게 된다.

〈사업자등록 미행시 불이익〉

1. 미등록가산세	**사업자등록신청일 전일까지의 공급가액에 대하여 1%**
2. 매입세액불공제	사업자등록 전 매입세액은 원칙적으로 공제받을 수 없다. 다만 과세기간이 끝난 후 20일 이내에 사업자 등록신청 시 해당 과세기간의 매입세액은 공제받을 수 있다. 따라서 사업자 등록 전에는 **대표자의 주민등록번호분으로 세금계산서를 발급**받아야 매입세액을 공제받을 수 있다.

2. 사업자등록의 신청

사업자등록을 하고자 하는 자는 사업장마다 **사업개시일로부터 20일 이내**에 사업자등록신청서에 다음의 서류를 첨부하여 사업장 관할세무서장에게 등록하여야 한다.

구 분	첨부서류	예 외
법 인	법인 등기부 등본	사업개시 전 등록 : 법인설립 등기 전에 등록 시 발기인의 주민등록등본
법령에 의하여 허가를 받거나 등록 또는 신고를 하여야 하는 사업의 경우	사업허가증 사본 · 사업등록증 사본 또는 신고필 사본	사업개시 전 등록 : 사업허가신청서 사본, 사업등록신청서 사본, 사업계획서
사업장을 임차한 경우	임대차계약서 사본	

3. 사업자등록의 사후관리

(1) 사업자등록증의 정정신고 및 재교부

사업자가 다음에 해당하는 경우에는 지체 없이 사업자등록정정신고서에 사업자등록증 및 임차한 상가건물의 해당 부분의 도면(임대차의 목적물 또는 그 면적의 변경이 있거나 상가건물의 일부분을 임차 갱신하는 경우에 한함)을 첨부하여 관할세무서장에게 제출하며, 사업자등록의 정정신고를 받은 세무서장은 법정기한 내에 경정내용을 확인하고 사업자등록증의 기재사항을 정정하여 등록증을 재교부한다.

사업자등록 정정사유	재교부기한
∴ **상호를 변경하는 때**	**당일**
∴ 법인 또는 국세기본법에 의하여 법인으로 보는 단체 외의 단체 중 소득세법상 1거주자로 보는 단체의 대표자를 변경하는 때 ☞ 국세기본법 : 국세에 관한 기본적인 사항과 공통적인 사항 및 위법이나 부당한 국세 처분에 대한 불복 절차를 규정한 국세에 관한 기본법	2일 이내
∴ **상속(증여는 폐업사유임)**으로 인하여 사업자의 명의가 변경되는 때	
∴ 임대인, 임대차 목적물·그 면적, 보증금, 차임 또는 임대차기간의 변경이 있거나 새로이 상가건물을 임차한 때	
∴ 사업의 종류에 변동이 있는 때	
∴ 사업장(사업자 단위 신고·납부의 경우에 종된사업장 포함)을 이전하는 때	
∴ 공동사업자의 구성원 또는 출자지분의 변경이 있는 때	
∴ 사업자 단위 신고·납부의 승인을 얻은 자가 총괄사업장을 이전 또는 변경하는 때	

〈상속 및 증여〉

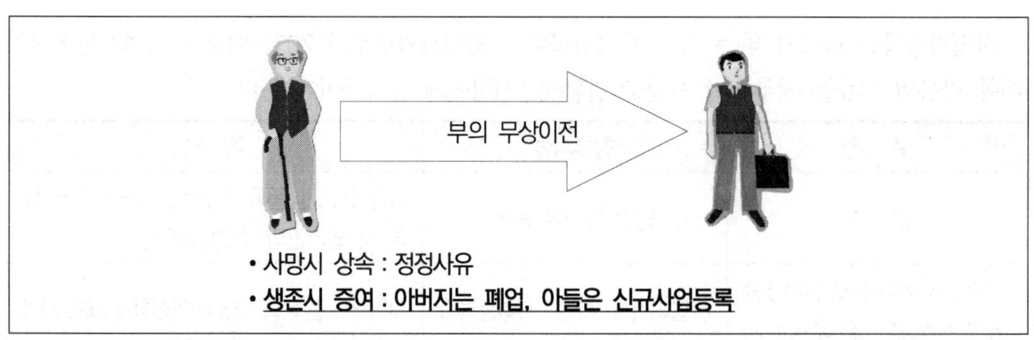

(2) 휴업·폐업 등의 신고

사업자가 휴업 또는 폐업하거나 사업개시 전에 등록한 자가 사실상 사업을 개시하지 아니하게 되는 때에는 휴업(폐업)신고서에 사업자등록증과 주무관청에 폐업신고를 한 사실을 확인할 수 있는 서류의 사본을 첨부하여 관할세무서장에게 제출한다.

연/습/문/제

객관식

01. 우리나라 부가가치세법의 특징에 대한 설명으로 옳지 않은 것은?

① 전단계 세액공제법
② 간접세
③ 소비행위에 대하여 과세
④ 생산지국 과세원칙

02. 부가가치세법상 부가가치세제도와 관련이 적은 것은?

① 전단계세액공제법
② 영세율적용
③ 원천징수제도
④ 거래징수제도

03. 부가가치세의 납세의무자는 사업자이다. 다음 중 사업자의 요건으로 볼 수 없는 것은?

① 재화나 용역을 공급하는 자를 말한다.
② 독립적이어야 한다.
③ 사업목적이 영리이어야 한다.
④ 사업상이어야 한다.

04. 다음 중 부가가치세법상 사업장으로 볼 수 없는 것은?

① 직접 생산한 재화를 판매하기 위한 직매장
② 부동산임대업은 그 부동산의 등기부상 소재지
③ 제조업은 최종제품을 완성하는 장소
④ 재화의 보관을 위한 시설로 관할세무서장에게 신고한 하치장

05. 부가가치세법상 사업장에 대한 설명 중 잘못된 것은?

① 사업장이란 사업자 또는 그 사용인이 상시 주재하여 거래의 전부 또는 일부를 행하는 장소를 말한다.
② 건설업을 영위하는 법인의 경우는 업무를 총괄하는 장소를 사업장으로 한다.
③ 임시사업장의 설치기간이 10일 이내인 경우에는 임시사업장개설신고를 하지 아니할 수 있다.
④ 부동산임대업의 경우 원칙적으로 부동산의 등기부상의 소재지를 사업장으로 한다.

06. 현행 부가가치세법상 과세기간에 대한 설명으로 잘못된 것은?

① 간이과세자의 경우에는 1.1.부터 12.31.까지로 한다.
② 신규로 사업을 시작하는 자에 대한 최초의 과세기간은 사업 개시일부터 그 날이 속하는 과세기간의 종료일까지로 한다.
③ 사업자가 폐업하는 경우에는 폐업일이 속하는 과세기간 개시일부터 종료일까지로 한다.
④ 사업개시일 전에 미리 사업자등록을 한 경우에는 그 등록일부터 해당 과세기간의 종료일까지로 한다.

07. 다음 중 부가가치세의 신고와 납세지에 관한 설명으로 잘못된 것은?

① 부가가치세는 원칙적으로는 사업장마다 신고·납부하여야 한다.
② 주사업장 총괄납부의 승인을 얻은 때에는 주된 사업장에서 총괄하여 납부할 수 있다.
③ 사업자단위과세사업자는 그 사업자의 본점 또는 주사무소에서 총괄하여 신고·납부할 수 있다.
④ 부가가치세의 납세지는 원칙적으로 사업장의 주소지이다.

08. 다음 중 부가가치세법상 사업자등록 정정사유로 볼 수 없는 것은?

① 상호의 변경
② 사업의 포괄양도
③ 사업장의 이전
④ 사업 종류의 변경

09. 부가가치세법상 사업자등록 정정사유가 아닌 것은?

① 법인의 대표자를 변경하는 때
② 상호 및 사업의 종류에 변동이 있는 때
③ 사업장을 이전하는 때
④ 대표자의 주소지가 변동되는 때

10. 다음 중 부가가치세법상 사업자등록 정정사유가 아닌 것은?

① 증여로 사업자의 명의가 변경되는 경우
② 상호를 변경하는 경우
③ 공동사업자의 출자지분이 변경되는 경우
④ 임차한 사업장의 임차료가 변경되는 경우

11. 부가가치세법상 사업자등록에 관한 설명 중 가장 잘못된 것은?

① 둘 이상의 사업장이 있는 사업자는 반드시 각 사업장마다 등록하여야 한다.
② 신규로 사업을 시작하려는 자는 사업개시일 전이라도 등록할 수 있다.
③ 사업자는 사업장마다 대통령령으로 정하는 바에 따라 사업개시일부터 20일 이내에 사업장 관할세무서장에게 등록하여야 한다.
④ 사업자가 휴업 또는 폐업하거나 등록사항이 변경된 경우에는 대통령령으로 정하는 바에 따라 지체 없이 사업장 관할세무서장에게 신고하여야 한다.

12. 다음 중 부가가치세법상 사업자등록을 하지 않은 경우에 받는 불이익에 해당하지 않는 것은?)

① 세금계산서 수취 불가능
② 미등록 가산세 부과
③ 세금계산서 발급 불가능
④ 원칙적으로 매입세액 불공제

주관식

세무회계 3급 시험에서는 객관식으로 출제되나, 수험생들의 학습효과를 배가시키기 위해서 일부문제는 주관식으로 편집했습니다.

01. 김나라는 20x1년 7월 2일에 사업[나라상사(업태 : 소매업, 종목 : 컴퓨터판매)]을 신규로 개시하였다. 김나라는 부가가치세법상 관할세무서에 언제까지 사업자등록을 신청하여야 하는가?

02. 다음 자료를 근거로 폐업한 사업자의 부가가치세 확정신고기한은 언제인가?

- 개인이면서 일반사업자
- 2009년 1월 25일 사업개시 함.
- 20x1년 7월 25일 1기 부가가치세 확정신고를 함.
- 20x1년 8월 15일 사업부진을 이유로 사업을 폐업함.

03. 다음은 부가가치세의 어떤 특징을 설명한 것인가?

일정기간 중 각 기업의 매출액 전체에 대하여 세율을 적용하여 계산한 세액(매출세액)에서 매입 시 거래징수당한 세액(매입세액)을 공제한 금액을 납부세액으로 하는 방법이다.

연/습/문/제 답안

객관식

1	2	3	4	5	6	7	8	9	10	11	12
④	③	③	④	②	③	②	②	④	①	①	①

[풀이 – 객관식]

01. 소비지국 과세원칙의 구현을 위해 영세율제도 및 재화의 수입에 대하여 내국물품과 동일하게 과세한다.
02. 원천징수제도는 법인세 및 소득세와 관련이 있다.
03. **사업목적이 영리이든 비영리이든 관계없이** 사업상 독립적으로 재화 또는 용역을 공급하는 자를 사업자라 한다.
04. 사업자가 재화의 보관·관리시설만을 갖추고 하치장설치신고서를 하치장 관할세무서장에게 제출한 장소는 사업장으로 보지 아니한다.
05. **건설업의 경우 법인은 해당 법인의 등기부상 소재지**이고, 개인의 경우 업무를 총괄하는 장소를 사업장으로 본다.
06. **폐업일이 속하는 과세기간의 개시일부터 폐업일**까지로 한다.
07. **주사업장총괄납부는 승인이 불필요**하다.
08. 사업의 포괄양도자는 폐업사유이고 **포괄양수자가 신규사업자이면 신규사업등록**을 해야 한다.
09. **대표자의 주소지 변경은 사업자등록정정사유가 아니다.**
10. 증여에 대해서 증여자는 폐업사유이고, 수증자는 신규등록사유이다.
11. 둘 이상의 사업장이 있는 사업자는 원칙적으로 사업장마다 등록하여야 하나, **사업자단위과세자는 해당 사업자의 본점 또는 주사무소 관할세무서장**에게 등록한다.
12. 주민등록번호를 기재하여 세금계산서를 수취할 수 있다.

주관식

01	7월22일	02	20x1.9.25	03	전단계세액공제법

[풀이 - 주관식]

01. 신규로 사업을 개시한 자는 사업자마다 **사업개시일로부터 20일 이내에 사업자등록**을 하여야 한다.

02. 폐업한 사업자의 부가가치세 확정신고기한은 **폐업일이 속한 달의 다음 달 25일까지**이다.

Chapter

2 과세거래

제1절 과세거래의 개념

부가가치세법상 과세대상, 즉 과세거래는 다음과 같이 규정하고 있다.

① **재화의 공급**

② **용역의 공급**

③ **재화의 수입(개인도 과세됨)**

그러나 실제로 부가가치세법에서는 면세제도를 두고 있어 면세되는 재화·용역에 대해서는 부가가치세를 과세하지 않고 있다.

구 분	납세의무자	과세·면세구분	부가가치세 과세여부
재화·용역의 공급	사 업 자	과세 재화·용역	○
		면세 재화·용역	×
재화의 수입	사업자 또는 개인	과세 재화	○
		면세 재화	×

제2절 재화의 공급

1. 재화의 개념

재화란 재산적 가치가 있는 모든 유체물과 무체물을 말한다. 다만, 유체물 중 그 자체가 소비의 대상이 되지 아니하는 수표 · 어음 · 주식 · 채권 등의 유가증권은 재화에 포함되지 아니한다.

구 분	구 체 적 범 위
유체물	상품, 제품, 원료, 기계, 건물과 기타 모든 유형적 물건
무체물	가스, 전기, 동력, 열, 기타 관리할 수 있는 자연력 또는 특허권, 실용신안권, 어업권 등 재산적 가치가 있는 유체물 이외의 모든 것

2. 공급의 범위

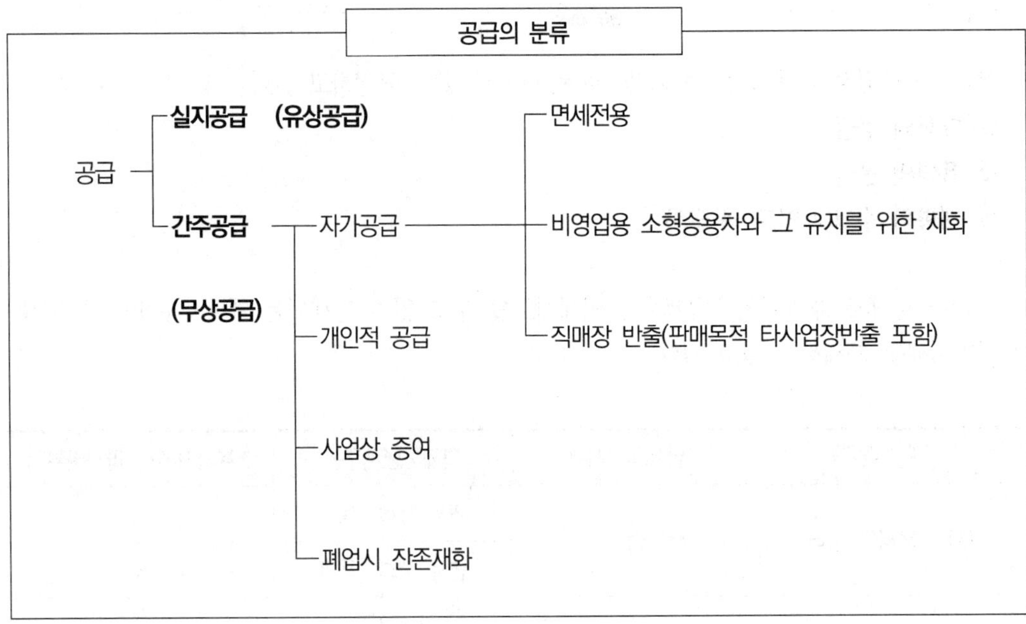

(1) 재화의 실지공급

구 분	내 용
계약상의 원인	① 매매계약 : 현금판매 · 외상판매 · 할부판매 · 장기할부판매 · 조건부 및 기한부판매 · 위탁판매 기타 매매계약에 의하여 재화를 인도 · 양도하는 것
	② **가공계약** : 자기가 주요자재의 전부 · 일부를 부담하고 상대방으로부터 인도받은 재화에 공작을 가하여 새로운 재화를 만드는 가공계약에 의하여 재화를 인도하는 것
	③ 교환계약 : 재화의 인도대가로서 다른 재화를 인도받거나 용역을 제공받는 교환계약에 의하여 재화를 인도 · 양도하는 것
	④ 현물출자 등 : 기타 계약상의 원인에 의하여 재화를 인도 · 양도하는 것
법률상의 원인	경매 · 수용 기타 법률상 원인에 의하여 재화를 인도 · 양도하는 것 * 소정법률에 따른 공매 · 경매 및 일정한 수용은 재화의 공급으로 보지 않는다.

(2) 재화의 공급으로 보지 아니하는 경우

① 담보제공

질권 · 저당권 또는 양도담보의 목적으로 동산 · 부동산 · 부동산상의 권리를 제공하는 것은 재화의 공급으로 보지 아니한다. 다만, 재화가 채무불이행 등의 사유로 사업용자산인 담보물이 인도되는 경우에는 재화의 공급으로 본다.

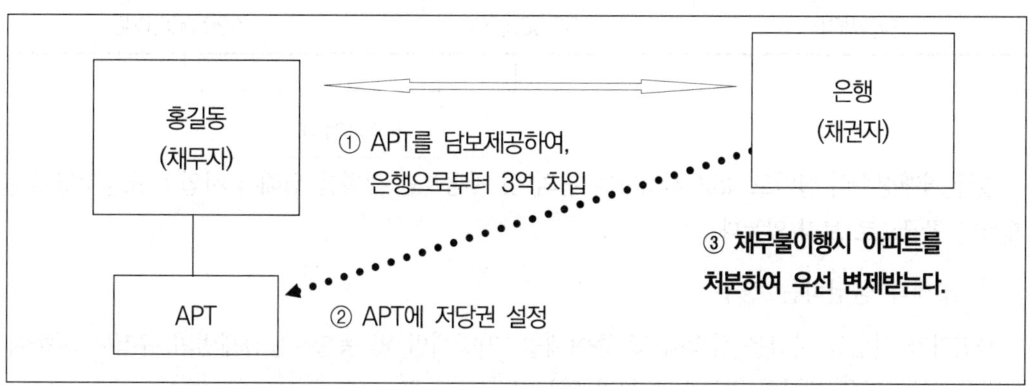

☞ 질권 : 채권자가 채무자 등으로부터 받은 물건(재산권)에 대하여 변제할 때 까지 수중에 두고 변제가 없는 경우 그 물건에서 우선하여 변제받을 수 있는 담보물권

저당권 : 채무자가 점유를 이전하지 않고 채무의 담보로 제공한 목적물(부동산)을 채무자가 변제가 없는 경우 그 목적물에 대하여 다른 채권자보다 우선변제를 받을 수 있는 담보물권

양도담보 : 채권담보의 목적으로 담보물의 소유권을 채권자에게 이전하고, 채무자가 변제하지 않으면 채권자가 그 목적물로부터 우선변제를 받게 되나, 채무자가 변제시 목적물을 그 소유자에게 반환하는 것을 말한다.

② 사업을 포괄적으로 양도하는 경우

사업장별로 그 사업에 관한 모든 권리와 의무를 포괄적으로 승계시키는 사업의 양도는 재화의 공급으로 보지 않는다.

다음의 예에서 개인사업체를 3억(부가세 별도)에 포괄적 양도했다고 가정하자.

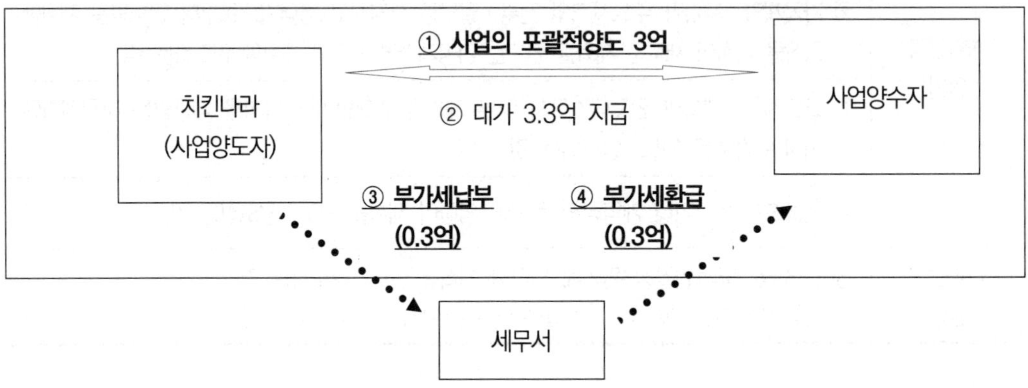

	사업 양도자	사업양수자
매출세액(A)	30,000,0000	0
매입세액(B)	0	30,000,000
납부세액(A - B) (환급세액)	납부세액 30,000,000	환급세액 △30,000,000

징수세액"0"

결국 거래징수의 실익도 없고 사업자의 편의 및 자금부담 완화를 위해서 사업의 포괄적양도는 재화의 공급으로 보지 않는다.

③ 조세를 물납하는 경우

사업자가 사업용 자산을 상속세 및 증여세법, 지방세법 및 종합부동산세법의 규정에 의하여 물납을 하는 것은 재화의 공급으로 보지 않는다.

④ 신탁재산[*1]의 소유권 이전으로 다음 어느 하나에 해당시

㉠ 위탁자로부터 수탁자에게 신탁재산을 이전시

㉡ 신탁의 종료로 인하여 수탁자로부터 위탁자에게 신탁재산을 이전시

㉢ 수탁자가 변경되어 새로운 수탁자에게 신탁재산을 이전하는 경우

*1. 수탁자가 위탁자로부터 이전 받아 신탁목적에 따라 관리하고 처분할 수 있는 재산

⑤ 공매 및 강제경매 하는 경우

국세징수법에 의한 공매, 민사집행법의 강제경매에 의하여 재화를 인도·양도하는 것은 재화의 공급으로 보지 않는다.

☞ 강제경매 : 채권자 등이 법원에 신청하여 채무자 소유의 부동산을 압류하고 경매하여 채무변제에 충당하는 것
공매 : 공기관에 의해 소유자의 의사에 반하여 강제적으로 압류한 재산이나 물건 따위를 일반인에게 공개하여 매매하는 것

⑥ 수용시 받는 대가

도시 및 주거환경정비법, 공익사업을 위한 토지 등의 취득 및 보상에 관한 법률등에 따른 수용절차에 있어서 수용대상인 재화의 소유자가 그 재화에 대한 대가를 받는 경우에는 재화의 공급으로 보지 아니한다.

☞ 수용 : 국가가 개인의 재산을 공공의 목적을 위하여 강제적으로 소유권을 취득하는 것

(3) 재화의 간주공급(무상공급)

간주 또는 의제란 본질이 다른 것을 일정한 법률적 취급에 있어 동일한 효과를 부여하는 것을 말한다. '간주한다' '의제한다' '본다'는 표현은 모두 같은 의미이다.

즉 간주공급이란 본래 재화의 공급에 해당하지 않는 일정한 사건들을 재화의 공급으로 의제하고 있다.

① 자가공급

㉠ 면세사업에 전용

과세사업과 관련하여 생산 또는 취득한 재화를 면세사업을 위하여 직접사용·소비하는 경우에는 재화의 공급으로 본다. **다만 처음부터 매입세액이 공제되지 않은 것은 과세되는 재화의 공급으로 보지 않는다.**

〈과세사업자와 면세사업자〉 

		과세사업자	면세사업자
납부세액	매출세액	과세표준×10%	납세의무가 없으므로 "0"
	매입세액(세금계산서 수취)	**매입세액공제**	**매입세액불공제**
거래증빙서류 발급		세금계산서	계산서

■ 계산서 : 면세사업자가 소득세법 또는 법인세법에 의해 면세 재화와 역무를 제공하고 상호간에 거래내역을 명확히 하기 위해 작성하는 서면을 말하는데, **공급가액만 있고 부가가치세액은 없다.**

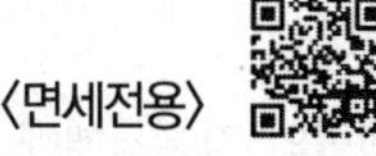

〈면세전용〉

(주)서울고속 = 과세사업(우등고속버스) + 면세사업(시외버스) ➡ 겸영사업자

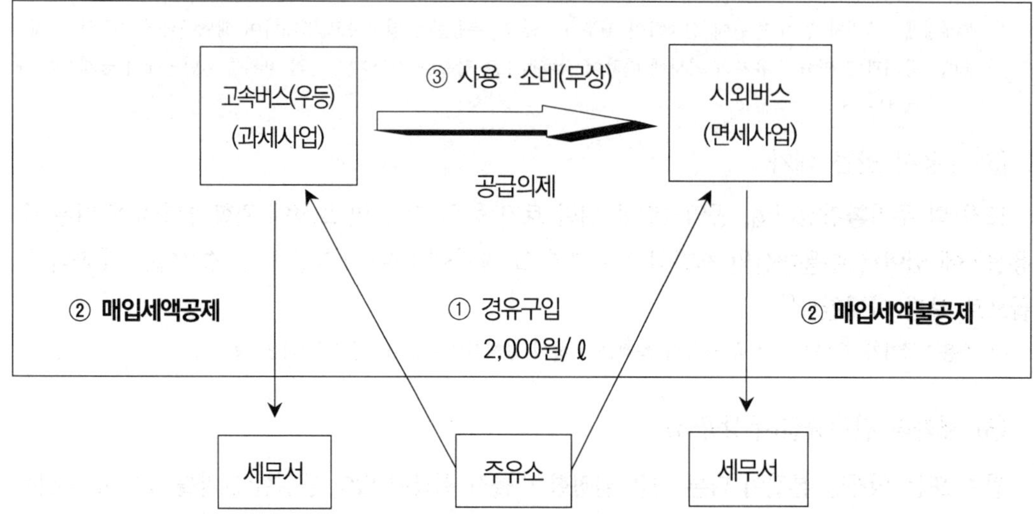

- 차량용 경유(공급가액 2,000원, 부가가치세 별도)를 매입하고 차량유지비로 비용처리했다 가정하면,

	고속버스(과세사업)	시외버스(면세사업)
회계처리	(차) 차량유지비 2,000원 **부가세대급금 200원**	(차) 차량유지비 2,200원
	(대) 현 금 2,200원	(대) 현 금 2,200원

즉 과세사업에서는 매입세액을 공제받았으므로, 과세사업용으로 구입한 과세재화를 면세전용시 매입세액 공제받은 것에 대해서 부가가치세를 징수하겠다는 것이 법의 취지다.

㉡ 비영업용 소형승용차 또는 그 유지에의 전용

과세사업과 관련하여 생산 또는 취득한 재화를 비영업용 소형승용차로 사용하거나 그 유지를 위한 재화로 사용 · 소비하는 것은 재화의 공급으로 본다. **다만, 당초 매입세액이 공제되지 아니한 것은 재화의 공급으로 보지 아니한다.**

〈비영업용 소형승용자동차 또는 그 유지에의 전용〉 

〈(주) 현대자동차〉

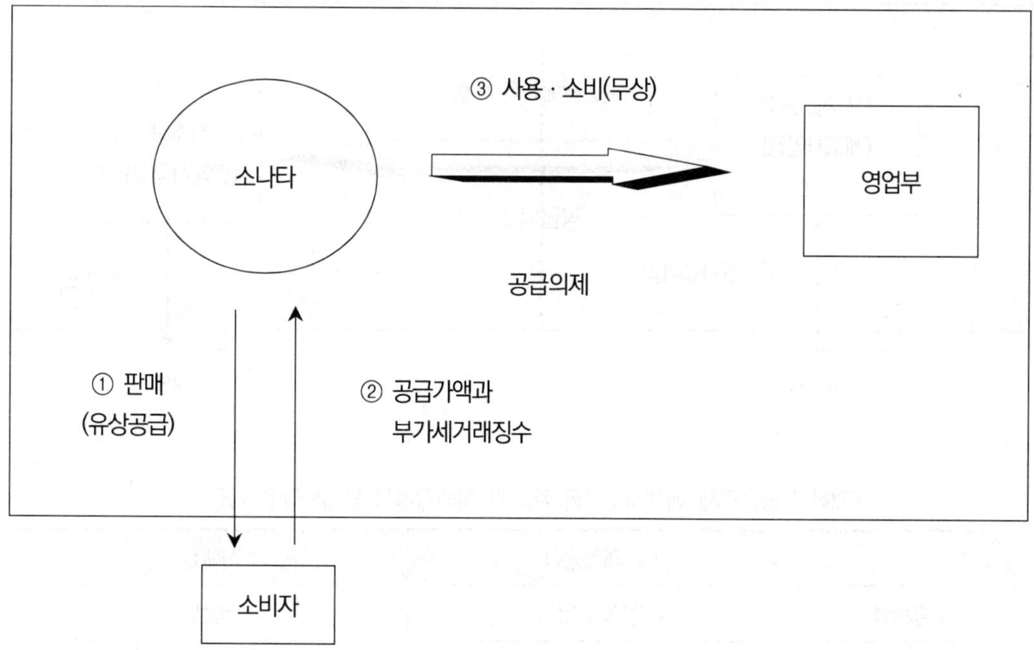

구 분	<u>소형승용차 및 그 유지를 위한 재화 · 용역의 구입시</u>
영업용(택시업) 또는 판매용(자동차대리점)	매입세액공제
<u>비영업용(일반적인 제조업)</u>	**<u>매입세액불공제</u>**

㉢ 직매장 반출(판매목적 타 사업장에의 반출 포함)

2 이상의 사업장이 있는 사업자가 자기 사업과 관련하여 생산 또는 취득한 재화를 타인에게 직접 판매할 목적으로 자기의 다른 사업장에 반출하는 것은 재화의 공급으로 본다. **다만, 주사업장총괄납부 또는 사업자단위 과세의 경우 공급의제를 배제한다.**

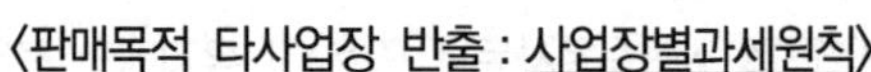
〈판매목적 타사업장 반출 : 사업장별과세원칙〉

〈(주)엘지전자〉

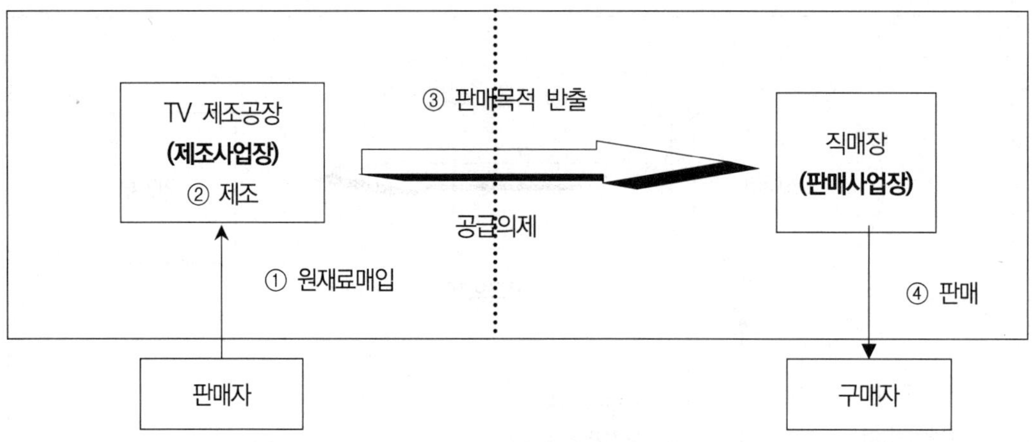

〈재화의 공급의제 배제시 : 모든 재화가 직매장에서 판매된다고 가정시〉

	TV 제조공장	직매장
매출세액	발생되지 않음	발생
매입세액	발생	발생되지 않음
납부(환급)세액	**환급세액만 발생**	**납부세액만 발생**

확정신고기한후 30일이내 환급 / 예정신고, 확정신고시 납부

→ **사업자의 불필요한 자금압박**

따라서 2 이상의 사업장을 가진 사업자가 판매목적으로 재화를 반출시 타사업자에게 공급하는 것처럼 재화의 공급으로 의제하라는 것이 법의 취지이다.

② 개인적 공급

사업자가 자기의 사업과 관련하여 생산하거나 취득한 재화를 사업과 직접 관련 없이 사용·소비하는 경우에는 이를 재화의 공급으로 본다.

다만 처음부터 매입세액이 공제되지 않은 것은 재화의 공급의제로 보지 않는다.

그리고 작업복, 작업모, 작업화, 직장체육비, 직장문화비, 인당 연간 10만원 이하 경조사와 인당 연간 10만원 이하의 명절·기념일 등과 관련된 재화공급은 과세 제외된다.

〈개인적공급〉

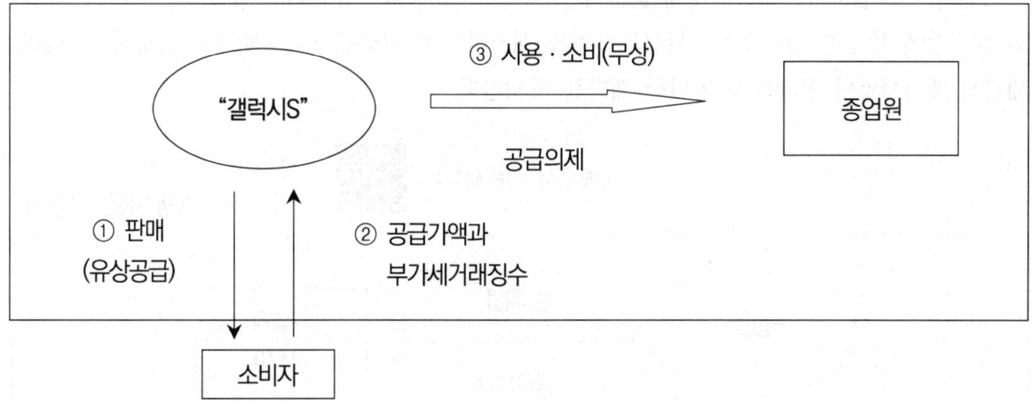

③ 사업상 증여

사업자가 자기의 사업과 관련하여 생산하거나 취득한 재화를 자기의 고객이나 불특정다수인에게 증여하는 경우에는 재화의 공급으로 본다.

〈사업상증여〉

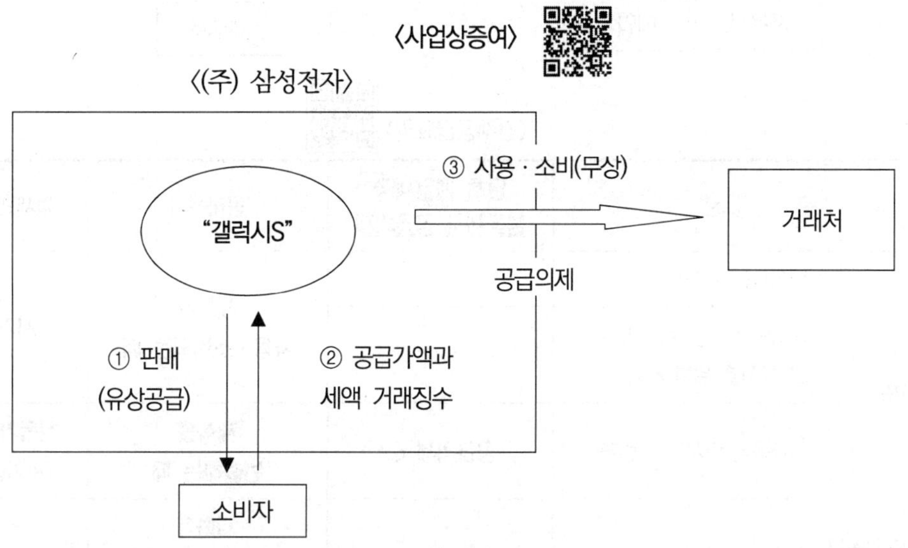

예외 : 다음에 해당하는 경우에는 사업상 증여로 보지 않는다.

① 증여하는 재화의 대가가 **주된 거래인 재화공급의 대가에 포함**되는 것(=부수재화)

② 사업을 위하여 대가를 받지 아니하고 다른 사업자에 인도 또는 양도하는 **견본품**

③ 불특정다수인에게 **광고선전물을 배포하는 것**

④ 당초 매입세액이 공제되지 않은 것

⑤ 법에 따라 **특별재난지역에 무상공급하는 물품**

⑥ 자기적립마일리지등으로만 전액을 결제받고 공급하는 재화

④ 폐업시 잔존재화

사업자가 사업을 폐지하는 때에 잔존하는 재화는 자기에게 공급하는 것으로 본다. 또한, 사업개시 전에 등록한 경우로서 사실상 사업을 개시하지 아니하게 되는 때에도 동일하다. **다만, 매입시 매입세액이 공제되지 아니한 재화를 제외한다.**

〈폐업시 잔존재화〉 

〈동대문 의류상〉

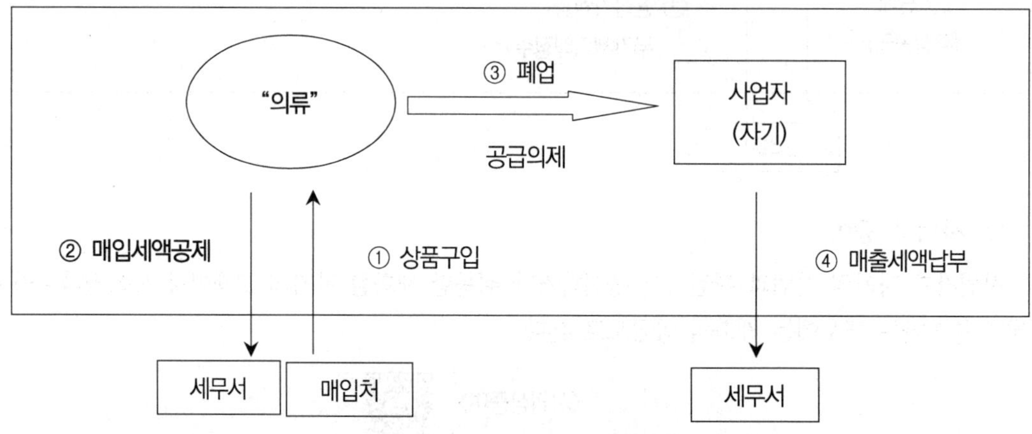

〈간주공급요약〉

<table>
<tr><th colspan="2">구 분</th><th>당초 매입세액 불공제시 공급의제</th><th>공급시기</th><th>과세표준</th></tr>
<tr><td rowspan="3">1. 자가 공급</td><td>① 면세사업에 전용</td><td>×</td><td rowspan="2">재화가 사용·소비되는 때</td><td rowspan="2">시가</td></tr>
<tr><td>② 비영업용승용자동차와 그 유지를 위한 재화</td><td>×</td></tr>
<tr><td>③ 판매목적 타사업장 반출</td><td>공급의제 ○</td><td>재화를 반출하는 때</td><td>취득가액 (+가산)</td></tr>
<tr><td colspan="2">2. 개인적공급</td><td>×</td><td>재화가 사용·소비되는 때</td><td rowspan="3">시가</td></tr>
<tr><td colspan="2">3. 사업상증여</td><td>×</td><td>재화를 증여하는 때</td></tr>
<tr><td colspan="2">4. 폐업시 잔존재화</td><td>×</td><td>폐업하는 때</td></tr>
</table>

제3절 용역의 공급

1. 용역의 개념

용역이란 재화 이외의 재산적 가치가 있는 모든 역무 및 그 밖의 행위를 말한다.
즉 재화는 '물건이나 권리 등'인데 반하여 용역은 '행위'인 것이다.

2. 공급의 범위

(1) 용역의 실지공급

① 역무를 제공하는 것(인적용역의 공급, 가공계약)
② 재화·시설물을 사용하게 하는 것(물적용역의 공급, 부동산임대등 - **전·답, 과수원의 임대는 제외)**
③ 권리를 사용하게 하는 것(권리의 대여 : 특허권의 대여)

〈가공계약〉

용역의 공급	재화의 공급
상대방으로부터 인도받은 재화에 대하여 **자기가 주요자재를 전혀 부담하지 않고** 단순히 가공만 하여 주는 것	**자기가 주요자재의 전부 또는 일부를 부담하고** 상대방으로부터 인도받은 재화에 공작을 가하여 새로운 재화를 만드는 것

☞ 예외(건설업) : ***건설업자가 건설자재의 전부 또는 일부를 부담하는 경우에도 용역의 공급으로 본다.***

(2) 용역의 간주공급

① 자가공급

사업자가 자기의 사업을 위하여 직접 용역을 무상공급하여 다른 동업자와의 과세형평이 침해되는 경우로서 기획재정부령이 정하는 용역에 대하여는 자기에게 용역을 공급하는 것으로 본다. 그러나 현재 기획재정부령이 별도로 규정한 사항은 없으므로 용역의 자가공급은 현실적으로 과세되지 않는다.

② 무상공급

대가를 받지 않고 타인에게 용역을 공급하는 것은 용역의 공급으로 보지 않는다.
다만, *특수관계자간 부동산 무상임대용역은 과세*한다.

제4절 재화의 수입

재화의 수입이란 다음에 해당하는 물품을 우리나라에 반입하는 것(보세구역을 거치는 것은 보세구역에서 반입하는 것)을 말한다.

① 외국으로부터 우리나라에 도착된 물품(외국의 선박에 의하여 공해에서 채집되거나 잡힌 수산물을 포함한다)으로서 수입신고가 수리되기 전의 것

② 수출신고가 수리된 물품[수출신고가 수리된 물품으로서 선적되지 아니한 물품을 보세구역에서 반입하는 경우는 제외한다]

☞ 보세구역 : 우리나라의 영토 중 관세의 부과를 유예한 일정구역을 말한다. 따라서 외국으로부터 재화가 보세구역으로 반입된 시점에서는 수입으로 보지 아니하고, 보세구역에서 반출된 시점에 수입으로 본다.

제5절 거래시기(=공급시기)

기업회계기준의 수익인식시점과 부가가치세법상 공급시기는 거의 일치한다.

1. 재화의 공급시기

(1) 원칙

구 분	공급시기
① 재화의 이동이 필요한 경우	재화가 인도되는 때
② 재화의 이동이 필요하지 아니한 경우	재화가 이용가능하게 되는 때
③ 위의 규정을 적용할 수 없는 경우	재화의 공급이 확정되는 때

(2) 구체적 재화의 공급시기

① 일반적인 경우 

<table>
<tr><th colspan="2">구 분</th><th>재화의 공급시기</th></tr>
<tr><td colspan="2">현금판매 · 외상판매 또는 할부판매</td><td>재화가 인도되거나 이용가능하게 되는 때</td></tr>
<tr><td colspan="2">반환조건부 · 동의조건부 · 기타 조건부 판매</td><td>그 조건이 성취되어 판매가 확정되는 때</td></tr>
<tr><td colspan="3">☞ 반환조건부(반품조건부) 판매 : 재화의 인도시점에서 일정기간 이내에 재화를 반품할 수 있는 조건을 붙여서 판매하는 것</td></tr>
<tr><td colspan="2">기한부 판매</td><td>기한이 경과되어 판매가 확정되는 때</td></tr>
<tr><td colspan="2">재화의 공급으로 보는 가공의 경우</td><td>가공된 재화를 인도하는 때</td></tr>
<tr><td colspan="2">자가공급(면세전용, 비영업용소형승용차 유지등)
개인적공급</td><td>재화가 사용 · 소비되는 때</td></tr>
<tr><td colspan="2">자가공급(판매목적 타사업장 반출)</td><td>재화를 반출하는 때</td></tr>
<tr><td colspan="2">사업상증여</td><td>재화를 증여하는 때</td></tr>
<tr><td colspan="2">폐업시 잔존재화</td><td>폐업하는 때(폐업신고일 ×)</td></tr>
<tr><td colspan="2">무인판매기에 의한 공급</td><td>무인판매기에서 현금을 인취하는 때</td></tr>
<tr><td colspan="2">사업자가 보세구역 내에서 보세구역 외의 국내에 재화를 공급하는 경우</td><td>당해 재화가 수입재화에 해당하는 때에는 수입신고수리일</td></tr>
<tr><td rowspan="4">수출재화</td><td>내국물품의 국외반출 · 중계무역방식의 수출</td><td>수출재화의 선적일(또는 기적일)</td></tr>
<tr><td>원양어업 · 위탁판매수출</td><td>수출재화의 공급가액이 확정되는 때</td></tr>
<tr><td>위탁가공무역방식의 수출 · 외국인도수출</td><td>외국에서 당해 재화가 인도되는 때</td></tr>
<tr><td colspan="2">☞ 중계무역방식수출 : 외국으로부터 수입한 물품을 보세구역 이외의 국내에 반입하는 것을 금지하고 수출하는 것
위탁판매수출 : 물품을 무환(무상)수출하여 해당 물품이 판매된 범위 안에서 대금을 결제하는 계약에 의한 수출
위탁가공무역(임가공무역)방식수출 : 원료의 전부 또는 일부를 외국에 수출하거나 외국에서 조달하여 이를 가공한 후 가공물품을 수입하거나 제 3국에 수출하는 무역형태
외국인도수출 : 수출대금은 국내에서 영수하지만 국내에서 통관되지 아니한 수출물품을 외국으로 인도하는 수출</td></tr>
</table>

② 기타의 경우

구 분	요 건	재화의 공급시기
장기할부판매	• 인도 후 2회 이상 분할하여 대가를 받고 • 당해 재화의 인도일의 다음날부터 최종 부불금 지급기일까지의 기간이 1년 이상인 것	**대가의 각 부분을 받기로 한 때**
완성도기준지급	재화의 제작기간이 장기간을 요하는 경우에 그 진행도 또는 완성도를 확인하여 그 비율만큼 대가를 지급하는 것	
중간지급조건부	**재화가 인도되기 전 또는 이용가능하게 되기 전에 계약금 이외의 대가를 분할하여 지급하고, 계약금 지급일로부터 잔금지급일까지의 기간이 6개월 이상인 경우**	
계속적 공급	전력 기타 공급단위의 구획할 수 없는 재화의 계속적 공급하는 경우	

☞ 완성도기준지급 및 중간지급조건부의 경우 재화인도일, 용역완료일 이후에 받는 대가는 재화의 인도시점, 용역제공의 완료시점이 공급시기이다.

2. 용역의 공급시기

(1) 원칙

용역의 공급시기는 역무가 제공되거나 재화・시설물 또는 권리가 사용되는 때로 한다.

(2) 거래형태별 용역의 공급시기

구 분		공급시기
일반적	① 통상적인 공급의 경우(할부판매 포함)	역무의 제공이 완료되는 때
	② 완성도기준지급・중간지급조건부・장기할부 또는 기타 조건부 용역공급, 공급단위를 구획할 수 없는 용역의 계속적 공급의 경우	**대가의 각 부분을 받기로 한 때**
	③ 위의 규정을 적용할 수 없는 경우	역무제공이 완료되고 그 공급가액이 확정되는 때
특수	① **부동산임대보증금에 대한 간주임대료**	**예정신고기간 종료일 또는 과세기간 종료일**
	② 2과세기간 이상에 걸쳐 부동산임대용역을 공급하고 그 대가를 선불 또는 후불로 받는 경우에 월수에 따라 안분 계산한 임대료	

☞ 간주임대료

부동산 또는 그 부동산상의 권리 등을 대여하고 보증금 등의 금액을 받은 경우에 일정한 이율(정기예금이자율)을 곱하여 계산한 금액을 말하는데, 월정임대료만을 수령 시 부가가치세가 과세되는데 보증금만 수령하는 자는 부가가치세가 과세되지 않는 것을 감안하여 보증금에 대해서 부가가치세를 과세하여 세부담을 공평하게 하고자 하는 제도이다.

구 분	A안	B안
보증금	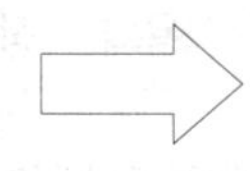1억	0
월세	0	500,000/월
공급가액(년)	0	6,000,000원/년
부가가치세	0	600,000원/년

은행에 정기예금했다고 가정한다.

1년 공급가액 = 보증금 × 정기예금이자율
= 100,000,000 × 2.5% = 2,500,000원/년

3. 공급시기의 특례

구 분	공 급 시 기
폐업시	폐업 전에 공급한 재화 또는 용역의 공급시기가 폐업일 이후에 도래하는 경우에는 그 **폐업일**을 공급시기로 한다.
세금계산서 선발급시 (선세금 계산서)	**재화 또는 용역의 공급시기가 되기 전**에 재화 또는 용역에 대한 **대가의 전부 또는 일부를 받고, 그 받은 대가에 대하여 세금계산서 또는 영수증을 발급하면 그 세금계산서 등을 발급하는 때**를 각각 그 재화 또는 용역의 공급시기로 본다.
	공급시기가 도래하기 전에 대가를 받지 않고 세금계산서 또는 영수증을 발급하는 경우에도 그 발급하는 때를 재화 또는 용역의 공급시기로 본다. ① 장기할부판매 ② 전력 기타 공급단위를 구획할 수 없는 재화 또는 용역을 계속적으로 공급하는 경우

제6절 거래 장소(재화 또는 용역의 공급장소)

거래장소는 우리나라의 과세권이 미치는 거래인가의 여부에 관한 판정기준이다.
따라서 국외거래에 대해서는 원칙적으로 우리나라의 과세권이 미치지 않는다.

구 분		공급장소
재화의 공급장소	① 재화의 이동이 필요한 경우	재화의 이동이 개시되는 장소
	② 재화의 이동이 필요하지 아니한 경우	재화의 공급시기에 재화가 소재하는 장소
용역의 공급장소	① 원칙	역무가 제공되거나 재화·시설물 또는 권리가 사용되는 장소
	② 국내외에 걸쳐 용역이 제공되는 국제운송의 경우에 사업자가 비거주자 또는 외국법인일 때	여객이 탑승하거나 화물이 적재되는 장소
	③ 전자적 용역[*1]	용역을 공급받는 자의 사업장 소재지·주소지·거소지

*1. 이동통신 단말장치 또는 컴퓨터 등에 저장되어 구동되거나, 저장되지 아니하고 실시간으로 사용할 수 있는 것(게임, 동영상파일, 소프트웨어 등 저작물 등으로 전자적 방식으로 처리하여 음향 및 영상 등의 형태로 제작된 것)

연/습/문/제

 객관식

01. 다음 중 부가가치세 과세거래가 아닌 것은?

① 재화의 공급
② 용역의 공급
③ 재화의 수출
④ 용역의 수입

02. 다음 중 부가가치세법상 재화의 공급에 해당하는 것은?

① 담보의 제공
② 사업용 건물의 양도
③ 사업의 포괄적 양도
④ 조세의 물납

03. 다음 중 부가가치세법상 간주공급에 해당하지 않는 것은?

① 자기사업과 관련하여 취득한 재화(매입세액공제 받음)를 면세사업에 사용
② 자기사업과 관련하여 취득한 재화(매입세액공제 받음)를 개인적 목적에 사용
③ 비영업용소형승용차의 양도
④ 사업을 폐업하는 경우 잔존재화(매입세액공제 받음)

04. 부가가치세법상 부가가치세가 과세되는 재화 · 용역의 공급이 아닌 것은?

① 상가건물의 임대용역
② 사업용 고정자산과 별도로 양도하는 영업권
③ 상품권의 판매
④ 운전학원 용역

05. 다음 중 부가가치세법상 과세대상에 해당하는 용역의 공급이 아닌 것은?

① 주요 자재를 전혀 부담하지 아니하는 단순가공
② 재화나 시설물 또는 권리를 사용하게 하는 것
③ 용역의 무상공급(단, 특수관계자간 부동산 무상임대용역은 제외)
④ 산업상 과학상 지식 경험 또는 숙련에 관한 정보의 제공

06. 부가가치세법상 용역의 범위에 해당하는 것을 모두 고른 것은?

ㄱ. 건설업	ㄴ. 숙박 및 음식점업	ㄷ. 금융 및 보험업
ㄹ. 논 · 밭 · 과수원임대업	ㅁ. 교육서비스업	ㅂ. 운수업

① ㄱ, ㄴ, ㅂ　② ㄴ, ㅂ
③ ㄱ, ㄴ, ㄷ, ㅁ, ㅂ　④ ㄱ, ㄴ, ㄷ, ㄹ, ㅁ, ㅂ

07. 다음은 부가가치세 과세거래에 대한 내용이다. (가)와 (나)의 내용을 보기에서 고른다면?

거래	자기가 주요자재의 전부 또는 일부를 부담하는 가공계약은 (가)으로 보지만, 주요자재를 전혀 부담하지 않고 단순히 가공만 해 주는 것을 (나)으로 본다
보기	㉠ 재화의 공급　㉡ 용역의 공급　㉢ 재화의 수입

	(가)	(나)		(가)	(나)
①	㉠	㉡	②	㉠	㉢
③	㉡	㉠	④	㉡	㉢

08. 다음 보기 중에서 부가가치세법상 재화의 공급의제 규정 중 당초 매입세액이 불공제된 경우에도 재화의 공급의제로 볼 수 있는 것은 무엇인가?

① 폐업시 잔존재화
② 판매목적 타사업장 반출
③ 개인적 공급
④ 사업상 증여

09. 부가가치세법상 공급시기에 관한 설명 중 잘못된 것은?

① 둘 이상의 과세기간에 걸쳐 부동산 임대용역을 제공하고 그 대가를 선불로 받는 경우에는 예정신고 또는 확정신고 기간의 종료일

② 공급시기가 되기 전에 대가의 전부 또는 일부를 받고, 이와 동시에 그 받은 대가에 대하여 세금계산서를 발행하는 경우에는 그 발급하는 때

③ 재화의 공급의제의 경우 예정신고 또는 확정신고 기간의 종료일

④ 폐업 전에 공급한 재화 또는 용역의 공급시기가 폐업일 이후에 도래하는 경우에는 그 폐업일

10. 다음 중 부가가치세법상 거래시기(공급시기)에 대한 설명으로 옳지 않은 것은?

① 원칙적으로 세금계산서 발급시기를 의미한다.

② 공급시기 이전에 대가의 전부를 받고, 세금계산서를 발급한 경우에는 그 발급하는 때를 공급시기로 본다.

③ 소득세법 및 법인세법상의 수입시기와 일치한다.

④ 폐업전에 공급한 재화의 공급시기가 폐업일 이후에 도래하는 경우에는 그 폐업일을 공급시기로 본다.

11. 다음 중 부가가치세법상 재화의 공급에 해당하는 것은?

① 재화를 담보로 제공하는 것

② 현물출자에 의하여 재화를 양도하는 것

③ 어음의 배서양도

④ 법률에 의하여 조세를 물납하는 것

12. 다음은 부가가치세법상 간주공급에 관한 설명이다. 가장 틀린 것은?

① 간주공급은 자가공급 · 개인적공급 · 사업상증여 · 폐업시 잔존재화로 분류한다.

② 간주공급은 실지공급과 같이 세금계산서를 교부하여야 한다.

③ 자가공급은 면세전용 · 비영업용소형승용차의 구입과 유지를 위한 재화 · 판매목적 타사업장 반출로 분류한다.

④ 자가공급(면세전용) · 개인적공급의 공급시기는 재화가 사용되거나 소비되는 때이다.

13. 부가가치세법상 사업장이 둘 이상인 사업자가 자기의 사업과 관련하여 생산한 재화를 판매할 목적으로 자기의 다른 사업장에 공급하는 경우 재화의 공급시기로 옳은 것은?(단, 주사업장총괄납부 및 사업자단위과세자가 아님)

① 재화가 인도되는 때　　② 재화를 반출하는 때
③ 재화의 공급이 확정 되는 때　　④ 재화가 이용가능하게 되는 때

14. 다음 중 부가가치세법상 재화의 이동이 필요한 경우 재화의 공급시기에 관한 설명으로 알맞은 것은?(단, 현금 거래로 반품할 수 없다.)

① 재화가 인도되는 때　　② 재화가 이용가능하게 되는 때
③ 대가를 받은 때　　④ 재화의 공급이 확정되는 때

15. 다음 중 부가가치세법상 재화의 공급시기로 잘못된 것은?

① 현금판매, 외상판매 또는 할부판매 : 재화가 인도되거나 이용가능하게 되는 때
② 판매된 상품권이 현물과 교환되는 경우 : 재화가 실제로 인도되는 때
③ 재화의 공급으로 보는 가공의 경우 : 가공된 재화를 인도하는 때
④ 장기할부판매 : 재화가 실제로 인도되는 때

16. 다음 중 부가가치세법상 용역의 공급시기로 적절하지 않은 것은?

① 장기할부조건 또는 그 외 조건부 용역 공급 : 대가의 각 부분을 받기로 한 때
② 공급단위를 구획할 수 없는 용역을 계속적으로 공급 : 대가의 각 부분을 받기로 한 때
③ 완성도기준이나 중간지급조건부로 용역 공급 : 용역의 공급이 완료되고 그 공급가액이 확정되는 때
④ 부동산임대용역 제공시 전세금이나 임대보증금에 대한 간주임대료 : 예정신고기간이나 과세기간 종료일

주관식

01. 다음은 부가가치세법상 재화의 장기할부판매 요건을 설명한 것이다. 빈칸에 들어갈 말은?

> 장기할부판매는 재화를 공급하고 그 대가를 월부 · 연부 그 밖의 부불방법에 따라 받는 것 중 (㈀) 이상 분할하여 대가를 받는 것으로써, 당해 재화의 인도일의 다음 날부터 최종 할부금의 지급기일까지 (㈁) 이상인 것을 말한다.

02. 부가가치세법상 차량운반구의 공급 시기는?

> (가) 차량운반구 매매금액 : 10,000,000원(부가가치세 별도)
> (나) 계약일 : 20x1년 1월 10일 2,000,000원 수령
> (다) 차량운반구 인도일 : 20x1년 1월 15일 5,000,000원 수령
> (라) 잔금 수령일 : 20x1년 1월 25일 3,000,000원 수령
> (마) 공급시기 도래 전에 세금계산서를 발행하지 않았다.

03. 부가가치세법상 재화의 공급시기가 "대가의 각부분을 받기로 한 때"로 정한 공급유형 4가지를 열거하시오.

연/습/문/제 답안

객관식

1	2	3	4	5	6	7	8	9	10
④	②	③	③	③	③	①	②	③	③
11	**12**	**13**	**14**	**15**	**16**				
②	②	②	①	④	③				

[풀이 – 객관식]

01. **용역의 수입은 과세대상거래가 아니다.**
03. **비영업용소형승용차의 양도는 재화의 공급**이다.
04. 상품권은 화폐대용증권으로서 부가가치세가 과세되는 재화에 해당하지 않는다.
05. **용역의 간주공급(무상공급)은 원칙적으로 과세대상에서 제외**한다.
06. **전답과 과수원임대업은 용역의 공급에서 제외**한다.
07. **건설업**은 재화를 전부 또는 일부를 부담하는 경우에도 **용역의 공급으로 본다.**
08. 사업자(주사업장총괄납부사업자 또는 사업자단위과세사업자는 제외)가 2 이상의 사업장이 있는 사업자가 자기사업과 관련하여 생산 또는 취득한 재화(**매입세액공제여부 불문**)를 타인에게 직접 판매할 목적으로 다른 사업장에 반출하는 것은 재화의 공급으로 본다.
09. 간주공급의 공급시기는 재화가 사용 또는 소비되는 때(폐업시의 잔존재화에 대하여는 폐업하는 때)
10. 부가세법상 공급시기와 법인세법상 수입시기는 100%일치하지 않는다.
11. **현물출자**에 의하여 재화를 양도하는 것은 **재화의 공급으로 본다.**
12. 간주공급은 원칙적으로 세금계산서를 교부하지 않는다.(**예외 : 판매목적 타사업장 반출**)
13. 자기의 재화를 판매목적으로 자기의 타사업장으로 반출하는 경우 재화의 공급시기는 재화를 반출하는 때이다.
14. 재화의 이동이 필요한 경우 : 재화가 인도되는 때
15. **장기할부판매**의 경우 **대가의 각 부분을 받기로 한 때를 공급시기**로 한다.
16. **완성도기준**이나 **중간지급조건부**로 용역 공급 : **대가의 각 부분을 받기로 한 때**, 예외적으로 역무의 제공이 완료된 날 이후 받기로 한 부분은 역무의 제공이 완료된 날.

주관식

01	(ㄱ) 2회, (ㄴ) 1년	02	20x1.01.15.	03	해설참고

[풀이 – 주관식]

02. 재화의 판매는 인도기준이 공급시기이다.

03. **장기할부판매, 완성도기준지급, 중간지급조건부, 계속적 공급**의 공급시기는 대가의 각부분을 받기로 한 때이다.

Chapter

영세율과 면세 3

제1절 영세율

1. 영세율의 개념

영세율이란 일정한 재화 또는 용역의 공급에 대하여 영 "0"의 세율을 적용하는 제도이다. 이는 공급자에게 부가가치의 부담이 완전 제거되고 거래 상대방은 부가가치 부담이 없게 되므로 **완전면세제도**라고 한다.

(1) 이중과세의 방지(소비지국과세원칙)

수출 관련 재화나 용역의 공급에 영세율을 적용하여 국외의 소비자가 우리나라 부가가치세를 부담하지 않게 하여 소비지국과세원칙을 준수한다.

(2) 외화획득 장려

국내거래라도 수출 등과 관련 있는 산업에 영세율을 미리 적용시켜줌으로써 외화획득을 장려하고 있다.

2. 영세율의 적용대상자

(1) 과세사업자

부가가치세법상 과세사업자(**간이과세자 포함**)에 한하여 영세율을 적용한다.

(2) 상호면세주의

외국에서 대한민국의 거주자 또는 내국법인에게 동일한 면세를 하는 경우에 한하여 비거주자 또는 외국법인인 사업자에게 영의 세율을 적용한다.

3. 영세율의 적용대상

(1) 수출하는 재화

직수출, 내국신용장 · 구매확인서에 의한 공급, 한국국제협력단[*1]에 공급하는 재화, 법정요건에 의하여 공급하는 수탁가공재화

*1. 외교부 산하기관으로 정부차원의 대외무상협력사업을 전담하는 준정부기관

① 직수출의 재화 범위

내국물품 외국 반출 : 수출업자가 자기 명의와 계산으로 내국물품을 외국으로 반출

② **내국신용장(Local L/C) · 구매확인서 등에 의한 공급(간접수출 또는 국내수출)**

국내거래이기 때문에 영세율세금계산서를 발행한다.

〈수출하는 재화〉

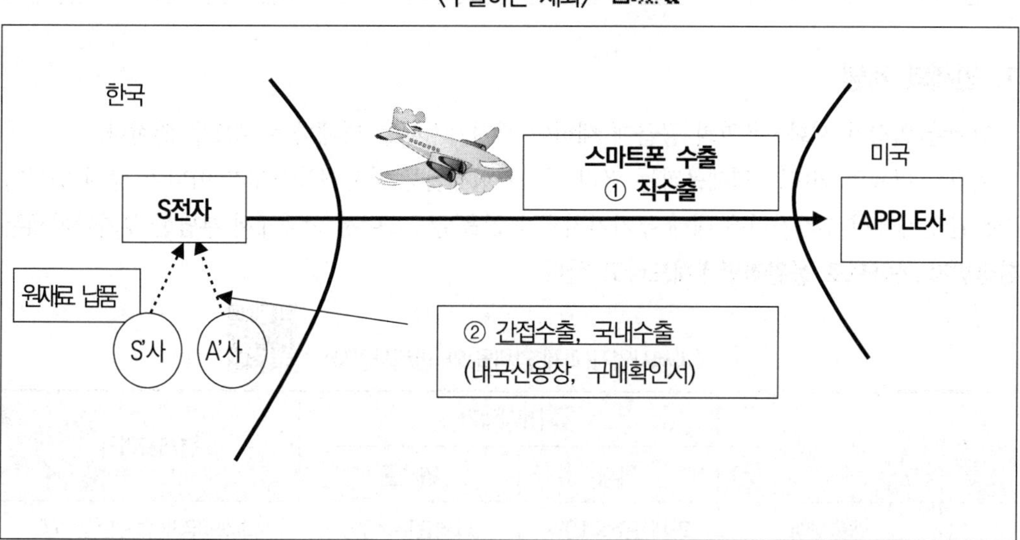

☞ 내국신용장 : 수출업자가 수출이행에 필요한 원자재 등을 조달받기 위하여 물품구입대금 등의 사전지급대신 해외로부터 받은 원신용장을 담보로 국내은행이 수출업자의 신청에 의해 국내의 원자재 등 공급업자를 수혜자로 하여 개설하는 신용장

구매확인서 : 외국환은행장이 내국신용장에 준하여 발급하는 확인서로서 수출용 재화 등에 관한 수출신용장 근거서류 및 그 번호, 선적기일 등이 기재된 것을 말한다.

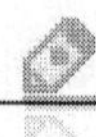

(2) 국외에서 제공하는 용역

국외에서 제공하는 용역이란 용역의 제공장소가 국외인 용역을 말한다(예 : 해외건설용역). 이 경우 영세율 적용과 관련하여 거래상대방, 대금결제 방법에 불구하고 영세율을 적용한다.

(3) 선박·항공기의 외국항행용역

국내에서 국외로, 국외에서 국내로 또는 국외에서 국외로 수송하는 것

(4) 기타 외화를 획득하는 재화 또는 용역 : 국내거래이지만 그 실질이 수출 등과 동일한 것이거나 외화획득이 되는 거래

(5) 조세특례제한법[*1]상 영세율 적용대상 재화 또는 용역

*1. 조세특례제한법은 조세의 감면 또는 중과 등 조세의 특례와 이의 제한에 관한 사항을 규정하여 과세의 공평을 기하고 조세정책을 효율적으로 수행함으로써 국민경제의 건전한 발전에 이바지함을 목적으로 한다.

제2절 면세

1. 면세의 개념

면세란 일정한 재화·용역의 공급에 대하여 부가가치세를 면제하는 제도를 말한다.

여기서 면세의 의미는 영세율과는 달리 부가가치세법상 과세대상거래가 아니며 당해 면세가 적용된 단계에서 부가가치에 대해 부가가치세가 없을 뿐 그 **이전 단계에서 부담한 부가가치세는 환급받지 못하므로 불완전면세제도**라고 한다.

〈과세사업자(과세,영세율)와 면세사업자〉

		과세사업자		면세사업자
		과세	영세율	
납부세액	매출세액	과세표준×10%	과세표준×0%	납세의무가 없으므로 "0"
	(-)세금계산서 수취시 매입세액	**매입세액공제**		**매입세액불공제**
면세정도		-	**완전면세**	**불완전면세**
거래증빙서류 발급		**세금계산서**	**영세율세금계산서**	**계산서**

2. 면세대상

(1) 면세대상의 범위

<table>
<tr><th>구 분</th><th>면 세 대 상</th></tr>
<tr><td>기초생활
필수품</td><td>㉠ 미가공 식료품 등(식용에 공하는 농산물 · 축산물 · 수산물 · 임산물 포함) 국내외 불문
㉡ 국내 생산된 식용에 공하지 아니하는 미가공 농 · 축 · 수 · 임산물
<table><tr><th></th><th>국내생산</th><th>해외수입</th></tr><tr><td>식용</td><td rowspan="2">면세</td><td>면세</td></tr><tr><td>비식용</td><td>과세</td></tr></table>㉢ 수돗물(생수는 과세)
㉣ 연탄과 무연탄(유연탄, 갈탄, 착화탄은 과세)
㉤ 여성용 생리처리 위생용품, 영유아용 기저귀 · 분유(액상형분유 포함)
㉥ 여객운송용역[시내버스, 시외버스, 지하철, 마을버스, 고속버스(우등 제외) 등]
(전세버스, 고속철도, 택시는 과세)
㉦ 주택과 이에 부수되는 토지의 임대용역(겸용주택은 주택분 면적이 클 때)</td></tr>
<tr><td>국민후생
용역</td><td>㉠ 의료보건용역과 혈액(질병 치료 목적의 동물 혈액 포함, 개정세법 25)
→ 약사가 판매하는 일반의약품은 과세, 미용목적 성형수술 과세, 산후조리원은 면세
㉡ 수의사가 제공하는 동물진료 용역(가축 등에 대한 진료용역, 기초생활수급자가 기르는 동물에 대한 진료용역, 기타 질병예방 목적의 동물 진료용역)
㉢ 교육용역(허가분) ⇒ 운전면허학원은 과세
☞ 미술관, 박물관 및 과학관에서 제공하는 교육용역도 면세</td></tr>
<tr><td>문화관련
재화용역</td><td>㉠ 도서[도서대여 및 실내 도서 열람용역 포함] · 신문(인터넷신문 구독료 포함) · 잡지 · 관보 · 뉴스통신(광고는 과세)
㉡ 예술창작품(창작공연포함) · 예술행사 · 문화행사 · 비직업운동경기
㉢ 도서관 · 과학관 · 박물관 · 미술관 · 동물원 · 식물원에의 입장</td></tr>
<tr><td>부가가치
구성요소</td><td>㉠ 금융 · 보험용역
㉡ 토지의 공급(토지의 임대는 과세)
㉢ 인적용역(변호사 · 공인회계사 · 세무사 · 관세사 등의 인적용역은 제외)</td></tr>
<tr><td>기타</td><td>㉠ 우표 · 인지 · 증지 · 복권 · 공중전화(수집용 우표는 과세)
㉡ 종교 · 자선 · 학술 등 기타 공익을 목적으로 하는 단체가 공급하는 재화 · 용역
㉢ 국가 · 지방자치단체 · 지방자치단체조합이 공급하는 재화 · 용역(제외 : 국가등이 운영하는 주차장 용역)
㉣ 국가 · 지방자치단체 · 지방자치단체조합 또는 공익단체에 무상공급하는 재화 · 용역</td></tr>
</table>

〈부동산의 공급과 임대〉

부동산의 공급(재화의 공급)	부동산의 임대(용역의 제공)
1. 토지의 공급 : 면세 2. 건물의 공급 : ① 원칙 : 과세 ② 예외 : **국민주택규모 이하의 주택은 면세**	1. 원칙 : 과세 2. 예외 : **주택 및 주택의 부수토지 임대는 면세**

☞ 국민주택 : 국민주택기금으로부터 자금을 지원받아 건설되는 주거전용면적이 85㎡(약 25.7평) 이하인 주택

3. 면세포기

(1) 면세포기 대상

① **영세율 적용대상이 되는 재화·용역**

② 학술연구단체 또는 기술연구단체가 실비 또는 무상으로 공급하는 재화용역

(2) 면세포기 절차

면세를 포기하고자 하는 사업자는 면세포기신고서에 의하여 관할세무서장에게 신고하고 지체없이 사업자등록을 하여야 한다. **면세포기에는 시기의 제한이 없으며 언제든지 가능하다(즉 과세관청의 승인을 필요로 하지 않는다).** 신규사업자는 신규사업등록시 **면세포기신고서를 사업자등록신청서와 함께 제출할 수 있다.**

(3) 면세포기의 효력

① 효력발생시기

면세를 포기하면 과세사업자로 전환된다. 즉 사업자등록 이후의 공급분부터 적용된다.

② 면세의 재적용

면세포기를 한 사업자는 신고한 날로부터 3년간 부가가치세 면세를 적용받지 못한다. 3년이 경과한 후 다시 부가가치세의 면세를 적용받고자 하는 때에는 면세적용신고서와 함께 발급받은 사업자등록증을 제출하여야 한다.

4. 면세와 영세율의 차이점

<table>
<tr><th rowspan="2">구 분</th><th colspan="2">내 용</th></tr>
<tr><th>면 세</th><th>영 세 율</th></tr>
<tr><td>기본원리</td><td>면세거래에 납세의무 면제
① 매출세액 : 징수 없음(결국 “0”)
② <u>매입세액 : 환급되지 않음</u></td><td>일정 과세거래에 0%세율 적용
① 매출세액 : 0
② <u>매입세액 : 전액환급</u></td></tr>
<tr><td>면세정도</td><td>부분면세(불완전면세)</td><td>완전면세</td></tr>
<tr><td>대상</td><td>기초생활필수품 등</td><td>수출 등 외화획득재화 · 용역의 공급</td></tr>
<tr><td rowspan="2">부가가치세법상 의무</td><td>부가가치세법상 각종 의무를 이행할 필요가 없으나 다음의 협력의무는 있다.
- 매입처별세금계산서합계표제출의무</td><td>영세율 사업자는 부가가치세법상 사업자이므로 부가가치세법상 제반의무를 이행하여야 한다.</td></tr>
<tr><td colspan="2">[세금계산서 합계표제출의무]
<table><tr><th></th><th>과세사업자(영세율)</th><th>면세사업자(면세)</th></tr><tr><td>매출</td><td>○</td><td>×(계산서를 발행)</td></tr><tr><td>매입</td><td>○</td><td>○</td></tr></table></td></tr>
<tr><td>사업자여부</td><td>부가가치세법상 사업자가 아님</td><td>부가가치세법상 사업자임</td></tr>
<tr><td>취지</td><td><u>세부담의 역진성 완화</u></td><td><u>국제적 이중과세의 방지</u>
<u>수출산업의 지원</u></td></tr>
</table>

연/습/문/제

객관식

01. 부가가치세법상 역진성 완화 목적으로 도입한 제도는?

① 과세제도　　② 대손세액공제제도
③ 면세제도　　④ 영세율제도

02. 다음 중 부가가치세법상 영세율대상이 아닌 것은?

① 내국물품을 외국으로 반출하는 것
② 사업자가 국내에서 국내사업장이 있는 외국법인에게 용역을 제공하는 경우
③ 내국신용장에 의해 공급하는 재화
④ 한국국제협력단에 공급하는 재화

03. 다음 중 부가가치세법상 영세율을 적용할 수 없는 것은?

① 항공기에 의한 외국항행용역
② 내국물품을 외국에 반출하는 것
③ 국외에서 제공하는 해외건설용역
④ 수출업자와 공급계약을 통해 제공하는 재화의 공급

04. 다음 중 부가가치세법상 면세에 대한 설명이 잘못된 것은?

① 매입세액을 공제 받을 수 있다.
② 면세사업자는 부가가치세 납세의무자가 아니다.
③ 면세사업자가 영세율을 적용받기 위해서는 면세포기를 하여야 한다.
④ 면세사업자도 부가가치세가 과세되는 재화, 용역을 공급받는 때에는 부가가치세를 부담하여야 한다.

05. 부가가치세법상 면세와 영세율에 관한 다음의 설명 중 옳은 것은?

① 영세율 적용대상자는 과세사업자에 한한다.
② 영세율은 원칙적으로 거주자 또는 내국법인에 한하여 적용한다.
③ 면세제도는 소비지국 과세원칙의 실현에 그 목적이 있다.
④ 거주자가 외국에서 제공하는 용역은 영세율을 적용받지 못한다.

06. 다음중 부가가치세법상 영세율과 면세에 관한 설명으로 옳지 않은 것은?

① 영세율 적용의 목적은 소비지국 과세원칙의 구현 등에 있다.
② 면세사업자는 매입세액을 환급받을 수 있다.
③ 영세율 적용 사업자는 부가가치세법에 따른 납세의무자이다.
④ 면세 적용의 목적은 부가가치세의 역진성 완화 등에 있다.

07. 다음 중 부가가치세가 면세되는 재화 또는 용역의 공급인 것은?

① 우등고속버스 운송용역 ② 수집용 우표
③ 금융 · 보험용역 ④ 신문 광고

08. 다음 중 부가가치세법상 영세율에 대한 설명이 올바른 것은?

① 영세율이 적용되는 경우에는 조기환급을 받을 수 없다.
② 부가가치세의 부담을 완전히 제거하지 못하는 불완전면세제도이다.
③ 영세율을 적용받는 사업자는 매입세액을 매출세액에서 공제받을 수 없다.
④ 영세율이 적용되는 경우에도 내국신용장, 구매확인서에 의한 공급 시에는 세금계산서 발행의무가 있다.

09. 다음 중 부가가치세법상 재화나 용역의 공급에서 영세율이 적용되지 않는 것은?

① 직수출하는 재화
② 국내에서 외국법인에게 제공하는 용역
③ 내국신용장에 의한 공급
④ 선박 · 항공기의 외국항행용역

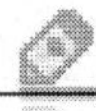

10. 부가가치세법상 영세율과 면세에 관한 다음의 설명 중 가장 잘못된 것은?

① 면세재화는 공급시에 매출세액은 없으며, 매입시에 매입세액은 환급된다.

② 영세율 적용을 받더라도 사업자등록, 세금계산서 발급 등 납세의무자로서의 의무를 이행하지 않으면 가산세 등 불이익이 발생한다.

③ 영세율이 적용되는 경우에는 조기환급을 받을 수 있다.

④ 주택의 임대용역에 대해서는 원칙적으로 면세를 적용한다.

11. 부가가치세법상 면세포기에 대한 설명 중 틀린 것은?

① 영세율 적용대상인 재화용역은 면세포기를 할 수 있다.

② 면세포기 하면 3년간 면세를 적용 받을 수 없다.

③ 면세포기 후 3년이 지나면 자동으로 면세가 적용된다.

④ 면세포기는 세무서장의 승인을 요하지 아니한다.

12. 다음 중 부가가치세법상 영세율 첨부서류에 해당하지 않는 것은?

① 수출실적명세서 ② 내국신용장

③ 구매확인서 ④ 매출처별세금계산서 합계표

13. 다음 중 부가가치세법상 면세되는 재화 또는 용역의 공급에 해당하는 것은?

① 고속버스 운송용역 ② 택시 운송용역

③ 수돗물 ④ 신문 광고

14. 다음 중 부가가치세법상 면세 의료용역의 범위에 해당하는 것은?

① 성형외과에서 시행하는 쌍꺼풀수술

② 장의업자가 제공하는 장의용역

③ 치과에서 시행하는 치아미백

④ 피부과에서 진행하는 여드름치료술

주관식

01. 다음 중 부가가치세법상 면세에 적용되는 재화 · 용역을 체크하세요.

㉠ 미가공식료품	㉡ 토지의 임대	㉢ 수집용 우표
㉣ 도서대여용역	㉤ 시내버스	㉥ 운전학원

02. 다음 중 부가가치세법상 부가가치세가 면세되는 재화 또는 용역의 공급을 체크하세요.

1. 미가공식용 농산물	2. 연탄과 무연탄	3. 수집용 우표
4. 고속버스(우등고속제외)	5. 신문 광고	6. 고속철도

03. 부가가치세법상 면세 대상에 해당하는 것을 모두 고르시오.

ㄱ. 가공되지 아니한 식료품	ㄴ. 박물관, 미술관에의 입장
ㄷ. 국외에서 제공하는 용역	ㄹ. 고속철도 운송용역

연/습/문/제 답안

객관식

1	2	3	4	5	6	7	8	9	10	11	12	13	14	
③	②	④	①	①	②	③	④	②	①	③	④	③	②	

[풀이 – 객관식]

02. **국내사업장이 있는 외국법인**에게 용역을 제공하는 경우 그 대가를 외화로 받는다 하더라도 **영세율을 적용받을 수 없다.**

03. 수출업자와 내국신용장 또는 구매확인서에 의해 공급하는 재화와 용역에 대해 영세율을 적용한다.

04. **면세사업자**는 세금계산서를 수취하더라도 **매입세액을 공제받을 수 없다.**

05. ① 면세사업자는 면세포기를 하지 아니하면 영세율을 적용받지 못한다.
② **비거주자(외국법인)의 경우 상호면세주의**에 따른다.
③ 면세제도는 세부담역진성완화에 있고, 영세율은 소비지국과세원칙에 목적이 있다.
④ 국외제공용역은 거주자가 제공하는 용역의 공급장소가 외국이기만 하면 영세율을 적용한다.

06. 면세관련 매입세액을 공제받을 수 없다.

08. 영세율이 적용되는 경우에 조기환급받을 수 있고, 완전면세제도이며, 영세율 적용받는 사업자는 매입세액을 공제받을 수 있다.

09. 내국신용장에 의한 공급은 국내공급에 해당하지만 간접수출(국내수출)로서 영세율이 적용되나, **국내에서 외국법인에게 제공하는 용역을 국내공급시 부가가치세가 과세**된다.

10. 면세재화는 공급시에 매출세액은 없으며, 매입시에 매입세액은 환급되지 않는다.

11. 면세 재적용은 신청을 해야 한다.

12. 수출실적명세서, 내국신용장, 구매확인서는 수출을 증명하는 서류이다.

13. 수돗물은 면세이다.

14. 장의업자가 제공하는 **장의용역은 면세**이다. 나머지는 미용목적으로 과세이다.

주관식

01	㉠, ㉣, ㉤	02	1, 2, 4	03	ㄱ, ㄴ

[풀이 – 주관식]

02. **고속버스(우등고속은 제외)는 면세**에 해당한다.

03. 생활필수 재화인 가공되지 아니한 식료품과 문화관련 용역인 **박물관, 미술관의 입장은 면세적용** 대상이다. 고속철도운송용역은 과세이고, 국외에서 제공하는 용역은 영세율 대상이다.

Chapter

과세표준과 세금계산서

4

Login

로그인 세무회계 3급

제1절 과세표준

과세표준이란 납세의무자가 납부해야할 세액산출의 기초가 되는 과세대상의 수량 또는 가액을 말하는데, 부가가치세법상 과세사업자의 과세표준은 재화 또는 용역의 공급에 대한 공급가액으로 한다. **기업회계기준상의 매출액과 거의 일치한다.**

1. 공급유형별 과세표준

(1) 기본원칙

부가가치세의 과세표준은 공급가액이라 하는데, 사업자는 여기에 10%의 세율을 적용하여 계산된 매출세액을 공급받는 자로부터 거래징수하여 정부에 납부하여야 한다.

대원칙(과세표준) : 시가

① 금전으로 대가를 받는 경우	그 대가
② 금전 외의 대가를 받는 경우	**자기가 공급한 재화 또는 용역의 시가**
③ 부당하게 낮은 대가를 받은 경우 (특수관계자에게 재화·용역을 공급하는 경우)	**자기가 공급한 재화 또는 용역의 시가**

☞ 특수관계자 : 일정주주를 포함해서 회사에 영향력을 행사할 수 있는 자(예 : 친족관계, 회사와 임직원)

(2) 과세표준계산에 포함되지 않는 항목/포함하는 항목 

구 분	내 용
과세표준에 포함되지 않는 항목	① **매출에누리와 환입액, 매출할인** ② 구매자에게 도달하기 전에 파손 · 훼손 · 멸실된 재화의 가액 ③ 재화 또는 용역의 공급과 직접 관련되지 않는 국고보조금과 공공보조금 ④ **반환조건부 용기대금 · 포장비용** ⑤ 용기 · 포장의 회수를 보장하기 위하여 받는 보증금 등 ⑥ 대가와 구분하여 기재한 경우로서 당해 종업원에 지급한 사실이 확인되는 봉사료 ⑦ 계약 등에 의하여 확정된 대가의 지연지급으로 인해 지급받는 연체이자
과세표준에 포함하는 항목	① **할부판매의 이자상당액** ② 대가의 일부분으로 받는 운송비, 포장비, 하역비, 운송보험료, 산재보험료 등
과세표준에서 공제하지 않는 것	① **대손금(대손세액공제사항)** ② **판매장려금(단, 현물지급시 간주공급에 해당됨)** ③ 하자보증금

2. 거래형태별 과세표준

구 분	과 세 표 준
외상판매 및 할부판매의 경우	공급한 재화의 총가액
장기할부판매 완성도기준지급 · 중간지급조건부로 재화 · 용역을 공급하거나 계속적인 재화 · 용역을 공급하는 경우	**계약에 따라 받기로 한 대가의 각 부분**

3. 대가를 외국통화 기타 외국환으로 받은 경우의 과세표준 

구 분		과세표준
공급시기 도래 전에 외화수령	환가	그 환가한 금액
	미환가	**공급시기(선적일)**의 외국환거래법에 의한 **기준환율 또는 재정환율**에 의하여 계산한 금액
공급시기 이후에 외국통화로 지급받은 경우		

☞ 기준환율 : 외국환은행이 고객과 원화와 미달러화를 매매할 때 기준이 되는 환율을 말하며 시장평균환율이라고도 한다.
재정환율 : 기준환율을 이용하여 제 3국의 환율을 간접적으로 계산한 환율

4. 재화의 수입에 대한 과세표준

세관장이 수입업자에게 수입세금계산서 발행시 과세표준은 다음과 같다.

수입재화의 경우	관세의 과세가격+관세+개별소비세, 주세, 교통·에너지·환경세 +교육세, 농어촌특별세

☞ 관세의 과세가격 : 관세를 부과하기 위한 수입물품의 과세표준이 되는 가격을 말하는데, 수입자가 실제로 지불한 가격에 가산요소를 조정한 것을 말한다.

<예제 4 - 1> 과세표준

다음 자료에 의하여 부가가치세 **과세표준**을 계산하시오. 사업자는 주사업장총괄납부/사업자단위과세제도를 적용받지 않는다.

1. 제품공급가액 : 10,000,000원(매출할인,에누리금액 50,000원이 차감 후 금액임.)
2. 대손금(공급가액) : 6,000,000원(1.제품공급가액에 포함되어 있지 않다.)
3. 장려물품제공액 : 원가 3,000,000원(시가 3,500,000원)
4. 현금 지급 판매장려금 : 3,000,000원
5. 제품 중 대표자 개인적 사용분 : 원가 3,000,000원(시가 5,000,000원)
6. 특수관계자에 대한 매출액 : 10,000,000원(시가 15,000,000원)
7. 판매목적 타사업장 반출 : 5,000,000원
8. 기술개발을 위하여 원재료 사용 : 1,000,000원(시가 1,500,000원)
9. 대가를 받지 않고 거래처에 증여한 견본품 : 500,000원
10. 제품을 이재민구호품으로 서울시에 기탁 : 5,000,000원(시가 10,000,000원)

해답

	과세표준	비　　고
1. 제품 공급가액	10,000,000	**매출할인, 매출에누리, 매출환입은 과세표준에 포함되지 않는다.**
2. 대손금	6,000,000	**대손금은 과세표준에서 공제하지 않고 대손세액공제로 공제함.**
3. 장려물품	3,500,000	장려물품은 **시가**가 과세표준임.
4. 판매장려금	–	현금지급 판매장려금은 과세표준 제외
5. 개인적공급	5,000,000	개인적 공급의 과세표준은 **시가**임.
6. 특수관계자매출	15,000,000	특수관계자에 대한 매출은 **시가**임.
7. 직매장반출	5,000,000	간주공급
8. 타계정대체	–	**기술개발을 위한 원재료사용은 간주공급이 아님.**
9. 견본품	–	**견본품은 간주공급에서 제외됨.**
10. 기부금	–	**국가 등에 무상으로 공급하는 재화·용역은 면세임.**
과세표준 계	**44,500,000**	

5. 과세표준 계산특례

(1) 간주공급(무상공급)

원　칙	**당해 재화의 시가**
감가상각자산	**간주시가 = 취득가액 × (1 – 체감률 × 경과된 과세기간의 수)** ☞ 체감률 : 건물, 구축물인 경우 5%, 기타 25% 취득가액 : 매입세액을 공제받은 해당 재화의 가액
판매목적 타사업장 반출	취득가액을 과세표준으로 하되, 당해 취득가액에 일정액을 가산하여 공급하는 경우에는 당해 공급가액으로 한다.

☞ 경과된 과세기간의 수 : 과세기간의 개시일 후에 감가상각자산을 취득시 그 과세기간의 개시일에 해당 재화를 취득한 것으로 본다.(**초기산입 말기불산입**)

<예제 4 - 2> 간주공급에 대한 과세표준

레고상사는 9월 30일에 해당 사업을 폐업하였다. 다음은 폐업시 잔존재화일 경우 부가가치세 **과세표준**을 계산하시오.

	취득일	취득원가	시가
1. 토지	2010. 10.15	100,000,000	120,000,000
2. 상품	20x1. 03.15	60,000,000	50,000,000
계		160,000,000	170,000,000

해답

	계산근거	과세표준
1. 토지	토지는 면세임.	–
2. 상품	상품의 과세표준은 시가이다.	50,000,000
계		50,000,000

(2) 부동산임대용역의 과세표준

과세표준 = 임대료 + 간주임대료 + 관리비

간주임대료 = 해당 기간의 임대보증금 × 정기예금 이자율 × 임대일수/365일(366일)

연/습/문/제

객관식

01. 다음 중 부가가치세법상 과세표준에서 차감하지 않는 것은?

① 판매장려금
② 에누리액
③ 환입된 재화의 가액
④ 공급받는 자에게 도달하기 전에 파손·훼손 또는 멸실된 재화의 가액

02. 다음 중 부가가치세법상 공급가액에 포함하지 않는 것은?

① 장기할부판매의 이자상당액
② 수입 재화에 대한 관세의 과세가격 및 해당 관세
③ 대가의 일부로 받는 운송비
④ 공급받는 자에게 도달하기 전에 파손된 재화의 가액

03. 다음 중 부가가치세법상 과세표준에 포함하지 않는 것은?

① 공급받는 자에게 도달하기 전에 파손된 재화의 가액
② 재화의 수입에 대한 관세의 과세가격 및 관세
③ 재화나 용역을 공급한 후의 그 공급가액에 대한 장려금
④ 재화나 용역을 공급한 후의 그 공급가액에 대한 대손금

04. 다음의 설명 중 부가가치세법상 일반과세자에 대해 옳지 않게 기술한 것은?

① 재화 또는 용역의 공급에 대한 부가가치세 과세표준은 공급가액으로 한다.
② 금전으로 대가를 받는 경우는 그 대가가 공급가액이다.
③ 금전 외의 대가를 받는 경우는 받은 대가의 시가가 공급가액이다.
④ 공급대가는 부가가치세가 포함된 금액이다.

05. 다음 중 부가가치세 과세표준에 포함되는 것은?

① 매출할인
② 할부판매의 이자상당액
③ 매출에누리
④ 계약상 확정된 대가의 지연지급에 대한 연체이자

06. 다음 중 부가가치세법상 부가가치세 과세표준에 포함되지 않는 것은?

① 국고보조금과 공공보조금
② 대가의 일부로 받는 산재보험료
③ 할부판매의 이자상당액
④ 대가의 일부로 받는 포장비

07. 부가가치세법상 부가가치세 과세표준에 포함되지 않는 항목은?

① 수입재화에 대한 관세
② 할부판매의 경우 이자상당액
③ 환입된 재화의 가격
④ 대가의 일부로 받는 운송비

08. 다음 중 부가가치세법상 과세표준에 포함되는 것은?

① 공급대가의 지급이 지연되어 받는 연체이자
② 대가의 일부로 받는 운송비 · 포장비 · 하역비
③ 용역을 공급한 후의 그 공급가액에 대한 할인액
④ 재화의 공급과 직접 관련되지 않는 국고보조금

주관식

01. 다음 자료에 의하여 수입재화에 대한 부가가치세 과세표준을 계산하면 얼마인가?

- 관세과세가격 : 130,000,000원
- 실제수입가격 : 160,000,000원
- 관세 : 6,000,000원
- 개별소비세 : 4,000,000원
- 개별소비세에 대한 교육세 : 개별소비세의 20%

02. 부가가치세 과세사업을 영위하던 K씨는 20x1년 2월 10일에 해당 사업을 폐업하였다. 폐업할 당시에 잔존하는 재화가 다음과 같다면 그 부가가치세 과세표준은 얼마인가?

구 분	장부가액(원)	시가(원)
제 품	15,000,000	10,000,000
토 지	20,000,000	30,000,000

03. 다음 자료를 토대로 (주)대한의 20x1년 제1기 예정신고기간(1.1.~3.31.)의 부가가치세 과세표준을 구하시오.

1/1~3/31의 거래 (VAT 별도)	(1) 상품을 10,000,000원에 외상으로 판매하다. (2) 거래처에 견본품으로 제품(시가 1,000,000원, 원가 800,000원)을 증여하다. (3) 위 (1)의 외상매출금을 기일 전 회수하면서 100,000원을 할인해 주다.

04. 다음 자료에 따라 개인사업자인 넘버원의 제2기 과세기간(7.1~12.31)의 부가가치세의 과세표준은 얼마인가?

거래일자	거래내용	거래금액
7. 2	외상판매액(대금은 다음해 1월 15일 수령함)	2,000,000원
8.15	하치장 반출	5,000,000원
10.1	비영업용 소형승용차 매각대금	8,000,000원

05. 상가건물 임대업을 영위하는 K씨의 20x1년 제1기(1.1~6.30) 부가가치세 확정신고 대상 과세표준은 얼마인가?

• 임대기간 : 20x1.1.1 ~ 20x1.12.31(12개월)	• 월 임대료 : 1,000,000원
• 1기 간주임대료 해당액 : 900,000원	• 6개월간 보증금 운용수익 : 500,000원

06. 다음 A법인의 20x1년 부가가치 제1기 예정신고기간(1.1~3.31)의 부가가치세과세표준은 얼마인가?

(1) 20x1.1.10 : 사업용 기계장치를 공급가액 100,000원에 인도하고, 대금의 수수는 다음과 같이 하기로 하였다.

① 1.10 : 계약금 20,000원	② 3.30 : 중도금 50,000원
③ 6.30 : 잔 금 30,000원	

(2) 20x1.2.10 : 거래처에 장려금조로 증정한 제품의 시가는 10,000원(공급가액)이다.

07. 다음 자료를 보고 (주)하이상사의 부가가치세 과세표준을 계산하면?

(주)하이상사는 판매용 노트북컴퓨터(시가 : 600,000원)를 (주)삼송전자에 판매하고, 그에 대한 대가로서 (주)삼송전자의 판매용 TV(시가 : 650,000)를 인도받았다. 단, (주)하이상사와 (주)삼송전자 간에는 특수관계가 없으며, 이외의 대가는 수수한 사실이 없다.

08. 다음 자료를 바탕으로 부가가치세법상 과세표준은 얼마인가?

- 4월 1일 로스앤젤레스사에 제품($10,000) 수출계약을 체결하고 계약금으로 $1,000(환율 : 1,200원/$)을 보통예금으로 수취하다.
- 4월 30일 로스앤젤레스 제품을 선적을 완료하고 나머지 잔금은 15일 이내 받기로 하다.(선적일 기준환율 : 1,300원/$, 수출신고일 기준환율 : 1,270원/$)

연/습/문/제 답안

객관식

1	2	3	4	5	6	7	8
①	④	①	③	②	①	③	②

[풀이 – 객관식]

01. 재화 또는 용역을 공급한 후의 그 공급가액에 대한 대손금 · 장려금과 이와 유사한 금액은 과세표준에서 공제하지 아니한다.

02. 공급받는 자에게 **도달하기 전에 파손된 재화의 가액**은 **과세표준에서 제외**한다.

04. “금전 외의 대가를 받는 경우 : **자기가 공급한 재화 또는 용역의 시가(時價)**”가 과세표준에 해당한다.

07. 매출환입은 과세표준에 포함하지 않는다.

주관식

01	140,800,000원	02	10,000,000원	03	9,900,000원
04	10,000,000원	05	6,900,000원	06	110,000원
07	600,000원	08	12,900,000원		

[풀이 – 주관식]

01. 과세표준 = 관세의 과세가격(130,000,000) + 관세(6,000,000) + 개별소비세(4,000,000) + 교육세(4,000,000 × 20%) = 140,800,000원

02. 제품의 과세표준은 시가(10,000,000원)이고, 토지의 공급은 면세이다.

03.

	계산근거	과세표준
1. 외상판매		10,000,000
2. 견본품	사업을 위하여 대가를 받지 아니하고 다른 사업자에게 인도 또는 양도하는 **견본품은 재화의 공급으로 보지 아니한다.**	–
3. 매출할인		(100,000)
계		9,900,000

04. 2,000,000원(외상판매) + 8,000,000원(소형승용차매각) = 10,000,000원
하치장 반출은 재화의 공급으로 보지 않음

05. 임대료 : 1,000,000원 × 6개월 = 6,000,000원
간주임대료 : 900,000원
과세표준 : 6,000,000원 + 900,000원 = 6,900,000원

06. 100,000원(단기할부판매) + 10,000원(장려물품은 간주공급) = 110,000원
단기할부판매의 경우 재화가 인도되거나 이용가능하게 되는 때 공급한 재화의 총가액을 과세표준으로 한다.

07. 금전외의 대가를 받는 경우(물물교환)에는 **자기가 공급한 재화의 시가가 공급가액**이 된다.

08. 과세표준 \$1,000 × 1,200원(환가 환율) + \$9,000 × 1,300원(선적일 환율) = 12,900,000원

제2절 세율

부가가치세법상 세율은 10%로 하되, 영세율이 적용되는 재화 또는 용역의 공급에 대하여는 0%로 한다.

제3절 세금계산서

세금계산서란 사업자가 재화 또는 용역을 공급할 때 부가가치세를 거래징수하고 이를 증명하기 위하여 공급받는 자에게 발급하는 세금영수증이다.

공급받는 자는 발급받은 세금계산서를 요약한 매입처별 세금계산서 합계표를 제출하여 거래징수당한 부가가치세를 매입세액으로 공제받을 수 있다.

1. 세금계산서 및 영수증의 종류

구 분		발급하는 자
세금계산서	세금계산서/전자세금계산서	사업자가 공급받는 자에게 발급
	수입세금계산서	**세관장이 수입자에게 발급**
영수증	신용카드매출전표(직불카드, 선불카드 포함)	사업자가 주로 일반 소비자에게 발급
	현금영수증	
	(일반적인)영수증	**간이과세자 등이 발급**

(1) 세금계산서

세금계산서는 공급하는 사업자가 2매(공급자 보관용, 공급받는자 보관용)를 발행하여 1매는 공급받는 자에게 발급하고 5년간 보관하여야 한다.

필요적 기재사항	① 공급하는 사업자의 등록번호와 성명 또는 명칭 ③ 공급가액과 부가가치세액	② 공급받는 자의 등록번호 ④ 작성연월일

세금계산서를 발급시 필요적 기재사항이 누락되었거나 사실과 다른 경우에는 세금계산서로서의 효력이 인정되지 않는다.

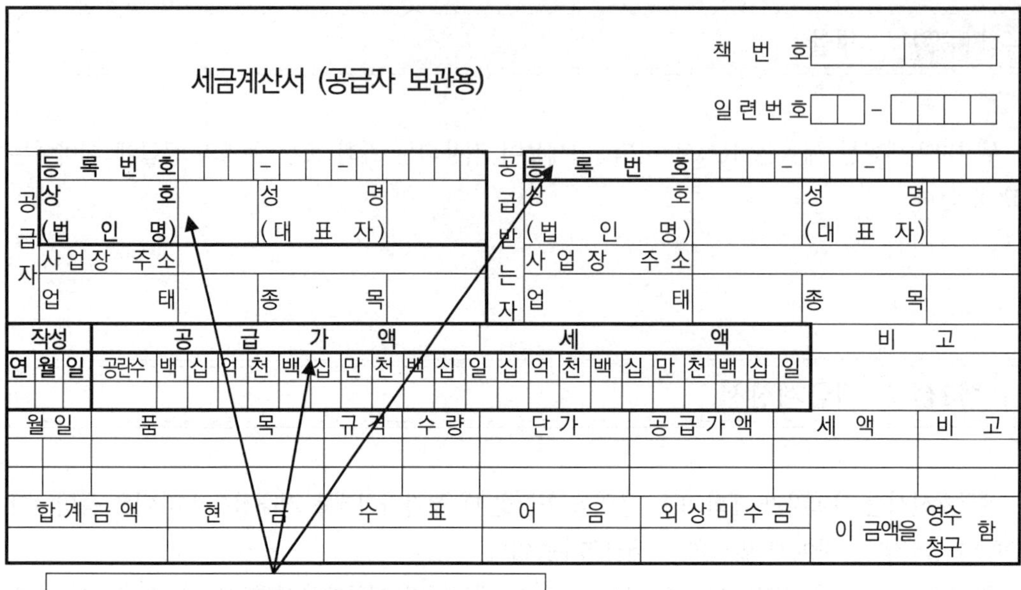

세금계산서 (공급자 보관용)

책 번 호

일 련 번 호 -

공급자	등록번호	- -	공급받는자	등록번호	- -
	상호(법인명)	성명(대표자)		상호(법인명)	성명(대표자)
	사업장 주소			사업장 주소	
	업태	종목		업태	종목

작성			공급가액											세액										비고
연	월	일	공란수	백	십	억	천	백	십	만	천	백	십	일	십	억	천	백	십	만	천	백	십	일

월 일	품목	규격	수량	단가	공급가액	세액	비고

합계금액	현금	수표	어음	외상미수금	이 금액을 영수/청구 함

굵은 선이 필요적 기재사항이다.

(2) 전자세금계산서

① 발급의무자 : 법인사업자(무조건 발급) 및 개인사업자(일정규모 이상)

〈전자세금계산서 발급의무 개인사업자〉

공급가액(과세+면세) 기준년도	기준금액	발급의무기간
20x0년	8천만원	20x1. 7. 1~ **계속**

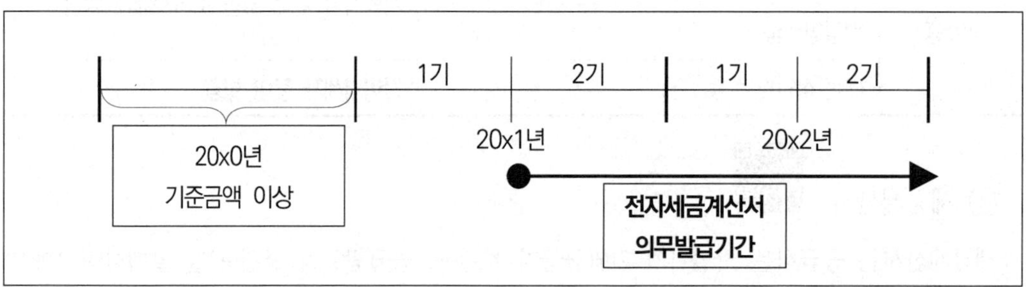

☞ 개인사업자가 사업장별 재화 등의 공급가액이 일정규모 이상인 해의 **다음해 제2기 과세기간부터이며, 한번 전자세금계산서 발급의무 대상자가 되면 공급가액 합계액이 미달하더라도 계속하여 전자세금계산서 의무발급 개인사업자**로 본다.

② **발급기한 : 다음달 10일까지 가능**

③ 전 송

해당 전자세금계산서 **발급일의 다음날**까지 세금계산서 발급명세를 국세청장에게 전송해야 한다.

④ 혜택

- **매출·매입처별세금계산서합계표를 제출의무 면제**
- **5년간 세금계산서 보존의무가 면제**
- 직전연도 공급가액 3억원 미만인 개인사업자에 대하여 전자세금계산서 발급세액공제(발급건당 200원, 연간한도 100만원)가 적용된다.

■ 매입자발행세금계산서

사업자가 재화 또는 용역을 공급하고 거래시기에 세금계산서를 발급하지 않는 경우(<u>**거래건당 공급대가가 5만원 이상인 거래**</u>) 그 재화 또는 용역을 공급받은 자는 관할세무서장의 확인을 받아 세금계산서를 발행할 수 있다. <u>**과세기간의 종료일부터 1년 이내 발급 신청**</u>할 수 있다.

(3) 영수증

세금계산서의 필요적 기재사항 중 공급받는 자의 등록번호와 부가가치세를 기재하지 않은 증빙서류를 영수증이라 한다. 이러한 영수증을 발급받더라도 매입세액공제를 받을 수 없으나 **예외적으로 신용카드 영수증, 현금영수증에 대해서는 매입세액공제가 허용된다.**

신용카드영수증	현금영수증
상호: [illegible]미스[illegible]점 대표자: [illegible]태 사업자번호: 8851800[illegible] TEL: 041-622-[illegible] 주소: 충청남도 천안시 서북구 [illegible] 1층 [illegible]호([illegible]) --- 신한프리미엄 매출표 IC신용승인 CATID: 39630[illegible] 일련번호: 0171 가맹점번호: 88437[illegible] 할부: [일시불] 5155-94**-****-1210 거래일시: 17/11/25 13:48:16 승인번호: 19068979 K5KNA1/I/LAN 매입사명: 신한카드 --- 거래 금액 10,000원 부 가 세 1,000원 총 합 계 11,000원 --- DESC전표/창구매입불가 --- 가맹점No : 승인No: 발생P: 0점 가용P: 0점 누적P: 87,383점 특별P: 0점 --- 감사합니다!	상호: [illegible]미스두[illegible] 대표자: [illegible] 사업자번호: 88518[illegible] TEL: 041-[illegible]-62[illegible] 주소: 충청남도 천안시 서북구 [illegible] 1층 [illegible]호([illegible]) --- 현금(지출증빙) 매출표 현금승인 CATID: 39630[illegible] 일련번호: 0173 312-86-0**** 거래일시: 17/11/25 13:49:40 승인번호: 023073671 K5KNA1/K/LAN 매입사명: 사업자 --- 거래 금액 10,000원 부 가 세 1,000원 총 합 계 11,000원 --- 국세청 세미래콜센터 국번없이 126 http://현금영수증.kr

> **참고**
>
> **전자계산서**
>
> 전자계산서는 소득세법 및 법인세법 상 규정이다.
> <발급의무자>
> ㉠ 법인사업자
> ㉡ 개인사업자
> - 전자세금계산서 의무발급대상사업자로서 면세사업 겸영사업자
> - 직전 과세기간 사업장별 총수입금액(과+면세)이 기준금액 이상(전자세금계산서 발급대상 사업자와 동일)인 사업자

2. 세금계산서의 발급시기

(1) 일반적인 발급시기

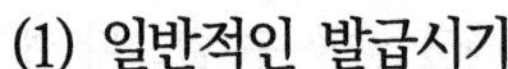

구 분		내 용
원 칙		**재화 또는 용역의 공급시기에 발급**하여야 한다. 다만, 일반적인 공급시기가 도래하기 전에 대가의 전부 또는 일부를 받고서 이에 대한 세금계산서를 발급한 때에도 인정된다.
특 례	공급 시기 전 발급	① 재화 또는 용역의 공급시기 전에 세금계산서를 발급하고, 발급일로부터 7일 이내에 대가를 지급받은 경우에도 인정된다. ② 위 ①의 규정에도 불구하고 대가를 지급하는 사업자가 일정 요건을 모두 충족시 세금계산서를 발급받은 후 7일 경과 후 대가를 지급하더라도 그 발급받은 때를 세금계산서의 발급시기로 본다.
	공급 시기 후 발급	**월합계 세금계산서는 예외적으로 재화 또는 용역의 공급일이 속하는 달의 다음달 10일까지(토요일, 공휴일인 경우에는 그 다음날) 세금계산서를 발급할 수 있다.** ① 거래처별로 1역월의 공급가액을 합계하여 당해 **월의 말일자를 발행일자**로 하여 세금계산서를 발급하는 경우 ② 거래처별로 1역월 이내에서 사업자가 임의로 정한 기간의 공급가액을 합계하여 그 기간의 종료일자를 발행일자로 하여 세금계산서를 발급하는 경우 ③ 관계 증빙서류 등에 의하여 실제거래사실이 확인되는 경우로서 당해 거래일자로 하여 세금계산서를 발급하는 경우

☞ 월합계세금계산서 발급예

공급시기		발행일자(작성연월일)	발급기한
1.1~1.31		1.31	2.10
1월	1.1~1.10	1.10	2.10
	1.11~1.20	1.20	2.10
	1.21~1.31	1.31	2.10
1.11~2.10		1역월내(달력상 1달)에서만 가능하다.	

(2) 발급특례(위탁판매)

수탁자가 재화를 인도하는 때에 수탁자가 **위탁자를 공급자로 하여 세금계산서를 발급**하며, **위탁자가 재화를 직접 인도하는 경우에는 수탁자의 사업자등록번호를 부기**하여 위탁자가 세금계산서를 발급할 수 있다.

(3) 세금계산서의 수정발급

① 당초 공급한 재화가 환입된 경우

환입된 날을 작성일자로 하여 비고란에 당초 세금계산서 작성일자로 부기한 후 (-)표시를 하여 발급한다.

② 착오시

세금계산서를 발급한 후 그 기재사항에 관하여 착오 또는 정정사유가 발생한 경우에는 부가가치세의 과세표준과 세액을 경정하여 통지하기 전까지 세금계산서를 수정하여 발행할 수 있다.

③ 공급가액의 증감시

당초의 공급가액에 추가되는 금액 또는 차감되는 금액이 발생한 경우에는 그 증감사유가 발생한 날에 세금계산서를 수정하여 발행할 수 있다.

3. 세금계산서 발급의무 면제

(1) 택시운송사업자, 노점, 행상, 무인판매기를 이용하여 재화·용역을 공급하는 자
(2) 전력(또는 도시가스)을 실지로 소비하는 자(사업자가 아닌 자에 한함)를 위하여 전기사업자(또는 도시가스사업자)로부터 전력(도시가스)을 공급받는 명의자가 공급하는 재화·용역
(3) 도로 및 관련 시설 운용 용역을 공급하는 자 → 공급받는 자가 요구하는 경우에 발급
(4) 소매업을 영위하는 자가 제공하는 재화·용역 → 공급받는 자가 요구하는 경우에 발급
(5) 목욕, 이발, 미용업을 영위하는 자가 공급
(6) 간주공급에 해당하는 재화의 공급(직매장반출은 발급)

(7) <u>부동산임대용역 중 간주임대료</u>

(8) <u>영세율 적용대상 재화·용역</u>

<u>다만 내국신용장(구매확인서)에 의한 공급하는 재화와 한국국제협력단에 공급하는 재화는 영세율세금계산서를 발급하여야 한다.</u>

(9) 기타국내사업장이 없는 비거주자 또는 외국법인에게 공급하는 재화·용역

〈영수증발급대상 사업의 세금계산서 발급의무〉

영수증발급대상사업	세금계산서 발급 요구시
1. 목욕, 이발, 미용업 **2. 여객운송업(전세버스운송사업은 제외)** **3. 입장권을 발행하여 영위하는 사업**	**<u>세금계산서 발급금지</u>** (다만 감가상각자산의 경우는 예외)
4. 소매업 등 영수증 발급대상사업	**<u>세금계산서를 발급하여야 함.</u>**

4. 세금계산서합계표 등의 제출

(1) 세금계산합계표의 제출

사업자가 세금계산서를 발급하였거나 발급받은 때에는 매출처별세금계산서 합계표와 매입처별세금계산서합계표를 당해 예정신고 또는 확정신고서와 함께 제출하여야 한다. 다만, **<u>전자세금계산서의 경우에는 제출의무가 면제</u>**된다.

[세금계산서 합계표]

■ 부가가치세법 시행규칙 [별지 제38호서식(1)]

홈택스(www.hometax.go.kr)에서도 신청할 수 있습니다.

매출처별 세금계산서합계표(갑)

년 제 기 (월 일 ~ 월 일)

※ 뒤쪽의 작성방법을 읽고 작성하시기 바랍니다. (앞쪽)

1. 제출자 인적사항

① 사업자등록번호	② 상호(법인명)
③ 성명(대표자)	④ 사업장 소재지
⑤ 거래기간 년 월 일 ~ 년 월 일	⑥ 작성일 년 월 일

2. 매출세금계산서 총합계

구 분	⑦ 매출처수	⑧ 매수	⑨ 공급가액					⑩ 세 액				
			조	십억	백만	천	일	조	십억	백만	천	일
합 계												

매출처별 세금계산서합계표(을)

20X1년 제 1 기 (4 월 1 일 ~ 6 월 30일)

사업자등록번호	312-86-020***

⑪ 번호	⑫ 사업자 등록번호	⑬ 상호 (법인명)	⑭ 매수	⑮ 공급가액					⑯ 세액					비고
				조	십억	백만	천	일	조	십억	백만	천	일	
1	312-86-013**	㈜서울	5			100	000	000			10	000	000	
2	312-86-013**	㈜천안	10			200	000	000			20	000	000	

세금계산서합계표는 매출자와 매입자가 제출함으로서 상호대사기능이 있다.

[세금계산서 합계표의 상호대사기능]

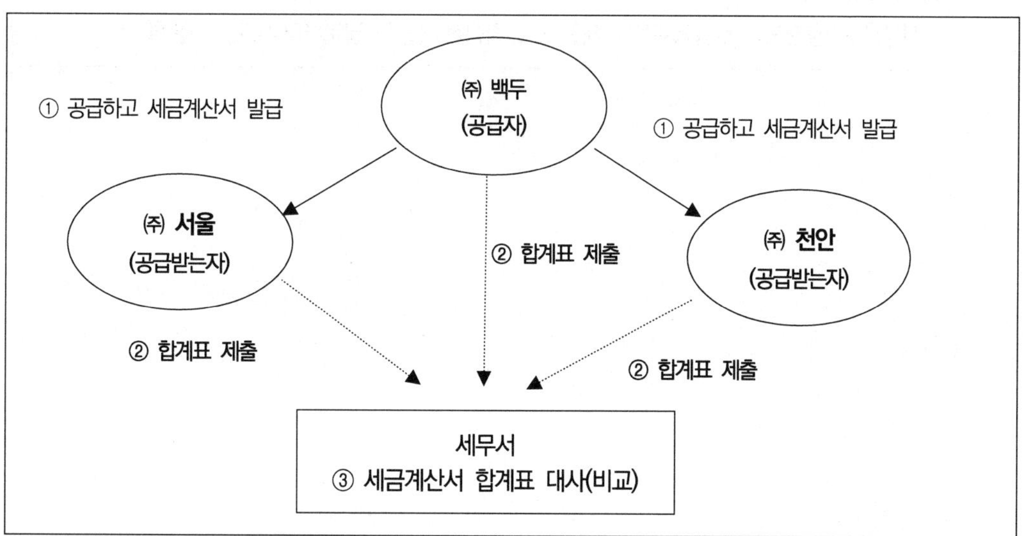

(2) 현금매출명세서의 제출

사업서비스업 중 변호사, 공인회계사, 세무사, 건축사 등의 사업을 영위하는 사업자는 현금매출명세서를 예정신고 또는 확정신고와 함께 제출하여야 한다.

(3) 부동산임대공급가액명세서의 제출

5. 신용카드 매출전표(직불카드, 기명식 선불카드, 현금영수증 포함)

(1) 신용카드 매출전표 등 발행세액공제

- 직전연도 공급가액 10억원 이하 개인사업자만 해당됨

공제액 = MIN[① 신용카드매출전표발행 금액 등의 1.3%, ② **연간 1,000만원]**

(2) 매입세액의 공제허용

사업자가 일반과세자로부터 재화 등을 공급받고 부가가치세액이 별도로 기재된 신용카드매출전표 등을 발급받은 경우로서 다음의 요건을 모두 충족하는 경우에는 매입세액공제를 적용받을 수 있다.

신용카드매출전표등 수령명세서를 제출하고, 확정신고를 한 날로부터 5년간 보관할 것

연/습/문/제

 객관식

01. 부가가치세법상 세금계산서에 대한 설명으로 가장 옳지 않은 것은?

① 법인사업자는 전자세금계산서를 발행하여야 한다.
② 재화의 공급의제에 해당하는 경우 세금계산서를 반드시 교부해야 한다.
③ 작성연월일은 세금계산서 필요적 기재사항이다.
④ 면세재화를 공급하는 사업자는 세금계산서를 교부할 수 없다.

02. 현행 부가가치세법상 전자세금계산서제도에 대한 설명으로 틀린 것은?

① 법인사업자는 전자적 방법으로 세금계산서를 발급하여야 한다.
② 개인사업자는 직전연도의 공급가액(과세+면세)의 합계액이 일정규모(8천만원) 이상인 경우 전자세금계산서를 발급하여야 한다.
③ 전자세금계산서발급 후 다음달 10일까지 전송하여야 한다.
④ 전자세금계산서발급명세를 전송한 경우에는 세금계산서 합계표를 제출하지 않아도 된다.

03. 개인사업자 김을남씨는 2010년도에 개업 후 처음으로 20x1년도 공급가액이 일정규모를 초과하여 부가가치세법상 '전자세금계산서 의무발급 개인사업자'에 해당되었다. 이 경우 반드시 전자세금계산서를 발급하여야 하는 기간은?

① 20x2.01.01. ~ 20x2.12.31.　　② 20x2.01.01. ~ 계속 적용
③ 20x2.07.01. ~ 20x3.06.30.　　④ 20x2.07.01. ~ 계속 적용

04. 다음 중 부가가치세법상 세금계산서의 필요적 기재사항이 아닌 것은?

① 작성 연월일　　② 공급하는 자의 주소
③ 공급받는 자의 사업자 등록번호　　④ 공급가액과 부가가치세액

05. 부가가치세법상 세금계산서 또는 영수증 발급의무가 면제되는 내용을 설명한 것으로 가장 옳은 것은?

① 간주임대료도 세금계산서를 발행해야 한다.

② 사업상증여에 해당하는 재화의 공급도 세금계산서를 발행해야 한다.

③ 구매확인서에 의해 공급하는 재화·용역은 세금계산서를 발행하지 않아도 된다.

④ 소매업을 영위하는 자가 제공하는 재화·용역은 공급받는 자가 세금계산서를 요구하는 경우 세금계산서를 발행해야 한다.

06. 부가가치세법상 전자세금계산서제도에 대한 설명으로 가장 잘못된 것은?

① 모든 법인사업자는 의무적으로 전자세금계산서를 발급하여야 한다.

② 전자세금계산서 발급후 전송시 3년간 세금계산서 보존의무가 면제된다.

③ 개인사업자는 직전연도의 공급가액(과세+면세)의 합계액이 8천만원 이상인 경우 전자세금계산서를 발급하여야 한다.

④ 전자세금계산서는 발급일의 다음날까지 국세청에 전송하여야 한다.

07. 다음 중 부가가치세법상 세금계산서의 발급의무가 면제되지 않는 것은?

① 내국신용장에 의하여 공급하는 재화

② 택시운송사업자가 공급하는 용역

③ 미용업을 영위하는 자가 공급하는 용역

④ 부동산임대용역 중 보증금에 대한 간주임대료가 적용되는 부분

08. 다음 중 부가가치세법상 세금계산서 또는 영수증 발급의무가 면제되는 내용을 설명한 것으로 옳은 것은?

① 부동산임대용역 중 간주임대료도 세금계산서를 발행해야 한다.

② 간주공급에 해당하는 재화의 공급도 세금계산서를 발행해야 한다.

③ 수출 적용대상 재화·용역도 세금계산서를 반드시 발행해야 한다.

④ 소매업을 영위하는 자가 제공하는 재화·용역은 공급받는 자가 세금계산서를 요구하는 경우에는 세금계산서를 발행해야 한다.

09. 다음 중 부가가치세법상 수정세금계산서 발급사유가 아닌 것은?

① 처음 공급한 재화가 환입된 경우
② 필요적 기재사항 등이 착오로 잘못 적힌 경우
③ 계약의 해지 등에 따라 공급가액에 추가되는 금액이 발생한 경우
④ 허위로 세금계산서를 발급한 경우

10. 세금계산서를 발행하고자 한다. 다음 자료 중에서 부가가치세법상 필수적 기재사항으로 누락된 것은 무엇인가?

(주)서울실업(130-16-65566)은 대구(주)(106-86-40380)에 기계제작에 필요한 부품 15개를 1,500,000원 (부가가치세 별도)에 판매하였다.

① 공급가액 ② 부가가치세 ③ 작성연월일 ④ 공급연월일

11. 다음 중 부가가치세법상 수정세금계산서 발급시 작성일자가 소급되어 발행되어지는 경우인 것은?

① 처음 공급한 재화가 환입된 경우
② 착오로 전자세금계산서를 이중 발급한 경우
③ 계약의 해제로 재화나 용역이 공급되지 아니한 경우
④ 계약의 해지 등에 따라 공급가액에 추가되거나 차감되는 금액이 발생한 경우

12. 다음 중 부가가치세법상 영수증 발급 의무 사업자가 될 수 없는 업종을 고르시오.

① 음식점업
② 입장권을 발행하여 경영하는 사업
③ 여객운송업
④ 도매업

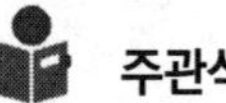

주관식

01. 다음 (　　　)안에 알맞은 말은?

사업자가 거래처별로 1역월의 공급가액을 합계하여 공급시기를 당해 월의 말일자로 하여 세금계산서를 교부하는 경우 재화 또는 용역의 공급일이 속하는 달의 (　　　)까지 세금계산서를 교부할 수 있다.

02. 다음 (　　)에 알맞는 것은?

부가가치세법상 음식점업을 영위하는 일반과세자(개인)가 과세재화 등을 공급하고 신용카드 등을 발행하는 경우 신용카드 발행금액에 1.3%에 상당하는 금액을 연간 (　　)을 한도로 납부세액에서 공제한다.

03. 부가가치세법상 전자세금계산서를 7월 14일(목)에 발급하였다. 이럴 경우 국세청에 전송기한은?

04. (　　)에 알맞게 기재하시오.

법인사업자와 개인사업자 중 직전 연도의 사업장별 재화 및 용역의 공급가액(면세+과세)의 합계액이 (　　)억원 이상인 개인사업자는 전자세금계산서 의무발급 대상자이다.

05. 세금계산서의 필요적 기재사항 4가지를 쓰시오.

06. 다음 중 부가가치세법상 재화 · 용역의 공급시기 특례 중 아래 괄호에 알맞은 것은?(단, 대금회수에 관한 약정은 없으며 할부거래가 아니다.)

사업자가 재화 또는 용역의 공급시기가 되기 전에 세금계산서를 발급하고 그 세금계산서 발급일부터 ( ) 이내에 대가를 받으면 해당 세금계산서를 발급한 때를 재화 또는 용역의 공급시기로 본다.

07. 부가가치세법상 매입자발행세금계산서를 발급할 수 있는 거래 건당 공급대가는 얼마 이상인가?

연/습/문/제 답안

객관식

1	2	3	4	5	6	7	8	9	10	11	12
②	③	③	②	④	②	①	④	④	③	②	④

[풀이 – 객관식]

01. 간주공급은 세금계산서 발행의무가 없다.(**예외 : 판매목적타사업장 반출**)
02. 전자세금계산서 발급 후 **다음날까지 국세청에 전송**하여야 한다.
03. 개인사업자의 전자세금계산서 의무발급기간 : 다음해 제2기 과세기간 개시일~그 다음해 제1기 과세기간 종료일
04. 공급하는 자의 주소는 임의적 기재사항이다.
05. 간주임대료, 사업상증여는 세금계산서 발급면제, 구매확인서에 의해 공급하는 재화는 영세율세금계산서를 발행하여야 한다. **소매업은 영수증을 발급하는 것이 원칙**이나 **공급받는자가 세금계산서를 요구하면 세금계산서를 발행**하여야 한다.
06. 전자세금계산서 전송시 **5년간 세금계산서 보존의무가 면제**된다.
07. 내국신용장에 의하여 공급하는 재화는 영세율이 적용되고, 영세율세금계산서를 발급해야 한다.
08. **간주임대료, 간주공급(직매장반출 제외), 직수출은 세금계산서발급의무가 면제**된다.
10. 세금계산서 필요적 기재사항 중 없는 자료는 작성연월일이다. 공급연월일은 임의적 기재사항이다.
11. 착오로 전자세금계산서를 이중 발급한 경우에는 **작성일자를 소급하여 수정전자세금계산서를 발행**한다.
12. 도매업은 사업자를 상대로 영업을 하므로 영수증 발급 의무사업자가 아니다.

주관식

01	다음달 10일	02	1,000만원	03	7월 15일
04	0.8	05	풀이참고	06	7일
07	5만원				

[풀이 – 주관식]

01. 월합계세금계산서 : 사업자가 거래처별로 1역월의 공급가액을 합계하여 당해 월의 말일자로 하여 세금계산서를 교부하는 경우 재화 또는 용역의 **공급일이 속하는 달의 다음달 10일까지** 세금계산서를 교부할 수 있다.

02. **① 공급하는 사업자의 등록번호와 성명 또는 명칭, ② 공급받는자의 등록번호, ③ 공급가액과 부가가치세액, ④ 작성연월일**

06. 공급시기가 되기 전에 세금계산서를 발급하고 그 **발급일로부터 7일 이내에 대가를 받으면** 해당 세금계산서를 발급한 때를 재화 또는 용역의 공급시기로 본다.

Chapter

납부세액의 계산

5

로그인 세무회계 3급

제1절 납부세액의 계산

납부세액의 계산구조

납부(환급)세액		
‖		
매출세액	➡	(세금계산서매출+기타매출)×10% 영세율매출×0% ± **대손세액** 공급자가 대손세액공제를 받은 경우
−		
매입세액	➡	㉠ **세금계산서 수취분 매입세액** ← 매입세금계산서 수령분 (+)㉡ **신용카드매출전표등 수령금액 합계표 제출분 매입세액** ← 신용카드, 현금영수증 사용분 (+)㉢ **매입자발행세금계산서** (+)㉣ **의제매입세액 등 매입세액** ← 매입가액의 일정율을 공제 (−)㉤ **공제받지 못할 매입세액 ← 사업과 관련이 없는 지출 등 경우**

■ **매출세액>매입세액 → 납부세액**
매출세액<매입세액 → 환급세액

제2절 매출세액의 계산

1. 매출세액의 계산구조

구분		금액	세율	세액
과세	세금계산서 발급분		10/100	
	매입자발행세금계산서		10/100	
	신용카드 · 현금영수증		10/100	
	기타(정규영수증외매출분)		10/100	
영세율	세금계산서 발급분		0/100	
	기타		0/100	
예정신고누락분				
대손세액가감				
합계				

2. 대손세액공제

사업자가 과세재화·용역을 공급한 후 공급받는 자의 파산 등으로 인하여 부가가치세를 거래징수하지 못하는 경우에는 그 대손세액을 매출세액에서 차감할 수 있고, 이 경우 공급받은 자는 그 세액을 매입세액에서 차감한다.

만약 외상매출금 등이 대손처리되는 경우 공급자는 거래징수하지 못한 부가가치세를 납부하는 불합리한 결과를 방지하기 위함이다.

〈대손세액공제〉

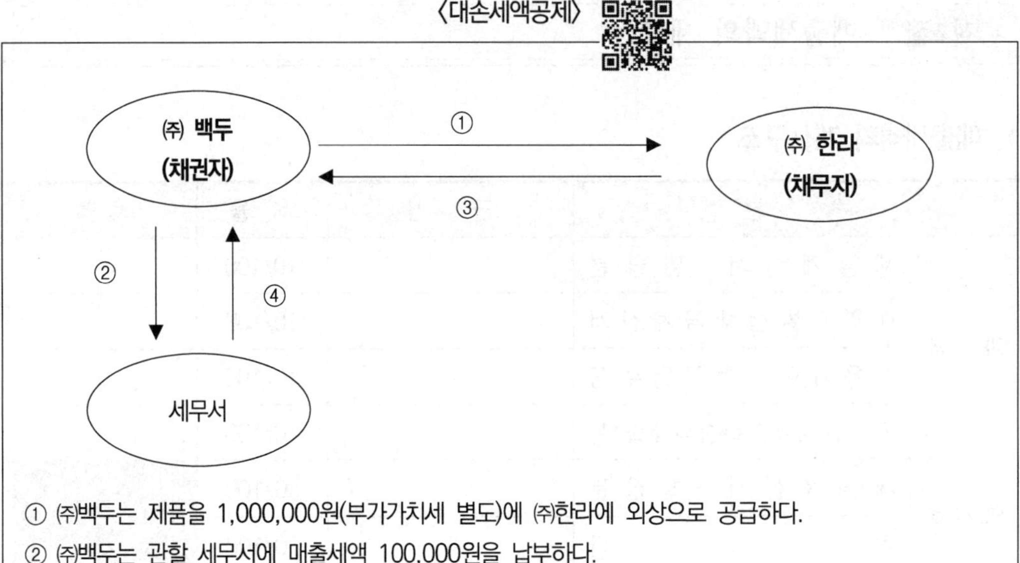

(1) 대손세액공제액

$$\text{대손세액공제액} = \text{대손금액(부가가치세 포함)} \times \frac{10}{100}$$

(2) 대손사유

① 민법 등에 따라 **소멸시효가 완성된 채권**

☞ 소멸시효 : 권리를 행사할 수 있음에도 불구하고 권리를 행사하지 않는 상태가 일정기간 계속함으로써 권리 소멸의 효과를 생기게 하는 제도.

② 소정법에 따른 회생계획인가의 결정 또는 법원의 면책결정에 따라 회수불능으로 확정된 채권

☞ 회생계획 : 기업회생절차에 따라 기업을 되살리기 위하여 채무의 일부를 탕감하는 등 재기할 수 있도록 기회를 부여하는 제도.

③ 민사집행법의 규정에 따라 채무자의 재산에 대한 경매가 취소된 압류채권

☞ 압류 : 채권자등의 신청에 의하여 채무자의 특정한 재산이나 권리를 처분하지 못하게 국가가 개입하는 행위

④ **부도발생일로부터 6개월 이상 지난 어음·수표 및 외상매출금(중소기업의 외상매출금으로서 부도발생일 이전의 것에 한함)**

⑤ 중소기업의 외상매출금 및 미수금으로서 회수기일로부터 2년이 경과한 외상매출금 등(특수관계인과의 거래는 제외)

⑥ 채무자의 파산 · 강제집행 · 사업폐지 · 사망 등으로 인하여 회수할 수 없는 채권

☞ 강제집행 : 사법상의 의무를 이행하지 않는 자에 대하여 국가 권력으로 의무를 이행케 하는 절차

⑦ **회수기일이 6개월 이상 지난 채권 중 채권가액이 30만원 이하**(채무자별 채권가액의 합계액)인 채권

(3) 대손세액공제의 범위 및 시기

재화 또는 용역의 공급일로부터 **10년이 지난 날이 속하는 과세기간에 대한 확정신고기한까지** 대손세액공제대상이 되는 사유로 인하여 확정되는 대손세액이어야 한다.

(4) 공제신청

대손세액공제는 사업자가 **확정신고시** 대손세액공제와 대손이 발생한 사실을 증명하는 서류를 제출(국세정보통신망에 의한 제출 포함)하는 경우에 한하여 적용한다.

제3절 매입세액의 계산

1. 매입세액의 계산구조

구분		금액	세율	세액
세금계산서 수취분	일반매입			
	수출기업수입분납부유예			
	고정자산매입			
예정신고누락분				
매입자발행세금계산서				
그밖의공제매입세액				
합계				
공제받지못할매입세액				
차감계				

2. 세금계산서 수취분 매입세액

(1) 공제되는 매입세액

공제대상매입세액은 **자기의 사업을 위하여 사용되었거나 사용될** 재화 · 용역의 공급 또는 재화의 수입에 대한 세액이다.

(2) 매입자발행세금계산서에 의한 매입세액공제 특례

(3) 매입세액 불공제

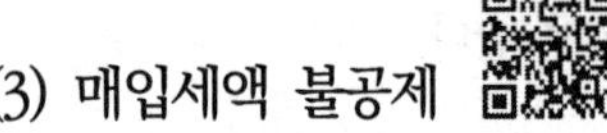

사유		상세내역
협력의무 불이행	① 세금계산서 미수취 · 불명분 매입세액	발급받은 세금계산서의 필요적 기재사항의 전부 혹은 일부가 누락된 경우
	② 매입처별세금계산합계표 미제출 · 불명분매입세액	미제출 및 필요적 기재사항이 사실과 다르게 기재된 경우
	③ 사업자등록 전 매입세액	공급시기가 속하는 과세기간이 끝난 후 20일 이내에 등록을 신청한 경우 등록신청일부터 공급시기가 속하는 과세기간 개시일(1.1 또는 7.1)까지 역산한 기간 내의 것은 제외한다
부가가치 미창출	**④ 사업과 직접 관련 없는 지출**	업무무관자산 취득 관련세액
	⑤ 비영업용소형승용차 구입 · 유지 · 임차	**8인승 이하, 배기량 1,000cc 초과(1,000cc 이하 경차는 제외), 지프형승용차, 캠핑용자동차, 이륜자동차(125cc 초과) 관련 세액**
	⑥ 기업업무추진비 및 이와 유사한 비용의 지출에 대한 매입세액	
	⑦ 면세사업과 관련된 매입세액	
	⑧ 토지관련 매입세액	토지의 취득 및 조성 등에 관련 매입세액

매입세액공제 = 세금계산서 등에 의해 입증되는 총매입세액 - 불공제 매입세액

3. 예정신고누락분

공제받을 수 있는 매입세액을 부가가치세 예정신고시 누락하여 공제를 받지 못한 경우에는 부가가치세 확정신고시 공제를 받을 수 있다.

4. 신용카드매출전표등수령금액합계표 제출분 매입세액 

신용카드매출전표 등을 발행하고 수령하면 세금계산서와 동일한 과세포착효과를 가져오므로 부가가치세법에서는 예외적으로 법정요건을 갖춘 분에 대해서는 매입세액공제를 받을 수 있도록 규정하고 있다.

다음은 **신용카드매출전표 등을 수취하더라도 매입세액공제 대상이 되지 않는다.**

1. 세금계산서 발급불가 사업자[면세사업자, 간이과세자 중 신규사업자 및 직전 공급대가 합계액이 4,800만원 미만]
2. 세금계산서 발급불가 업종[목욕, 이발, 미용업, 여객운송업(전세버스 제외), 입장권을 발행하여 영위하는 사업]
3. 공제받지 못할 매입세액

5. 의제매입세액공제 

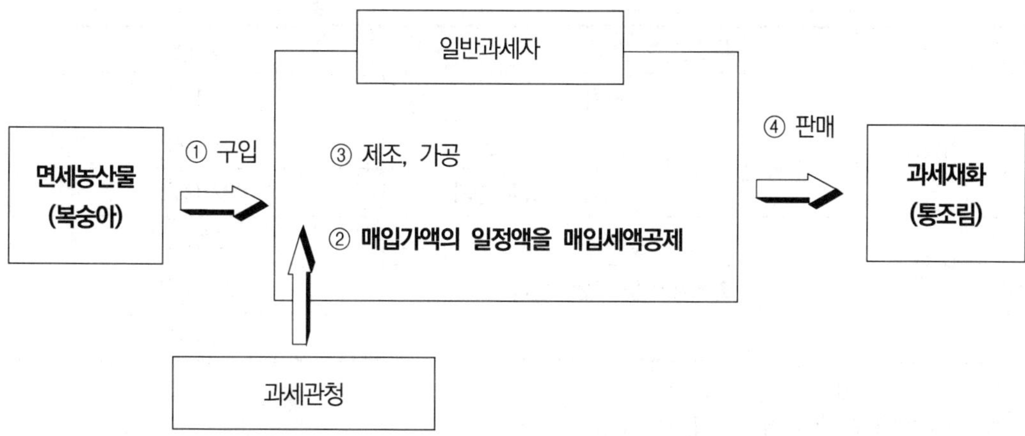

(1) 의제매입세액제도 의의

사업자가 면세농산물 등을 원재료로 하여 제조·가공한 재화 또는 창출한 용역의 공급이 과세되는 경우에는 그 면세농산물 등의 가액의 2/102 등에 상당하는 금액을 매입세액으로 공제할 수 있다.

(2) 의제매입세액의 공제요건

① **적용대상자** : 사업자등록을 한 <u>**일반과세사업자**</u>*1에 대해서만 적용된다.

*1. 간이과세자는 적용불가

② **면세농산물 등을 과세재화·용역의 원재료로 사용**

면세농산물 등을 원재료로 하여 제조·가공한 재화 또는 창출한 용역의 공급에 대하여 과세되는 경우(**면세포기에 따라 영세율이 적용되는 경우는 제외**)이어야 한다. 여기서 '면세농산물 등'이란 면세로 공급받은 농산물·축산물·수산물·임산물(1차 가공된 것, 미가공 식료품 및 소금 포함)을 말한다.

③ 증빙서류의 제출

의제매입세액공제신고서와 매입처별계산서합계표, 신용카드매출전표등수령명세서를 관할 세무서장에게 제출하여야 한다. 다만, **제조업을 영위하는 사업자가 농·어민으로부터 면세농산물 등을 직접 공급받는 경우에는 의제매입세액공제신고서만을 제출한다(즉, 농어민에게는 영수증을 수취해도 무방하다는 표현이다).**

(3) 의제매입세액의 계산

면세농산물 등의 매입가액(구입시점)×공제율

업 종			공제율
음식점업	과세유흥장소		**2/102**
	위 외 음식점업자	법인	**6/106**
		개인사업자	**8/108**[*1]
제조업	**일반**		**2/102**
	중소기업 및 개인사업자		**4/104**[*2]
위 외의 사업			**2/102**

*1. 과세표준 2억원 이하인 경우는 9/109

*2. 개인사업자 중 과자점업, 도정업, 제분업 등은 6/106

의제매입세액은 면세농산물 등을 **공급받은 날(=구입시점)이 속하는 과세기간의 예정신고시 또는 확정신고시 공제**한다.

여기서 **면세농산물 등의 매입가액은 운임·보험료 등의 부대비용을 제외한 가액을 말하며, 수입농산물등의 경우에는 관세의 과세가격**을 말한다.

(4) 실지귀속을 구분할 수 없는 경우 의제매입세액의 계산

면세농산물 등을 과세재화로 공급했는지 면세재화로 공급되었는지 구분을 못할 경우를 의미한다.

면세농산물 등의 매입가액×공제율×과세공급가액/총공급가액

(5) 한도 = 과세표준(면세농산물관련) × 한도비율 × 의제매입세액공제율

<예제 5 - 1> 의제매입세액

다음 거래를 보고 20×1년 2기 확정과세기간에 면세농산물 구입내역이다. 별도 언급이 없는 한 면세재화는 과세사업에 사용된다고 가정하고, 요구사항에 답하시오.
다음의 경우를 가정하여 의제매입세액을 계산하시오.

① 제조업(중소기업이 아니다.)
② 제조업(중소기업이다.)
③ 음식점업(법인)
④ 음식점업(개인 : 과세표준 3억)

상 호	매입가액	증 빙	비 고
한세축산	300,000원	계산서	
해일수산	180,000원	신용카드	
홍길동	250,000원	일반영수증	홍길동은 농민으로서 사업자가 아니다.
계	730,000원		

해답

1. 의제매입세액 계산

의제매입세액은 적격증빙을 수취하여야 공제 대상이다. 예외적으로 제조업의 경우에는 농어민으로부터 직접 공급받는 경우에는 신고서만 제출하여도 된다.(영수증도 가능)

업종	매입가액	공제율	의제매입세액
제조업	730,000	2/102	14,313원
중소제조업		4/104	28,076원
음 식 점 업	480,000 (일반영수증 대상에서 제외)	6/106(법인)	27,169원
		8/108(개인)	35,555원

제4절 자진납부세액의 계산

1. 자진납부세액의 계산 구조

구 분		금 액	세 율	세 액
납부(환급)세액(매출세액 - 매입세액)				
경감·공제세액	그 밖의 경감·공제세액			
	신용카드매출전표발행공제등			
	합 계			
예정신고미환급세액				
예정고지세액				
가산세액계				
차가감납부(환급)세액				

2. 공제세액

(1) 전자신고에 대한 세액공제

납세자가 직접 전자신고방법에 따라 **부가가치세 확정신고를 하는 경우**에는 해당납부세액에 **1만원**을 공제하거나 환급세액에 가산한다.

(2) 신용카드매출전표 발행공제 등

- 직전년도 공급가액 10억원 이하 개인사업자만 해당됨

공제액=MIN[① 신용카드매출전표발행 금액 등의 1.3%, ② **연간 1,000만원**]

(3) 예정신고미환급세액

부가가치세법에서는 각 과세기간의 환급세액을 확정신고기한 경과 후 30일 이내에 환급하도록 규정하고 있다. 즉 예정신고시 환급세액이 발생하더라도 환급하여 주지 아니하고 확정신고시 공제세액의 "예정신고미환급세액"으로 하여 납부할 세액에서 공제한다.

(4) 예정고지세액

개인사업자와 **영세법인사업자(직전 과세기간 과세표준 1.5억원 미만)**에 대하여는 관할세무서장이 각 예정신고기간마다 직전 과세기간에 대한 납부세액의 50%에 상당하는 금액을 결정하여 예정신고기한내에 징수하도록 규정하고 있다. 따라서 예정신고기간에 납부한 세액은 확정신고시 공제세액의 "예정고지세액"으로 하여 납부할 세액에서 공제한다.

<예제 5 - 2> 과세표준 및 납부세액 계산

다음은 제조업을 영위하는 ㈜한강의 20×1년 제2기 확정신고를 위한 자료이다. 부가가치세 과세표준 및 납부세액을 계산하시오.

Ⅰ. 매출내역 : 20×1.10.1부터 12.31까지의 매출거래

과세	국내판매	전자세금계산서 발행 매출액(VAT 미포함) 신용카드매출전표 발행분(VAT 포함) 일반영수증 발행(VAT 포함)	50,000,000원 44,000,000원 33,000,000원
	수 출 분	내국신용장에 의한 공급분 직수출분	20,000,000원 10,000,000원
	기　　타	거래처에 제품 무상 증정(원가 3,800,000 시가 5,000,000)	

Ⅱ. 매입내역 : 20×1.10.1부터 12.31까지의 매입거래

원재료매입	전자세금계산서 수취분(VAT 미포함) 신용카드매출전표 발행분(VAT 포함) 일반영수증 수취분(VAT 포함) 영세율전자세금계산서	50,000,000원 44,000,000원 33,000,000원 20,000,000원
기업업무추진비	전자세금계산서 수취분(VAT 미포함)	10,000,000원

해답

[납부세액의 계산]

구 분		공급가액	세 액	비고
매출세액(A)	과세분	125,000,000*1	12,500,000	
	영세분	30,000,000*2	-	
	합 계	155,000,000	12,500,000	
매입세액(B)	총매입세액	120,000,000*3	10,000,000*4	
	불공제		(1,000,000)	**기업업무추진비 관련매입세액**
	공제세액 계		9,000,000	
납부세액(A－B)			**3,500,000**	

*1. 50,000,000＋40,000,000＋30,000,000＋5,000,000(간주공급)

*2. 20,000,000＋10,000,000

*3. 50,000,000＋40,000,000(신용카드)＋20,000,000(영세율)＋10,000,000(기업업무추진비)

*4. 5,000,000＋4,000,000＋1,000,000(기업업무추진비)

☞ 간주공급의 과세표준은 시가이고, 매입세액공제를 받기 위해서는 세금계산서등을 수취하여야 한다.

연/습/문/제

객관식

01. 다음 중 부가가치세법상 공제 가능한 매입세액은?

① 사업과 직접 관련이 없는 지출에 대한 매입세액
② 기업업무추진비(접대비) 지출에 관련된 매입세액
③ 부가가치세가 면제되는 재화 또는 용역을 공급하는 사업에 관련된 매입세액
④ 운수업종에서 직접 영업으로 사용되는 자동차의 구입과 유지에 관한 매입세액

02. 다음 중 부가가치세법상 신용카드매출전표 발급 등 세액공제에 관한 설명으로 옳지 않은 것은?

① 부가가치세가 과세되는 재화 또는 용역을 공급하고 신용카드 매출전표 등을 발급시 공급자에게 세액공제 혜택을 주는 제도이다.
② 신용카드매출전표 발급 등으로 인한 세액공제액은 연간 700만원을 한도로 한다.
③ 법인사업자는 신용카드매출전표 발급 등으로 인한 세액공제를 적용받을 수 없다.
④ 간이과세자는 신용카드매출전표 발급 등으로 인한 세액공제를 적용받을 수 있다.

03. 다음 중 부가가치세법상 매출세액에서 공제 가능한 매입세액은?

① 부가가치세법상 영세율이 적용되는 사업과 관련한 매입세액
② 부가가치세가 면제되는 재화를 공급하는 사업과 관련된 매입세액
③ 사업과 직접 관련이 없는 지출에 대한 매입세액
④ 토지의 조성 등을 위한 자본적 지출에 관련된 매입세액

04. 부가가치세법상 매입세액 공제대상에 해당하는 것은?

① 간이영수증 수취분 매입세액
② 면세사업에 관련된 매입세액
③ 기업업무추진비 관련 매입세액
④ 발급받은 매입세금계산서 누락분을 경정기관의 확인을 거쳐 제출하는 경우

05. 다음은 부가가치세법상 의제매입세액공제에 관한 내용이다. 옳지 않은 것은?

① 의제매입세액은 부가가치세가 면제된 농산물 등의 매입가액에 대하여 계산한다.
② 일반과세자의 경우 음식점업이 농어민으로부터 직접 매입하여 증명서류가 없는 경우에도 의제매입세액 공제를 허용한다.
③ 일반과세자인 음식업자의 경우 적격증빙 수취분에 한하여 의제매입세액공제를 적용한다.
④ 의제매입세액공제는 예정신고시에도 공제받을 수 있다.

06. 다음 중 부가가치세법상 의제매입세액 공제율이 잘못 짝지어진 것은?

① 일반 음식업(개인 : 과세표준 3억) : 108분의 8
② 과세유흥장소(음식업) : 102분의 2
③ 일반 음식업(법인) : 106분의 6
④ 음식업 외 업종 : 103분의 3

07. 다음 중 부가가치세법상 대손세액공제를 받은 사업자가 대손금액의 전부 혹은 일부를 회수한 경우의 처리방법으로 옳은 것은?

① 회수한 대손금액에 관련된 대손세액을 회수한 날이 속하는 과세기간의 매출세액에서 차감한다
② 회수한 대손금액에 관련된 대손세액을 회수한 날이 속하는 과세기간의 매출세액에서 가산한다
③ 회수한 대손금액에 관련된 대손세액을 회수한 날이 속하는 이전 과세기간의 매출세액에서 차감한다.
④ 회수한 대손금액에 관련된 대손세액을 회수한 날이 속하는 이전 과세기간의 매출세액에서 가산한다.

08. 다음 중 부가가치세법상 대손세액공제 사유가 아닌 것은?

① 수표나 어음의 부도발생일로부터 3개월이 된 경우
② 파산, 강제집행, 회사정리계획인가의 결정
③ 사망, 실종선고
④ 상법, 수표법, 어음법, 민법상의 소멸시효가 완성된 경우

주관식

01. 부가가치세법상 공급일이 20x1년 5월 20일 경우 대손세액공제를 받기 위해서는 대손사유가 언제까지 확정되어야 하는가?

02. (주)권선은 20x0.7.1. 재화를 공급하고 (주)영통으로부터 부가가치세를 포함하여 어음 2,200,000원을 받았는데 어음 발행회사가 부도가 발생하여 20x0.9.1. 거래은행으로부터 부도확인을 받았다. 20x1년도 제1기 확정신고시 (주)권선이 받을 수 있는 부가가치세법상 대손세액공제액은? (단, 대손세액공제는 적법한 기한 내에 공제받는다고 가정함)

03. 음식점업을 영위하는 법인사업자 의제매입세액 공제율은 공급가액의 얼마인가?

04. 다음에서 20x1년 제1기 부가가치세 확정신고시 공제될 의제매입세액공제액을 계산하면 얼마인가?

- 일반 음식점업을 영위하는 개인사업자(과세표준 2.5억)이다.
- 20x1년 1월 1일부터 6월 30일까지 과세대상 음식용역에 원재료로 사용되거나 사용될 계산서를 수취한 면세농산물 구입액은 1,080,000원이다.

05. 다음 자료에 의하여 과세사업과 면세사업을 겸영하는 ㈜군포의 제1기 부가가치세 과세기간에 대한 의제매입세액공제액을 계산하면 얼마인가?

- 공급가액 : 과세사업 38,000,000원, 면세사업 : 26,000,000원
- 매입한 농산물 가액 : 8,000,000원
- 의제매입세액공제율은 2/102를 적용하고,한도는 고려하지 않는다.
- 농산물은 과세사업과 면세사업에 공통으로 사용한다.

06. 다음 자료에 의하여 도매업을 경영하는 일반과세사업자인 (주)구운의 부가가치세 납부세액은 얼마인가?

매출분(공급가액)	• 세금계산서 발급분 • 계산서 매출분	: 30,000,000원 : 1,500,000원
매입분(공급가액)	• 세금계산서 수취분 • 현금 매입분(현금영수증 미수취)	: 16,000,000원 : 12,000,000원

07. 도매 및 소매업을 경영하는 일반과세자인 장나라씨의 20x1년 부가가치세 제1기 확정신고 관련 자료이다. 이를 토대로 납부세액을 계산하면 얼마인가?

가. 매출내역(공급가액)
- 세금계산서 발행분 : 10,000,000원
- 현금매출(현금영수증 미발행) : 2,500,000원

나. 매입내역(공급가액)
- 세금계산서 수취분 : 6,000,000원(기업업무추진관련 매입액 500,000원 포함)

08. 다음 자료에 의하여 음식점업(과세유흥장소 아님)을 영위하는 일반과세자 김세현씨의 20x1년 제1기 부가가치세 확정신고시 의제매입세액을 계산하면? 단, 의제매입세액공제한도는 없는 것으로 가정한다.

(1) 신용카드매출전표를 수취한 면세 농산물의 매입가액 : 21,600,000원
(2) 영수증(농어민으로부터 직접 구입)을 수취한 농산물의 매입가액 : 1,080,000원
(3) 의제매입세액 공제율은 8/108을 적용한다.

연/습/문/제 답안

객관식

1	2	3	4	5	6	7	8
④	②	①	④	②	④	②	①

[풀이 – 객관식]

01. **영업용(운수업)관련 소형승용차매입세액은 공제대상**이다.

02. 일정 매출액(10억) 이하 개인사업자의 신용카드매출전표발행세액공제의 **연간공제한도 1,000만원**으로 한다.

03. 영세율이 적용되는 사업과 관련된 매입세액은 공제대상이다.

04. 해당 과세기간에 제출하지 못한 매입세액은 가산세는 부담하지만 매입세액 공제는 가능하다.

05. **제조업에 한해서 농어민으로부터 직접 매입**하여 증명서류가 없는 경우에도 의제매입세액 공제를 허용한다.

06. 제조업은 102분의 2, **중소제조업은 104분의 4**이다.

07. 대손세액공제를 받은 사업자가 대손금액의 전부 혹은 일부를 회수한 경우 회수한 대손금액에 관련된 대손세액을 회수한 날이 속하는 과세기간의 매출세액에서 가산한다

08. 수표나 어음의 **부도발생일로부터 6개월이 경과된 경우**가 대손공제사유이다.

주관식

01	20x11년 7월 25일	02	200,000원	03	6/106
04	80,000원	05	93,137원	06	1,400,000원
07	700,000원	08	1,600,000원		

[풀이 - 주관식]

01. 대손세액공제는 공급일로부터 **10년이 경과된 날이 속하는 과세기간에 대한 확정신고기한까지** 대손이 확정되어야 한다.

02. **부도어음은 6개월이 경과**하여야 대손세액공제대상이다. 20x0년 9월1일 부도확인을 받았으므로, 6개월이 경과한 20x1년 1기에 대손세액공제받을 수 있다.
대손세액 = [2,200,000 : 대손금액(부가가치세 포함)] × 10/110 = 200,000원

04. 1,080,000 × 8/108(개인 : 음식점업 과세표준 2억 초과) = 80,000원

05. 의제매입세액은 **면세판매분에 대해서는 적용되지 않는다.**
[8,000,000 × 38,000,000(과세)/64,000,000] × 2/102 = 93,137원

06.

구 분		공급가액	세 액	비고
매출세액(A)	과세분	30,000,000	3,000,000	
	영세분	-	-	
	합 계	30,000,000	3,000,000	
매입세액(B)	세금수취분	16,000,000	1,600,000	
납부세액(A - B)			1,400,000	

☞ 면세는 부가가치세가 납세의무가 없으며, 매입분은 세금계산서나 신용카드영수증 등이 없으면 공제되지 않는다.

07.

구 분		공급가액	세 액	비고
매출세액(A)	과세분	12,500,000	1,250,000	
	영세분	-	-	
	합 계	12,500,000	1,250,000	
매입세액(B)	세금수취분	6,000,000	600,000	
	불공제	(500,000)	(50,000)	
	합 계		550,000	
납부세액(A - B)			700,000	

08. 제조업의 경우만 농어민으로 직접 구입분은 적격증빙이 없어도 의제매입세액공제가 가능하나, **음식점업의 경우 적격증빙을 수취**하여야 한다.
의제매입세액 = 면세농산물구입가(21,600,000) × 공제율(8/108) = 1,600,000원

Chapter

신고와 납부 6

제1절 예정신고와 납부

1. 예정신고 · 납부

(1) 규정

사업자는 각 예정신고기간에 대한 과세표준과 납부세액(또는 환급세액)을 당해 예정신고기간 종료 후 25일 이내에 사업장 관할세무서장에게 신고 · 납부하여야 한다.

(2) 유의할 사항

① 예정신고시 가산세는 적용하지 않지만 신용카드매출전표 발행세액공제는 적용받을 수 있다.
② 사업자가 신청에 의해 조기환급받은 경우 이미 신고한 부분은 예정신고대상에서 제외한다.

2. 개인사업자 등의 예정신고의무 면제

(1) 원칙 : 고지에 의한 징수

개인사업자와 **영세법인사업자(직전과세기간 과세표준 1.5억 미만)**에 대해서는 예정신고의무를 면제하고 예정신고기간의 납부세액을 사업장 관할세무서장이 결정 · 고지하여 징수한다. 다만, **징수세액이 50만원 미만인 경우에는 이를 징수하지 아니한다.**

또한 다음에 해당하는 자는 각 예정신고기간에 대한 과세표준과 납부세액(또는 환급세액)을 신고할 수 있다.

① 휴업 또는 사업부진으로 인하여 각 예정신고기간의 공급가액 또는 납부세액이 직전 과세기간 공급가액 또는 납부세액의 1/3에 미달하는 자

② 각 예정신고기간분에 대하여 조기환급을 받고자 하는 자

(2) 고지세액의 징수

사업장 관할 세무서장은 각 예정신고기간마다 다음 산식에 의한 금액(1천원 미만의 단수가 있을 때에는 그 단수금액은 버림)을 결정하여 납부(납세)고지서를 발부하고 해당 예정신고기한 내에 징수한다.

직전 과세기간에 대한 납부세액의 50%

제2절 확정신고와 납부

1. 확정신고와 납부기한

사업자는 각 과세기간에 대한 과세표준과 납부세액(또는 환급세액)을 그 과세기간 종료 후 25일 이내에 사업장 관할세무서장에게 신고·납부(환급세액의 경우에는 신고만 하면 됨)하여야 한다.

2. 유의사항

① 부가가치세 확정신고대상은 각 과세기간에 대한 과세표준과 납부세액 또는 환급세액으로 한다. **다만, 예정신고 및 조기환급 신고시 이미 신고한 부분은 확정신고대상에서 제외한다.**

② 확정신고시는 가산세와 공제세액(신용카드매출전표 발행세액공제, 예정신고 미환급세액, 예정고지세액)이 모두 신고대상에 포함된다.

제3절 환급

1. 일반환급

환급세액 발생시 관할 세무서장은 **각 과세기간별**로 해당 과세기간에 대한 환급세액을 그 확정신고기한 경과 후 **30일 이내에 사업자에게 환급**하여야 한다.

다만, 결정·경정에 의하여 추가로 발생한 환급세액은 지체없이 사업자에게 환급하여야 한다.

2. 조기환급

(1) 조기환급대상

① **영세율 대상이 적용되는 때**

② **사업설비(감가상각자산)를 신설, 취득, 확장 또는 증축하는 때**

③ **재무구조개선계획*을 이행중인 사업자**

* 법원의 인가결정을 받은 회생계획, 기업개선계획의 이행을 위한 약정

(2) 조기환급기간

예정신고기간 또는 과세기간 최종 3월 중 매월 또는 매 2월을 말한다.

조기환급기간		가능여부	신고기한	비 고
매월	1.1~1.31	O	2.25	
	2.1~2.28		3.25	
	3.1~3.31		4.25	
매2월	1.1~2.28	O	3.25	
	2.1~3.31	O	4.25	
	3.1~4.30	×	-	예정신고기간과 과세기간 최종 3월(확정신고)기간이 겹쳐서는 안된다.
예정신고기간	1.1~3.31	O	4.25	
확정신고기간	4.1~6.30	O	7.25	

(3) 조기환급신고와 환급

조기환급기간 종료일부터 25일 이내에 조기환급기간에 대한 과세표준과 환급세액을 신고하여야 하고, 관할 세무서장은 **조기환급신고 기한 경과 후 15일 이내에 사업자에게 환급**하여야 한다.

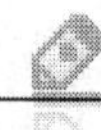

(4) 조기환급신고의 간주

조기환급을 적용받는 사업자가 조기환급기간 이외의 기간에 대한 예정신고서 또는 확정신고서를 제출한 경우에는 조기환급에 관하여 신고한 것으로 본다. 다만, 사업설비를 신설·취득·확장 또는 증축한 경우에는 건물등감가상각자산취득명세서를 첨부하여 하고, 이 경우 관할세무서장은 **신고기한 경과 후 15일 이내에 사업자에게 환급**하여야 한다.

(5) 유의사항

조기환급세액은 영세율이 적용되는 공급분에 관련된 매입세액/시설투자에 관련된 매입세액을 구분하지 아니하고 **사업장별로 전체 매출세액에서 매입세액을 공제하여 계산**한다.

제4절 가산세

1. 부가가치세법

(1) 미등록가산세 등

① 미등록가산세 사업개시일로부터 20일 이내에 사업자등록을 신청하지 않은 경우(1%)

② 허위(위장) 등록 가산세 : 사업자가 타인명의(**배우자는 타인으로 보지 아니한다.**)로 사업자등록을 하고 사업을 영위하는 경우(2%)(개정세법 25)

(2) 세금계산서 불성실가산세

① 부실기재의 경우 : 부실기재한 공급가액의 1%

발급한 세금계산서의 필요적 기재사항의 전부 또는 일부가 적혀있지 아니하거나 사실과 다른 경우, 다만 고의로 공급가액을 부풀린 경우는 2%

② 미발급등의 경우 : 미발급(2%)·가공세금계산서(3%)·위장세금계산서(2%, 신용카드매출전표 포함)

㉠ 세금계산서를 발급하지 않는 경우(미발급) 2%

☞ 전자세금계산서 의무발급사업자가 종이세금계산서 발급시 : 공급가액의 1%

㉡ **가공세금계산서 등 : 3%**

재화 등을 공급하지 아니하고 세금계산서(신용카드매출전표등 포함) 등을 발급한 경우와 공급받지 아니하고 세금계산서 등을 발급받은 경우 : 3%

㉢ 타인명의로 세금계산서 등(위장세금계산서)을 발급하거나 발급받은 경우 : 2%

㉣ 재화 등을 공급하고 세금계산서 등의 공급가액을 과다하게 기재하여 공급하거나 공급받은 경우 : 실제보다 과다하게 기재한 부분에 대한 공급가액의 2%

③ 지연발급의 경우 : 공급가액의 1%

발급시기가 지난 경우로서 **해당 과세기간의 확정신고기간내** 발급한 경우

공급시기(예)	발급기한	**지연발급(1%)**	**미발급(2%)**
3.11	~4.10	4.11~7.25	7.25까지 미발급

④ 세금계산서 발급명세 미전송 및 지연전송 : 공급가액의 0.5%, 0.3%

전자세금계산서를 발급한 사업자가 국세청장에 세금계산서 발급명세를 전송하지 아니한 경우

(3) 매출처별세금계산서 합계표 불성실가산세

① 부실기재(불명)의 경우 : 공급가액의 0.5%

거래처별 등록번호 또는 공급가액의 전부 또는 일부가 기재되지 아니하였거나 사실과 다르게 기재된 경우

② 미제출 : 공급가액의 0.5%

확정신고시 매출처별세금계산서 합계표를 제출하지 아니한 경우

③ 지연제출의 경우 : 지연제출한 공급가액의 0.3%

(4) 매입처별세금계산서 합계표 불성실가산세

① 지연수취 : 공급가액의 0.5%

재화 또는 용역의 공급시기 이후에 발급받은 세금계산서로서 해당 공급시기가 속하는 **과세기간의 확정신고 다음날부터 1년 이내** 발급받은 경우

② 미제출 후 경정시 제출 : 공급가액의 0.5%

③ 과다기재 : 과다기재하여 신고한 공급가액의 0.5%

제출한 매입처별세금계산서 합계표의 기재사항 중 공급가액을 사실과 다르게 과다기재하여 신고한 경우

(5) 현금매출명세서 미제출가산세

변호사 · 공인회계사 · 세무사 · 건축사 · 변리사 · 부동산중개업을 영위하는 사업자가 현금매출명세서를 제출하지 않거나 누락된 수입금액이 있는 경우

미제출 또는 누락금액의 1%

(6) 부동산임대공급가액명세서 미제출가산세

부동산임대업자가 부동산임대공급가액명세서를 제출하지 않거나 제출한 수입금액이 사실과 다르게 적혀 있는 경우

미제출 또는 누락금액의 1%

2. 국세기본법(시험에서 출제되지 않습니다.)

(1) 신고불성실가산세

① 무신고가산세

사업자가 법정신고기한 내에 세법에 따른 과세표준신고서를 제출하지 않은 경우

무신고가산세 = 일반무신고납부세액의 20%(부당의 경우 40%)

참고

부당한방법의 예시

1. 이중장부의 작성 등 장부의 거짓 기록
2. 거짓증명 또는 거짓문서의 작성
3. 거짓증명 등의 수취(거짓임을 알고 수취한 경우에 한함)
4. 장부와 기록의 파기
5. 재산의 은닉이나 소득 · 수익 · 행위 · 거래의 조작 또는 은폐
6. 그 밖에 국세를 포탈하거나 환급 · 공제받기 위한 사기 그밖의 행위

② **과소신고가산세(초과환급신고가산세)**

사업자가 법정신고기한 내에 과세표준신고서를 제출한 경우로서 신고한 과세표준이 세법에 따라 신고해야 할 과세표준(과세표준이 0보다 작은 경우에는 0으로 본다)에 미달한 경우

과소신고가산세 = 일반과소신고납부세액의 10%(부당의 경우 40%)

(2) 납부지연가산세

사업자가 납부기한내에 부가가치세를 납부하지 아니하거나 납부한 세액이 납부하여야 할 세액에 미달한 경우와 사업자가 환급받은 세액이 세법에 따라 환급받아야 할 세액을 초과하는 경우

납부지연가산세 = 미납세액(또는 초과환급받은 세액) × 기간[*1] × (1.9~2.2)[*2]/10,000

*1.납부기한의 다음날부터 납부일까지의 일수를 말한다.

*2. 매년 2월경 시행령에서 결정

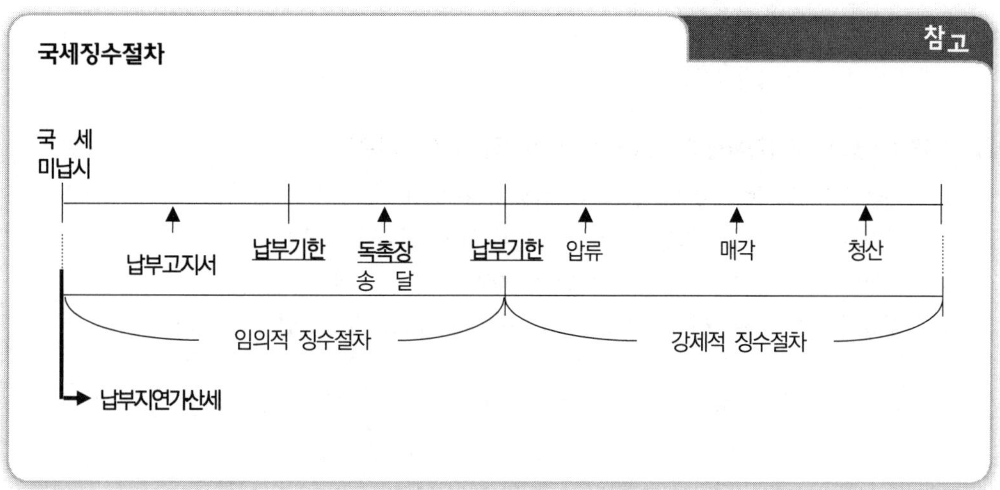

(3) 영세율과세표준신고불성실가산세

영세율이 적용되는 과세표준을 신고하지 아니하거나, 신고해야할 금액에 미달하게 신고한 경우 또는 영세율 첨부서류를 제출하지 않은 경우

영세율과세표준신고불성실가산세 = 무신고 또는 미달신고한 과세표준의 0.5%

연/습/문/제

객관식

01. 다음 중 부가가치세 신고와 관련하여 옳은 것은?

① 원칙적으로 모든 개인사업자는 예정신고를 하여야 한다.
② 폐업한 경우에는 그 폐업일로부터 25일 내에 확정신고하여야 한다.
③ 법인사업자가 예정신고한 과세표준은 확정신고시 신고하지 아니한다.
④ 직전과세기간에 환급세액이 있는 개인사업자는 예정신고를 하여야 한다.

02. 부가가치세법상 부가가치세의 환급에 대한 설명이 잘못된 것은?

① 영세율을 적용받는 경우 조기환급을 신청할 수 있다.
② 일반환급은 예정 또는 확정신고기한 경과후 20일 이내에 환급한다.
③ 조기환급의 경우에는 조기환급 신고기간 경과후 15일 이내에 환급한다.
④ 사업설비 등을 신설·취득·확장 또는 증축하는 경우도 조기환급 대상이다.

03. 다음 중 부가가치세법상 예정신고를 할 수 있는 개인사업자는?

① 예정신고기간분에 대해 조기환급을 받고자 하는 자
② 직전 과세기간에 대한 납부세액이 없는 자
③ 각 예정신고기간에 신규로 사업을 개시한 자
④ 각 예정신고기간에 간이과세자에서 일반과세자로 변경된 자

04. 다음 중 부가가치세법상 가산세율이 잘못된 것은?

① 재화나 용역의 공급시기가 속하는 과세기간까지 세금계산서를 미발급한 경우 : 2%
② 세금계산서의 필요적 기재사항의 일부가 착오로 적혀 있지 않은 경우 : 0.1%
③ 매출처별세금계산서합계표를 확정신고기한까지 미제출한 경우 : 0.5%
④ 부동산임대업자가 부동산임대공급가액명세서를 확정신고기한까지 미제출한 경우 : 1%

05. 도매업을 운영하는 개인사업자(전자세금계산서 발급의무자가 아니다.) 홍길동씨는 20x1년 1기 부가가치세 확정신고 후 20x1년 7월 30일에 매출세금계산서 1매(작성 및 발행일자 20x1.5.31)를 신고 누락한 것을 발견하고 이에 즉시 수정신고를 하려고 한다. 이때 적용해야 할 가산세가 아닌 것은?

(가) 과소신고 가산세	(나) 세금계산서 발급불성실가산세
(다) 매출처별 세금계산서 합계표 제출불성실가산세	(라) 납부지연 가산세

① 가 ② 나 ③ 다 ④ 라

06. 부가가치세법상 예정신고시의 제출 서류가 아닌 것은?

① 부동산임대공급가액명세서
② 대손세액공제신고서
③ 공제받지못할매입세액명세서
④ 의제매입세액공제신고

07. 20x1년 5월 10일에 사업을 개시하면서 대규모 시설투자를 한 경우, 부가가치세법상 시설투자로 인한 조기환급을 신고할 수 있는 가장 빠른 신고기한과 환급기간은 언제인가?

	신고기한	환급기간		신고기한	환급기간
①	20x1년 5월 31일	15일	②	20x1년 6월 25일	15일
③	20x1년 6월 25일	20일	④	20x1년 7월 25일	25일

08. 다음 중 부가가치세법상 조기환급 대상에 대한 내용으로 가장 바르지 않은 것은?

① 영세율을 적용받는 경우
② 사업자가 대통령령으로 정하는 사업 설비를 신설 · 취득 · 확장 또는 증축하는 경우
③ 사업자가 대통령령으로 정하는 재무구조개선계획을 이행 중인 경우
④ 신규사업자의 최초 과세기간에 발생한 환급세액

09. 다음 중 부가가치세법상 조기환급과 관련한 설명으로 틀린 것은?

① 수출업자는 조기환급 신고를 할 수 있다.
② 조기환급신청은 확정신고 기간에만 할 수 있다.
③ 조기환급 신고를 한 경우 과세당국은 조기환급신고기한이 지난 후 15일 이내 사업자에게 환급하여야 한다.
④ 사업설비를 신설·증축·확장하는 경우에도 조기환급신청이 가능하다.

10. 다음 중 부가가치세법상 가산세에 대한 설명으로 틀린 것은?

① 사업개시일부터 20일 이내에 사업자등록신청하지 않은 경우 : 1%
② 세금계산서 발급시기 지난후 재화 공급시기가 속하는 과세기간의 확정신고기한까지 발급하는 경우 : 1%
③ 세금계산서 발급시기 지난후 재화 공급시기가 속하는 과세기간의 확정신고기한 이후 발급하는 경우 : 2%
④ 재화 또는 용역을 공급받지 아니하고 세금계산서등을 발급받은 경우 : 2%

11. 다음 부가가치세법상 설명 중 (㉠) 안에 들어갈 금액으로 알맞은 것은?

휴업 또는 사업부진으로 인하여 각 예정신고기간의 공급가액이 직전 과세기간의 공급가액의 (㉠)에 미달하는 자는 예정신고를 하고 그에 따른 납부세액을 납부할 수 있다.

① 2.5분의 1 ② 2분의 1 ③ 1.5분의 1 ④ 3분의 1

12. 다음 중 부가가치세법상의 환급에 대한 설명 중 잘못된 것은?

① 일반환급의 경우는 과세기간별로 환급세액을 확정신고기한 경과 후 30일 이내에 환급한다.
② 조기환급의 경우에는 조기환급 신고기한 경과 후 15일 이내에 환급한다.
③ 영세율을 적용받는 경우에는 조기환급을 신청할 수 있다.
④ 조기환급은 과세기간 또는 예정신고기간별로만 신고가능하다.

주관식

01. 부가가치세법상 다음의 괄호 안에 들어갈 알맞은 말을 쓰시오.

> • 사업장 관할세무서장은 각 과세기간별로 해당 과세기간에 대한 부가가치세 환급세액을 그 확정신고기한 경과 후 (가) 이내에 사업자에게 환급하여야 한다.
> • 사업장 관할세무서장은 사업자가 부가가치세 조기환급을 신청한 경우에 조기환급 신고기간 경과 후 (나) 이내에 환급하여야 한다.

02. 다음 중 부가가치세법상 세금계산서를 허위교부(재화 등을 공급하고 공급자 또는 공급받는 자 아닌 자의 명의로 발급)한 경우에 가산세율은 공급가액의 몇 %인가?

03. 부가가치세법상 다음 괄호에 들어갈 내용으로 올바른 것은?

> 사업자가 법정기한까지 사업자 등록을 신청하지 아니한 경우에는 사업 개시일부터 등록을 신청한 날의 직전일까지의 공급가액에 대하여 ( )에 해당하는 금액을 미등록 가산세로 부과한다.

04. 컴퓨터판매업을 운영하고 있는 개인사업자 유재철은 제1기 부가가치세 확정신고 시 부가가치세 500,000원을 납부하지 못하였다. 만약 9월 15일에 납부할 경우 부가가치세법상 납부지연가산세는 얼마인가?(단, 신고는 기한 내 하였으며 **1일 2/10,000로 가정**한다.)

05. 법인사업자가 10월 30일에 공급가액 10,000,000원에 대한 재화를 공급하고 세금계산서를 한 달 후인 11월 30일에 발행하였다. 이 경우 부가가치세법상 세금계산서 지연발급 가산세는 얼마인가?

06. 부가가치세법상 개인사업자의 재화의 공급시기가 20x1년 2월 15일이고 세금계산서를 7월 15일에 발행한 경우 가산세는 그 공급가액의 몇 %인가?

07. 부가가치세법상 전자세금계산서 발급 의무자가 종이세금계산서를 발급한 경우 공급가액이 3,000,000원인 경우 가산세를 계산하시오.

08. 부가가치세법상 세금계산서를 발급하지 않은 경우 세금계산서 발급불성실가산세는 그 공급가액의 몇 %인가?

연/습/문/제 답안

객관식

1	2	3	4	5	6	7	8	9	10	11	12			
③	②	①	②	②	②	②	④	②	④	④	④			

[풀이 – 객관식]

01. ①④ **개인사업자는 예정신고의무가 없다.**
② 폐업한 경우 **폐업일이 속하는 달의 말일로부터 25일 이내** 확정신고하여야 한다.

02. 일반환급은 확정신고 기한 경과후 **30일 내에 환급**한다.

03. 개인사업자의 예정신고의무는 폐지되었으나, **조기환급받고자 하는 개인사업자는 예정신고를 할 수 있다.**

04. 착오로 기재되었다 하더라도 사실이 확인되는 경우 가산세를 부과하지 않는다.

05. 매출세액을 누락했으므로 신고불성실(과소신고)가산세 및 납부지연 가산세 대상이고, 매출세금계산서합계표에 누락되었으므로 미제출가산세를 적용받는다.

06. **확정신고시에만 대손세액 공제가 가능**하다. 따라서 대손세액공제신고서는 확정신고시에만 제출한다.

08. 영세율을 적용받는 경우, 사업 설비를 신설·취득·확장 또는 증축하는 경우, 사업자가 재무구조개선계획을 이행 중인 경우 조기환급대상이다.

09. **조기환급기간(매월 또는 매2월 등)에 신청가능**하다.

10. 재화 또는 용역을 공급받지 아니하고 세금계산서등을 발급받은 경우**(가공세금계산서) : 3%**

11. 휴업 또는 사업부진으로 인하여 각 예정신고기간의 공급가액이 직전 과세기간의 **공급가액의 3분의 1에 미달하는 자**는 예정신고를 하고 그에 따른 납부세액을 납부할 수 있다.

12. 조기환급의 경우 매월 또는 매2월 끝난 날부터 **25일 이내 신고가능**하다.

주관식

01	가 : 30일, 나 : 15일	02	2%	03	1%
04	5,200원	05	100,000원	06	1%
07	30,000원	08	2%		

[풀이 – 주관식]

01. **일반환급은 30일 이내, 조기환급은 15일 이내에 환급**하여야 한다.

02. **위장세금계산서의 가산세는 공급가액의 2%**이다.

03. **미등록가산세율은 공급가액의 1%**이다.

04. 500,000원(미납세액)×52일(7.26~9.15)×2(가정)/10,000 = 5,200원

05~06. 세금계산서의 발급시기가 지난 후 해당 재화 또는 용역의 공급시기가 속하는 과세기간에 대한 확정신고기한까지 세금계산서를 발급하는 경우 그 공급가액의 1퍼센트이다.
지연발급가산세 = 10,000,000×1% = 100,000원

07. 전자세금계산서 **미발급 가산세율은 공급가액의 2%(종이세금계산서 발급시 1%)**이다.
3,000,000×1%(종이세금계산서 발급) = 30,000원

08. **세금계산서 미발급가산세는 2%**이다.

Chapter

간이과세자 7

로그인 세무회계 3급

제1절 개요

1. 개요

부가가치세법에서는 연간거래금액이 일정 규모(1억 4백만원)에 미달하는 개인사업자에 대해서는 세부담을 경감시키고 납세편의를 도모할 수 있는 제도를 두고 있는데 이를 간이과세라 한다.

2. 범위

(1) 일반적인 기준

간이과세자는 **직전 1역년의 공급대가의 합계액이 1억 4백만원(각 사업장 매출액합계액으로 판정)에 미달하는 개인사업자**로 한다. **다만, 간이과세가 적용되지 아니하는 다른 사업장을 보유하고 있는 사업자는 그러하지 아니하다.**

직전연도 공급대가 합계액이 4,800만원 이상인 과세유흥장소 및 부동산임대사업자는 간이과세자에서 배제한다.

또한 **법인사업자의 경우에는 어떠한 경우에도 간이과세적용을 받을 수 없다.**

(2) 간이과세 적용배제업종

간이과세 기준금액에 해당하는 경우에도 사업자가 간이과세가 적용되지 않는 다른 사업장을 보유하고 있거나 사업자가 다음의 사업을 영위하면 간이과세를 적용받지 못한다.

① 광업
② 제조업
③ 도매업(소매업을 겸영하는 경우를 포함) 및 상품중개업
④ 부동산매매업
⑤ 일정한 기준에 해당하는 부동산임대업 및 과세유흥장소 영위사업
⑥ 건설업
⑦ 전문 · 과학 · 기술서비스업, 사업시설관리 · 사업지원 및 임대 서비스업
⑧ 전문직 사업서비스업(변호사업, 공증인업, 세무사업, 공인회계사업, 건축사업, 의료업, 손해사정인업 등)
⑨ 소득세법상 복식부기의무자
⑩ 일반과세자로부터 양수한 사업

이외에도 부가가치세법에서는 간이과세배제업종을 나열하고 있다.

(3) 신규사업개시자

신규로 사업을 시작하는 개인사업자는 사업을 시작한 날이 속하는 연도의 공급대가의 합계액이 1억 4백만원에 미달될 것으로 예상되는 때에는 **사업자등록신청시 간이과세 적용신고서를 사업장 관할세무서장에게 제출**하여야 한다.

3. 세금계산서 발급의무

(1) 원칙 : 세금계산서 발급

(2) 예외 : 영수증 발급

① 간이과세자중 신규사업자 및 직전연도 공급대가합계액이 4,800만원 미만인 경우
② 주로 사업자가 아닌자에게 재화 등을 공급하는 경우(소매업, 음식점업, 음식점업, 미용 및 욕탕 등)

다만 소매업, 음식점업, 숙박업 등은 공급받는 자가 요구하는 경우 세금계산서 발급의무

(3) 통지 : <u>발급 적용기간 개시 20일 전</u>까지 영수증 발급대상자인지 여부를 해당 사업자에게 통지(발급적용기간 개시당일까지 사업자등록증에 세금계산서 발급대상 여부를 정정하여 발급)

4. 신고 및 납부

(1) 과세기간 : 1.1~12.31(1년)

☞ 간이과세가 적용되거나 적용되지 않게 되는 기간은 1역년의 공급대가가 기준금액(1억 4백만원)에 미달되거나 그 이상의 되는 해의 **다음해 7월 1일을 과세유형전환의 과세기간**으로 한다. 즉 20x1년의 공급대가가 기준금액을 미달 또는 이상시 20x2.7.1.부터 과세유형이 변경된다.

(2) 예정부과제도

① 예정부과기간 : 1.1~6.30

② 고지징수 : 직전납부세액의 1/2을 고지징수(7/25), **50만원 미만은 소액부징수**
세금계산서를 발급한 간이과세자는 예정부과기간에 대하여 신고 및 납부(7/25)해야 한다.

③ 예외 : 사업부진(직전예정부과기간의 3분 1에 미달하는 간이과세자등)시 신고·납부할 수 있다.

제2절 간이과세자의 세액계산

1. 세액계산구조

공 급 대 가 (×)부가가치율 (×)세 율	공급가액+부가가치세 해당 업종의 부가가치율(15~40%) 10%
납 부 세 액	
(-)공 제 세 액 (+)가 산 세	세금계산서 등을 발급받은 매입액(공급대가)×0.5%(=매입세액×5.5%) 신용카드매출전표발행세액공제, 전자세금계산서 발급세액공제 등 세금계산서 발급 및 미수취가산세 적용
자진납부세액	**환급세액이 없다**

☞ <u>일반과세자에서 간이과세자로 변경시 : 재고납부세액</u>
간이과세자에서 일반과세자로 변경시 : 재고매입세액

〈간이과세자 요약〉

1. 거래증빙	**원칙 : 세금계산서(직전연도 공급대가 합계액 4,800만원 이상인 간이과세자)** **예외 : 영수증**
2. 업종별 부가가치율	15~40%
3. 세금계산서 수취시 세액공제	매입액(공급대가)×0.5%(=매입세액×5.5%)
4. 의제매입세액공제	배제
5. 신용카드매출전표등 발행세액공제	1.3%
6. 전자세금계산서 발급세액공제	건당 200원, 연간 한도 1백만원

<예제 7 - 1> 납부세액(간이과세자) 계산

다음은 제조업을 영위하는 간이과세자 홍길동의 20×1년(1.1~12.31) 부가가치세 확정신고를 위한 자료이다. 차가감납부세액을 계산하시오.

Ⅰ. 매출 및 매입내역

국내판매(공급대가)	일반영수증발행 매출액	50,000,000원
원재료매입	전자세금계산서 수취분 (VAT 미포함)	10,000,000원

Ⅱ. 기타 자료

- 제조업의 업종별 부가가치율은 20%로 가정한다.

해답

[납부세액의 계산]

구 분		금 액	세 액	비고
납부세액(A)	국내판매	50,000,000	1,000,000	**50,000,000×20%×10%**
공제세액(B)	세금계산서 매입액	11,000,000	55,000	**공급대가×0.5%**
차가감납부세액(A-B)			945,000	

2. 일반과세자와 간이과세자의 비교

구 분	일반과세자	간이과세자
적용대상자	-개인, 법인 불문	-**개인사업자에 한함** -**공급대가 1억 4백만원 미만**
납부세액	매출세액-매입세액	공급대가×부가가치율×10%
신고기간	1, 2기	**1기 : 1.1~12.31**
세금계산서	세금계산서 또는 영수증 발급	원칙 : 세금계산서 발급 예외 : 영수증 발급
대손세액공제	적용됨	규정없음.
매입세액	매입세액으로 공제	공급대가×0.5%(=매입세액×5.5%)
의제매입세액	업종제한 없음	**배제**
신용카드매출전표 발행세액공제	발행금액의 1.3% (개인사업자만 해당)	발행금액의 1.3%
납부의무 면제	없음	**공급대가 4,800만원 미만**
포기제도	없음	간이과세를 포기하고 일반과세자가 될 수 있고, **다시 포기신고의 철회가 가능**
기장의무	장부비치기장의무가 있음	발급받은 세금계산서와 발급한 영수증을 보관한 때에는 장부비치기장의무를 이행한 것으로 봄
가산세	-미등록가산세 : 공급가액의 1%	-미등록가산세 : 공급대가의 0.5%

연/습/문/제

객관식

01. 다음 중 최초 신규사업 개시 시 간이과세 배제대상 업종이 아닌 것은?

① 세무사업　　② 소매업
③ 도매업　　④ 부동산 매매업

02. 다음은 부가가치세법상 간이과세에 관한 설명이다. 옳지 않은 것은?

① 간이과세자는 직전 1역년의 공급대가가 4천 8백만원에 미달하는 개인사업자를 말한다.
② 일부 업종은 규모가 영세하여도 간이과세가 적용되지 않는다.
③ 간이과세자는 의제매입세액공제가 적용되지 않는다.
④ 간이과세자는 원칙적으로 예정부과기간에 고지징수하고, 확정신고를 한다.

03. 다음 중 부가가치세법상 간이과세자가 적용받을 수 있는 세액공제가 아닌 것은?

① 세금계산서에 의한 매입액　　② 전자신고세액공제
③ 신용카드발행세액공제　　④ 재고매입세액

04. 다음 중 부가가치세법상 간이과세자에 대한 설명 중 틀린 것은?

① 직전 1역년의 공급대가가 1억 4백만원 미만인 개인사업자는 간이과세에 해당한다.
② 광업, 제조, 도매업, 부동산매매업을 영위하는 자는 간이과세자에 해당하지 아니한다.
③ 모든 간이과세자는 세금계산서를 교부할 수 없다.
④ 각 과세기간의 공급대가가 4,800만원 미만인 경우 부가가치세 납부의무를 면제한다.

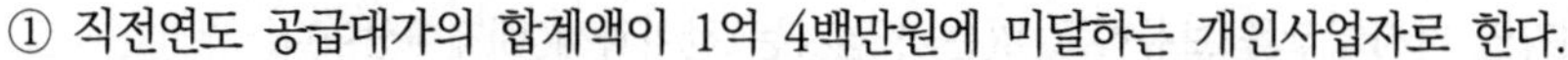

05. 다음 중 부가가치세법상 간이과세자에 대한 설명으로 틀린 것은?

① 직전연도 공급대가의 합계액이 1억 4백만원에 미달하는 개인사업자로 한다.
② 직전연도 공급대가의 합계액이 5,000만원미만인 간이과세자는 영수증을 발급해야 한다.
③ 경정에 의하여 공급대가가 간이과세 기준을 초과하는 경우 경정한 날이 속하는 과세기간까지 간이과세자로 본다.
④ 간이과세가 적용되지 않은 다른 사업장을 보유하고 있는 사업자는 간이과세를 적용받을 수 없다.

06. 현행 부가가치세법상 간이과세자에 대한 설명 중 틀린 것은?

① 간이과세자는 세금계산서를 발급하는 것이 원칙이고 예외적으로 영수증을 발급할 수 있다.
② 간이과세자의 납부세액은 공급가액에 부가가치율과 세율을 곱하여 계산한다.
③ 간이과세는 개인사업자에 한하여 적용받을 수 있다.
④ 간이과세자는 의제매입세액공제를 받을 수 없다.

07. 다음 부가가치세법상 간이과세자에 대한 설명 중 옳지 않은 것은?

① 직전 1역년의 공급대가가 9,000만원 미만인 개인사업자는 간이과세에 해당한다.
② 광업, 제조업, 도매업, 부동산매매업을 영위하는 자는 간이과세자에 해당하지 아니한다.
③ 간이과세자는 세금계산서를 발급하는 것이 원칙이고 예외적으로 영수증을 발급할 수 있다.
④ 해당 과세기간의 공급대가가 4,800만원 미만인 경우 부가가치세 납부의무를 면제한다.

08. 부가가치세법상 일반과세자와 간이 과세자를 비교한 다음의 내용 중 가장 옳지 않은 것은?

	항 목	일반과세자	간이과세자
①	과세표준	공급가액	공급대가(공급가액+VAT)
②	대손세액공제	적용받을 수 있음	규정 없음
③	영세율 적용	적용 가능	적용 가능
④	신용카드매출전표 등 수령에 따른 공제	매입세액 공제가능	납부세액에서 공제 불가능

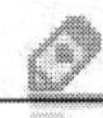

09. 다음 중 부가가치세법상 간이과세자에 대한 설명으로 올바르지 않은 것은?

① 일반과세자인 타사업장을 보유하고 있는 사업자는 간이과세 배제대상이다.
② 간이과세자도 가산세를 적용받는다.
③ 간이과세자는 원칙적으로 예정부과에 따른 납부는 없다.
④ 간이과세자도 신용카드매출전표 발급 등 세액공제를 적용받을 수 있다.

10. 다음 중 부가가치세법상 간이과세자에 대한 설명으로 잘못된 것은?

① 과세표준의 계산 : 공급대가
② 납부세액의 계산 : 공급대가×업종별부가가치율×세율
③ 매입세액공제 : 세금계산서 등을 발급받는 매입액(공급대가)×1%
④ 대손세액공제 : 규정없음

11. 다음 중 부가가치세법상 간이과세자에 대한 설명으로 잘못된 것은?

① 간이과세자의 과세표준은 원칙적으로 해당 과세기간의 공급대가의 합계액으로 한다.
② 세무사업은 간이과세자가 될 수 없다.
③ 간이과세 적용 신고를 한 개인사업자는 최초의 과세기간에는 간이과세자로 할 수 있다.
④ 간이과세자는 간이과세를 포기하고 일반과세를 적용받을 수 없다.

12. 다음 중 부가가치세법상 간이과세자에 대한 설명 중 틀린 것은?

① 법인사업자는 간이과세자가 될 수 없다.
② 간이과세자는 간이과세를 포기하고 일반과세자로 변경할 수 있다.
③ 변호사업을 영위하는 직전 연도의 공급대가의 합계액이 1천만원인 개인사업자는 간이과세자가 될 수 있다.
④ 간이과세자도 원칙적으로 부가가치세 신고 의무가 있다.

13. 다음 중 부가가치세법상 간이과세자가 적용받을 수 없는 것은?

① 재고납부세액
② 재고매입세액
③ 매입세금계산서 등에 대한 세액공제
④ 신용카드매출전표발급 등에 대한 세액공제

주관식

01. 다음 괄호( )안에 들어갈 알맞은 기준금액을 쓰시오.

직전연도의 공급대가가 (A) 미만인 개인사업자를 간이과세자라 하며, 간이과세자의 해당 과세기간에 대한 공급대가가 (B) 미만인 경우 부가가치세 납부의무를 면제한다.

02. 다음의 ( )에 들어갈 말을 쓰시오.

일반과세자의 과세표준은 (A)이며, 간이과세자의 과세표준은 (B)(으)로 한다.

03. 소매업을 영위하는 간이과세자인 최숙진 씨의 제1기 확정신고기간의 공급대가는 60,000,000원이며, 매입세금계산서 수령금액은 없다. 소매업의 부가가치율이 15%(가정)인 경우 납부해야 할 부가가치세액은 얼마인가?

04. 다음 자료에 의하여 음식점업(과세유흥장소 아님)을 영위하는 간이과세자 홍길동씨의 20x1년 부가가치세 신고시 차가감 납부세액은 얼마인가?

(1) 공급대가(부가가치세 포함) : 60,000,000원 (2) 매입세금계산서상의 부가가치세 공급가액 : 20,000,000원 (3) 음식점업의 부가가치율은 15%이라고 가정한다.

05. 다음 중 부가가치세법상 ( )에 들어갈 용어로 알맞은 것은?

( )은(는) 간이과세자에서 일반과세자로 과세유형이 변경될 경우 적용된다.

연/습/문/제 답안

객관식

1	2	3	4	5	6	7	8	9	10	11	12	13		
②	①	④	③	②	②	①	④	③	③	④	③	②		

[풀이 – 객관식]

02. **직전 1역년의 공급대가가 1억4백만원에 미달하는 개인사업자**를 말한다.

03. **재고매입세액은 간이과세자가 일반과세자로 전환**된 경우 적용받을 수 있는 세액공제이다.

04. 간이과세자는 세금계산서를 발급하는 것이 원칙이고 예외적으로 **직전과세기간 4,800만원 미만인 간이과세자는 영수증을 발급**해야 한다.

05. 직전연도 공급대가의 합계액이 4,800만원 미만인 간이과세자는 영수증을 발급해야 한다.

06. 간이과세자는 공급대가에 업종별부가가치율과 세율(10%)를 곱하여 납부세액을 계산한다.

07. 1역년 공급대가 1억 4백만원 미만인 개인사업자는 간이과세에 해당한다.

08. 간이과세자가 다른 사업자로부터 **신용카드매출전표 등을 교부**받은 경우 신용카드매출전표 등에 기재된 **공급대가에 0.5%(매입세액의 5.5%)**을 곱하여 계산한 금액을 납부세액에서 공제한다.

09. 사업장관할세무서장은 간이과세자에 대하여 **직전 과세기간에 대한 납부세액의 50%를 납부고지서**로 발부하여 징수한다.

10. **매입액(공급대가)의 0.5%**

11. 일반과세를 적용받고자 하는 **간이과세자는 간이과세 포기신청을 하고 일반과세를 적용받을 수 있다.**

12. **변호사업은 간이과세 적용 배제 업종**으로 직전 연도의 공급대가 수준과 관계없이 간이과세자로 보지 않는다.

13. **재고매입세액(간이과세자에서 일반과세자로 변경)은 일반과세자만 적용**받을 수 있다.

주관식

01	A : 1억 4백만원 B : 4,800만원	02	A : 공급가액 B : 공급대가	03	900,000원
04	790,000원	05	재고매입세액		

[풀이 – 주관식]

03.

구 분		금 액	세 액	비고
납부세액(A)	국내판매	60,000,000	900,000	**60,000,000×15%×10%**
공제세액(B)	세금계산서 매입액			**공급대가×0.5%**
차가감납부세액(A – B)			**900,000**	

04.

구 분		금 액	세 액	비고
납부세액(A)	국내판매	60,000,000	900,000	**60,000,000×15%×10%**
공제세액(B)	세금계산서 매입액	22,000,000	110,000	**공급대가×0.5%**
차가감납부세액(A – B)			**790,000**	

05. 간이과세자가 일반과세자로 변경되면 그 변경 당시의 재고품, 건설 중인 자산 및 감가상각자산에 대하여 대통령령으로 정하는 바에 따라 계산한 금액을 **매입세액으로 공제(재고매입세액)**할 수 있다.

Part III

법인세

Chapter

총 설 1

제1절 법인세란?

1. 법인의 과세소득

법인세는 **법인이 얻은 소득(순자산증가설)**에 대하여 그 법인에게 부과되는 조세이다.

법인세는 ①각사업연도 소득 ②청산소득 ③토지 등 양도소득 3가지의 과세소득으로 구성된다.

여기서 순자산(자본)증가설이란 일정기간 동안의 **순자산증가액(자본의 증가액 = 익금 - 손금)**을 파악하여 과세소득으로 본다는 이론으로, 순자산을 증대시키는 모든 소득에 대해서 **포괄적으로 과세하는 방식**을 말한다. 따라서 **포괄주의**란 표현을 하고 있다.

이에 반해 소득세는 일정기간 동안 계속·반복적으로 발생하는 소득에 대해서만 세금을 부과하는 소득원천설의 입장을 취하고 있으며 법에 열거된 소득에 대해서만 과세방식을 취하고 있다.

	법인세	소득세
소득학설	순자산증가설	소득원천설
과세방식	**포괄주의**	**열거주의** (금융·사업소득에 대해서는 유형별포괄주의)

		각사업연도소득		토지등양도소득		청산소득
과세표준		익금총액		양도금액		잔여재산가액
	-	손금총액	-	장부가액	-	자기자본총액
	=	각사업연도소득금액	=	양도차익	=	청산소득금액
	-	이월결손금	-	비과세소득		
	-	비과세소득				
	-	소득공제				
	=	과세표준	=	과세표준	=	과세표준
세율	**9%, 19%, 21%, 24%**		**기본 : 10%** 미등기 : 40%		각사업연도소득과 동일	
신고납부	**각사업연도 종료일이 속하는 달의 말일부터 3개월 이내** (12월말 결산법인 : 익년도 3월 31일)				잔여재산가액확정일이 속하는 달의 말일부터 3개월 이내 신고납부	

(1) 각 사업연도소득

각 사업연도소득이라 함은 법인의 각 사업연도의 익금총액에서 손금총액을 공제한 금액을 말하는바, 일반적으로 법인세라 하면 이를 의미한다.

(2) 토지등양도소득

법인의 부동산투기를 방지하기 위하여 주택(별장추가), 비사업용토지와 투기지역 안의 토지 등을 양도함으로써 발생하는 소득을 말한다.

(3) 청산소득

영리내국법인이 해산(합병 또는 분할에 의한 해산은 제외)에 의해 소멸할 때 각사업연도 소득에서 과세되지 못한 소득(주로 자산의 평가차익)에 대하여 마지막으로 청산시 과세하는 것을 말한다.

(4) 미환류소득(투자 · 상생협력* 촉진세제 - 조특법)

투자, 임금증가, 상생협력출연금이 당기 소득 금액의 일정비율 이하인 경우 미달액에 대하여 20% 법인세를 추가적으로 부과한다. 대상기업은 상호출자제한 기업소속 집단법인이다.

* 대기업과 중소기업간, 중소기업 상호간에 기술, 구매, 판로 등의 부문에서 서로의 이익을 증진하기 위하여 하는 공동의 활동

2. 법인세의 납세의무자

법인세의 납세의무자는 "법인"이다. 이에는 설립등기된 법인뿐만 아니라 국세기본법에 의해 법인으로 보는 단체(법인 아닌 단체)도 포함된다. **다만, 국가·지방자치단체·지방자치단체조합은 과세대상에서 제외**한다.

* 법인격 없는 단체(법인 아닌 단체) : 설립등기를 하지 않아 법인격을 취득하지 못한 사단, 재단, 그 밖의 단체를 말한다.

(1) 법인의 구분

① 내국법인과 외국법인

내국법인이란 법인의 **본점이나 주사무소 또는 사업의 실질적 지배관리장소**를 국내에 둔 법인을 말한다.

외국법인이란 외국에 본점 또는 주사무소를 둔 법인을 말한다.

내국법인은 국내+국외원천소득에 대해서 납세의무를 지고(무제한납세의무), 외국법인은 국내원천소득에 대해서만 납세의무를 진다.(제한납세의무)

② 영리법인과 비영리법인

영리법인은 **영리를 목적으로 하는 법인**을 말하며, 비영리법인이란 학술·종교·자선 기타 영리 아닌 사업을 목적으로 하는 법인을 말한다. 여기서 **영리란 이윤추구+이러한 이윤을 구성원에게 분배하는** 것을 말한다.

비영리법인이 고유목적사업(학술·종교·자선 등)에서 발생된 소득에 대해서는 법인세가 과세되지 않으나 만약 법인세법에서 규정하는 수익사업에서 발생하는 소득에 대해서는 각 사업연도의 소득에 대한 법인세납세의무를 진다. 이는 영리법인과 비영리법인사이의 과세형평을 고려한 것이다.

(2) 법인종류별 납세의무

구 분		각 사업연도소득	토지 등 양도소득	청산소득
내국법인	영리법인	국내+국외원천소득	○	○
	비영리법인	국내+국외 원천소득 중 수익사업	○	×*1
외국법인	영리법인	국내원천소득	○	×*2
	비영리법인	국내원천소득중 수익사업소득	○	
국가·지방자치단체*3		**비과세법인**		

*1. 비영리법인의 경우에는 해산으로 인한 잔여재산을 구성원에게 분배할 수 없고, 보통 국가나 다른 비영리법인에게 잔여재산을 인도한다.

*2. 외국법인의 경우에는 해산이 본점소재인 외국에서 행해지기 때문에 국내에 과세권이 없기 때문이다.

*3. 외국정부나 지방자치단체는 비영리외국법인으로 취급한다.

제2절 사업연도와 납세지

1. 사업연도 

법인의 소득을 파악하기 위해서 일정 기간을 단위로 구획하는데, 이를 사업연도라고 한다. **다만, 그 기간은 1년을 초과하지 못한다.**

<table>
<tr><td colspan="2">정관 · 법령에 규정</td><td><u>법령 또는 법인의 정관 등에서 정하는 규정</u></td></tr>
<tr><td rowspan="2">정관 · 법령에 규정이 없는 경우</td><td>신 고</td><td>사업연도를 정하여 법인설립신고<u>(설립등기일로부터 2개월 이내)</u> 또는 사업자등록(사업개시일로부터 20일 이내)과 함께 납세지 관할세무서장에게 이를 신고하여야 한다.</td></tr>
<tr><td><u>무신고</u></td><td><u>매년 1월 1일부터 12월 31일까지를 그 법인의 사업연도로 한다.</u></td></tr>
</table>

☞ 정관 : 법인의 조직 활동(설립목적, 조직, 업무내용등)을 정한 근본 규칙

(1) 최초 사업연도의 개시일

<table>
<tr><th>구 분</th><th>최초 사업연도의 개시일</th></tr>
<tr><td>내국법인</td><td><u>원칙 : 설립등기일</u>
예외[*1] : 당해 법인에 귀속시킨 손익이 최초로 발생한날</td></tr>
<tr><td>외국법인</td><td>국내사업장을 가지게 된 날(국내사업장이 없는 경우에는 부동산소득 · 양도소득이 최초로 발생한 날)</td></tr>
<tr><td>(법인으로 보는) 법인 아닌 단체</td><td>① 법령에 설립일이 정하여진 경우 : 그 설립일
② 주무관청의 허가 · 인가를 받았거나 주무관청에 등록한 경우 : 허가일 · 인가일 또는 등록일
③ 공익을 목적으로 출연된 기본재산이 있는 재단 : 출연받은 날
④ 관할세무서장의 승인을 얻은 단체 : 승인일</td></tr>
</table>

*1. 최초 사업연도의 개시일 전에 생긴 손익을 사실상 그 법인에 귀속시킨 것이 있는 경우, 조세포탈의 우려가 없을 때에는 최초 사업연도의 기간이 1년을 초과하지 않는 범위 내에서 이를 당해 법인의 최초 사업연도의 손익에 산입할 수 있다. 이 경우 최초 사업연도의 개시일은 **<u>당해 법인에 귀속시킨 손익이 최초로 발생한 날</u>**로 한다.

(2) 사업연도의 변경

사업연도를 변경하고자 하는 법인은 그 법인의 **종료일부터 3월 이내**에 납세지 관할세무서장에게 이를 신고하여야 하며, 기한 내에 신고를 하지 않은 경우에는 그 법인의 사업연도는 변경되지 않은 것으로 본다.

예를 들어 12월 결산법인의 경우 20×1년도부터 변경된 사업연도를 적용할려면 20×1년 3월 31일까지 사업연도변경신고서를 제출하여야 한다.

또한 사업연도가 변경된 경우에는 종전 사업연도의 개시 일부터 변경된 사업연도의 개시일 전일까지의 기간에 대하여는 이를 1사업연도로 한다. 다만, 그 기간이 1월 미만인 경우에는 변경된 사업연도에 이를 포함한다. 따라서 이 경우에는 사업연도가 1년을 초과하는 결과가 초래될 수 있는데, 이것은 예외적으로 허용된다.

2. 납세지

"납세지"란 납세의무자가 납세의무를 이행하고 과세권자가 부과징수를 행하는 기준이 되는 장소이다. 따라서 법인세는 이러한 납세지를 관할하는 세무서장 또는 지방국세청장이 과세하게 된다.

(1) 원칙적인 납세지

구 분	납 세 지
내국법인	당해 법인의 **등기부상의 본점 또는 주사무소의 소재지**
외국법인	국내사업장의 소재지(2 이상의 국내사업장이 있는 경우에는 주된 사업장[*1]의 소재지)
법인 아닌 단체	① 사업장이 있는 경우 : (주된) 사업장 소재지 ② 주된 소득이 부동산소득인 경우 : (주된) 부동산소재지

*1. 사업수입금액이 가장 많은 사업장(최초 납세지를 정하는 경우에만 적용)

(2) 원천징수한 법인세의 납세지

원천징수한 법인세의 납세지는 당해 **원천징수의무자의 소재지**로 한다. 이는 구체적으로 다음의 장소를 말한다.

원천징수의무자	납 세 지
법인	① **원칙 : 당해 법인의 본점 등의 소재지** ② 예외 : 법인의 지점·영업소 기타 사업장이 독립채산제에 의하여 독자적으로 회계사무를 처리하는 경우에는 그 사업장의 소재지
개인	① 원천징수의무자가 거주자인 경우 : 그 거주자가 원천징수하는 사업장의 소재지 ② 원천징수의무자가 비거주자인 경우 : 그 비거주자가 원천징수하는 국내사업장의 소재지

(3) 납세지의 지정

관할지방국세청장(또는 국세청장)은 납세지가 그 법인의 납세지로서 부적당하다고 인정되는 경우에는 위의 규정에 불구하고 그 납세지를 지정할 수 있다.

이처럼 납세지를 지정한 때에는 그 법인의 당해 사업연도 종료일부터 45일 이내에 당해 법인에게 이를 통지하여야 하며, 기한 내에 통지하지 않은 경우에는 종전의 납세지를 그 법인의 납세지로 한다.

(4) 납세지의 변경

법인은 그 납세지가 변경된 경우 그 변경된 날부터 15일 이내에 변경 후의 납세지 관할세무서장에게 이를 신고하여야 하며 신고를 받은 세무서장은 그 신고 받은 내용을 변경 전의 납세지 관할세무서장에게 통보하여야 한다.(이 경우 납세지가 변경된 법인이 **부가가치세법의 규정에 의하여 그 변경된 사실을 신고한 경우에는 납세지 변경신고를 한 것으로 본다.)**

연/습/문/제

객관식

01. 현행 우리나라 법인세제도와 관련이 가장 적은 것은?

① 부과징수제도　　② 원천징수제도
③ 신고납세제도　　④ 세무조정

02. 다음 중 법인세법상 과세대상소득에 해당하지 않는 것은?

① 각 사업연도 소득　　② 청산소득
③ 토지 등 양도소득　　④ 연금소득

03. 법인세법상 원칙적으로 영리내국법인의 최초 사업연도 개시일은 언제인가?

① 사업자등록 신청일　　② 법인 설립등기일
③ 사업개시일　　④ 매년 1월 1일

04. 다음 중 법인세법상 납세지의 연결이 잘못된 것은?

① 내국법인의 경우 등기부상 본점 소재지
② 외국법인의 경우 국내사업장 소재지
③ 원천징수한 법인세의 납세지는 해당 소득자의 소재지
④ 외국법인(국내사업장 없음)의 국내부동산임대소득의 경우 그 부동산 소재지

05. 법인세법상 법령 또는 정관 등에 사업연도에 관한 규정이 없고 또한 신고도 없는 경우에 적용하는 사업연도는?

① 매년 1월 1일부터 12월 31일까지
② 매년 4월 1일부터 익년 3월 31일까지
③ 매년 5월 1일부터 익년 4월 30일까지
④ 매년 7월 1일부터 익년 6월 30일까지

06. 다음 중 법인세가 부과되는 소득이 아닌 경우는?

① 영리내국법인의 각 사업연도 소득
② 비영리내국법인의 청산소득
③ 영리외국법인의 국내 원천소득
④ 비영리내국법인의 수익사업에서 발생하는 각 사업연도 소득

07. 법인세법상 사업연도에 관한 다음 설명 중 잘못된 것은?

① 내국법인의 최초 사업연도 개시일은 설립등기일이다.
② 내국법인의 경우 무조건 1월 1일부터 12월 31일까지를 사업연도로 한다.
③ 사업연도의 변경은 직전 사업연도 종료일로부터 3개월 이내에 변경 신고를 하여야 한다.
④ 법인의 사업연도는 정관 등에서 정하는 1회계기간으로 하나, 그 기간은 1년을 초과하지 못한다.

08. 법인세법상 납세지에 관한 다음 설명 중 잘못된 것은?

① 납세지란 납세의무의 이행과 부과징수를 행하는 기준이 되는 장소이다.
② 내국법인의 납세지는 등기부상 본점 또는 주사무소의 소재지이다.
③ 납세지가 변경된 경우 변경일로부터 15일 이내에 변경 후의 납세지 관할 세무서장에게 신고하여야 한다.
④ 원천징수한 법인세의 납세지는 그 원천징수를 당한 법인의 소재지로 한다.

09. 법인세법상 과세소득과 납세의무자에 관한 설명으로 잘못된 것은?

① 법인의 과세소득은 각 사업연도의 소득, 청산소득, 토지 등 양도소득 등의 4가지가 있다.
② 내국법인이란 국내에 본점이나 주사무소 또는 사업의 실질적 관리장소를 둔 법인을 말한다.
③ 영리법인이란 영리를 목적으로 하는 법인을 말한다.
④ 지방자치단체도 내국법인이므로 법인세를 부과한다.

10. 법인세법상 납세의무자별 과세소득 범위가 잘못 짝지어진 것은?

	구분	과세대상 각 사업연도 소득	청산소득
①	영리내국법인	국내·외 모든 소득금액	과세함
②	비영리내국법인	국내 수익사업 소득금액	과세안함
③	영리외국법인	국내원천 모든 소득금액	과세안함
④	비영리외국법인	국내원천 수익사업 소득금액	과세안함

11. 다음 중 법인세법상 납세지에 관한 내용으로 가장 옳지 않은 것은?

① 외국법인의 법인세 납세지는 국내사업장 소재지로 한다.
② 둘 이상의 국내사업장이 있는 외국법인은 대통령령으로 정하는 주된 사업장의 소재지를 납세지로 할 수 있다.
③ 납세지가 그 법인의 납세지로 적당하지 아니하다고 인정되는 경우 국세청장은 그 납세지를 지정할 수 있다.
④ 법인의 납세지가 변경된 경우 그 변경된 날부터 20일 이내에 납세지 관할 세무서장에게 이를 신고하여야 한다.

12. 다음 중 법인세법상 용어의 정의로 잘못된 것은?

① 내국법인 : 국내에 본점이나 주사무소 또는 사업의 실질적 관리장소를 둔 법인을 말한다.
② 외국법인 : 국내에 실질적 관리장소가 있는 경우로써 외국에 본점 또는 주사무소를 둔 법인을 말한다.
③ 사업연도 : 법인의 소득을 계산하는 1회계기간을 말한다
④ 비영리외국법인 : 외국법인 중 외국의 정부·지방자치단체 및 영리를 목적으로 하지 아니하는 법인(법인으로 보는 단체를 포함한다)을 말한다.

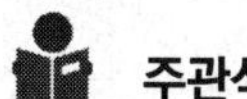

주관식

01. (주)팔탄은 4월 25일 사업을 시작하기 위해 주주를 결정하고 5월 1일 법인설립등기를 하였는데, 정관상의 사업연도는 1.1~12.31 까지로 정하였다. 그리고 5월 30일 사업자등록을 했는데, 실제 사업개시일은 5월 10일이었다. 이 경우 법인세법상 사업연도의 개시일은 언제인가?

02. 다음 (　　)안에 들어갈 말은?

법인세법상 법인의 사업연도 변경은 직전사업연도 종료일로부터 (　　) 이내 신고하여야 한다.

03. 다음 내용에서 말하는 것은 무엇인가?

이것은 법인의 관할세무서를 정하는 기준이며, 이것은 법인세 납세의무자인 법인의 입장에서는 법인세를 신고 · 납부하는 기준이 되고, 법인세 과세권자인 국가의 입장에서는 법인세를 부과 · 징수하는 기준이 된다.

04. 수원산업(주)은 20x1년 7월 31일자로 본점을 이전하였다. 이로 인하여 관할세무서에 납세지변경신고를 하고자 한다. 법인세법상 변경신고는 언제까지인가?

연/습/문/제 답안

객관식

1	2	3	4	5	6	7	8	9	10	11	12			
①	④	②	③	①	②	②	④	④	②	④	②			

[풀이 – 객관식]

01. 납세의무 확정시 신고납세제도와 정부부과과세제도가 있는데, 대부분의 조세는 납세의무자가 과세표준 및 세액을 정부에 신고한 때 확정되는 신고납세제도인데, 부과징수제도(정부부과제도)는 과세당국의 결정에 의하여 납세의무가 확정되는 것을 말하는데 상속세와 증여세가 대표적이다.

02. 연금소득은 개인에게만 발생되는 소득이다.

03. **내국법인의 경우 설립등기일**이다. 예외적으로 **손익이 최초로 발생한 날로 하는 경우**도 있다.

04. 원천징수한 법인세의 납세지는 해당 **원천징수의무자의 소재지**이다.

06. 영리내국법인만 청산소득에 대한 법인세 납세의무를 진다.

07. 원칙은 정관등에서 정하는 기간으로 한다.

08. 원천징수법인세는 원천징수 의무자의 소재지를 납세지로 한다.

09. **국가와 지방자치단체**(지방자치단체조합을 포함한다. 이하 같다)에 대하여는 **법인세를 부과하지 아니한다.**

10. 비영리내국법인은 각사업연도 소득금액에 있어 국내+국외 수익사업에 발생한 소득에 대하여 납세의무를 진다.

11. **납세지 변경시 15일 이내에 신고**해야 한다.

12. 외국법인은 국내에 사업의 실질적 관리장소가 소재하지 않는 경우만 해당한다.

주관식

01	5월 1일	02	3개월	03	납세지
04	20x1년 8월 15일				

[풀이 – 주관식]

01. 내국법인은 **설립등기일이 사업연도 개시일**로 한다.

Chapter

법인세의 계산구조 2

로그인 세무회계 3급

	결산서상당기순이익	
+	익금산입 · 손금불산입	⇨ 가산조정 ─ 세무조정
−	손금산입 · 익금불산입	⇨ 차감조정 ─ 세무조정
+	기부금한도초과액	
=	각사업연도소득	
−	이월결손금	⇨ 당해 사업연도 개시일 전(5년, 10년, 15년) 발생한 세무상의 결손금
−	비과세소득	
−	소득공제	
=	과세표준	
×	세율	⇨ 9%, 19%, 21%, 24%
=	산출세액	
−	세액감면	
−	세액공제	
+	가산세및추가납부세액	
=	총부담세액	
−	기납부세액	⇨ 중간예납세액, 원천징수세액, 수시부과세액
=	차감납부세액	

제1절 세무조정

각 사업연도의 소득은 익금총액에서 손금총액을 공제한 것이다. 손금총액이 익금총액을 초과하는 경우에는 그 초과하는 금액을 각 사업연도의 **결손금**(이것을 "기업회계상 결손금"과 구별하여 "세무회계상 결손금"이라고 부른다)이라고 한다.

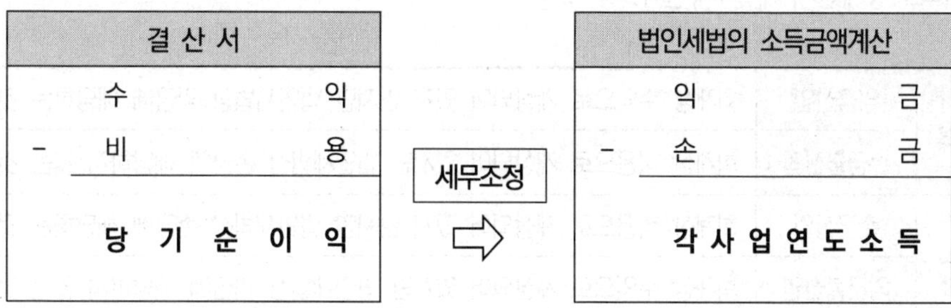

이처럼 **결산서상 당기순이익과 법인세법에 따른 각 사업연도의 소득금액 사이의 차이를 조정하는 과정, 즉 당기순이익에서 출발하여 각 사업연도의 소득금액에 산출하는 과정을 '세무조정' 이라고 한다.**

1. 세무조정의 방법

*1. 직접법 : 익금총액에서 손금총액을 차감하여 계산하는 방법을 직접법이라 한다. 그러나 기업에서는 100개의 거래 중 95개 이상이 법인세법과 기업회계가 일치한다.

*2. 간접법 : 결산서상 당기순이익에서 출발하여 기업회계와 법인세법의 차이내용을 조정하는 것을 간접법이라 한다.

따라서 **기업은 간접법에 따라 평소에는 기업회계기준대로 당기순이익을 산출하고 연말 법인세 계산시 세무조정을 통하여 각사업연도소득금액을 산출한다.**

익금산입과 손금불산입은 모두 소득금액에 가산하는 세무조정이라는 점에서 일치하며 양자의 구별은 중요하지 않다. 그리하여 이들을 **가산조정**이라 하고, 손금산입과 익금불산입은 **차감조정**이라 한다.

이러한 세무조정사항은 **'소득금액조정합계표'**에 표시되며, 이러한 조정사항은 '법인세 과세표준 및 세액조정계산서'에 기재된다.

가산조정	익금산입	회계상 수익으로 계상되어 있지 않지만 법인세법상 익금에 해당하는 것
	손금불산입	회계상 비용으로 계상되어 있지만 법인세법상 손금에 해당하지 않는 것
차감조정	손금산입	회계상 비용으로 계상되어 있지 않지만 법인세법상 손금에 해당하는 것
	익금불산입	회계상 수익으로 계상되어 있지만 법인세법상 익금에 해당하지 않는 것

[별지 제15호서식] (앞쪽)

사업연도	소득금액조정합계표		법인명
사업자등록번호		법인등록번호	

익금산입 및 손금불산입 (가산조정)				손금산입 및 익금불산입 (차감조정)			
①과목	②금액	③소득처분		④과목	⑤금액	⑥소득처분	
		처분	코드			처분	코드

2. 세무조정의 주체

① 신고	법　인
② 결정 · 경정하는 경우	과세관청

☞ 결정 : 법인이 무신고시 과세관청이 납세의무를 확정하는 것
　경정 : 법인이 신고한 금액에 오류가 있어 과세관청이 재확정하는 것

3. 결산조정과 신고조정

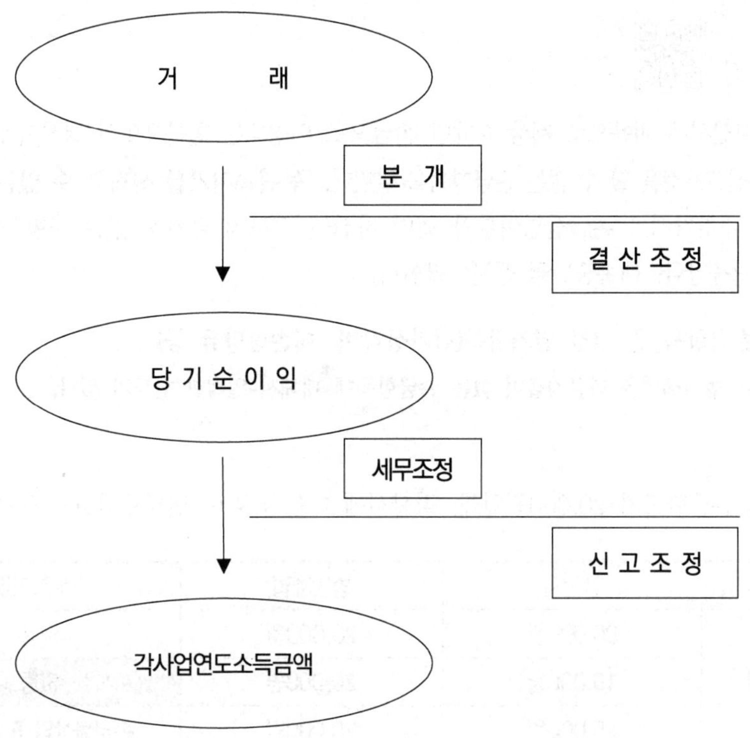

(1) 신고조정

① 정의 : 결산서에 과소계상된 경우에 반드시 신고조정을 하여야 하는 익금 · 손금항목을 말한다. 즉 **귀속시기가 강제된 사항으로서 회사의 객관적인 외부거래로 인해 반드시 익금 또는 손금에 산입되어야 하는 사항**들을 말한다.

② 대상 : **결산조정사항 이외의 모든 외부거래**를 말한다.

③ 사례

직원의 급여가 20,000원 발생하였는데, 결산서에 다음과 같이 반영했다고 가정하자.

	결산서	법인세법	세무조정
인건비 (급여)	20,000원	20,000원	없음
	15,000원	**20,000원**	**손금산입 5,000원**
	25,000원	**20,000원**	**손금불산입 5,000원**

결산서에 과소(과대)계상한 경우에는 **반드시 세무조정을 통해서 각사업연도소득금액에 반영하는 것을 신고조정사항**이라 한다.

(2) 결산조정 

① **정의** : 결산서에 비용으로 계상 시에만 손금으로 인정되는 항목으로서 결산서에 과소계상된 경우에 신고조정을 할 수 없는 손금항목을 말한다. 즉 **귀속시기를 선택할 수 있는 사항**으로서 회사의 내부거래로 손금산입여부가 법인 자신의 의사에 맡겨져 있는 사항들(감가상각비, 퇴직급여충당금, 대손충당금 등)을 말한다.

② 대상 : **손금항목 중 일정 열거항목(감가상각비, 대손충당금 등)**

☞ **법인세법은 현금지출이 없는 손금항목에 대해서 일정한 한도가 있다.**

③ 사례

감가상각비 손금한도가 20,000원인데, 결산서에 다음과 같이 반영했다고 가정하자.

	결산서	법인세법	세무조정
감가상각비	20,000원	20,000원	없음
	15,000원	**20,000원**	**없음**
	25,000원	**20,000원**	**손금불산입 5,000원**

결산서에 과소계상한 경우에는 손금산입할 수 없지만 과대계상한 경우에는 반드시 세무조정을 통해서 각사업연도소득금액에 반영하는 것을 결산조정사항이라 한다.

④ 결산조정사항

결산조정사항은 법인세법을 공부하고 다시 보시면 정확히 이해하실 것입니다.

구분	내 용	비 고
자산의 상각	**고정자산의 감가상각비**	
충당금	**대손충당금, 퇴직급여충당금**	※ 퇴직연금부담금의 손금산입은 신고조정도 허용된다.
준비금	법인세법상준비금	
	조특법상 준비금 등	※ 잉여금처분에 의한 신고조정도 허용된다.
자산의 감액손실등	**재고자산, 고정자산 및 주식 등의 감액손실**	
	대손금	※ **소멸시효완성분 등 일정한 대손금은 신고조정 사항이다.**

〈결산조정과 신고조정〉 

구분	결산조정	신고조정
특징	**내부거래(현금지출없는)**	**외부거래**
손금산입방법	**귀속시기 선택**	**귀속시기 강제**
	결산서에 비용으로 계상하여야만 손금인정	**① 장부에 비용계상하거나 ② 세무조정을 통하여 손금산입하는 경우 모두 인정**
신고기한후 경정청구 (수정신고)가능 여부	경정청구(수정신고)대상에서 제외 ☞ 기업의 임의선택사항이기 때문에 추후 수정신고불인정	경정청구(수정신고)대상
추후손금 인정 여부	추후 결산상 비용으로 계상하면 손금인정됨.	결산상비용 또는 세무조정도 누락시 이후 사업연도의 손금으로 인정되지 아니함. 따라서 해당연도에 경정청구(수정신고)를 하여야 함.

☞ 수정신고 : 신고한 과세표준과 세액이 세법에 의하여 신고하여야 할 **과세표준과 세액에 미달하는 때에 (과소신고)** 납세의무자가 스스로 고쳐 정당한 과세표준과 세액을 신고하는 것

☞ 경정청구 : 신고한 과세표준과 세액이 세법에 의하여 신고하여야 할 과세표준과 세액에 **과대신고(과소환급)**한 경우 과세관청으로 하여금 이를 정정하도록 촉구하는 납세의무자의 청구를 말한다.

제2절 소득처분

기업은 결산 후 주주총회의 의결에 의하여 **이익처분이라는 절차를 거쳐 주주에게 배당을 하거나 회사 내에 이익금(이익준비금이나 적립금)을 유보**시킨다. 법인세법도 마찬가지로 각 사업연도의 소득에 대하여도 그 귀속이 확인되어야 한다.

하지만 이미 결산서상의 당기순이익은 주주총회의 결의에 의하여 귀속이 결정되었는바, 당기순이익과 각사업연도의 소득의 차이인 세무조정금액의 귀속만을 추가적으로 확인하면 된다.

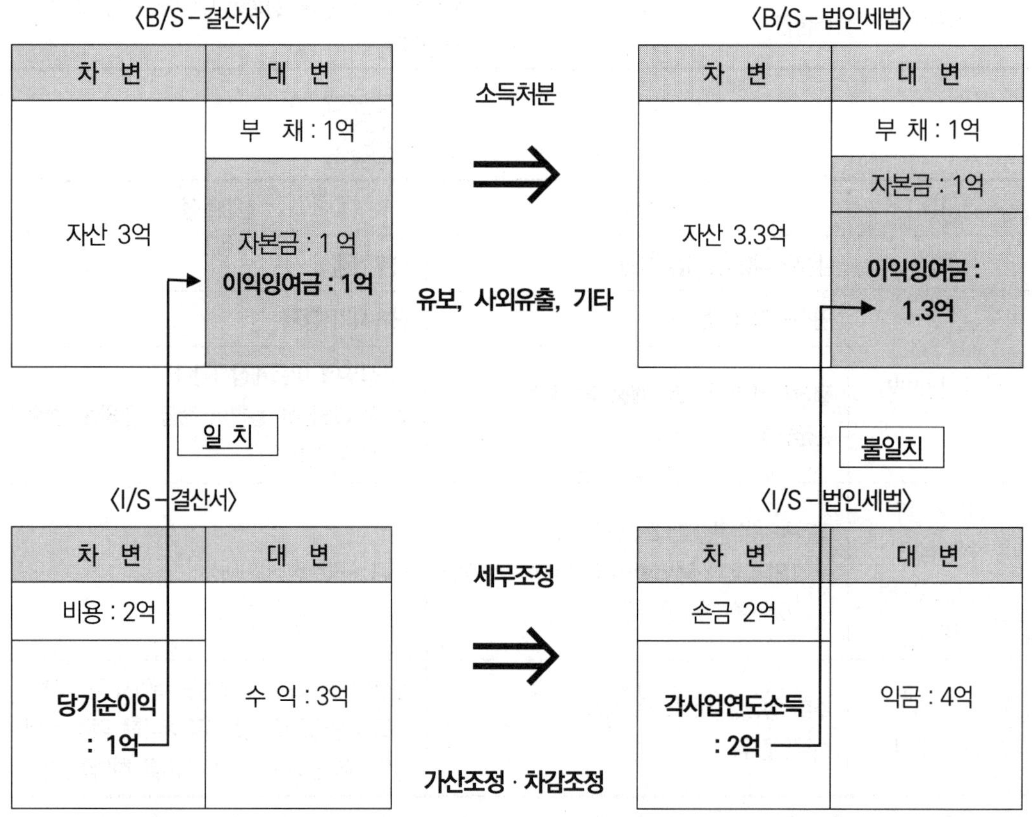

결산서의 당기순이익 1억과 법인세법상의 각 사업연도 소득 2억간의 차이는 1억이다. 그런데 0.3억만 법인세법상의 자본에 반영되고, 0.7억은 반영되지 않았다.

즉 **세무조정은 과세소득을 산출하는 과정이고, 소득처분은 회계상 자본과 세무상 자본의 차이 내역을 규명하는 것**이다.

1. 소득처분의 유형

법인세법상 소득처분도 상법상의 이익처분과 유사하게 사외유출과 유보(또는 △유보)로 크게 나누어진다. 세무조정금액이 **사외에 유출된 것이 분명한 경우에는 사외유출로 처분하고, 사외에 유출되지 않은 경우에는 유보(또는 △유보), 기타로 처분**한다.

구　분	기업 외부의 자에게 귀속된 경우	기업 내부에 남아있는 경우	
		결산서상 자본≠ 세무상 자본	결산서상 자본= 세무상 자본
익금산입(손금불산입) 손금산입(익금불산입)	사외유출 -	유　보 △유　보	기타(또는 잉여금) 기타(또는 △잉여금)

2. 유보(또는 △ 유보)

(1) 유보의 개념

"유보(또는 △유보)"란 가산조정(익금산입 · 손금불산입) 또는 차감조정(손금산입 · 익금불산입)한 세무조정금액의 효과가 사외로 유출되지 않고 사내에 남아 있는 것으로 인정하는 처분이다. 즉, 그 금액만큼 당기순이익에 비해 각사업연도소득이 증가(또는 감소)될 뿐 아니라, 결산서상 자본에 비해 세무회계상 자본이 증가(또는 감소)된 것으로 인정하는 처분을 말한다.

따라서 유보란 회계상 순자산(=자본)과 법인세법상 순자산의 차이를 말한다.

그러면 유보에 대해서 예를 들어보기로 하자.

3기에 (주)무궁은 토지를 1,000원에 매입하고 취득세 20원을 지출하였다. 그리고 다음과 같이 회계처리하였다.

(차) 토　　지	1,000원	(대) 현　　금	1,020원
세금과공과금	20원		

이러한 회계처리는 기업회계기준에도 위배되고 법인세법에도 위배되는 회계처리이다. 회계나 세법이나 토지의 취득가액은 1,020원이 되어야 한다.

이에 대해서 회계상 재무제표와 세무상 재무제표를 비교하면 다음과 같다.

〈B/S - 결산서〉

차 변	대 변
현금 (1,020)	부 채
토지 1,000	자본 (20)

소득처분
유보 20

〈B/S - 법인세법〉

차 변	대 변
현금 (1,020)	부 채
토지 1,020	자본 0

회계상 순자산 < 세무상 순자산

〈I/S - 결산서〉

차 변	대 변
세금과공과 20	수 익 0
당기순손실 (20)	

세무조정
(손금불산입 20)

〈I/S - 법인세법〉

차 변	대 변
손금 :	익금 : 0
각사업연도소득 : 0	

따라서 지금 회계상 토지의 장부가액은 1,000원이나 세무상 토지의 장부가액은 1,020원이므로 **소득처분은 유보가 되어야 한다.**

이에 대해서 세무조정을 하는 방법을 이해하자. 

구분	차변		대변	
① 회계상분개	(차) 토 지 세금과공과	1,000 20	(대) 현 금	1,020
② 세무상분개	(차) 토 지	1,020	(대) 현 금	1,020
③ 수정분개 (②-①)	**회계상 분개를 세무상 분개로 바꾸기 위한 분개를 수정분개라 할 수 있다.**			
	(차) 토 지	**20**	**(대) 세금과공과**	**20**
⇩	**자산증가**	**20**	**비용감소**	**20**
	⇩		⇩	
	토 지	**20유보**	**손금불산입 (세금과공과)**	**20**
세무조정	**〈손금불산입〉 토지*1 20(유보)**			

*1. 세무조정시 계정과목은 주로 자산, 부채, 자본의 계정과목을 쓴다.

<u>모든 세무조정은 이러한 수정분개로 인식하셔서 연습하면 된다.</u>

수정분개를 통해서 세무조정이 어느 정도 숙달되면, 수정분개없이 바로 세무조정을 할 수 있게 됩니다.

4기에 (주)무궁은 토지를 1,300원에 처분하고 다음과 같이 회계처리하였다.

(차) 현 금	1,300원	(대) 토 지		1,000원
		유형자산처분이익		300원

회계상 토지의 장부가액은 1,000원이지만 세무상 토지의 장부가액(유보 20원 포함)은 1,020원으로서 세무상 유형자산처분이익이 280원이 되어야 한다.

이에 대해서 회계상 재무제표와 세무상 재무제표를 비교하면 다음과 같다.

〈B/S - 결산서〉

차 변	대 변
현금 280 토지 0	부채 자본 (-20+300) 280

소득처분 △유보 20

〈B/S - 법인세법〉

차 변	대 변
현금 280 토지 0	부채 자본 280

회계상 순자산 = 세무상 순자산(유보추인 후 동일해진다)

〈I/S - 결산서〉

차 변	대 변
비용 0	수 익 300
당기순이익 300	

세무조정 차감조정 - 20

〈I/S - 법인세법〉

차 변	대 변
손금 : 0	익금 : 280
각사업연도소득 : 280	

이에 대해서 세무조정을 해보자.

① 회계상분개	(차) 현 금	1,300	(대)	토 지 유형자산처분익	1,000 300	
② 세무상분개	(차) 현 금	1,300	(대)	토 지 유형자산처분익	1,020 280	
③ 수정분개 (②－①)	회계상분개를 세무상분개를 바꾸는 수정분개를 하면 다음과 같다					
	(차) 유형자산처분익	**20**	**(대)**	**토 지**	**20**	
⇩	**수익감소**	**20**		**자산감소**	**20**	
	⇩			⇩		
	익금불산입	**20**		**토 지**	**20 △ 유보**	
세무조정	**〈익금불산입〉 토지 20(△유보)**					

(2) 유보의 추인

당기의 유보가 미래에 △유보로 조정되거나 당기의 △유보가 미래에 유보로 자동 조정되는 것을 말한다. 세무조정은 회계상 분개와 세법상의 분개를 비교하여 하는 것이 원칙이지만 유보의 추인 개념을 이해할 경우 **유보가 추인되는 시점에 이전 세무조정과 반대의 세무조정만하면 되므로 유보의 추인개념**을 이해하면 손쉽게 세무조정을 할 수 있다.

자산은 미래의 비용(또는 수익의 감소)이고 부채는 미래의 수익(또는 비용의 감소)으로 이해할 수 있다.

만약 세법상 자산이 회계상 장부보다 더 많다면, 각사업연도 소득도 많겠지만, 미래에 세법상 자산이 소멸하는 경우에는 더 많은 비용이 인식되어 각사업연도 소득이 작아지게 된다. **즉, 지금의 유보가 미래에 자산이 소멸하는 시점에 차감조정의 △유보의 소득처분을 유발하게 되는 것이다.**

(3) 유보금액의 관리

이러한 유보는 차기 이후의 반대의 세무조정을 위하여 잘 관리하여야 하는데, 유보의 관리는 **'자본금과 적립금조정명세서(을)'에서 유보의 잔액을 관리하고, 세무상 자기자본은 '자본금과 적립금조정명세서(갑)'표에서 관리**된다.

<예제 2 - 1> 유보(△유보)

㈜ 무궁의 다음 자료를 이용하여 **세무상분개 및 수정분개**를 통하여 세무조정을 행하시오.

1 - 1. X1년 비품을 1,000원에 현금 취득하였다. 기말에 감가상각비를 100원 계상하였다. (세법상 감가상각비 한도 : 80원이라 가정하자.)

☞ **감가상각비는 결산조정항목으로서 세법은 현금지출이 없는 내부거래(감가상각비, 대손충당금 등)에 대해서 일정한 한도가 있다.**

1.회계상분개	(차) 비 품 1,000 감가상각비 100	(대) 현 금 1,000 누계액 100
2.세무상분개	(차)	(대)
3.수정분개 (2-1)	(차)	(대)
⇩		
	⇩	⇩
세무조정		

1 - 2. X2년 상기 비품을 950원에 현금 매각하였다.

1.회계상분개	(차) 누계액 100 현 금 950	(대) 비 품 1,000 처분익 50
2.세무상분개	(차)	(대)
3.수정분개 (2-1)	(차)	(대)
⇩		
	⇩	⇩
세무조정		

2. X1년 100원의 외상매출을 하였는데, 회계처리를 하지 않고, X2년에 회계처리를 하였다.
☞ 수익항목은 신고조정항목으로 세무조정을 행해야 한다.

(X1년도)

<table>
<tr><td>1.회계상분개</td><td colspan="2">회계처리 안함.</td></tr>
<tr><td>2.세무상분개</td><td>(차)</td><td>(대)</td></tr>
<tr><td>3.수정분개</td><td>(차)</td><td>(대)</td></tr>
<tr><td rowspan="3">⇩</td><td></td><td></td></tr>
<tr><td>⇩</td><td>⇩</td></tr>
<tr><td></td><td></td></tr>
<tr><td>세무조정</td><td colspan="2"></td></tr>
</table>

(X2년도)

<table>
<tr><td>1.회계상분개</td><td>(차) 외상매출금 100</td><td>(대) 매 출 100</td></tr>
<tr><td>2.세무상분개</td><td>(차)</td><td>(대)</td></tr>
<tr><td>3.수정분개</td><td>(차)</td><td>(대)</td></tr>
<tr><td>⇩</td><td colspan="2">유보의 추인으로 풀어보십시오.</td></tr>
<tr><td>세무조정</td><td colspan="2"></td></tr>
</table>

해답

1-1. 감가상각비

<table>
<tr><td>1.회계상분개</td><td>(차) 비 품 1,000
감가상각비 100</td><td>(대) 현 금 1,000
누계액 100</td></tr>
<tr><td>2.세무상분개</td><td>(차) 비 품 1,000
감가상각비 80</td><td>(대) 현 금 1,000
누계액 80</td></tr>
<tr><td>3.수정분개</td><td>(차) 누계액(비품) 20</td><td>(대) 감가상각비 20</td></tr>
<tr><td rowspan="3">⇩</td><td>자산증가 20 유보</td><td>비용감소 20</td></tr>
<tr><td>⇩</td><td>⇩</td></tr>
<tr><td>비품 20 유보</td><td>손금불산입 20</td></tr>
<tr><td>세무조정</td><td colspan="2">〈손금불산입〉 감가상각비(비품) 20(유보)</td></tr>
</table>

1 - 2. 감가상각비(유보추인)

1.회계상분개	(차)	누계액 현 금	100 950	(대)	비 품 유형자산처분익	1,000 50
2.세무상분개	(차)	누계액 현 금	80 950	(대)	비 품 유형자산처분익	1,000 30
3.수정분개	(차)	처분이익	20	(대)	누계액(비품)	20
		수익감소	20		자산감소	20
⇩		⇩			⇩	
		〈익금불산입〉	20		비 품	20△ 유보
세무조정	**〈익금불산입〉 감가상각비(비품) 20(△유보)**					

2. 외상매출누락(X1년도)

1.회계상분개	회계처리 안함.					
2.세무상분개	(차)	외상매출금	100	(대)	매 출	100
3.수정분개	(차)	외상매출금	100	(대)	매 출	100
		자산증가	100 유보		수익증가	100
⇩		⇩				
		외상매출금	100 유보		익금산입	100
세무조정	**〈익금산입〉 외상매출금 100(유보)**					

매출누락추인(X2년도)

1.회계상분개	(차)	외상매출금	100	(대)	매 출	100
2.세무상분개	회계처리 없음.					
3. 수정분개	(차)	매 출	100	(대)	외상매출금	100
⇩	유보의 추인으로 풀어보십시오.					
세무조정	**〈익금불산입〉 외상매출금 100(△유보)**					

〈유보 요약〉 

세무조정	순자산가액 차이	소득처분	유보추인
가산조정 (익금산입 · 손금불산입)	회계상 순자산<세무상순자산	유보	자산 · 부채가 소멸되는 시점에 반대의 세무조정을 하면 된다.
	회계상 자산<세무상 자산 회계상 부채>세무상 부채		
차감조정 (익금불산입 · 손금산입)	회계상 순자산>세무상순자산	△유보	

가산조정을 익금산입 또는 손금불산입으로 표현해도 같은 표현이다.
차감조정도 또한 마찬가지이다.

3. 기타

기타는 가산조정 또는 차감조정된 세무조정사항의 효과가 사내에 남아있으나, 그럼에도 불구하고 **결산서상의 자산·부채가 적정하다고 인정하는 처분**이다.

이 경우에는 사외유출이 일어나지 않았기 때문에 귀속자에 대한 납세의무도 유발되지 않는다. 그러므로 결산서상의 자산·부채가 왜곡되지 않았기 때문에 차기 이후에 반대의 세무조정도 유발되지 않는다.

결국 **회계 또는 세법 중 한쪽은 순자산의 변화를 손익거래(손익의 변화)로 인식하고 한쪽은 자본거래(자본의 변화)로 인식함으로써 발생하는 차이로서 영구적차이로 자산·부채의 차이가 발생하지 않으므로** 자본의 차이를 유발하지 않는다.

그러면 기타에 대해서 예를 들어보기로 하자.

3기에 ㈜무궁은 자기주식(장부가액 1,000원)을 1,200원에 현금처분하고 다음과 같이 회계처리하였다.

(차) 현 금	1,200원	(대) 자기주식	1,000원
		자기주식처분익(자본잉여금)	200원

그러나 <u>법인세법상 자기주식처분이익은 익금에 해당한다.</u>

이에 대해서 회계상 재무제표와 세무상 재무제표를 비교하면 다음과 같다.

〈B/S - 결산서〉

차 변	대 변
현금 1,200	부채
	자본 1,200

소득처분 기타 200

〈B/S - 법인세법〉

차 변	대 변
현금 1,200	부채
	자본(1,000+200) 1,200

회계상 자본과 세무상 자본 동일

〈I/S - 결산서〉

차 변	대 변
비용 0	수 익 0
당기순이익 0	

세무조정

〈I/S - 법인세법〉

차 변	대 변
손금 : 0	익금 : 200
각사업연도소득 : 200	

자기주식처분이익은 법인세법상 익금에 해당함에도 불구하고 회사는 회계상 수익으로 인식하지 않았기 때문에 그 금액을 익금산입하여야 한다.

그러나 회계적으로 바로 자본을 증가시켰기 때문에 **회계상과 세법상 자본은 동일**하므로 소득처분을 '기타'로 처분하여야 한다.

이에 대해서 세무조정을 하는 방법을 이해하자. 

1.회계상분개 (자본거래로 인식)	(차) 현 금	1,200	(대)	자기주식 자기주식처분익(자본)	1,000 200	
2.세무상분개 (손익거래로 인식)	(차) 현 금	1,200	(대)	자기주식 익금(자기주식처분익)	1,000 200	
3.수정분개	(차) 자기주식처분이익 (자본잉여금)	200	(대)	익 금	200	
⇩	잉여금감소	200		수익증가	200	
	⇩			⇩		
	잉여금(기타)	200		익금산입	200	
세무조정	〈익금산입〉 자기주식처분익 200(기타)					

기타는 가산조정이나 차감조정에서 모두 발생한다.

<예제 2 - 2> 기타

㈜ 무궁은 국세환급가산금 100원을 현금수령하고 다음과 같이 회계처리하였다.
세무상분개 및 수정분개를 통하여 세무조정을 행하시오.

☞ 국세환급금가산금 : 납세의무자가 납부한 금액 중 **과오납금이 있거나 세법에 따라 환급하여야 할 환급세액**이 있을 때 이런 반환되어야 할 금액을 국세환급금이라 한다. 국세환급금가산금이란 국세환급금에 붙이는 법정이자로서 **국가가 납세의무자에게 지연에 따른 보상이자**로 보면 된다.

따라서 법인세법에서는 이러한 국세환급가산금(지방세의 경우 지방세 환부이자)은 익금불산입사항으로 보고 있다.

1.회계상분개 (손익거래)	(차) 현 금 100	(대) 잡이익 100
2.세무상분개 (자본거래)	(차)	(대)
3.수정분개	(차)	(대)
⇩	⇩	⇩
세무조정		

해답

1.회계상분개 (손익거래)	(차) 현 금 100	(대) 잡이익 100
2.세무상분개 (자본거래)	(차) 현 금 100	(대) 잉여금 100
3.수정분개	(차) 잡이익 100	(대) 잉여금 100
	수익감소 100	잉여금증가 100
⇩	⇩	⇩
	익금불산입 100	잉여금(기타) 100
세무조정	〈익금불산입〉 국세환급가산금 100(기타)	

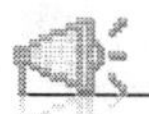

4. 사외유출

"사외유출"이란 **가산조정(익금산입 · 손금불산입)한 금액이 기업 외부의 자에게 귀속된 것으로 인정하는 처분**이다. **차감조정에서는 사외유출이라는 소득처분이 있을 수 없다.** 이 경우에는 그 귀속자에게 당해 법인의 이익이 분여된 것이므로 그 귀속자에게 소득세 또는 법인세의 납세의무가 유발된다.

회사의 **순자산감소(비용)로 회계처리하였으나 부당한 유출로 판단하여 세법은 손금으로 인정하지 않는 경우에 발생하는 것**으로서, **세법은 이러한 순자산감소(비용)를 자본거래**로 인식하는 경우에 발생한다. 이 경우에도 회계상 자본과 세무상 자본의 차이가 발생하지 않는다.

그러면 사외유출에 대해서 예를 들어보기로 하자.

3기에 ㈜무궁은 주주의 개인차량에 1,000원의 휘발유를 주유하고 회계상 비용으로 처리하였다.

(차) 차량유지비 1,000원 (대) 현 금 1,000원

그러나 법인세법에서는 사업과 관련없는 지출에 대해서 비용으로 인정되지 않는다.

이에 대해서 회계상 재무제표와 세무상 재무제표를 비교하면 다음과 같다.

〈B/S－결산서〉

차 변	대 변
현금 (1,000)	부채
	자본 (1,000)

소득처분

사외유출 1,000

〈B/S－법인세법〉

차 변	대 변
현금 (1,000)	부채
	자본 (1,000)

회계상 자본과 세무상 자본 동일

〈I/S－결산서〉

차 변	대 변
비용 1,000	수익 0
당기순손실(1,000)	

세무조정

가산조정＋1,000

〈I/S－법인세법〉

차 변	대 변
손금 : 0	익금 : 0
각사업연도소득 : +0	

이러한 회사의 자산이 주주에게 부당한 유출이 되었으므로 주주에게는 소득세를 부담하게 한다.

그리고 회계적으로도 자본을 감소시켰기 때문에 **회계상자본과 세법상 자본은 동일**하므로 소득처분을 '사외유출'로 처분하여야 한다.

이에 대해서 세무조정을 하는 방법을 이해하자. 

1.회계상분개 (손익거래로 인식)	(차) 차량유지비 1,000	(대) 현 금 1,000
2.세무상분개 (자본거래로 인식)	(차) 잉 여 금 1,000	(대) 현 금 1,000
3.수정분개	(차) 잉여금 1,000	(대) 차량유지비 1,000
⇩	잉여금의 부당한 감소	비용감소 1,000
	⇩	⇩
	사외유출 1,000	손금불산입 1,000
세무조정	**〈손금불산입〉 주주의 차량유지비 1,000(사외유출)**	

이러한 **사외유출은 귀속자에 따라 소득처분이 달라진다.**

(1) 귀속자가 분명한 경우 

귀 속 자	소 득 처 분	귀속자에 대한 과세	<u>당해 법인의 원천징수의무</u>
(1) 주주 등	**배당**	소득세법상 배당소득	○
(2) 임원 또는 사용인	**상여**	소득세법상 근로소득	○
(3) 법인 또는 사업자	**기타사외유출**	이미 각사업연도소득 또는 사업소득에 포함되어 있으므로 추가적인 과세는 없음	×
(4) 그 외의 자	**기타소득**	소득세법상 기타소득	○
(5) 중복되는 경우 ① **주주+법인** ② **주주+임원(출자임원)**	 **기타사외유출** **상여**	 ☞ 배당소득세율(14%)보다 근로소득세율(최고세율 45%)이 높으므로 상여처분	

(2) **<u>사외유출된것은 분명하나 귀속자가 불분명한 경우</u>**

귀속자를 밝히도록 강제하기 위하여 **<u>대표자에 대한 상여로 처분</u>**한다.

(3) 추계의 경우

추계에 의해 결정된 과세표준과 결산서상 법인세비용차감전순이익과의 차액도 대표자에 대한 상여로 처분한다. 다만, 천재 · 지변 기타 불가항력으로 장부 기타 증빙서류가 멸실되어 추계 결정하는 경우에는 기타사외유출로 처분한다.

☞ 추계 : 소득금액을 계산할 때에 필요한 장부나 증명서류가 없는 경우 등 일정한 사유에 대해서 과세표준과 세액을 추정해서 계산하는 것을 말한다.

(4) 반드시 기타사외유출로 처분하여야 하는 경우

다음에 해당하는 항목은 귀속자를 묻지 않고 반드시 기타사외유출로 처분하여야 한다. 그 취지는 그 성격상 실질귀속자를 밝히기 어려운 점등을 감안하여 사후 관리의무를 면제하기 위한 배려이다.

① 임대보증금 등의 간주익금
② 업무용승용차 임차료 중 감가상각비상당액 한도초과액과 업무용승용차의 처분손실 한도초과액
③ 기업업무추진비의 손금불산입액[건당 3만원 초과 영수증 기업업무추진비, 기업업무추진비 한도초과액의 손금불산입액]
④ 기부금의 손금산입한도액을 초과하여 익금에 산입한 금액
⑤ 손금불산입한 채권자 불분명 사채이자 및 비실명 채권 · 증권이자에 대한 원천징수세액 상당액
⑥ 업무무관자산 등 관련 차입금 이자
⑦ 사외유출된 금액의 귀속이 불분명하여 대표자에 대한 상여로 처분한 경우 당해 법인이 그 처분에 따른 소득세 등을 대납하고 이를 손비로 계상하거나 그 대표자와의 특수관계가 소멸될 때까지 회수하지 않음에 따라 익금에 산입한 금액

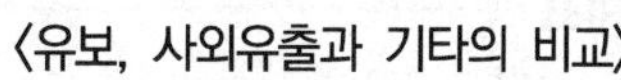
〈유보, 사외유출과 기타의 비교〉

결산서	법인세법	세무조정
(차) 비용 XX (대) 현금 XX **(손익거래)**	(차) 자산 XX (대) 현금 XX **(손익거래)** ☞ **자산은 미래의 손금이다.**	**〈손금불산입〉 유보** **⇒ 시점의 차이**
(차) 비용 XX (대) 현금 XX **(손익거래)**	(차) 잉여금XX (대) 현금 XX **(자본거래+부당한 유출)**	**〈손금불산입〉 사외유출**

결산서	법인세법	세무조정
(차) 비용 XX (대) 현금 XX **(손익거래)**	(차) 잉여금 XX (대) 현금 XX **(자본거래)**	**〈손금불산입〉 기타**
(차) 자본 XX (대) 현금 XX **(자본거래)**	(차) 손금 XX (대) 현금 XX **(손익거래)**	**〈손금산입〉 기타**
(차) 현금 XX (대) 수익 XX **(손익거래)**	(차) 현금 XX (대) 자본 XX **(자본거래)**	**〈익금불산입〉 기타**
(차) 현금 XX (대) 자본 XX **(자본거래)**	**(차) 현금 XX** (대) 익금 XX **(손익거래)**	**〈익금산입〉 기타**

위에서 설명한 세무조정과 소득처분은 세무조정계산서에서는 '소득금액조정합계표'에 요약되어 나타나게 된다.

익금산입 및 손금불산입			손금산입 및 익금불산입		
①과목	②금액	③처분	④과목	⑤금액	⑥처분

자산,부채,자본의 계정과목을 적거나 이해하기 쉬운 것을 적으시면 됩니다.

<예제2 - 3> 소득금액조정합계표

㈜ 무궁의 다음 자료를 보고 소득금액조정합계표를 작성하시오.

1. 손익계산서에 계상된 비용에 대해서 법인세법상 한도초과액은 다음과 같다.

	법인세법상 한도 초과액
출자임원에게 지급한 상여금	1,000,000
감가상각비	1,200,000
기업업무추진비	1,400,000
대손충당금	1,600,000

2. 법인세비용은 2,000,000원이 있다.

해답

〈1-1. 임원상여금 한도초과〉						
1.회계상분개	(차)	상 여 금	1,000,000	(대)	현 금	1,000,000
2.세무상분개	(차)	잉 여 금	1,000,000	(대)	현 금	1,000,000
3.수정분개	**(차)**	**잉 여 금**	**1,000,000**	**(대)**	**상 여 금**	**1,000,000**
⇩		잉여금 감소(부당)	1,000,000		비용감소(손금불산입)	1,000,000
세무조정	**〈손금불산입〉 임원상여금 한도 초과 1,000,000(상여)**					
〈1-2. 감가상각비 한도초과〉						
1.회계상분개	(차)	감가상각비	1,200,000	(대)	감가상각누계액	1,200,000
2.세무상분개	(차)		-	(대)		-
3.수정분개	**(차)**	**감가상각누계액**	**1,200,000**	**(대)**	**감가상각비**	**1,200,000**
⇩		자산증가(유보)	1,200,000		비용감소(손금불산입)	1,200,000
세무조정	**〈손금불산입〉 감가상각비 한도초과 1,200,000(유보)**					
〈1-3. 기업업무추진비 한도초과〉						
1.회계상분개	(차)	기업업무추진비	1,400,000	(대)	현 금	1,400,000
2.세무상분개	(차)	잉 여 금	1,400,000	(대)	현 금	1,400,000
3.수정분개	**(차)**	**잉 여 금**	**1,400,000**	**(대)**	**기업업무추진비**	**1,400,000**
⇩		무조건기타사외유출	1,400,000		비용감소(손금불산입)	1,400,000
세무조정	**〈손금불산입〉 기업업무추진비한도 초과 1,400,000(기타사외유출)**					
〈1-4. 대손충당금 한도초과〉						
1.회계상분개	(차)	대손상각비	1,600,000	(대)	대손충당금	1,600,000
2.세무상분개	(차)		-	(대)		-
3.수정분개	**(차)**	**대손충당금**	**1,600,000**	**(대)**	**대손상각비**	**1,600,000**
⇩		자산증가(유보)	1,600,000		비용감소(손금불산입)	1,600,000
세무조정	**〈손금불산입〉 대손충당금한도초과 1,600,000(유보)**					

〈2. 법인세비용〉					
1.회계상분개	(차) 법인세비용	2,000,000	(대) 미지급세금	2,000,000
2.세무상분개	(차) 잉 여 금	2,000,000	(대) 미지급세금	2,000,000
3.수정분개	**(차) 잉 여 금**	**2,000,000**	**(대) 법인세비용**	**2,000,000**
⇩	잉여금+사외유출	2,000,000	비용감소(손금불산입)	2,000,000
세무조정	**〈손금불산입〉 법인세비용 2,000,000(기타사외유출)**			

☞ 법인세(지방소득세 등) 는 무조건 손금불산입(기타사외유출)하여 법인세를 차감하기 전의 상태로 복귀시켜야 한다. 왜냐하면 법인세를 도출하기 위해서는 법인세가 차감되기 전의 금액으로 만들어야 하기 때문이다.

☞ **기업회계에서는 회계처리가 중요하나 법인세법의 관심사는 순자산 증감의 원인을 법인세법에 따라 평가하여 과세소득에 포함시킬 수 있느냐가 관심사이다. 따라서 회사가 회계처리를 기업회계기준대로 처리하지 않았다고 하여도 법인세법상 과세소득에 해당하면 과세소득에 포함시키면 된다.**

[소득금액조정합계표]

익금산입 및 손금불산입			손금산입 및 익금불산입		
①과목	②금액	③처분	④과목	⑤금액	⑥처분
출자임원상여금	1,000,000	상여			
감가상각비	1,200,000	유보			
기업업무추진비	1,400,000	기타사외유출			
대손충당금	1,600,000	유보			
법인세비용	2,000,000	기타사외유출			

연/습/문/제

객관식

01. 다음 (　　　) 안에 들어갈 용어는?

(　　　)은 결산서상의 당기순이익에 익금산입항목 및 손금불산입항목을 가산하고, 손금산입항목 및 익금불산입항목을 차감하여 산출하는 것이다.

① 세무조정　　② 결산조정
③ 각 사업연도 소득금액　　④ 회계상 이익

02. 다음 중 법인세법상 결산서에 비용으로 계상하여야만 손금으로 인정받을 수 있는 것은?

① 복리후생비　　② 감가상각비
③ 기부금　　④ 기업업무추진비

03. 다음은 법인세법상 원칙적인 결산조정사항이다. 이에 가장 옳지 않은 것은?

① 소멸시효 완성분에 대한 대손금 손금산입　　② 천재 · 지변으로 인한 고정자산의 평가손실
③ 감가상각비의 손금산입　　④ 대손충당금의 손금산입

04. 다음 중 결산서에 비용으로 계상되지 않은 경우에도 세무조정에 의하여 적극적으로 손금에 산입할 수 있는 것은?

① 법인세법상 준비금
② 시설개체 · 기술낙후로 인한 생산설비의 폐기손실
③ 감가상각비
④ 소멸시효 완성채권에 대한 대손금

05. 다음 자료에 따라 甲 법인의 제 5기의 세무조정 및 소득처분으로 올바른 것은?

> 甲법인은 제5기에 토지를 ₩2,000에 매입하면서 취득세로 ₩20원을 납부하고 다음과 같이 회계처리하였다
>
> | | | | |
> |---|---|---|---|
> | (차) 토 지 | 2,000 | (대) 현금 등 | 2,020 |
> | 세금과 공과금 | 20 | | |

① 세무조정사항 없음
② 〈손금산입〉 세금과공과금 ₩20 (△유보)
③ 〈손금불산입〉 세금과공과금 ₩20 (기타)
④ 〈손금불산입〉 세금과공과금 ₩20 (유보)

06. 다음 중 재무상태표상 순자산가액보다 세무상 순자산가액을 증가시키는 것은?

① 기업업무추진비 한도초과액
② 감가상각비 한도초과액
③ 기부금 한도초과액
④ 임원상여금 한도초과액

07. 법인세법상 유보로 소득처분 하는 것을 고르면?

① 임원상여 한도초과액
② 채권자불분명사채이자
③ 교통위반 벌과금
④ 감가상각 한도초과액

08. 다음 중 법인세법상 세무조정시 사외유출액에 대한 소득처분사항이 아닌 것은?

① 배당
② 상여
③ 기타소득
④ △유보

09. 다음 중 법인세법상 익금에 산입한 금액이 사외에 유출된 것이 분명한 경우에 귀속자에 따른 소득처분사항이 틀린 것은?

① 주주인 임원 또는 사용인 : 배당
② 법인 또는 사업을 영위하는 개인인 경우 : 기타사외유출
③ 주주 : 배당
④ 대표이사 : 상여

10. 법인세 세무조정 과정에서 사외유출된 금액이 익금산입 되었다. 익금산입된 금액이 출자임원에게 귀속되었다면 이에 맞는 소득처분은?

① 상여 ② 배당
③ 기타사외유출 ④ 기타소득

11. 법인세법상 소득의 귀속자에 따른 소득처분에 대해 서로 연결한 것이다. 가장 옳지 않은 것은?

① 법인의 주주 : 배당 ② 법인의 근로자인 주주 : 상여
③ 개인사업자 : 기타사외유출 ④ 법인의 주주인 대표이사 : 배당

12. 법인세법상 소득처분 항목 중 소득세를 원천징수하지 않아도 되는 것은?

① 기타사외유출 ② 배당
③ 기타소득 ④ 상여

13. 다음 중 법인세법상 내국법인의 법인세 과세표준을 계산하기 위하여 각 사업연도 소득의 범위에서 공제하는 항목이 아닌 것은?

① 각 사업연도의 개시일 전 15년(10년) 이내에 개시한 사업연도에서 발생한 결손금
② 법인세법 및 다른 법률에 따른 비과세소득
③ 법인세법 및 다른 법률에 따른 소득공제
④ 법인세법 및 다른 법률에 따른 세액공제

14. 다음 중 법인세법상 귀속자에 따른 소득처분을 연결한 것 중 틀린 것은?

	귀속자	소득처분
①	출자임원	배당
②	비출자임원	상여
③	개인주주(임직원 아님)	배당
④	내국법인	기타사외유출

주관식

01. 다음 중 법인세법상 신고조정사항을 모두 고르시오.

ㄱ. 대손충당금
ㄴ. 법인세법상 준비금(잉여금 처분제외)
ㄷ. 결산서에 과소 계상된 종업원 급여
ㄹ. 소멸시효가 완성된 대손채권

02. 법인세법상 세무조정사항 중 가산조정 사항에 해당하는 것만을 고르시오.

① 손금산입	② 익금산입	③ 손금불산입	④ 익금불산입

연/습/문/제 답안

객관식

1	2	3	4	5	6	7	8	9	10	11	12	13	14
①	②	①	④	④	②	④	④	①	①	④	①	④	①

[풀이 – 객관식]

02. **감가상각비는 결산조정사항**이고 나머지는 신고조정사항이다.

03. **소멸시효 완성분에 대한 대손금은 신고조정**에 의해 손금산입한다.

04. 소멸시효 완성채권에 대한 대손금은 신고조정사항이다.

05. 제5기 : 〈손금 불산입〉 세금과 공과금 20 (유보), 자산의 과소계상

06. ①③은 기타사외유출, ②은 유보, ④은 상여

07. ① 상여 ② 상여 ③ 기타사외유출, ④은 유보

08. 사외유출은 귀속자에 따라 상여, 배당, 기타소득, 기타사외유출로 소득처분한다.

09. **주주인 임원 또는 사용인은 상여**로 소득처분한다.

11. 주주이면서 임원일 경우 근로소득으로 소득처분한다.

12. 사외로 유출되었으나 이미 각 사업연도 소득 또는 사업소득에 포함되어 있으므로 추가적인 과세는 필요하지 않다.

13. 내국법인의 각 사업연도의 소득에 대한 법인세의 과세표준은 각 사업연도의 소득의 범위에서 다음 각 호의 금액과 소득을 차례로 공제한 금액으로 한다.
① 이월결손금 → ② 비과세소득 → ③ 소득공제

14. 귀속자에 대한 소득처분은 그 귀속자가 주주 등(임원 또는 직원인 주주 등 제외)인 경우에는 배당으로 하는 것이나 귀속자가 임원 또는 직원인 경우에는 상여로 한다. 따라서 **귀속자가 출자임원인 경우 상여로 소득처분**한다.

주관식

01	ㄷ, ㄹ	02	②, ③

[풀이 – 주관식]

01. 결산서에 과소 계상된 **종업원 급여와 소멸시효가 완성된 대손채권은 신고조정사항**이다.

02. 세무조정시 **익금산입과 손금불산입은 가산조정 사항**에 해당한다.

Chapter

익금 및 익금불산입 3

로그인 세무회계 3급

제1절 익금

당해 법인의 순자산을 증가시키는 거래로 인하여 발생하는 수익(이익 또는 수입)의 금액을 말한다. **다만, 자본·출자의 납입과 익금불산입항목은 제외**한다.

그러나 이것은 어디까지나 대표적인 수익을 예시한 것에 불과하며 여기에 열거되지 않은 것이라도 **모든 순자산증가액은 원칙적으로 익금에 해당**한다.

1. 본래의 익금항목

(1) 사업수입금액

사업수입금액은 각종 사업에서 생기는 수입금액(도급금액·판매금액 등을 포함하되, 기업회계기준에 의한 환입액 및 매출에누리 그리고 매출할인을 제외한다.)을 말한다. 이것은 전형적인 영업수익으로서 기업회계기준서상 매출액에 해당한다.

- 법인의 임직원에 대한 재화·용역의 할인금액은 사업수입금액에 포함(개정세법 25)

(2) 자산(자기주식 포함)의 양도금액

자산의 양도금액은 "사업수입금액"에 해당하지 않는 것으로서, 주로 재고자산 외의 자산의 양도금액을 말하는 것이다. 이처럼 자산의 양도금액이 익금에 해당하는 것과 대응하여 그 양도한 자산의 양도 당시의 장부가액은 손금으로 인정된다.

기업회계기준에서 재고자산 외의 자산을 양도한 경우에 그 양도가액에서 장부가액을 차감한 잔액을 처분손익으로 계상한다.(순액법) 이에 반하여 법인세법은 자산의 양도금액과 양도당시의

장부가액을 각각 익금 및 손금으로 인정하는 입장을 취하고 있다(총액법).

그러나 양자 사이에는 결과적으로 금액에 차이가 없기 때문에 세무조정이 불필요하다.

(3) 자산의 임대료

임대업을 영위하지 않는 법인이 일시적으로 자산을 임대하여 얻는 수입을 말한다.

(4) 자산의 평가차익

법인세법에서는 자산평가차익을 수익으로 예시되어 있다. 하지만, **그 대부분의 항목은 다시 익금불산입 항목으로 규정되어 있다.** 그러나 보험업법 기타 법률의 규정에 의한 평가차익에 대해서는 자산의 평가차익에 대해서 자산의 평가증을 인정하고 있다.

(5) 자산수증이익과 채무면제이익(이월결손금보전에 충당한 금액은 제외)

기업회계기준에서는 자산수증이익과 채무면제이익을 영업외수익으로 계상하도록 하고 있다. 법인세법도 순자산증가설의 입장에서 이들을 익금으로 보고 있다.

(6) 손금에 산입한 금액 중 환입된 금액(이월손금)

결산서 즉, 손익계산서에 이미 손금으로 인정받은 금액이 환입되는 경우에 그 금액은 익금에 해당한다. 이에 반하여 지출 당시에 손금으로 인정받지 못한 금액이 환입되는 경우에 그 금액은 익금에 해당하지 않는다.

구 분	사 례	환 입 액
(1) 지출 당시 손금에 산입된 금액	재산세, 자동차세 등	익금에 해당함
(2) 지출 당시 손금에 산입되지 않은 금액	법인세 등	익금불산입

(7) 이익처분에 의하지 않고 손금으로 계상된 적립금액

법인의 적립금은 주주총회의 이익처분 결의에 의하여 적립된다. 따라서 손금으로 계상하는 경우란 있을 수 없으나, 회사가 이를 비용으로 잘못 계상한 경우에 이를 손금불산입항목으로 본다는 의미이다.

이는 익금산입과 손금불산입은 본래 동일한 세무조정이므로 문제는 없다.

(8) 불공정 자본거래로 인하여 특수 관계자로부터 분여받은 이익

불공정자본거래(증자, 감자, 합병등)로 인하여 특수관계자로부터 분여받은 이익은 이를 익금으로 본다. 예를 들어 증자시 기존주주에게 주식 지분비율만큼 신주를 발행해야 하는데, 주주가 신주인수권을 포기하여 실권주가 발생시 주주들 상호간 지분비율이 변동된다.

이 경우 신주를 저가 또는 고가로 발행시 어떤 주주들은 이익을 보고, 다른 주주들은 손실을 보게되는데 이것을 불공정자본거래(불균등 증자)라 한다.

이는 자본거래와 관련한 특수관계자간의 이익분여행위에 대하여 개인주주의 증여세 과세와 형평성을 유지할 수 있도록 한 규정이다.

(9) 기타의 수익으로서 그 법인에 귀속되었거나 귀속될 금액

익금은 법인세법에서 반드시 규정하지 않는다 하더라도 익금불산입항목을 제외한 순자산증가액이면 모두 익금에 해당하는 것으로 본다.

2. 특수한 익금항목

(1) 유가증권의 저가매입에 따른 이익 

법인이 **ⓐ 특수관계에 있는 개인으로부터 ⓑ 유가증권을 ⓒ 저가매입한 경우**에는 매입시점에 시가와 그 매입가액의 차액을 익금으로 본다.

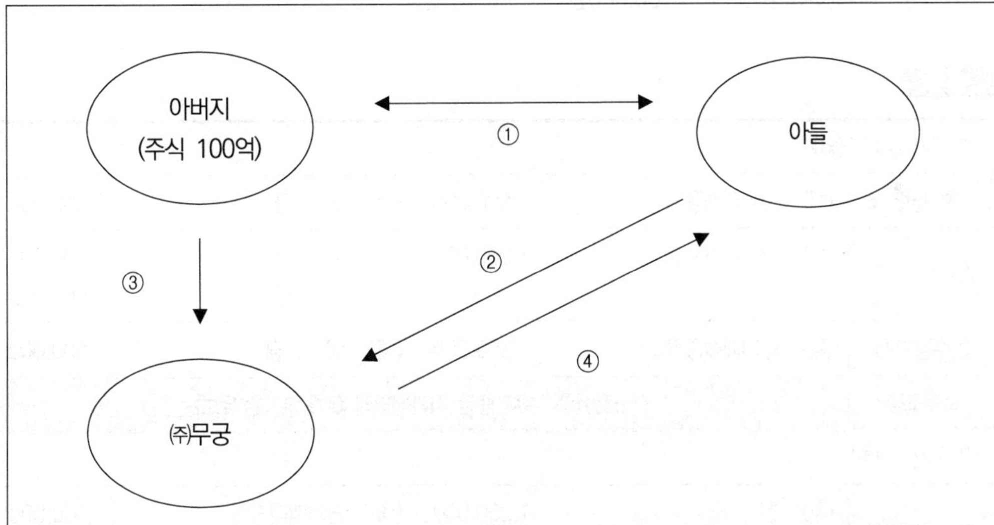

① 아버지가 아들에게 살아서 증여하면 증여세(최고세율 50%)가 사망시 상속세(최고세율 50%)가 과세됨.
② 아들이 ㈜무궁의 주식을 인수하여 최대주주가 됨.
③ 아버지가 시가 주식 100억을 ㈜무궁에게 1,000원에 양도함.
☞ 수증자가 영리법인인 경우 증여세가 면제되므로 제재조항을 만듦.
④ ㈜무궁의 최대주주인 아들이 저가매입에 따른 이익을 수혜

〈자산의 저가매입에 대한 취득가액 산정〉

구 분	저가 매입시	비 고
1. 원칙	저가를 취득가액으로 본다.	처분 또는 상각시 그 차액이 과세소득에 포함된다.
2. 예외 : 특수관계에 있는 개인으로부터 유가증권을 저가매입시	**시가와 매입가액의 차액을 익금으로 본다.**	**유가증권의 특성상 미실현이익을 조기에 과세하려는 법의 취지입니다.**

<예제 3 - 1> 유가증권의 저가매입

㈜ 무궁의 다음 자료에 따라 세무조정을 행하시오.

1. 7기에 특수관계자인 홍길동씨로부터 시가 1,000,000원이 주식을 500,000원에 매입하고 다음과 같이 회계처리하였다.

   (차) 단기매매증권 500,000원 (대) 현 금 500,000원

2. 8기에 위 주식을 1,200,000원에 처분하고 다음과 같이 회계처리하였다.

   (차) 현 금 1,200,000원 (대) 단기매매증권 500,000원
   단기매매증권처분익 700,000원

해답

1. 7기 〈저가매입〉					
1.회계상분개	(차) 단기매매증권	500,000	(대)	현 금	500,000
2.세무상분개	(차) 단기매매증권	1,000,000	(대)	현 금 익 금	500,000 500,000
3.수정분개	**(차) 단기매매증권**	**500,000**	**(대)**	**익 금**	**500,000**
세무조정	**〈익금산입〉 유가증권 저가매입액 500,000원(유보)**				
2. 8기 〈처분〉					
1.회계상분개	(차) 현 금	1,200,000	(대)	단기매매증권 단기매매증권처분익	500,000 700,000
2.세무상분개	(차) 현 금	1,200,000	(대)	단기매매증권 단기매매증권처분익	1,000,000 200,000
3.수정분개	**(차) 단기매매증권처분익**	**500,000**	**(대)**	**단기매매증권**	**500,000**
세무조정	**〈익금불산입〉 유가증권 처분 500,000원 (△유보) ← 유보추인**				

(2) 임대보증금 등에 대한 간주익금

부동산 등을 임대하고 받는 임대료는 익금에 해당하지만, 임대보증금이나 전세금을 받는 경우 그 금액은 부채에 해당할 뿐 익금이 될 수 없다. 그러나 이것을 방치한다면 임대보증금등의 운용수입이 포착되어 과세되지 않는 한, 임대료를 받는 경우와 임대보증금 등을 받는 경우 사이에 과세형평이 맞지 않게 된다. 그리하여 법인세법은 임대보증금 등에 대하여는 그 정기예금 이자 상당액을 임대료로 간주하여 익금에 산입하도록 하고 있는데 이것을 간주임대료 즉, 간주익금이다.

(3) 의제배당

현행 법인세법은 형식상 배당이 아니더라도 사실상 회사의 이익이 주주에게 귀속되는 경우에는 이를 배당으로 의제하여 주주에게 소득세 또는 법인세를 과세하고 있다.

배당이란 법인이 획득한 소득을 주주들에게 배분하는 것으로 말한다. 일반적으로 배당은 현금배당을 말하지만 반드시 현금배당만이 법인의 소득이 주주에게 유일한 방법은 아니다.

[일반적인 배당 - 현금배당]

재무상태표

자산	부채	
	자본	
	-자본금	1,000
	-주식발행초과금	500
	-이익잉여금	**300**

① 현금배당(300) → 주 주

② **배당소득세과세**

[무상증자]

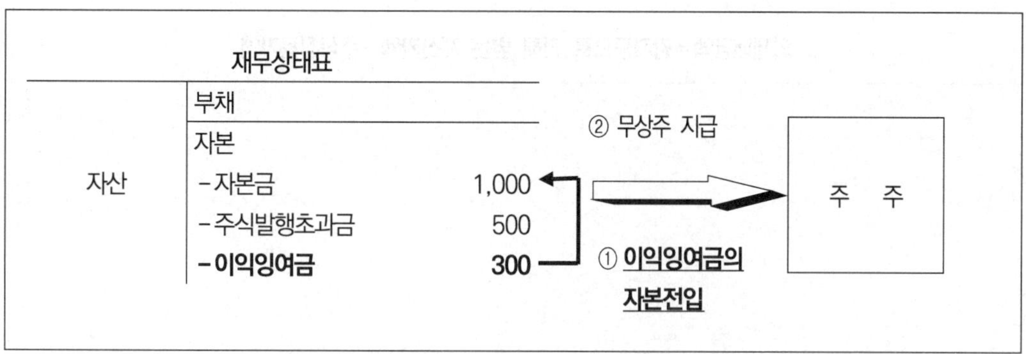

법인세법은 **무상증자도 현금배당과 동일하게 법인의 소득이 주주에게 이전된 것으로 보아 주주에게 배당으로 과세한다. 그러나 주식발행초과금의 자본전입으로 인하여 무상주를 수령시 의제배당으로 보지 않는다.** 왜냐하면 주식발행초과금은 법인의 소득이 아니라 주주가 출자한 금액이고 이에 대해서 무상주 지급시 주주에게 자본의 환급으로 보기 때문이다.

① 잉여금의 자본전입으로 인한 의제배당(무상주)

법인(피투자회사)이 잉여금을 자본전입하여 주주인 법인(투자회사)이 취득하는 주식은 배당으로 의제한다.

기업회계기준에서는 이러한 무상주와 주식배당은 배당이 아니라 주주지분의 재분류로 보아 주주가 받은 주식에 대해서 아무런 회계처리를 하지 않는다.

그러나 세법은 **잉여금의 자본전입과 주식배당을 원칙적으로 모두 배당으로 의제한다.**

다만 법인세가 과세되지 않은 자본잉여금을 자본전입하는 것은 예외적으로 배당으로 의제하지 않는다.

〈잉여금의 자본전입이 배당에 해당하는지의 여부〉

		의제배당여부
법인세가 과세된 잉여금	**- 이익잉여금 - 자기주식처분이익 등**	**의제배당 ○**
법인세가 과세되지 않는 잉여금	**- 주식발행초과금(채무면제이익 제외) - 감자차익(예외규정이 있다)**	**의제배당 ×**

② 감자·해산·합병 및 분할 등으로 인한 의제배당

감자 등으로 인하여 보유하던 주식 대신 받는 금전 등 재산가액의 합계액이 동 주식을 취득하기 위해 소요된 금액을 배당으로 본다.

의제배당액 = 감자등으로 인해 받는 재산가액 - 주식취득가액

3. 익금불산입항목

다음의 항목들은 순자산증가액임에도 불구하고 이를 익금으로 보지 않는다.

(1) 자본거래	① 주식발행액면초과액(출자전환시 채무면제이익은 제외) ② 감자차익 ③ 합병차익 및 분할차익 **④ 자산수증이익 · 채무면제이익 중 이월결손금의 보전에 충당된 금액** ⑤ 출자전환시 채무면제이익 중 결손금 보전에 충당할 금액
(2) 이중과세방지	**⑥ 각사업연도의 소득으로 이미 과세된 소득(이월익금)** **⑦ 법인세 또는 지방소득세의 환급액**
(3) 기타	⑧자산의 평가차익(일정한 평가차익은 제외) ⑨ 부가가치세 매출세액 **⑩ 국세 · 지방세 과오납금의 환급금에 대한 이자**

(1) 주식발행액면초과액(주식발행초과금)

액면 이상의 주식을 발행한 경우 그 액면을 초과하는 금액을 주식발행액면초과액이라 말한다. 이러한 주식발행액면초과액은 비록 법정자본금은 아니지만 실질적으로 출자의 일부이다.

(2) 감자차익(자기주식소각익 포함)

자본감소의 경우에 그 감소액이 주식소각, 주식대금의 반환에 소요된 금액과 결손보전에 충당된 금액을 초과하는 경우 그 초과금액을 감자차익이라 한다.

이러한 감자차익은 자본감소 후에도 주주에게 반환되지 않고 불입자본으로 남아 있는 부분이므로, 근본적으로 주주의 불입에 기인하는 것으로서 그 성격은 사실상 주식발행액면초과액과 같다. 따라서 기업회계에서는 이를 자본잉여금으로 계상하고 있으며, 법인세법도 이것을 익금으로 보지 않고 있다.

(3) 합병차익 및 분할차익(합병평가차익과 분할평가차익은 제외)

"합병차익"이란 합병의 경우에 합병법인이 피합병법인으로부터 승계한 순자산가액이 피합병법인의 주주 등에게 지급한 합병대가를 초과하는 경우 그 초과액을 말한다.

분할이란 합병의 반대개념으로서 하나의 회사를 둘 이상의 회사로 나누어 쪼개는 것을 말한다. 분할의 경우에 분할신설법인이 분할법인으로부터 승계한 순자산가액이 분할법인의 주주 등에게 지급한 분할대가를 초과하는 경우 그 초과액을 말한다.

다만 **자산의 평가증으로 인하여 생기는 합병평가차익과 분할평가차익은 익금**으로 본다.

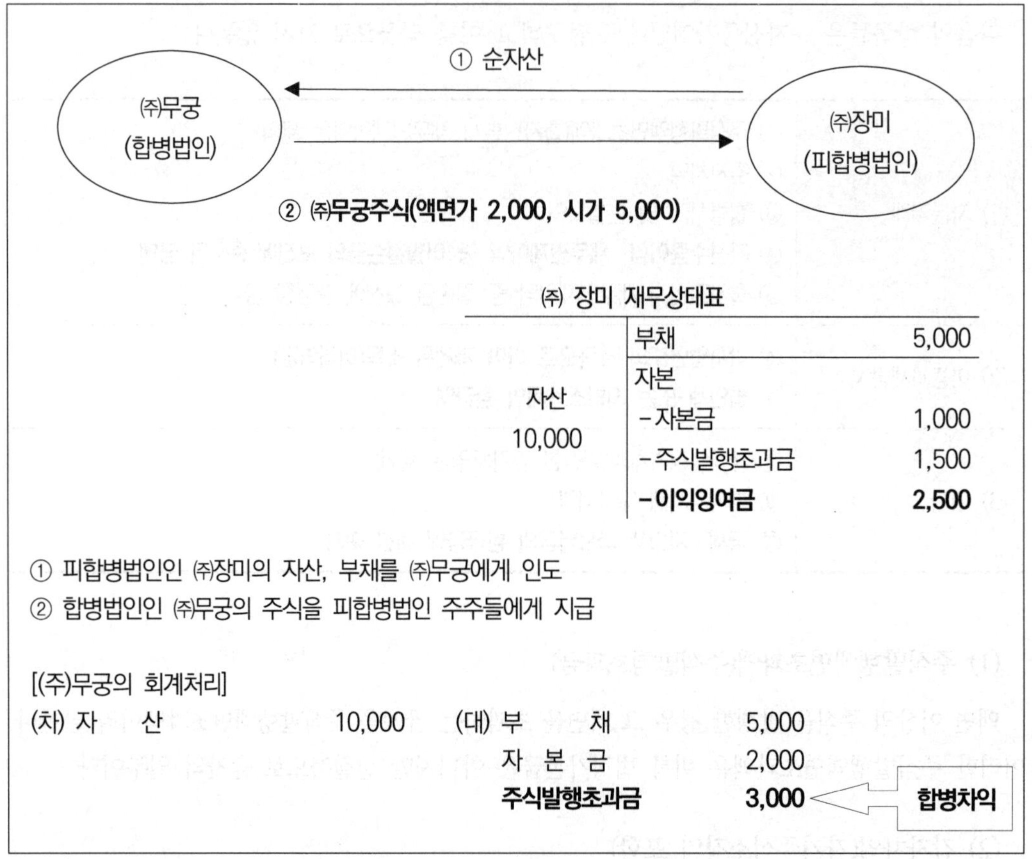

(4) 자산수증이익과 채무면제이익 중 이월결손금의 보전에 충당된 금액

자산수증이익(국고보조금 등은 제외)과 채무면제이익은 법인의 순자산증가액이므로 익금에 산입한다. 이 경우 자산의 가액은 시가로 평가한다. 그러나 결손이 많은 회사들에게 결손보전을 촉진함으로써 자본충실을 기하기 위하여 이러한 규정을 두고 있다.

자산수증이익과 채무면제이익 중 이월결손금의 보전에 충당된 금액은 익금으로 보지 않는다. 여기서 말하는 "이월결손금"이란 세무상 이월결손금으로서 그 후의 각 사업연도의 과세표준계산에 있어서 공제되지 않은 금액을 말하며, **그 발생시점에는 제한이 없다.**

이처럼 자산수증이익·채무면제이익으로 충당된 이월결손금은 각 사업연도의 과세표준계산에 있어서 공제된 것으로 본다.

따라서 **세무상이월결손금은 ⓐ 과세표준 계산상 이월결손금(15년, 2009~2019년 발생분은 10년)공제하거나 ⓑ 자산수증이익·채무면제익에 의해 소득금액에서 보전됨으로써 소멸되는 것이다.**

<예제 3 - 2> 자산수증이익(이월결손금보전)

㈜무궁은 결손금(세무상 결손금 100,000원)이 많은 회사로서 대주주로부터 건물(시가 10,000원)을 증여받아 다음과 같이 회계처리하였다. 세무조정을 하시오.

(차) 건　　물　　10,000원　　(대) 자산수증이익　　10,000원

해답

결산서	(차) 건 물	10,000	(대) 자산수증이익	10,000
세무상	(차) 건 물	10,000	(대) 결 손 금	10,000
수정분개	**(차) 자산수증이익**	**10,000**	**(대) 결 손 금**	**10,000**
세무조정	**〈익금불산입〉 자산수증이익 결손금보전 10,000원(기타)**			

(5) 각사업연도의 소득으로 이미 과세된 소득(이월익금)

각 사업연도의 소득으로 이미 과세된 소득을 다시 당해 사업연도의 익금에 산입한 금액을 말하는데, 이것을 방치하면 동일한 소득에 대해 중복하여 과세하는 결과가 되기 때문에 이를 익금불산입항목으로 규정한 것이다.

(6) 법인세 또는 지방소득세(소득분)의 환급액

법인세 또는 지방소득세 소득분은 지출 당시에 손금으로 인정받지 못하므로 이를 환급받은 금액은 익금에 산입하지 않는다. 이것도 성격상 이월익금의 일종이라고 할 수 있다.

<예제 3 - 3> 각사업연도의 소득으로 이미 과세된 소득

다음은 ㈜ 무궁의 손익계산서에 법인세 환급액(전기에 손금불산입) 50,000원을 잡이익으로 회계처리하였다. 세무조정을 하시오.

해답

1. 법인세 환급액

결산서	(차) 현 금	50,000	(대) 잡 이 익	50,000
세무상	(차) 현 금	50,000	(대) 잉 여 금	50,000
수정분개	(차) 잡 이 익	50,000	(대) 잉 여 금	50,000
세무조정	**〈익금불산입〉 전기 법인세 환급액 50,000(기타)** ☞ **전기에 손금불산입(기타사외유출)된 법인세가 당기에 환입되었으로 이월익금으로서 익금불산입에 해당된다.**			

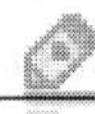

(7) 자산의 평가차익

자산의 평가차익은 원칙적으로 익금으로 보지 않는다. 따라서 기업회계기준에 의해 계상되는 자산평가이익 등은 거의 대부분 세법상 인정되지 않는다. 다만, 예외적으로 다음의 평가차익은 익금으로 본다.

① 보험업법 기타 법률에 의한 고정자산의 평가차익

② 화폐성 외화자산·부채의 환율변동으로 인한 평가이익

이 가운데 고정자산의 평가차익에 대한 법인세법상의 취급을 요약하면 다음 도표와 같다.

〈고정자산(유·무형자산)의 평가차익에 대한 취급〉

구 분	법 인 세
① **임의평가차익**	**익금불산입 항목**
② 보험업법 기타 법률의 규정에 의한 고정자산의 평가차익	익금 항목

(8) 부가가치세의 매출세액

사업자가 재화나 용역을 공급할 때 공급받는 자로부터 거래징수한 부가가치세 매출세액은 당연히 익금에 해당하지 않는다. 다만, 회사가 회계기준에 따르지 않고 수익으로 잘못계상한 경우 이를 시정하기 위한 예시에 불과하다.

(9) 국세 또는 지방세의 과오납금의 환급금에 대한 이자

국세 또는 지방세를 과오납한 경우에는 이를 환급받게 되는데, 이 경우 그 환급금에 가산하여 받게 되는 이자(**국세환급가산금 또는 지방세 환부이자**를 말한다)는 익금에 산입하지 않는다. 만일 이것을 익금에 산입하면 그에 대한 법인세 부담액만큼 그 보상의 효과가 줄어들기 때문이다.

(10) 이외에 주식의 포괄적 교환차익, 이전차익 등은 익금불산입항목이다.

연/습/문/제

 **객관식**

01. 다음 중 법인세법상 익금항목에 속하는 것은?

① 사업수입금액　② 감자차익
③ 부가가치세 매출세액　④ 이월익금

02. 다음 중에서 법인세법상 익금항목에 해당하는 것은?

① 고정자산의 임의적인 평가이익　② 자기주식소각이익
③ 부가가치세 매출세액　④ 보험차익

03. 다음 중 법인세법상 익금 항목이 아닌 것은?

① 자산의 양도금액　② 무상으로 받은 자산의 가액
③ 부가가치세 매출세액　④ 채무의 면제로 인한 부채의 감소액

04. 법인세법상 익금불산입항목에 해당하지 않은 것은?

① 주식발행액면초과액　② 배당금수익
③ 감자차익　④ 합병차익

05. 다음 중 법인세법상 익금항목이 아닌 것은?

① 법인세 과·오납 환급액　② 자기주식 처분이익
③ 임대료 수익　④ 자산수증이익

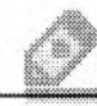

06. 법인세법상 익금불산입항목에 해당되지 않는 것은?

① 부가가치세 매출세액
② 손금산입된 금액 중 환입된 금액
③ 국세 · 지방세의 과오납금 환급금 이자
④ 자산수증이익과 채무면제이익 중 이월결손금의 보전에 충당된 금액

07. 다음 중 법인세법상 익금에 산입하는 항목이 아닌 것은?

① 무상으로 받은 자산의 가액
② 법인세 과오납금의 환급금에 대한 이자
③ 법인이 보유한 자기주식을 처분함으로써 발생한 이익
④ 세법상 이익잉여금의 자본전입으로 인하여 수령한 무상주의 가액

08. 법인세법상 익금에 해당하지 않는 것은?

① 자산의 임의평가이익
② 자산의 양도가액
③ 자산의 임대료 수익
④ 자본거래로 인해 특수관계인으로부터 분여받은 이익

09. ㈜매탄은 특수관계자인 한윤정씨로부터 시가 2,000,000원인 유가증권을 1,700,000원에 취득하고 다음과 같이 회계처리 하였다. 이 경우 올바른 세무조정과 소득처분의 결과로 옳은 것은?

(차) 유가증권	1,700,000	(대) 현 금	1,700,000

① 익금산입 300,000(유보)
② 익금산입 2,000,000원(유보)
③ 익금산입 1,700,000원(상여)
④ 세무조정 없음

10. 다음은 법인세법상 자산수증이익과 채무면제이익에 대한 설명이다. 가장 옳지 않은 것은?

① 채무면제이익으로 충당할 이월결손금은 소급하여 5년 이내의 것이어야 한다.
② 자산수증이익 중 세무상 이월결손금 보전에 충당한 금액은 익금불산입한다.
③ 자산수증이익과 채무면제이익은 원칙적으로 익금항목이다.
④ 자산수증이익을 자본잉여금으로 회계처리한 경우 원칙적으로 익금산입한다.

11. 다음 중 법인세법상 익금불산입항목으로 틀린 것은 무엇인가?

① 자산의 평가이익은 원칙적으로 익금산입한다.
② 이월익금은 익금산입하지 않는다.
③ 손금에 산입하지 않은 법인세를 환급받은 금액은 익금에 산입하지 않는다.
④ 부가가치세의 매출세액은 익금에 산입하지 않는다.

12. 법인세법상 익금불산입 항목에 해당하는 것은?

① 일시적 자산의 임대료
② 이월결손금의 보전에 충당된 채무면제이익
③ 보험업법 기타 법률에 의한 고정자산의 평가차익
④ 손금에 산입한 금액 중 환입된 금액

13. 다음 중 법인세법상 익금에 해당하지 않는 것은?

① 사업수입금액 ② 임의로 평가증한 자산평가차익
③ 이자수익 ④ 자산의 양도금액

14. 다음 중 법인세법상 소득처분에 대한 설명으로 잘못된 것은?

① 익금에 산입한 금액이 사외에 유출되지 아니하면 상여로 본다.
② 소득의 귀속자가 임직원이 아닌 개인주주이면 소득처분은 배당이다.
③ 기업업무추진비의 손금한도액을 초과하여 손금불산입한 금액의 소득처분은 기타사외유출이다.
④ 소득의 귀속자가 내국법인인 경우 기타사외유출로 처분한다.

주관식

01. 다음 자료를 근거로 하여 (   )안에 들어갈 각각의 말은?

> 법인이 특수관계 있는 (가)으로부터 (나)을 저가 매입하는 경우 시가와 매입가액의 차액을 익금에 산입한다.

02. 다음 자료로 법인세법에 의한 익금합계액을 계산하면 얼마인가?

> - 감자차익 : 400,000원
> - 자산의 임대료 : 2,000,000원
> - 특수관계자로부터 분여받은 이익 : 3,000,000원
> - 주식발행초과금 : 2,000,000원

03. 다음 자료로 법인세법에 의하여 익금합계액을 계산하면?

> - 감자차익 : 400,000원
> - 임대보증금 등에 대한 간주익금 : 2,000,000원
> - 불균등자본거래로 인한 특수관계자로부터 분여 받은 이익 : 3,000,000원
> - 주식발행초과금 : 2,000,000원

04. ㈜서울은 특수관계자인 홍길동(개인)으로부터 시가 1,000,000원인 유가증권을 300,000원에 취득하고 취득가액은 300,000원으로 계상하였다. 법인세법상 익금산입으로 세무조정할 금액은 얼마인가?

05. 다음 중 법인세법상 익금 합계액은 얼마인가?

> - 채무면제이익(이월결손금 보전에 사용되지 않음) : 20,000,000원
> - 부가가치세 매출세액 : 10,000,000원
> - 법인세 환급액 : 5,000,000원
> - 사무실 임대료 수익 : 5,000,000원

연/습/문/제 답안

객관식

1	2	3	4	5	6	7	8	9	10	11	12	13	14
①	④	③	②	①	②	②	①	①	①	①	②	②	①

[풀이 – 객관식]

03. 부가가치세 매출세액은 예수금이므로, 법인의 익금에 해당하지 않는다.

05. 지출당시 손금으로 인정받지 못한 금액이 환입(손금불산입)되는 경우에 그 금액은 익금에 해당하지 아니한다(익금불산입).

06. **손금에 산입된 금액의 환입액은 익금항목**이나, **손금불산입액의 환입액은 익금불산입항목**이다.

08. **자산의 임의평가이익은 익금불산입사항**이다.

09. 특수관계인인 개인으로부터 유가증권을 저가로 매입한 경우에는 시가와 매입가액과의 차액을 익금(유보)에 산입한다. 따라서 그 취득가액은 시가가 된다.

10. **채무면제이익으로 충당할 이월결손금**은 **발생시점에는 제한이 없다.**

11. 자산의 평가이익은 원칙적으로 익금산입하지 않는다.

12. **이월결손금의 보전에 충당된 채무면제이익은 익금불산입 항목**이다.

13. 「보험업법」이나 그 밖의 법률에 따른 유형자산 및 무형자산 등의 **평가증 외의 자산평가이익**은 인정하지 않는다.

14. 익금에 산입한 금액이 **사외에 유출되지 아니한 경우에는 사내유보**이다.

주관식

01	가 : 개인　나 : 유가증권	02	5,000,000원	03	5,000,000원
04	700,000원	05	25,000,000원		

[풀이 - 주관식]

02. 감자차익과 주식발행초과금은 익금불산입항목이고, 자산의 임대료와 **특수관계자로부터 분여받은 이익은 익금항목**이다.

03. 임대보증금에 대한 간주익금과 특수관계자로부터 분여받은 이익은 익금에 해당한다.

04. 저가매입액 = 시가(1,000,000) - 취득가액(300,000) = 700,000원

05. 채무면제익(20,000,000) + 임대료(5,000,000) = 25,000,000원

부가가치세 매출세액과 법인세 환급액은 익금불산입이다.

Chapter

손금 및 손금불산입 4

제1절 손금 및 손금불산입

"손금"이란 당해 법인의 순자산을 감소시키는 거래로 인하여 발생하는 손비(손실 또는 비용)의 금액을 말한다. 다만, **자본 또는 지분의 환급, 잉여금의 처분 및 손금불산입항목은 제외**한다.

이러한 손비의 범위를 구체적으로 규정하고 있는데, 이는 어디까지나 대표적인 손비를 예시한 것에 불과하다. 법인세법에 열거되지 않은 것이라도 업무와 관련하여 초래된 **모든 순자산감소액은 원칙적으로 손금에 해당**한다.

1. 손금일반원칙

(1) 비용배분의 원칙

기업회계기준과 동일하다.

(2) 손금의 증빙요건

법인은 모든 거래에 관한 증빙서류를 작성 또는 수취하여 **과세표준 신고기한이 경과한 날부터 5년간 이를 보관**하여야 한다.

이 경우 법인이 재화 또는 용역을 공급받고, 그 대가를 지급하는 경우에는 **적격증빙(신용카드매출전표 · 현금영수증 · 세금계산서 · 계산서 등)**을 수취하여 이를 보관하여야 한다. 법인세법은 적격증빙서류를 수취하지 하지 않고 영수증을 수취한 경우에는 다음과 같은 규제를 두고 있다.

영수증을 수취한 경우		법인세법상 규제
(1) 기업업무 추진비	① **건당 3만원 초과**	**손금불산입** ☞ 증빙불비가산세 부과하지 않음
	② 건당 경조금 20만원 초과	
(2) 기타의 지출	**건당 3만원 초과**	**적격증빙미수취가산세(2%) 부과** ☞ 객관적으로 지급사실이 확인되면 손금인정됨.

2. 손비의 범위

법인세법의 "손비"는 법인세법 및 다른 법률에 달리 정하고 있는 것을 제외하고는

① 그 법인의 사업과 관련하여 발생하거나 지출된 손실 또는 비용으로서

② 일반적으로 용인되는 통상적인 것이거나 수익과 직접 관련된 것으로 한다.

이러한 요건은 수익의 경우에 순자산증가액이면 아무런 추가적인 요건도 필요로 하지 않고 익금에 해당하는 것과 대조적이다. 법인세법에서 예시한 손비의 범위는 다음과 같다.

① 판매한 상품 또는 제품에 대한 원료의 매입가액(기업회계기준에 의한 매입에누리 및 매입할인금액은 제외)과 그 부대비용.

- 판매한 상품 또는 제품의 보관료, 포장비, 판매장려금 및 판매수당 등 판매와 관련된 비용 **(판매장려금 및 판매수당의 경우 사전약정없이 지급하는 경우를 포함한다.)**

② 양도한 자산의 양도 당시의 장부가액

③ 인건비

- 법인의 임직원에 대한 재화·용역 등 할인금액(개정세법 25)
- 법인이 계열회사에 지급하는 할인금액 상당액(개정세법 25)

④ 고정자산의 수선비

⑤ 고정자산의 감가상각비

⑥ 자산의 임차료

⑦ 차입금 이자

⑧ 회수할 수 없는 부가가치세 매출세액 미수금(대손세액공제를 받지 아니한 것에 한정)

⑨ 자산의 평가차손

⑩ 제세공과금

⑪ **영업자가 조직한 단체로서 법인이거나 주무관청에 등록된 조합 또는 협회에 지급한 일반 회비**

☞ 일반회비 : 법령 또는 정관이 정하는 바에 따라 경상경비를 충당할 목적으로 회원에게 정기적으로 부과하는 회비

⑫ 음 · 식료품의 제조업 · 도매업 또는 소매업을 영위하는 내국법인이 당해 사업에서 발생한 식품 등(생활용품 포함)을 국가 또는 지방자치단체에 잉여식품활용사업자로 등록한 자 또는 제공자가 지정하는 자에게 무상으로 기증하는 경우 기증한 잉여식품 등의 장부가액.(이

경우 그 금액은 기부금에 포함하지 않는다. - 따라서 전액 손금으로 인정된다.)

⑬ 업무와 관련있는 해외시찰 · 훈련비

⑭ 근로자복지기본법에 의한 우리사주조합에 출연하는 자사주의 장부가액 또는 금품

⑮ 장식 · 환경미화 등의 목적으로 사무실 등 여러 사람이 볼 수 있는 공간에 항상 전시하는 미술품의 취득가액을 그 취득한 날이 속하는 사업연도의 손금으로 계상한 경우에는 그 취득가액[1,000만원 이하인 것에 한정한다.]

⑯ 광고선전목적으로 기증한 물품의 구입비용[특정인에게 기증한 물품[개당 3만원 이하의 물품은 제외한다.]의 경우에는 연간 5만원 이내의 금액에 한정한다.

⑰ 주식매수선택권 등 그 밖의 손비로서 그 법인에 귀속되었거나 귀속될 금액

☞ 주식매수선택권(stock option) : 법인의 경영 · 기술혁신 등에 기여하였거나 기여할 능력을 갖춘 임직원등에게 낮은 가격으로 당해 법인의 신주를 매입할 수 있도록 부여한 권리

⑱ 임원 또는 사용인의 사망 이후 주주총회, 이사회의 결의 등에 의하여 결정된 기준에 따라 유족에게 일시적으로 지급하는 학자금 등 위로금

⑲ 내국법인이 설립한 사내근로복지기금 등에 지출하는 금액

⑳ 근로자에게 지급하는 출산 · 양육지원금

㉑ 그 밖의 손비로서 그 법인에 귀속되었거나 귀속될 금액

3. 손금불산입항목

일정한 손비는 순자산감소액임에도 불구하고 손금으로 인정되지 않는데, 그 내용은 다음과 같다.

(1) 자본거래 등으로 인한 손비의 손금불산입

① 잉여금의 처분을 손비로 계상한 금액

② 주식할인발행차금(신주발행비 포함)

(2) 제세공과금의 손금불산입

(3) 징벌적 손해배상금에 대한 손금불산입

징벌적 성격의 손해배상금(예 : 제조물책임법에 따른 손해배상 등) 및 화해결정에 따른 지급금액 중 실손해를 초과하여 지급한 금액

(4) 자산의 평가손실의 손금불산입

자산의 평가손실은 원칙적으로 손금에 산입하지 않는다.

다만, 재고자산, 유가증권, 화폐성 외화자산 · 부채 등을 법인세법 시행령의 방법에 의해 평가함으로써 발생하는 평가손실은 손금에 해당한다.

(5) 감가상각비의 손금불산입

(6) 기부금의 손금불산입

(7) 기업업무추진비의 손금불산입

(8) 과다경비 등의 손금불산입

다음의 손비 중 과다하거나 부당하다고 인정되는 금액은 손금에 산입하지 않는다.

① 인건비

② 복리후생비

③ 여비 및 교육·훈련비

법인의 임직원이 아닌 지배주주 등(특수관계자 포함)에게 지급한 여비 또는 교육훈련비는 손금에 산입하지 않는다.

④ 보험업법인의 사업비

⑤ 공동경비

법인이 다른 법인 등과 공동사업 등을 운영하여 지출한 비용을 공동사업법인간에 나눌 때 적정한 금액 이상을 부담한 경우 적정금액 초과분은 손금으로 인정하지 않는다.

⑥ 위 ①~⑤ 외에 법인의 업무와 직접 관련이 적다고 인정되는 경비로서 대통령령이 정하는 것(현재는 대통령령에 규정이 없음)

(9) 업무무관비용의 손금불산입

(10) 지급이자의 손금불산입

(11) 대손금의 손금불산입

제2절 인건비

인건비는 근로의 대가로서 근로자에게 지급하는 일체의 금품을 말한다.

인건비는 이익처분에 의하여 지급되는 것이 아닌 한 원칙적으로 손금으로 인정된다. 그러나 특정한 경우에는 손금으로 인정되지 않는다.

1. 일반급여

(1) 원칙 : 손금

(2) 예외 : 손금불산입

① **법인이 지배주주 및 그와 특수관계가 있는 임직원에게 정당한 사유없이 동일 직위에 있는 지배주주 등 외의 임직원에게 지급하는 금액을 초과하여 보수를 지급한 경우 그 초과금액**

☞ 지배주주 : 1% 이상의 지분을 소유한 주주 등으로서 그 와 특수관계에 있는 자와의 소유주식의 합계가 해당 법인의 주주 중 가장 많은 경우의 해당주주 등을 말한다.

② 비상근임원에게 지급하는 보수 중 부당행위계산부인에 해당하는 것

2. 상여금

(1) 일반상여

① 원칙 : **손금**

② 예외 : 손금불산입(사외유출 - 상여)

임원상여금 한도 초과액은 손금불산입한다. 한도는 **정관 · 주주총회 · 사원총회 또는 이사회의 결의에 따라 결정된 급여지급기준에 의한 금액**을 말한다.

(2) 이익처분에 의한 상여

자본거래이기 때문에 **손금불산입한다. 또한 합명회사 또는 합자회사의 노무출자사원에게 지급하는 보수는 이익처분에 의한 상여로 본다.**

☞ • 합명회사 : 무한책임사원만으로 구성되는 상법상의 회사를 말한다. 따라서 각 사원이 업무집행권 및 대표권을 가진다.(가족적 형태의 회사)

• 합자회사 : 무한책임사원(경영)과 유한책임사원(자본제공)으로 이루어지는 회사로서 합명회사와 마찬가지로 친한 사람들이 공동으로 사업을 하는데 적합하다.

3. 퇴직급여

법인이 임직원에게 지급하는 퇴직급여는 임직원이 현실적으로 퇴직하는 경우에 지급하는 것에 한정하여 이를 손금에 산입한다.

현실적 퇴직(퇴직급여를 실제 지급한 경우)	현실적 퇴직에 해당하지 않는 경우
① **사용인이 임원으로 취임한 경우** ② 임직원이 그 법인의 조직변경·합병·분할 또는 사업양도에 따라 퇴직한 때 ③ **법에 따라 퇴직급여를 중간 정산하여 지급한 경우** ④ 임원에게 정관 등의 규정에 의하여 법에 따른 사유(장기요양 등)로 중간 정산하여 퇴직급여를 지급한 경우	① **임원이 연임된 경우** ② 법인의 대주주의 변동으로 인하여 계산의 편의, 기타사유로 전사용인에게 퇴직급여를 지급한 경우 ③ 외국법인의 국내지점 종업원이 본점(본국)으로 전출하는 경우 ④ 법에 따라 퇴직급여를 중간정산하기로 하였으나 이를 실제로 지급하지 않은 경우
손금	**업무무관가지급금으로 간주**

☞ 조직변경 : 회사 인격의 동일성은 유지되지만 법률상의 조직을 변경하여 다른 종류의 회사로 되는 것 (예 : 주식회사↔유한회사의 변경)

(1) 원칙 : 손금

(2) 예외 : 손금불산입(사외유출 - 상여)

임원퇴직금 한도 초과액은 손금불산입한다. 한도는 **정관상 임원의 퇴직급여지급기준에 따른다.** 만약 지급규정이 없는 경우 **법인세법상 한도액 기준**을 따른다.

법인세법상 임원퇴직금한도 = **퇴직전 1년간 총급여액[*1] × 10% × 근속년수(월미만 절사)**

***1. 손금불산입된 급여 · 상여 및 비과세 근로소득은 제외한다.**

4. 복리후생비

법인이 그 임직원을 위하여 직장시설보육비, 직장체육비, 직장문화비, 우리사주조합의 운영비, 사용자부담 건강보험료 및 고용보험료 등의 복리후생비를 지출한 때에는 이를 손금에 산입한다.

〈인건비 손금인정여부〉 

		사용인	임원
1. 급여		○	○
2. 상여금	① **일반상여**	○	상여지급기준내
	② **이익처분에 의한 상여**	×	×
3. 퇴직급여		○	정관규정한도내
4. 복리후생비		열거된 것 및 유사한 것	

* ○은 원칙적으로 손금사항임.

<예제 4 - 1> 인건비

㈜ 무궁의 다음 자료에 의하여 세무조정을 행하시오.
단, 이사회결의에 따른 규정에 따르면 임직원에 대한 상여금은 연간급여액의 40%이고, 퇴직금지급규정은 없다.
당기말에 관리임원과 인사과장이 퇴직하였다. 현실적인 퇴직으로 회사는 퇴직급여충당금을 설정하지 않고 있다.

(단위 : 원)

	급 여	상여금	퇴직급여
관리임원	50,000,000	25,000,000	30,000,000
인사과장	30,000,000	20,000,000	25,000,000

* 관리임원과 인사과장의 근속년수는 3년 3개월로 동일하다.

해답

1. 상여금에 대한 세무조정

- 임원상여금 한도초과액 : 25,000,000원 - 50,000,000원 × 40% = 5,000,000원**(손금불산입 - 상여)**
- 사용인에 대한 상여는 한도가 없으므로 손금산입함.

2. 퇴직금에 대한 세무조정

- 임원퇴직급여 한도초과액 : ⓐ - ⓑ = 7,250,000원**(손금불산입 - 상여)**

ⓐ 퇴직금지급액 : 30,000,000원

ⓑ 한도액 : [50,000,000원 + 25,000,000원 - 5,000,000원(손금불산입된 상여)] × 10%
× (36개월 + 3개월)/12개월 = 22,750,000원

- 사용인에 대한 퇴직금은 한도가 없으므로 손금산입함.

제3절 세금과공과금

1. 조세 

조세는 업무와 관련된 것에 대해서 원칙적으로 손금으로 인정된다. 다만 몇가지 예외적으로 손금되지 않는 것이 있다.

		종 류	소득처분
1. 원칙 : 손금	당기손금	**재산세, 자동차세**, 주민세(균등분, 재산분, 종업원분), 종합부동산세 등	–
	미래손금(자산원가)	**취득세 등**	
2.예외 : 손금불산입		① **법인세 및 지방소득세(법인)**, 농어촌특별세	기타사외유출
		② **간접세** : 부가가치세매입세액, 개별소비세, 교통세, 주세 등	유보
		③ **징벌효과 : 가산세와 징수불이행 세액**	기타사외유출

〈부가가치세 매입세액에 대한 법인세법상 취급〉 

	종 류	법인세법규정
1. 공제매입세액(비용처리시)		**손금불산입(유보)**
2. 불공제 매입 세액	① **본래부터 공제되지 않는 매입세액(부가가치미창출)** – 기업업무추진관련, 면세사업관련, 토지관련 매입세액 – 비영업용소형승용차 관련 매입세액등	**손금산입** * 자산계상분은 추후 손금인정
	② **<u>의무불이행으로 공제되지 않는 매입세액</u>** – 세금계산서 미수취 · 불명분매입세액 – 사업과 관련없는 매입세액, 사업자등록전 매입세액(매입세액 불공제분) 등	**손금불산입** * 자산으로도 계상못함

2. 공과금

"공과금"이란 조세 이외의 강제적 부담금을 말한다. 즉, 공법상의 단체에 의무적으로 부담하는 부담금을 말하는 것이다.

(1) 원칙 : 손금

공과금(교통유발부담금[*1], 폐기물처리부담금[*2])등은 지출시 즉시 손금으로 인정되나, 개발부담금[*3] 은 자산의 취득가액으로 계상된 후에 추후에 손금으로 인정된다.

*1. 교통혼잡완화를 위하여 원인자부담의 원칙에 따라 혼잡을 유발하는 시설물에 대하여 부과하는 공과금

*2. 특정유해물질 등을 함유하고 있거나, 재활용이 어렵고 폐기물관리상 문제를 일으킬 수 있는 제품 등에 대해 그 폐기물의 처리에 소요되는 비용을 해당 제품 등의 제조업자 등에게 부담하도록 하는 제도.

*3. 개발사업 대상 토지에 대한 투기를 방지하고 그 토지의 효율적인 이용을 촉진하기 위해 법규에 의한 해당사업의 개발이익에 대해 부과 · 징수되는 환수금이 개발부담금이다.

(2) 예외 : 손금불산입

법령에 의한 의무의 불이행 또는 금지 · 제한 등의 위반에 대한 제재로서 부과되는 것 (**폐수배출부담금**[*1]등)

*1. 폐수배출관련의무를 불이행시 제재 목적으로 부과되는 부담금

3. 벌금 · 과료 · 과태료 및 강제징수비 : 손금불산입

벌금, 과료(통고처분에 의한 벌금 또는 과료 상당액 포함), 과태료(과료와 과태금 포함) 및 강제징수비는 손금에 산입하지 않는다. 벌금 등을 손금으로 인정하지 않는 이유는 **징벌의 효과를 감소시키지 않기 위한 데** 있다. 그리고 강제징수비를 손금으로 인정하지 않는 이유는 만일 이것을 손금으로 인정하면 그에 대한 법인세 상당액만큼의 강제징수비를 국가가 대신 부담해 준 결과가 되기 때문이다.

☞ 강제징수비 : 납세자가 국세를 체납시 강제징수에 관한 규정에 의한 재산의 압류와 압류한 재산의 보관과 운반 및 공매에 소요된 비용이 강제징수비이다.

<예제 4 - 2> 세금과공과금

㈜ 무궁의 7기 판매비와 관리비의 세금과공과금의 내역이다. 다음 자료에 의하여 세무조정을 행하시오.

	금 액	비 고
① **취득세**	100,000	토지의 취득시 부담한 것임.
② **폐수배출부담금**	200,000	
③ **외국에서 납부한 벌금**	300,000	
④ **교통사고벌과금**	400,000	
⑤ **지체상금**	500,000	거래처의 납품지연에 대한 부담한 것임.

해답

	세무조정	내 역
① **취득세**	**손不 : 유보 - 100,000**	토지의 취득원가에 해당함.
② **폐수배출부담금**	**손不 : 기타사외유출 - 200,000**	법령에 의해 제재로서 부과됨.
③ **외국에서 납부한 벌금**	**손不 : 기타사외유출 - 300,000**	벌금에 해당함.
④ **교통사고벌과금**	**손不 : 기타사외유출 - 400,000**	벌금에 해당함.
⑤ **지체상금**	-	손금인정.

제4절 업무무관경비

1. 업무무관경비

다음의 업무무관경비는 손금에 산입하지 아니한다.

① **업무무관자산을 취득·관리에 따른 비용·유지비·수선비와 이에 관련된 비용**

② 법인이 직접 사용하지 않고 타인(비출자임원·소액주주임원 및 사용인을 제외)이 주로 사용하는 장소·건축물·물건 등의 유지비·관리비·사용료와 이에 관련된 지출금

☞ 소액주주 : 발행주식 총수의 1%에 미달하는 주식을 소유한 주주

③ **출자자(소액주주 제외)나 출연자인 임원 또는 그 친족이 사용하고 있는 사택의 유지비·사용료와 이에 관련되는 지출금**
④ 업무무관자산을 취득하기 위하여 지출한 자금의 차입과 관련되는 비용
⑤ 형법상 뇌물에 해당하는 금전과 금전이외의 자산 및 경제적 이익의 합계액
⑥ 노동조합의 전임자에게 지급하는 급여

2. 업무무관자산

법인의 업무와 직접 관련이 없다고 인정되는 다음의 자산을 말한다.
① 업무에 직접 사용하지 않는 부동산 및 자동차 등
② 서화 및 골동품(장식·환경미화 등의 목적으로 사무실·복도 등 여러 사람이 볼 수 있는 공간에 상시 비치되는 것은 제외)
③ 기타 유사한 자산으로서 법인의 업무에 직접 사용하지 않는 자산

〈업무무관자산의 세무처리〉

취득시	보유시	처분시
취득원가 = 매입가액 + 취득부대비용	감가상각비 : 손금불산입 유보	손금산입 △유보
	유지비용 : 손금불산입 사외유출	-

3. 업무용승용차 관련비용

(1) 적용대상 : 부가세법상 매입세액 불공제 대상 승용차
(2) 관련비용 : 감가상각비, 임차료, 유류비, 보험료, 수선비, 자동차세, 통행료 등
(3) 비용 인정기준
① 임직원 전용 자동차 보험가입 등 일정요건 충족
- 운행기록 작성 : 업무사용비율에 따라 손금산입
- 운행기록 미작성 : **1,500만원**을 한도로 손금에 산입

② 감가상각비 : 업무에 사용한 금액 중 800만원을 한도로 손금산입**(내용연수 5년, 정액법)**
③ 처분손실 : **매년 800만원을 한도로 손금에 산입**한다.

☞ 사업연도 중 취득 또는 처분시 월할 계산

<예제 4 - 3> 업무용승용차

㈜ 무궁은 전무이사 전용의 업무용 승용차를 3,000만원에 구입하였고 임직원 전용자동차 보험에 가입하였다. 회사는 감가상각비 7,000,000원과 유지관련비용 2,000,000원을 비용으로 계상하였다. 회사는 차량운행일지를 작성한바 업무사용비율은 100%이다. 이에 대한 세무조정을 행하시오.

해답

(1단계) 업무용사용금액 시부인

임직원 전용자동차 보험을 가입하고 업무용승용차 관련비용(7,000,000+2,000,000)이 15,000,000원 이하이므로 운행기록 작성과 무관하게 업무사용비율 100% 인정

(2단계) 업무사용금액 중 감가상각비

- 회사계상액 7,000,000원
- 상각범위액(한도) 6,000,000원(30,000,000원/5년, 정액법)
- 상각비 초과금액 1,000,000원(손금불산입, 유보)

참고

성실신고 확인대상 소규모 법인에 대한 손금인정 제한 등

1. 특정내국법인(①&②&③)
   ① 지배주주 등이 출자총액의 50% 초과 소유
   ② 부동산 임대업이 주된 사업 또는 부동산임대 · 이자 · 배당 매출액이 50% 이상일 것
   ③ 상시근로자수가 5인 미만일 것
2. 기업업무추진비손금산입 한도 축소 : 한도액의 50%
3. 업무용 승용차 관련비용 손금산입 한도 축소 : 한도액의 50%
   (감가상각비 한도 400만원, 승용차 처분손실 한도 400만원)
4. 법인세율 : 0~200억원 이하 세율 19%(개정세법 25)

연/습/문/제

 객관식

01. 다음 보기 중 법인세법상 손금항목은 어느 것인가?

가. 양도한 자산의 양도당시 장부가액	나. 배당금 지급액
다. 법인세 비용	라. 벌금 및 과태료

① 가　　② 나　　③ 다　　④ 라

02. 법인세법상 손금항목에 해당하지 않는 것은?

① 불특정다수인에게 광고선전목적으로 지급한 물품의 구입비용
② 고정자산에 대한 감가상각비
③ 법정단체에 대한 일반회비
④ 업무수행 중 발생한 교통사고 벌과금

03. 다음 중 법인세법상 인건비에 관한 내용으로 잘못된 것은?

① 원칙적으로 이익처분에 의한 상여를 제외한 인건비는 손금으로 인정한다.
② 임원에게 지급한 상여금은 법인의 손비처리에 한도를 두고 있다.
③ 임원 및 사용인의 퇴직금에 대하여는 한도의 제한 없이 전액 손비처리 가능하다.
④ 현실적으로 퇴직하지 아니한 임원 또는 사용인에게 지급한 퇴직금은 현실적으로 퇴직할 때까지 업무와 관련이 없는 가지급금으로 본다.

04. 다음 중 법인세법상 임원에 대한 손금산입 한도가 적용되는 손비는?

① 기부금 ② 상여금
③ 건강보험료 중 사용자 부담분 ④ 복리후생비

05. 법인세법상 다음의 설명 중 틀린 것은?

① 법인이 사용인에게 지급하는 상여금은 한도 없이 전액 손금으로 인정된다.
② 임원에게 지급하는 상여금은 지급규정에 의한 한도내에서만 인정된다.
③ 지배주주인 임원에게 정당한 사유없이 과다보수를 지급한 경우에 초과금액은 손금으로 인정되지 아니한다.
④ 법인이 배당금 지급액을 손익계산서에 계상한 경우 손금으로 인정된다.

06. 법인세법상 인건비에 대한 설명 중 잘못된 것은?

① 급여지급기준을 초과하여 지급한 임원 상여금은 손금에 산입하지 않는다.
② 현실적으로 퇴직하지 아니한 사용인에게 지급한 퇴직금은 퇴직시까지 업무무관가지급금으로 본다.
③ 임원을 위하여 지출한 사회통념상 타당한 경조사비는 손금으로 인정한다.
④ 특수관계자인 사용인의 경우 급여는 제한 없이 손금으로 인정된다.

07. 법인세법상 공급받는 재화 또는 용역의 건당 거래금액이 3만원을 초과하는 경우 공급받는 자는 적격증빙을 수취하여야 하는데 다음 중 적격증빙에 해당하지 아니한 것은?

① 계산서 ② 직불카드매출전표
③ 현금영수증 ④ 금전등록기계산서

08. 다음 중 법인세법상 손금에 산입할 수 있는 조세공과금이 아닌 것은?

① 토지 관련 매입세액
② 비영업용 소형승용차 유지에 관한 매입세액
③ 기업업무추진비 지출에 관련된 매입세액
④ 과세사업과 관련하여 공제받은 매입세액

09. 다음 중 법인세법상 손금불산입 항목으로만 묶여진 것은 어느 것인가?

가. 전기요금의 납부지연으로 인한 연체가산금	나. 본사 건물분 재산세
다. 벌금 및 과태료	라. 의무불이행으로 인한 가산세

① 가, 나 ② 나, 다 ③ 다, 라 ④ 가, 라

10. 법인세법상 손금에 산입 할 세금과 공과금 항목이 아닌 것은?

① 업무와 관련하여 발생한 교통사고 벌과금
② 거래처에 납품 지연으로 인해 부담한 지체상금
③ 전기요금의 납부지연으로 인한 가산금
④ 본사 건물에 대한 재산세

11. 법인세법상 손금으로 인정되지 못하는 항목은?

① 판매한 상품 또는 제품에 대한 원료의 매입가액
② 판매와 관련한 부대비용
③ 업무무관자산을 취득, 관리함으로써 발생하는 비용
④ 업무와 관련 있는 해외시찰비

12. 다음 중 법인세법상 현실적 퇴직으로 볼 수 없는 것은?

① 사용인이 임원으로 취임한 때
② 임원이 연임된 경우
③ 근로기준법 규정에 의하여 퇴직금을 중간정산하여 지급한 경우
④ 임직원이 그 법인의 조직변경 · 합병 · 분할 또는 사업양도에 따라 퇴직한 때

13. 다음 중 법인세법상 업무용승용차 관련비용에 해당하지 않는 것은?

① 감가상각비 ② 유류비
③ 차량 운전기사의 급여 ④ 자동차세

14. 다음 중 법인세법상 각 사업연도소득금액 계산시 손금에 산입할 수 있는 세금과공과금이 아닌 것은?

① 회사소유의 업무용차량의 정기검사 불이행으로 인한 과태료
② 면세사업관련 부가가치세의 매입세액
③ 회사가 보유하고 있는 업무용 토지에 대한 종합부동산세
④ 간주임대료에 대한 부가가치세

15. 다음 중 법인세법상 손금에 해당하지 않는 것은?

① 인건비
② 고정자산의 수선비
③ 징벌적 목적의 손해배상금
④ 업무용 건물에 대한 재산세

16. 다음 중 법인세법상 손금으로 인정되는 것은?

① 업무용 건물 재산세
② 징벌적 목적의 손해배상금
③ 법인세비용
④ 잉여금처분에 의한 성과배분 상여금

17. ㈜한국이 업무관련 자산의 재산세(1,000,000원)를 납부기한이 경과한 후 3% 가산하여 1,030,000원을 납부하고 전액 회계상 비용인 세금과공과로 계상하였다고 가정할 때, 법인세법상 세무조정 및 소득처분으로 올바른 것은?

① (손금불산입) 1,030,000원 (기타사외유출)
② (손금불산입) 30,000원 (기타사외유출)
③ (손금불산입) 30,000원 (상여)
④ 세무조정 없음

주관식

01. 다음은 결산서상 당기비용으로 계상된 상여금 및 퇴직금에 관한 법인세법상 한도초과액 내역이다. 각 사업연도소득금액 계산 시 손금불산입액은?

	임원	사용인
상여지급규정 초과액	1,000,000원	2,000,000원
퇴직급여지급규정 초과액	3,000,000원	4,000,000원

02. 다음 자료를 이용하여 임원 신예지의 손금인정되는 법인세법상 퇴직금한도액을 계산하면 얼마인가?

- 임원퇴직금에 대한 정해진 규정이 없다.
- 신예지의 퇴직전 1년간 급여가 60,000,000원이며, 근속년수가 15년이다.

03. 다음 자료에 의하여 법인세법상 손금불산입하여야 할 금액은 얼마인가? (단, 이사회 결의에 따른 보수규정에 따르면 임원 및 사용인의 상여금은 연간 급여액의 40%를 지급하기로 되어 있다)

직 위	급 여(원)	상 여 금(원)
임원(주주 아님)	150,000,000	75,000,000
사 용 인	50,000,000	25,000,000
합 계	200,000,000	100,000,000

04. 다음에서 법인세법상 손금불산입으로 분류되는 공과금의 합계액은 얼마인가?

- 상공회의소회비 : 400,000원
- 교통사고벌과금 : 500,000원
- 교통유발부담금 : 600,000원
- 환경개선부담금 : 300,000원
- 관세법위반벌과금 : 800,000원

05. 다음 자료에 따라 법인세법상 각 사업연도 소득금액을 구하면?

- 당기순이익 : 10,000,000원
- 손익계산서상 비용항목에는 법인세 비용이 100만원, 업무무관비용이 200만원 포함되어 있다.

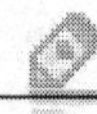

06. 다음은 법인세법 제116조의 일부이다. 괄호에 넣으시오.

> 법인은 각 사업연도에 그 사업과 관련된 모든 거래에 관한 증빙서류를 작성 또는 수취하여 제60조의 규정에 의한 신고기한이 경과한 날부터 (   )간 이를 보관하여야 한다.

07. 다음은 법인세법상 정관에 규정이 없는 경우 임원의 퇴직급여 한도액에 대한 산식이다. (   )안을 쓰시오.

> 임원퇴직급여 한도액 = 퇴직전 1년간 총급여×(   )×근속연수

08. 다음 중 법인세법상 부동산임대업이 주된 사업이 아닌 경우 아래 빈칸에 알맞은 금액은?(단, 사업연도는 20x1.1.1.~20x1.12.31.이다.)

> 업무용승용차를 처분하여 발생하는 손실로서 업무용승용차별로 (   )만원을 초과하는 금액은 대통령령으로 정하는 이월 등의 방법에 따라 손금에 산입한다.

09. 법인세법상 도매업을 영위하는 법인의 업무용승용차 관련 비용으로서 운행기록부 미작성시 손금으로 인정될수 있는 최대 금액은 얼마인가?

연/습/문/제 답안

객관식

1	2	3	4	5	6	7	8	9	10
①	④	③	②	④	④	④	④	③	①
11	12	13	14	15	16	17			
③	②	③	①	③	①	②			

[풀이 – 객관식]

02. 교통사고 벌과금은 손금불산입항목이다.

03. 법인이 임원에게 지급한 퇴직급여 중 법에서 정한 범위를 초과하여 지급한 금액은 손금에 산입하지 않는다.

04. 임원에 대한 상여 한도 초과는 손금불산입한다.

05. <u>**잉여금의 처분사항(배당금)은 손금으로 인정되지 않는다.**</u>

06. 지배주주와 특수관계에 있는 사용인에게 동일직위의 지배주주외의 사용인보다 정당한 이유 없이 초과하여 과다지급한 급여는 손금에 산입하지 않는다.

08. 각 사업연도에 납부하였거나 납부할 법인세 또는 지방소득세 소득분과 각 세법에 규정된 의무 불이행으로 인하여 납부하였거나 납부할 세액(가산세를 포함한다) 및 부가가치세의 매입세액는 손금에 산입하지 아니한다.

10. 벌과금은 손금불산입사항이다.

11. 내국법인이 각 사업연도에 지출한 비용 중 해당 법인의 업무와 직접 관련이 없다고 인정되는 자산으로서 그러한 자산을 취득·관리함으로써 생기는 비용은 손금으로 인정되지 못한다.

12. <u>**임원이 연임된 경우 현실적 퇴직으로 보지 아니하고**</u> 그때 지급한 금액은 가지급금으로 처리한다.

13. <u>**운전기사의 급여는 인건비로서 업무용승용차 비용에 해당하지 않는다.**</u>

14. 과태료는 내국법인의 각 사업연도의 소득금액을 계산할 때 손금에 산입하지 아니한다.

15. <u>**징벌적 목적의 손해배상금은 손금불산입사항**</u>이다.

17. 재산세는 손금으로 인정되지만 <u>**세법에 따른 의무불이행으로 인한 세액은 손금불산입하고 기타사외유출로 소득처분**</u>한다.

주관식

01	4,000,000원	02	90,000,000원	03	15,000,000원
04	1,300,000원	05	13,000,000원	06	5년
07	1/10 또는 10%	08	800만원	09	15,000,000원

[풀이 – 주관식]

01. 종업원의 경우에는 급여, 상여, 퇴직금의 한도 초과액도 손금산입되나, 임원의 경우 상여금 및 퇴직금 한도초과액은 모두 손금불산입한다.

02. **퇴직 직전 1년간 총급여액×1/10×근속연수**=60,000,000×1/10×15(년)

03. 임원에 대한 상여금 한도 초과액은 손금불산입(상여)한다.
상여한도초과액=75,000,000 - (150,000,000×40%)

04. 상공회의소회비, 교통유발부담금, 환경개선부담금은 손금산입이다. 또한 세금과공과금 중 법에 규정된 의무 불이행으로 인하여 납부하였거나 납부할 세액은 손금불산입사항이다.

05. 당기순이익(10,000,000원)+손금불산입(법인세비용 : 1,000,000원)
+손금불산입(업무무관비용 : 2,000,000원)=각사업연도 소득(13,000,000원)

08. 업무용승용차 **처분손실 800만원 초과분은 이월 처리하여 손금산입**한다.

09. 운행기록부 미작성시 **업무용승용차 관련 비용은 최대 1천5백만원**까지 인정된다.

Chapter

5 손익의 귀속 및 자산의 평가

제1절 손익의 귀속

1. 권리의무확정주의

각 사업연도의 익금과 손금의 귀속사업연도는 그 익금과 손금이 확정된 날이 속하는 사업연도로 한다. 여기서 확정이란 **익금의 경우에는 권리의 확정**을 말하고 **손금의 경우에는 의무의 확정**을 말한다.

따라서 익금은 권리가 확정된 시점, 손금은 의무가 확정된 시점에 귀속되는 것이다.

이러한 권리의무확정주의는 어떠한 시점에서 익금과 손금을 확실히 인식할 수 있을 것인가를 법률적 측면에서 포착하기 위한 것이다.

〈법인세법과 기업회계의 비교〉

	기업회계	법인세법
수익(익금)	실현주의	권리확정주의
비용(손금)	발생주의(수익비용대응의 원칙)	의무확정주의

2. 자산의 판매손익 등의 귀속사업연도 

자산의 양도 등으로 인한 손익 귀속시기는 기업회계기준과 거의 동일하다.

	기업회계	법인세법
1. 상품 등의 판매	인도기준	**좌동**
2. 상품 등의 시용판매	구매자가 구입의사를 표시한 날	**좌동**
3. 자산양도손익	법적소유권이 구매자에게 이전되는 시점. 다만 그전에 소유에 따른 위험과 효익이 구매자에게 실질적으로 이전되는 경우에는 그 시점	**-원칙 : 대금청산일** **-예외 : 대금청산전에 자산을 인도하거나 소유권의 이전등기 또는 상대방에게 사용수익하게 한 경우** **즉, ⓐ대금청산일 ⓑ소유권이전등기일 ⓒ인도일(사용수익일) 중 빠른 날**
4. 자산의 위탁판매	수탁자가 해당 재화를 판매시	**좌동**

3. 기타의 손익귀속시기

(1) 이자수익(일반법인)

소득세법에 따른 **이자소득의 수입시기(실제로 받은 날 또는 받기로 한 날)**가 속하는 사업연도의 익금으로 한다. 그러나 결산을 확정시 이미 경과한 기간에 대응하는 이자등(**법인세가 원천징수되는 이자 등은 제외**)을 해당 사업연도의 수익으로 계상한 경우에는 계상한 사업연도의 익금으로 한다. 그런데 현재 이자수익은 거의 대부분이 법인세 원천징수대상으로 규정되어 있으므로 예외규정(발생주의)으로 적용하는 예는 거의 없다.

(2) 이자비용

법인이 지급하는 이자 등은 소득세법에 따른 이자소득의 수입시기가 속하는 사업연도의 손금으로 한다. 다만 **결산확정시 이미 경과한 기간에 대응하는 이자 등을 해당 사업연도의 손금으로 계상한 경우에는 손금으로 한다. -발생주의 수용**

〈이자수익과 이자비용의 귀속시기〉 

	기업회계	법인세법(일반법인)
1. 이자수익	발생주의	*** 원칙 : 수령일 또는 약정일 – 권리의무확정주의** *** 특례 : 법인세가 원천징수되지 않는 이자수익의 경우 기간경과분 수익을 인정**
2. 이자비용		* 원칙 : 지급일 또는 지급약정일 *** 특례 : 발생주의 수용**

<예제 5 - 1> 이자수익과 이자비용

㈜ 무궁(일반법인)의 다음 자료에 의하여 7기의 세무조정을 행하시오.

1. 국내 정기예금에 대한 미수이자를 다음과 같이 회계처리하였다.

   (차) 미수수익 1,000,000원 (대) 이자수익 1,000,000원

2. 차입금에 대한 이자비용에 대하여 다음과 같이 회계처리하였다.

   (차) 이자비용 2,000,000원 (대) 미지급비용 2,000,000원

해답

1. 국내 정기예금이자는 원천징수대상이므로 미수수익(이자수익)계상을 인정하지 않는다.

   〈익금불산입〉 정기예금미수수익 1,000,000(△유보)

   ☞ 이 △유보는 이자를 수령하는 연도에 유보추인 – 익금산입(유보)한다.

2. 지급이자에 대한 기간경과분 미지급이자를 계상하는 것은 법인세법도 수용한다. 따라서 세무조정은 없다.

(3) 배당금수익

법인이 받는 배당소득의 손익의 귀속시기는 소득세법상 배당소득 수입시기(**잉여금처분결의일**, 실제로 받은 날 등)로 한다.

그리고 의제배당의 귀속시기는 다음과 같다.

① 자본감소로 인한 의제배당	주주총회에서 결의한 날
② 잉여금의 자본전입으로 인한 의제배당	주주총회(상법의 규정에 의하여 이사회결의) 결의한 날
③ 해산으로 인한 의제배당	잔여재산가액 확정일
④ 합병(분할)등으로 인한 의제배당	합병(분할)등기일

(4) 기타의 손익귀속

① 매출할인 : 약정에 의한 지급기일
② 판매보증비, 경품비, 하자보수비등 : 현금주의

제2절 자산의 평가

자산의 취득가액은 법인세법상 입장에서 보면 **미래의 손금을 결정**하는 것이다. 즉 자산의 가액은 미래에 손익계산서로 흘러 들어가 비용으로 처리되면서 소멸된다.

즉, 과세당국의 입장에서 법인의 자산 취득가액을 얼마로 인정하는냐 하는 것은 그 자체로 종결되는 것이 아니라 추후 손금인정을 동 금액만큼 허용한다는 것과 같은 개념인 것이다. 일반적으로 기업회계기준과 동일하다.

1. 일반원칙 

구 분	취 득 가 액
1. 타인으로부터 매입한 자산(당기손익인식금융자산 등은 제외)	매입가액+취득부대비용
2. 자기가 제조·생산·건설등에 의하여 취득한 자산	제작원가+취득부대비용
3. 당기손익인식 금융자산	매입가액(부대비용은 당기비용)
4. 기타 자산	**취득당시의 시가**

☞ 당기손익인식금융자산(단기금융자산) : 일반기업회계기준의 단기매매증권과 유사한 개념으로 보시면 됩니다.

2. 재고자산의 평가

(1) 평가방법

재고자산의 평가는 이 가운데 법인이 납세지 관할 세무서장에게 신고한 방법에 따른다.

	내 용
1. 원가법	① 개별법 ② 선입선출법 ③ 후입선출법 ④ 총평균법 ⑤ 이동평균법 ⑥ 매출가격환원법(소매재고법) 중 하나의 방법에 의하여 산출한 가액으로 평가하는 방법
2. 저가법	• 원가법 또는 시가법에 의하여 평가한 가액 중 낮은 가액을 평가액으로 하는 방법 • 기업회계기준에서 저가법으로 평가손실을 계상하였더라도 세법상 원가법을 채택하면 평가손실을 손금으로 인정하지 않음.

(2) 평가대상 재고자산의 범위와 평가방법의 선택

법인은 다음의 재고자산을 구분하여 **영업종목별, 영업장별로 각각 다른 방법에 의하여 평가할 수 있다.**

① 제품 · 상품(부동산매매업자의 매매목적 부동산 포함, 유가증권 제외)
② 반제품 · 재공품
③ 원재료
④ 저장품

(3) 재고자산 평가방법의 신고와 변경신고

	신 고 기 한
1. 최초신고	**설립일이 속하는 사업연도의 법인세 과세표준의 신고기한**
2. 변경신고	변경할 평가방법을 적용하고자 하는 **사업연도의 종료일 이전 3개월이 되는 날까지 신고**하여야 한다.

(4) 무신고 및 임의변경시 평가방법

	무신고시 평가방법	임의변경시 평가액
재고자산	**선입선출법**	**MAX[① 무신고시 평가방법, ② 당초신고한 평가방법]**
매매목적용 부동산	**개별법**	

(5) 세무조정

구 분	당기 세무조정	차기 세무조정
세무상 재고자산>B/S상 재고자산	익금산입(유보) **재고자산평가감**[*1]	손금산입(△유보)
세무상 재고자산<B/S상 재고자산	손금산입(△유보) **재고자산평가증**[*2]	익금산입(유보)

*1. 장부기준으로 장부의 재고자산이 과소평가되어 있다는 표현입니다.
*2. 장부기준으로 장부의 재고자산이 과대평가되어 있다는 표현입니다.

당기의 세무조정이 그 다음 사업연도에 반대조정으로 소멸되는 이유는 당기말 재고자산가액의 과대(과소)평가액은 자연적으로 차기의 매출원가를 통해 자동적으로 차이가 해소되기 때문이다.

<예제 5 - 2> 재고자산의 평가

㈜ 무궁의 다음 자료에 의하여 7기(20×1)의 세무조정을 행하시오.

1. 재고자산에 대한 회계상 평가액과 각각의 평가방법에 의한 금액은 다음과 같다.

(백만원)

구 분	장부상 평가액	총 평 균 법	후입선출법	선입선출법
제 품	20	20	17	18
재 공 품	12	12	11	13
원 재 료	8	7	8	9

2. 제품과 재공품은 재고자산 평가방법을 신고하지 않았다.

3. 원재료의 평가방법은 총평균법으로 신고했으나 후입선출법으로 평가하였다.

해답

	계산근거	장부상 평가액	세법상 평가액	세무조정
제품	무신고-선입선출법	20	18	〈손금산입〉 제품평가증 2(△유보)
재공품	무신고-선입선출법	12	13	〈익금산입〉 재공품 평가감 1(유보)
원재료	**임의변경** **MAX[① 선입선출법(9), ② 당초신고한 평가방법(7)]**	8	9	〈익금산입〉 원재료 평가감 1(유보)

3. 유가증권의 평가

(1) 평가방법

구 분		내 용
원가법	**주식**	① 총평균법 ② 이동평균법 중 선택
	채권	① **개별법** ② 총평균법 ③ 이동평균법 중 선택

(2) 유가증권 평가방법의 신고와 변경신고 : 재고자산과 동일하다.

(3) 무신고 및 임의변경시 평가방법

	무신고시 평가방법	임의변경시 평가액
유가증권	**총평균법**	**MAX[① 총평균법 ② 당초신고한 평가방법]**

연/습/문/제

객관식

01. 법인세법상 손익의 귀속시기로 올바른 것은?

① 상품의 판매 : 대금을 회수한 날
② 위탁판매 : 수탁자가 그 위탁자산을 매매한 날
③ 상품 외 자산의 양도 : 소유권 이전 등기일
④ 상품 등의 시용판매 : 인도일

02. 법인세법상 손익의 귀속시기로 잘못된 것은?

① 상품(부동산 제외)의 판매 : 상품의 인도일
② 상품(부동산 제외)의 시용판매 : 상대방의 구입의사 표시일
③ 부동산의 양도 : 대가를 받기로 한 날
④ 위탁매매 : 수탁자가 위탁자산을 판매한 날

03. 다음 중 법인세법상 손익귀속시기로 타당하지 아니한 것은?

① 제품의 판매 : 그 상품의 인도일
② 제품의 시용판매 : 상대방이 그 상품에 대한 구입의사를 표시한 날
③ 제품의 위탁판매 : 수탁자가 위탁물을 판매한 날
④ 제품 등 외의 부동산의 양도 : 원칙적으로 소유권이전등기일

04. 법인이 양도한 부동산에 대한 법인세법상 익금과 손금의 귀속시기는?(단, 부동산 매매법인이 아님)

① 인도한 날
② 상대방이 구입의사 표시한 날
③ 대금청산일, 소유권이전등기일, 인도일 또는 사용수익일 중 가장 빠른 날
④ 약정에 의한 지급기일

05. 다음은 법인세법상 의제배당에 대한 귀속시기를 설명한 것이다. 옳지 않은 것은?

① 잉여금의 자본전입으로 인한 의제배당 : 주주총회 등 결의일
② 합병으로 인한 의제배당 : 합병등기일
③ 해산으로 인한 의제배당 : 해산등기일
④ 자본감소로 인한 의제배당 : 주주총회 등 결의일

06. 법인세법상 손익귀속시기에 관련해 세무조정이 필요한 경우는?

① 상품의 시용판매에 대하여 인도기준을 적용하여 회계처리한 경우
② 단기공사에 대하여 완성기준에 따라 회계처리한 경우
③ 단기공사에 대하여 진행기준을 적용하여 회계처리한 경우
④ 상품의 판매에 대하여 인도기준을 적용하여 회계처리한 경우

07. 법인세법상 상품의 재고자산 평가방법을 관할 세무서에 신고하지 않았을 때, 세법에서 정하는 평가방법으로 옳은 것은?

① 선입선출법　　② 총평균법
③ 후입선출법　　④ 매출가격 환원법

08. ㈜오정은 매매목적용으로 소유하고 있는 부동산에 대해 평가방법을 신고하지 않았다. 이 경우 ㈜오정의 법인세법상 재고자산의 평가방법으로 옳은 것은?

① 후입선출법　　② 선입선출법
③ 총평균법　　④ 개별법

09. 법인세법상 유가증권 평가방법이 아닌 것은?

① 개별법(채권의 경우에 한한다) ② 총평균법
③ 이동평균법 ④ 시가법

10. 법인세법상 재고자산평가방법에 관한 설명이다. 잘못된 것은?

① 회사는 재고자산 전체에 대하여 동일한 방법으로 평가하여야 한다.
② 평가방법을 소정기한 내에 신고하지 않은 경우 매매목적용 부동산은 개별법을 적용한다.
③ 평가방법을 변경하고자 하는 경우에는 변경하고자 하는 사업연도의 종료일 이전 3월이 되는 날까지 신고하여야 한다.
④ 원가법과 저가법 중 회사가 선택하여 평가할 수 있다.

11. 법인세법상 재고자산과 유가증권의 평가에 대한 설명으로 틀린 것은?

① 법인세법은 재고자산의 평가를 저가법에 의하는 것도 인정하고 있다.
② 유가증권의 평가방법은 개별법, 총평균법, 이동평균법이 있다.
③ 법인이 유가증권의 평가방법을 신고하지 않은 경우에는 개별법으로 평가한다.
④ 법인이 재고자산(매매목적 부동산 제외)의 평가방법을 무신고시 선입선출법으로 평가한다.

12. 다음 중 법인세법상 재고자산(매매목적용 부동산은 제외)의 평가방법에 대한 설명으로 틀린 것은?

① 평가방법의 임의변경시 당초 신고한 평가방법과 선입선출법에 의한 평가방법 중 큰 금액으로 평가한다.
② 파손·부패 등의 사유로 인한 경우에는 처분가능한 시가로 감액할 수 있다.
③ 재고자산의 평가방법 변경신고시 관할 세무서장의 승인을 요한다.
④ 재고자산의 평가는 원가법과 저가법 중 법인이 납세지 관할세무서장에게 신고한 방법에 의한다.

주관식

01. (주)세류는 제품을 위탁판매하는 법인이다. 다음의 자료에 의하는 경우 재고자산인 제품의 판매에 따른 법인세법상 익금의 귀속시기는 언제인가?

- 계약일자 : 20x1.07.01.
- 위탁자가 수탁자에게 제품을 인도한 날짜 : 20x1.07.20.
- 수탁자가 고객에게 제품을 인도한 날짜 : 20x1.07.25
- 잔금일자 : 20x1.07.31.
- 수탁자가 상품외상대금을 위탁자에게 전달한 날짜 : 20x1.08.10.

02. 재고자산평가방법을 세무서에 신고한 적이 없고 판매목적용 부동산이 다음과 같다면 법인세법상 기말시점에 회사의 재고는 얼마로 평가해야 하는가?

구분	장부 계상액	선입선출법	후입선출법	개별법
토 지	4,000,000원	2,800,000원	2,800,000원	3,000,000원
건 물	6,000,000원	4,000,000원	5,000,000원	6,500,000원

03. (주)화성식품은 후입선출법으로 평가해 오던 재고자산을 총평균법으로 변경하기로 하고 20x1년 12월 25일 재고자산평가방법 변경신고서를 제출하였다. 20x1년 재고자산의 평가액으로 옳은 것은?

1) 기말재고자산평가액(20x1년)
   선입선출법 : 60,000,000원　　후입선출법 : 45,000,000원
   총평균법 : 50,000,000원　　이동평균법 : 55,000,000원
2) 당해 사업연도는 20x1.1.1~20x1.12.31이며, 당기 말 재고자산의 평가는 총평균법을 적용하였다.

연/습/문/제 답안

객관식

1	2	3	4	5	6	7	8	9	10	11	12
②	③	④	③	③	①	①	④	④	①	③	③

[풀이 – 객관식]

01. 상품의 판매는 인도기준, 자산의 양도는 원칙적으로 대금청산일, 시용판매는 구매자가 구입의사를 표시한 날이 손익귀속시기이다.

02. 부동산양도의 경우 **대금청산일, 이전등기일, 인도일 또는 사용수익일 중 빠른 날**이 손익귀속시기로 한다.

03. 제품 등 외의 **부동산의 양도**는 원칙적으로 **대금청산일이 손익의 귀속시기**이다.

05. **해산**으로 인한 의제배당은 **잔여재산가액 확정일**이 손익의 귀속시기이다.

06. 시용판매의 경우 고객의 구입의사표시일에 수익을 인식한다.

07. 재고자산의 평가방법 **무신고시 선입선출법**으로 평가한다.

09. 유가증권은 원가법(평가손익 불인정)을 적용한다.

10. 재고자산의 평가는 재고자산별로 각각 다른 방법을 적용할 수 있다.

11. **무신고시 유가증권평가방법은 총평균법**이다.

12. 재고자산평가방법의 변경은 승인사항이 아니다.

주관식

01	20x1.07.25	02	9,500,000원	03	60,000,000원

[풀이 - 주관식]

01. 법인세법상 위탁판매는 수탁자가 제품을 고객에게 인도한 날이 익금의 귀속시기이다.

02. 무신고의 경우 **매매목적용 부동산은 개별법**으로 평가한다.
3,000,000원+6,500,000원=9,500,000원

03. 변경신고가 사업연도 종료일로부터 3개월 이전을 지나서 신고했기 때문에 임의변경에 해당한다.
따라서 세무상평가액=MAX(선입선출법, 당초신고한 평가방법 : 후입선출법)
=MAX(60,000,000, 45,000,000)=60,000,000

Chapter

감가상각비 6

로그인 세무회계 3급

제1절 감가상각제도의 특징

감가상각이란 적정한 기간손익계산을 위하여 고정자산의 취득가액에서 잔존가액을 차감한 금액을 그 자산의 내용연수에 걸쳐 합리적 · 체계적 방법에 따라 비용으로 배분하는 것이다.

법인세법상 감가상각제도는 조세부담의 공평과 계산의 편의성을 고려하여 다음과 같은 특징이 있다.

1. **임의상각제도** : 감가상각여부는 법인의 판단에 따른다.
2. **감가상각비의 한도** : 법인이 감가상각비를 비용에 계상하더라도 법인세법상 한도를 두어 이를 초과할 경우 그 금액은 손금으로 인정되지 않는다.

다음은 기업회계기준과 법인세법상 차이를 보면 쉽게 이해될 것이다.

〈법인세법과 기업회계기준의 비교〉

구 분	기업회계기준	법인세법
1. 잔존가액	**추정**	**원칙 : 0**
2. 내용년수	**추정**	**기준내용년수 규정**
3. 감가상각방법	**정액법, 정률법, 생산량비례법, 기타 합리적방법**	**정액법, 정률법, 생산량비례법**
4. 감가상각비	**과대, 과소 상각불허**	**임의상각 -과소상각 : 허용 -과대상각 : 초과분 손금불산입**

제2절 감가상각자산의 범위

1. 감가상각자산의 기본요건

① 법인소유의 자산
② 사업용 유형 · 무형자산

2. 감가상각자산

	감가상각자산 범위
유형자산	① 건물 및 구축물 ② 차량 및 운반구, 공구, 기구, 비품 ③ 선박 및 항공기 ④ 기계 및 장치 ⑤ **동물 및 식물** ⑥ 기타 이와 유사한 유형고정자산
무형자산	① 영업권, 의장권, 실용신안권, 상표권, 특허권, 어업권 등 ② 개발비 ③ 사용수익기부자산가액*1 등

*1. 금전 외의 자산을 공익법인(비지정기부금 제외)에 기부한 후 그 자산을 사용하거나 그 자산으로부터 수익을 얻는 경우 해당 자산의 장부가액

3. 감가상각하지 않는 자산

① 사업에 사용하지 않는 것(**일시적 조업중단으로 인한 유휴설비 제외**)
② 건설 중인 것
③ 시간의 경과에 따라 그 가치가 감소되지 않는 것

제3절 감가상각 시부인 계산구조

1. 시부인원리 

법인세법상 **감가상각비 한도가 100원**이라 가정하자.

<table>
<tr><th colspan="3"></th><th>상각부인액</th><th>시인부족액</th></tr>
<tr><td colspan="3">회사계상 상각비</td><td>120</td><td>70</td></tr>
<tr><td colspan="3">(−)법인세법상 한도</td><td>(−)100</td><td>(−)100</td></tr>
<tr><td rowspan="2">(=)</td><td>+XX</td><td>(부인액)</td><td rowspan="2">20</td><td rowspan="2">−30</td></tr>
<tr><td>−YY</td><td>(시인 부족액)</td></tr>
<tr><td colspan="3">세무조정</td><td>〈손금불산입〉 20 유보</td><td>1. 원칙 : 세무조정 없음[*1]
(차기 이후에 영향을 미치지 않는다.)
2. 전기상각부인액 존재시
〈손금산입〉 30[*2] △유보</td></tr>
</table>

*1. 국제회계기준을 적용하는 내국법인의 경우에는 예외적으로 신고조정이 가능한 경우도 있다.

*2. <u>법인이 감가상각비를 손금으로 계상하지 않는 경우에도 상각범위액을 한도로 하여 전기상각부인액을 손금 추인한다.</u>

2. 시부인 계산단위 : 개별자산별

<예제6 - 1> 감가상각비 시부인

㈜ 무궁의 다음 자료에 의하여 7기의 세무조정을 행하시오.

구 분	기계장치A	차량운반구B	비품C
전기말부인누계액 (상각부인누계액)	100,000원	200,000원	120,000원
회사계상상각비(A)	400,000원	200,000원	200,000원
상각범위액(B) (법인세법상 한도)	300,000원	250,000원	400,000원
시부인액(A - B)	100,000원 (상각부인액)	△50,000원 (시인부족액)	△200,000원 (시인부족액)

해답

구 분	기계장치A	차량운반구B	비품C
전기말부인누계액(C) (상각부인누계액)	100,000원	200,000원	120,000원
시부인액(D)	100,000원 (상각부인액)	△50,000원 (시인부족액)	△200,000원 (시인부족액)
세무조정	**〈손금불산입〉 100,000 유보**	**〈손금산입〉 50,000 △유보**	**〈손금산입〉 120,000 △유보**
기말상각부인누계액 (C+D)	**200,000원**	**150,000원**	**0원*1**

*1.(-)일 경우 "0"이다.

제4절 감가상각방법

1. 자산별 감가상각방법 

법인은 감가상각방법중 하나를 선택하여 납세지 관할 세무서장에게 신고하여야 하고, 이렇게 선택한 감가상각방법은 이후 사업연도에도 계속하여 적용하여야 한다.

구 분		선택가능한 상각방법	무신고시 상각방법
유형자산	일 반	정률법 또는 정액법	**정률법**
	건 축 물	정액법	**정액법**
	광 업 용	생산량비례법, 정률법 또는 정액법	**생산량비례법**
무형자산	일 반	정액법	정액법
	광 업 권	생산량비례법 또는 정액법	생산량비례법
	개 발 비	20년 이내 정액법	5년간 균등상각(월할상각)
	사용수익기부자산	사용수익기간 동안 균등 상각	

2. 감가상각방법의 신고

① 신설법인과 새로 수익사업을 개시한 비영리법인
영업개시일이 속하는 사업연도의 법인세 과세표준 신고기한

② ① 외의 법인이 위의 구분을 달리하는 고정자산을 새로 취득한 경우
취득일이 속하는 사업연도의 법인세 과세표준 신고기한

3. 감가상각방법의 변경

① 합병 등 일정한 사유가 있을 경우 납세지 관할세무서장의 승인을 얻어 그 상각방법을 변경할 수 있다.

② 신고기한 : 변경할 상각방법을 적용하고자 하는 **최초 사업연도의 종료일까지 신고**하며, 납세지 관할세무서장은 사업연도 종료일부터 1개월 이내에 승인 여부를 결정하여 통지하여야 한다.

제5절 상각범위액의 결정요소

1. 취득가액

(1) 일반원칙

감가상각자산의 취득가액은 일반적인 자산의 취득가액에 관한 규정을 적용하여 계산한다. 또한 취득가액이라 하면 **세무상 취득가액**을 말한다.

(2) 자본적지출과 수익적지출의 구분

자본적지출이란 내용년수를 연장시키거나 해당자산의 가치를 현실적으로 증가시키기 위하여 지출한 수선비를 말한다. 따라서 기업회계기준과 동일하다.

그러나 기중에 취득한 자본적 지출액은 월할계산하지 않고, **감가상각기초가액에 합산하여 상각범위액을 계산한다.**

(3) 즉시상각의 의제 

① 원칙 : 법인이 감가상각자산을 취득하기 위하여 지출한 금액과 감가상각자산에 대한 **자본적 지출에 해당하는 금액을 수익적 지출로 회계처리한 경우에는 이를 감가상각한 것으로 보아 상각범위액을 계산**한다.

예를 들어 취득가액 10,000원인 기계장치가 있는데, 이러한 기계장치에 대해서 자본적 지출에 해당하는 지출 1,000원에 대해서 수선비로 처리한 경우 세법은 다음과 같이 처리한다.

〈자본적지출〉				
결산서	(차) 수 선 비	1,000	(대) 현 금	1,000
세무상	(차) ~~기계장치~~ 감가상각비	1,000 1,000	(대) 현 금 ~~기계장치~~	1,000 1,000
	(차) 감가상각비	1,000	(대) 현 금	1,000
효과	**1. 세무상 취득가액 증가 :** B/S취득가액은 10,000원인데 **세무상 취득가액은 11,000원이 된다.** **2. 감가상각비금액 증가 : 감가상각비에 즉시상각의제액 1,000원을 추가로 더해주어야 한다.**			

② 특례 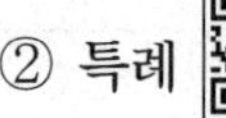

법인이 감가상각자산의 취득가액 또는 자본적지출액을 손금으로 계상한 경우에 **위의 규정에 불구하고 감가상각시부인 계산없이 손금으로 인정하는 특례**가 있다. 이는 계산의 경제성을 고려하여 금액적으로 중요하지 않는 경우 감가상각시부인 계산을 생략하기 위함이다.

	내 용
1. 소액자산의 취득가액	취득가액이 **거래단위별로 100만원 이하인 감가상각자산** **-다음의 것은 제외한다.** **① 그 고유업무의 성질상 대량으로 보유하는 자산** **② 그 사업의 개시 또는 확장을 위하여 취득한 자산**
2. 단기사용자산 및 소모성자산	① 어업에 사용되는 어구 ② 영화필름, 공구, 가구, 전기기구, 시험기기, 측정기기 및 간판 등 ③ **전화기(휴대용전화기 포함) 및 개인용컴퓨터(주변기기 포함)**
3. 소액수선비	① 개별자산별로 수선비로 지출한 금액이 **600만원 미만**인 경우 ② 3년 미만의 기간마다 주기적인 수선을 위하여 지출하는 경우
4. 폐기손실 (비망가액 1,000원)	시설의 개체 또는 기술의 낙후로 인하여 생산설비의 일부를 폐기한 경우
	사업의 폐지 또는 사업장의 이전으로 임대차계약에 따라 임차사업장의 원상회복을 위하여 시설물을 철거하는 경우

2. 잔존가액

(1) 원칙

유무형자산구분없이 잔존가액을 '0'으로 규정하고 있다.

(2) 정률법의 경우

정률법에 따라 상각범위액을 계산하는 경우에는 취득가액의 5%에 상당하는 금액을 잔존가액으로 하되, 그 금액은 해당 감가상각자산에 대한 미상각잔액(세무상 장부가액)이 최초로 취득가액의 5% 이하가 되는 사업연도의 상각범위액에 가산한다.

(3) 비망가액

감가상각이 종료되는 감가상각자산에 대해서는 위의 규정에 불구하고 취득가액의 5%와 1,000원 중 적은 금액(결국 1,000원이 될 것이다)을 해당 감가상각자산의 장부가액으로 하고, 동 금액에 대해서는 손금에 산입하지 않는다. 결국 이러한 비망가액은 그 자산이 처분시 손금에 산입된다.

3. 내용연수

(1) 의의

내용연수란 자산의 사용가능기간을 말하나, 기업회계기준은 이러한 내용연수에 대하여 추정을 허용하고 있으나, 법인세법은 자산별·업종별로 정하고 있다. 이는 법인의 자의적인 내용연수 적용시 소득금액의 축소로 적정 세수를 확보하기 어렵기 때문이다.

또한 법인세법에서 규정한 내용연수는 그 내용연수 내에 감가상각을 완료해야 한다는 의미가 아니라 **상각범위액을 계산할 때 상각률을 정하는 기준**일 뿐이다.

(2) 기준내용연수와 신고내용연수

① 기준내용연수

법인세법 시행규칙에는 **자산별·업종별로 내용연수를 규정**하고 있는데, 이를 기준내용연수라 한다.

② 신고내용연수

기준내용연수의 **상하 25% 범위 내에서 내용연수를** 선택하여 이를 납세지 관할세무서장에서 신고할 수 있는데 이를 신고내용연수라 한다.

예를 들어 기준내용연수가 8년이면 6년~10년 사이의 내용연수중 법인이 선택할 수 있다.

	내 용 연 수	
	신 고	무신고
개발비	20년 이내의 신고한 내용연수	5년
사용수익기부자산	사용수익기간	좌동
시험연구용자산 및 기타 무형고정자산	기준내용연수	좌동
위 이외의 자산	**기준내용연수±25%**	**기준내용연수**

☞ 전년대비 설비자산 투자액이 증가한 중소기업의 경우 기준내용연수의 50%를 가감할 수 있다.

(3) 내용연수의 신고

내용연수는 자산을 취득한 날이 속하는 사업연도의 법인세 과세표준 신고기한까지 관할 세무서장에게 신고하여야 한다.

제6절 상각범위액의 계산(정액법과 정률법)

1. 정액법

상각범위액 = <u>세무상 취득가액</u> × 상각율

2. 정률법 : 장부가액법(취득가액 - 기초감가상각누계액)

상각범위액 = <u>세무상 미상각잔액(세무상 장부가액)</u> × 상각율 (세무상 장부가액 = 세무상 기말취득가액 - 세무상 기초감가상각누계액)

연/습/문/제

객관식

01. 법인세법상 감가상각 대상 자산이 아닌 것은?

① 건물 ② 차량운반구 ③ 건설중인 자산 ④ 특허권

02. 다음 보기 중에서 법인세법상 고정자산 중 감가상각의 대상 자산에 해당하지 않는 것을 모두 고르시오.

가. 일시적인 유휴설비	나. 토지
다. 건설중인 자산	라. 동물 및 식물

① 나, 다 ② 나, 라 ③ 다, 라 ④ 가, 라

03. 법인세법상 제조업을 영위하는 ㈜플러스알파의 고정자산 중 감가상각자산에 포함되는 것은?

① 사업에 사용하지 않는 차량운반구
② 건설 중인 공장건물
③ 시간의 경과에 따라 가치가 증가하는 묘목
④ 일시적 조업중단에 따른 유휴기계장치

04. 다음 중 법인세법상 감가상각대상자산에 포함되는 것은?

① 사업에 사용하지 아니하는 것(유휴설비 제외)
② 건설 중인 것
③ 장기할부조건 등으로 매입한 고정자산(단, 고정자산가액 전액을 자산으로 계상하고 사업에 사용한 경우)
④ 시간의 경과에 따라 그 가치가 감소되지 아니하는 것

05. 다음 중 법인세법상 자본적 지출의 사례가 되지 않는 것은?

① 본래의 용도를 변경하기 위한 개조
② 엘리베이터 또는 냉난방장치의 설치
③ 파손된 유리나 기와의 대체
④ 빌딩 등에 있어서 피난시설 등의 설치

06. 법인세법상 법인이 서비스업에 사용할 비품를 구입하고 감가상각방법을 신고하지 아니한 경우, 적용되는 감가상각방법은 무엇인가?

① 정률법 ② 정액법
③ 생산량비례법 ④ 비례법

07. 감가상각방법을 신고하지 아니한 경우 법인세법상 고정자산의 평가방법이 잘못 연결된 것은?

① 광업권 : 생산량비례법
② 개발비 : 5년간 정액법
③ 건축물 : 정액법
④ 광업용 유형고정자산 : 정률법

08. 법인세법상 고정자산 감가상각에 대한 설명이다. 잘못된 것은?

① 건설중인 자산은 감가상각을 하지 않는다.
② 연수합계법은 세법에서 인정하는 감가상각방법이다.
③ 동물과 식물도 감가상각대상자산에 해당한다.
④ 건축물의 감가상각방법은 무조건 정액법을 적용한다.

09. 다음은 법인세법상 감가상각제도에 대한 설명이다. 가장 옳지 않은 것은?

① 고정자산의 감가상각비는 원칙적으로 법인의 결산서에 계상하여야 손금으로 산입할 수 있다.
② 감가상각비 시부인계산은 각 개별자산별로 한다.
③ 건설 중인 고정자산은 감가상각대상자산이다.
④ 감가상각부인액은 그 후 사업연도의 시인부족액의 범위내에서 손금산입할 수 있다.

10. 법인세법상 20x1년의 감가상각비 세무조정으로 옳은 것은 무엇인가?

• 20x0년 감가상각비 한도초과액 1,000,000원	• 20x1년 감가상각비 시인부족액 500,000원

① 손금산입 1,500,000원 ② 손금산입 500,000원 △유보
③ 손금불산입 500,000원 ④ 손금산입 1,000,000원

11. 다음 자료로 법인세법상 제3기의 감가상각비 시부인 계산으로 알맞은 것은?

구 분	제2기	제3기
감가상각범위액	3,000,000원	4,000,000원
회사계상액	2,300,000원	5,000,000원

① 700,000원 손금산입 ② 700,000원 손금불산입
③ 1,000,000원 손금산입 ④ 1,000,000원 손금불산입

12. 다음의 내용에 맞는 세무조정 및 소득처분 사항으로 법인세법상 올바른 것은?

- 甲법인은 취득가액이 2,000원인 기계장치를 1,200원에 양도하였다.
- 양도당시 기계장치의 장부상 감가상각 누계액은 1,000원이었다.
- 자본금과 적립금 조정명세서 (을)표상 상각부인액은 200원이다.

① 〈익금불산입〉 유형자산 처분이익 200원 (△유보)
② 〈익금불산입〉 유형자산 처분이익 200원 (유보)
③ 세무조정사항 없음
④ 〈익금산입〉 유형자산 처분이익 200원 (유보)

13. 다음 자료를 이용하여 법인세법상 감가상각비에 대한 세무조정을 하면?

- 전기 감가상각비 부인누계액 : 6,500,000원
- 당기 감가상각 범위액 : 6,000,000원
- 회사계상 상각비 : 3,500,000원

① 손금산입 2,000,000원 ② 손금산입 2,500,000원
③ 손금산입 4,500,000원 ④ 손금산입 6,000,000원

14. 다음 중 법인세법상 감가상각방법을 신고하지 않은 경우 상각방법으로 옳은 것은?

① 건물 : 정률법
② 영업권 : 정액법
③ 광업권 : 정률법
④ 기계 및 장치 : 정액법

15. 다음 중 법인세법상 자본적 지출에 해당하지 않은 것은?

① 개별자산별로 수선비로 지출한 금액이 900만원인 경우
② 엘리베이터 또는 냉난방장치의 설치
③ 3년 미만의 기간마다 주기적인 수선을 위하여 지출하는 경우로서 손금으로 계상한 경우
④ 본래의 용도를 변경하기 위한 개조

16. 다음 중 법인세법상 다음 지출액에 대하여 손금으로 계상한 경우 감가상각 시부인 없이 손금으로 인정하는 특례에 해당하지 않는 것은?

① 개인용 컴퓨터
② 개별자산별로 수선비로 지출한 금액이 600만원 미만인 경우
③ 3년 미만의 기간마다 주기적인 수선을 위하여 지출하는 경우
④ 고유업무의 성질상 대량으로 보유하는 건별 취득가액 100만원 이하의 자산

17. 다음 중 법인세법상 감가상각에 대한 설명 중 틀린 것은?

① 업무용승용차의 감가상각비는 임의상각이 가능하다.
② 기계장치의 감가상각방법은 무신고시 정률법이다.
③ 감가상각 시부인계산은 개별 자산별로 행한다.
④ 감가상각비의 손금산입은 원칙적으로 결산조정사항이다.

18. 다음 중 법인세법상 감가상각자산에 대한 상각방법으로 신고할 수 있는 것으로 틀린 것은?

① 건축물 : 정액법
② 비품 : 정액법
③ 영업권 : 정률법
④ 선박 : 정률법

 주관식

01. 법인세법상 미상각잔액에 해당 자산의 내용연수에 따른 상각률을 곱하여 계산한 각 사업연도의 상각범위액이 매년 체감되는 상각 방법은 무엇인가?

02. 감가상각방법을 무신고하는 경우 법인세법상 기계장치의 감가상각방법은?

연/습/문/제 답안

객관식

1	2	3	4	5	6	7	8	9	10	11	12	13	14	15
③	①	④	③	③	①	④	②	③	②	④	①	②	②	③
16	**17**	**18**												
④	①	③												

[풀이 – 객관식]

01. 건설중인 자산에 대하여는 감가상각할 수 없다.

02. **토지와 건설중인자산은 감가상각할 수 없다.**

04. 장기할부조건 등으로 매입한 고정자산의 경우에는 감가상각자산에 포함한다.

05. 자본적 지출이라 함은 법인이 소유하는 감가상각자산의 내용연수를 연장시키거나 당해 자산의 가치를 현실적으로 증가시키기 위하여 지출한 수선비를 말한다.

07. **광업용유형고정자산의 경우 무신고시 생산량비례법**을 선택한다.

08. 내용연수합계법은 세법에서 인정하지 않는다.

09. 건설중인 자산은 감가상각대상자산이 아니다.

10. 감가상각비 상각부인액(한도초과액 : 1,000,000원)은 추후 시인부족액(500,000원)의 범위 내에서 손금 추인한다.

11.

구 분	제2기	제3기
감가상각범위액	3,000,000원	4,000,000원
회사계상액	2,300,000원	5,000,000원
감가상각 시부인	시인부족액 700,000원 (소멸)	상각부인액 1,000,000원 (손금불산입)

12. 처분시 **상각부인액을 유보 추인**해주면 된다.

13.

구 분	전기	당기
감가상각범위액	-	6,000,000원
회사계상 상각비	-	3,500,000원
감가상각 시부인	상각부인액 6,500,000	시인부족액 2,500,000원 (손금추인)

14. 건물 : 정액법, 광업권 : 생산량비례법, 기계 및 장치 : 정률법

15. **개별 수선비지출액 600만원 미만** 또는 **3년 미만 주기적 수선비**의 경우 손금으로 계상한 경우에는 자본적 지출에 포함하지 않고, **손금에 산입**할 수 있다.

16. 고유업무의 성질상 대량으로 보유하는 자산은 감가상각 시부인 대상이다.

17. **업무용승용차의 감가상가비는 강제상각**이다.

18. **무형고정자산(영업권)은 정액법으로 감가상각**한다.

주관식

01	정률법	02	정률법

[풀이 – 주관식]

02. 기계장치는 감가상각방법 **무신고시 정률법으로 상각**한다.

Chapter

기업업무추진비와 기부금

7

제1절 기업업무추진비

1. 기업업무추진비의 개념

기업업무추진비란 접대비 및 교제비, 사례금 그 밖에 어떠한 명목이든 상관없이 이와 유사한 성질의 비용으로서 법인의 업무와 관련하여 지출한 금액을 말한다.

즉 ① 무상지급+② 업무관련+③ 특정인의 3가지 조건을 충족하면 기업업무추진비에 해당한다.

〈기업업무추진비와 기타비용의 비교〉

구 분		세무상처리	
업무관련	특정인에 대한 지출	기업업무추진비	한도내 손금
	불특정다수인에 대한 지출	광고선전비	전액 손금
업무무관		기부금	한도내 손금

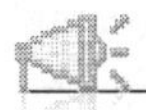

2. 기업업무추진비의 범위

기업업무추진비에 해당하는지의 여부는 거래명칭 · 계정과목 등과 관계없이 그 **실질내용에 따라 판정한다.**

① 사용인이 조직한 단체에 지출한 복리시설비
  - 해당조합이나 단체가 법인인 경우 : 기업업무추진비(예 : 노동조합)
  - 법인이 아닌 경우 : 해당 법인의 경리의 일부(복리후생비)로 본다.

② 사업상증여에 따른 부가가치세 매출세액과 기업업무추진관련 불공제 매입세액은 기업업무추진비로 본다.

③ 약정에 따라 채권의 전부 또는 일부를 포기한 경우에는 이를 대손금으로 보지 않고 기부금 또는 기업업무추진비로 본다.

④ 기업업무추진비로 보지 않는 금액
  ㉠ 주주, 임직원이 부담하여야 할 기업업무추진비 ⇒ 손금불산입 사외유출
  ㉡ 특수관계자 외의 자에게 지급되는 판매장려금(사전약정 불문)
  ㉢ 광고선전 목적으로 기증한 물품의 구입비용[특정인에게 기증한 물품의 경우에는 연간 5만원 이내의 금액에 한하며 개당 3만원 이하의 물품은 5만원 한도 미적용한다.] ⇒ 광고선전비

3. 기업업무추진비의 세무조정순서

세무조정순서			세무상처리
Ⅰ. 직부인 기업업무추진비	1. 개인사용경비		사외유출 (사용자)
	2. 증빙불비기업업무추진비		대표자상여
	3. 건당 3만원 초과 적격증빙미수취분*1(일반영수증)		기타사외유출
Ⅱ. 한도규제 기업업무추진비	4. 직부인기업업무추진비를 제외한 기업업무추진비 중	4-1. 한도초과액	기타사외유출
		4-2. 한도내 금액	손금

*1. 건당 3만원(경조금은 20만원)초과 적격증빙(세금계산서, 계산서, 신용카드영수증등, 현금영수증 등)미수취 기업업무추진비

4. 기업업무추진비의 손금산입한도액(1+2)

	일반기업업무추진비 한도액
1. 기본한도	**1,200만원(중소기업 : 3,600만원)**×해당 사업연도의 월수/12
2. 수입금액한도	일반수입금액×적용률+특정수입금액×적용률×10%

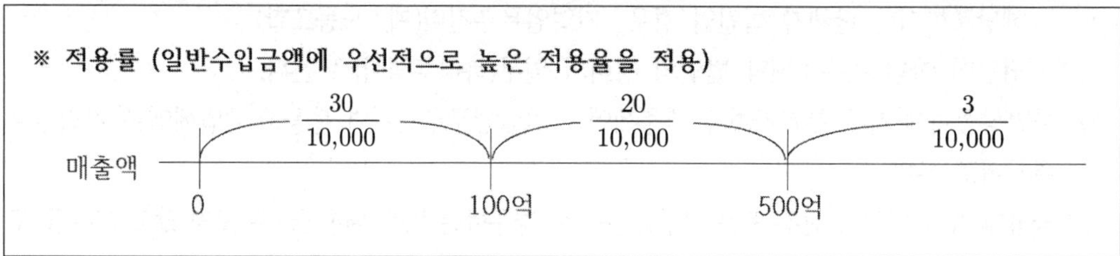

① 수입금액 : 기업회계기준상 매출액(부산물 등의 매출액을 포함)을 말한다.

② 특정수입금액 : 특수관계자와의 거래에서 발생한 수입금액을 말한다.

5. 현물기업업무추진비의 평가

현물기업업무추진비=MAX[① 시가 ② 장부가액]

이는 기업업무추진비지출금액을 증가시키므로 한도초과액이 늘어나므로 기업업무추진비를 제재하기 위함이다.

6. 기업업무추진비의 손금귀속시기 : 기업업무추진(기업업무추진)행위가 이루어진 날 (<u>발생주의</u>)

<예제7 - 1> 기업업무추진비

㈜ 무궁의 다음 자료에 의하여 7기(1.1~12.31)의 세무조정을 행하시오. (주)무궁은 중소기업이라 가정한다.

1. 손익계산서상의 매출액 : 1,000,000,000원(특정수입금액은 없다.)
2. 기업업무추진비 계정의 총금액은 50,000,000원으로서 그 내역은 다음과 같다.

구 분	금액	비 고
대표이사 개인사용경비	6,000,000원	1건임
신용카드 사용분	42,000,000원	전액 3만원초과분임
일반영수증사용분	2,000,000원	3만원 초과분 : 500,000원
기업업무추진비 계	50,000,000원	

해답

세무조정순서			금 액	소득처분
Ⅰ. 직부인 기업업무 추진비	1. 개인사용경비		6,000,000	상여(대표자)
	2-1. 건당 3만원초과 적격증빙미수취분		500,000	기타사외유출
Ⅱ. 한도규제 기업업무 추진비	3. **직부인 기업업무추진비 제외**	4-1. 한도초과액	4,500,000*	기타사외유출
		4-2. 한도내 금액	39,000,000	손금
계			50,000,000	

[기업업무추진비 한도 초과액계산]

1. 기업업무추진비 한도액(①+②) : 39,000,000원
   ① 기본금액 : 36,000,000원(중소기업)
   ② 수입금액 : 일반수입금액 : 1,000,000,000원×3/1,000=3,000,000원

2. 기업업무추진비해당액 : 43,500,000원
   50,000,000원-6,000,000원(직부인 기업업무추진비)-500,000원(3만원 초과기업 업무추진비 중 적격증빙 미수취분)

3. 기업업무추진비 초과액(3-2) : 4,500,000원(손금불산입, 기타사외유출)

제2절 기부금

1. 기부금의 의의

기부금은 ① **특수관계가 없는 자에게** ② **사업과 직접 관련없이** ③ **무상으로 지출하는 재산적 증여의 가액**을 말한다. 기부금은 업무와 관련이 없으므로 손금이 될 수 없으나 공익성이 있는 것은 일정한 한도 내에서 손금으로 인정해 주고 있다.

2. 기부금의 분류

기부금은 **공익성 정도**에 따라 특례기부금, 우리사주조합기부금, 일반기부금, 비지정기부금으로 분류한다.

구분	내용
특례 기부금	① **국가 · 지자체에 무상기증하는 금품** ☞ 국립, 공립학교 기부금은 특례기부금 ② **국방헌금과 국군장병 위문금품(향토예비군 포함)** ③ **천재 · 지변 이재민 구호금품(해외이재민 구호금품 포함)** ④ **사립학교(초 · 중 · 고, 대학교) 등에의 시설비, 교육비, 연구비, 장학금 지출** ⑤ 사립학교 · 대한적십자사가 운영하는 병원과 국립대학병원 · 서울대학병원 · 국립암센터 · 지방의료원에 시설비 · 교육비 · 연구비로 지출 ⑥ 사회복지사업, 그 밖의 사회복지활동의 지원에 필요한 재원을 모집 · 배분하는 것을 주된 목적으로 하는 비영리법인(전문모금기관 – 사회복지공동모금회, 재단법인 바보의 나눔) ⑦ 한국장학재단에 대한 기부금
일반 기부금	(1) 다음의 비영리법인의 **고유목적사업비**로 지출하는 기부금
	① 사회복지법인(민간 사회복지시설 포함), 의료법인 ② 어린이집, 유치원, 초 · 중등 · 고등교육법상학교, 기능대학, 원격대학형태의 평생교육시설 ③ 종교보급교화목적단체로 허가를 받아 설립한 비영리법인 ④ 정부로부터 허가 또는 인가를 받은 문화 · 예술단체, 학술연구단체, 환경보호운동단체 등 (지정심사를 거쳐 기획재정부 고시로 지정)
	(2) 특정용도로 지출하는 기부금
	① **학교 등의 장이 추천하는 개인에게 교육비 · 연구비 · 장학금으로 지출** ② 국민체육진흥기금에 출연하는 기부금 등
	(3) **사회복지시설 중 무료 또는 실비로 이용할 수 있는 것** : 아동복지시설, 장애인복지시설 등
	(4) 국제기구에 대한 기부금(유엔난민기구, 세계식량기구 등)

비지정 기부금	① 향우회, 종친회, 새마을금고, 신용협동조합에 지급한 기부금 ② 정당에 지출하는 기부금 등

☞ 우리사주조합기부금 : 법인이 해당 법인의 우리사주조합에 기부시 전액 손금이 되나, 여기서 우리사주조합이란 해당 법인의 우리사주조합 이외의 조합을 말한다. 기부금한도는 30%이다.

3. 기부금의 평가(현물기부금)

① 특례 · 일반기부금 : 장부가액

② 일반(특수관계자에게 기부)기부금 · 비지정기부금 : MAX[시가, 장부가액]

4. 귀속시기 : 현금주의(어음 : 결제일, 수표 : 교부일)

5. 기부금의 손금산입한도액

구 분	손금산입한도액
특례기부금	[기준소득금액 - 이월결손금] × 50%
일반기부금	[기준소득금액 - 이월결손금 - 특례기부금 손금산입액]] × 10%

☞ 기부금 한도계산의 결과는 소득금액조정합계표에 기재하지 않고 과세표준및세액조정계산서에 바로 기재한다.

(1) 기준소득금액

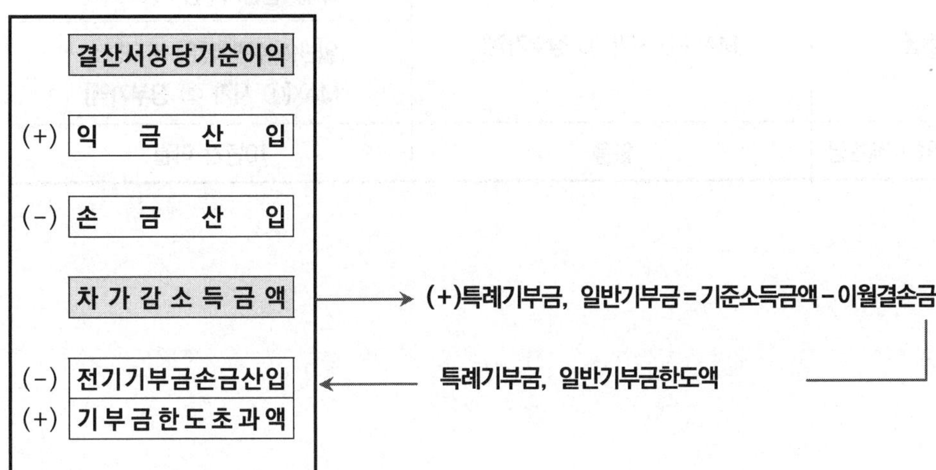

(2) 이월결손금

세무상 결손금으로서 각사업연도의 과세표준 계산시 공제가능한 이월결손금을 말한다. [각사업연도의 개시일 전 15년(2019.12.31. 이전 개시 사업연도 발생분은 10년) 이내 발생분] **다만, 비중소기업은 기준소득금액의 80%를 한도로 한다.**

6. 기부금 이월공제 계산방법

(1) 이월된 기부금을 우선 공제

(2) 남은 기부금 공제한도 내에서 당해 사업연도에 지출한 기부금 공제

(3) 기부금 한도 초과액 이월액의 손금산입

기부금의 한도초과액은 해당 사업연도의 다음 사업연도 개시일부터 10년 이내에 끝나는 각 사업연도에 이월하여 이월된 각 사업연도의 해당 기부금 한도미달액의 범위에서 그 한도초과액을 손금에 산입한다.

[기업업무추진비와 기부금]

구 분	기업업무추진비	기부금
정의	업무관련+특정인	업무무관
손익귀속시기	발생주의	현금주의
현물	MAX[① 시가 ② 장부가액]	특례 · 일반기부금 : 장부가액
		일반(특수관계인), 비지정 : MAX[① 시가 ② 장부가액]
한도초과액 이월손금	없음	10년간 이월

연/습/문/제

 객관식

01. 다음 중 법인세법상 기업업무추진비에 관하여 잘못 설명하고 있는 것은?

① 기업업무추진비는 기업업무추진비, 교제비, 사례금 그 밖의 어떠한 명목이든 상관없이 이와 유사한 성질의 비용으로써 법인이 업무와 관련 없이 지출한 금액을 말한다.

② 주주·임원·사용인이 부담하여야 할 성질의 기업업무추진비를 법인이 지출한 것은 기업업무추진비로 보지 않는다.

③ 한차례 기업업무추진에 지출한 기업업무추진비 중 3만원을 초과하는 기업업무추진비를 지출하고 간이 영수증으로 증빙을 제출시, 손금으로 인정받지 못한다.

④ 각 사업연도에 지출한 기업업무추진비는 해당 법인의 수입금액에 따라 기업업무추진비로 인정받을 수 있는 한도액이 변동될 수 있다.

02. 다음 보기 중 법인세법상 기업업무추진비에 대한 설명 중 잘못된 것은?

① 사용인이 부담할 기업업무추진비를 법인이 대신 지급한 경우는 기업업무추진비로 보지 않는다.

② 기업업무추진을 하고 대가를 지급하지 아니한 경우에는 그 대가를 지급한 연도의 기업업무추진비로 본다.

③ 증빙을 누락한 기업업무추진비는 대표자에 대한 상여로 소득처분한다.

④ 현물로 제공한 기업업무추진비는 시가와 장부가액 중 큰 금액으로 평가한다.

03. 다음 법인세법상 기업업무추진비에 대한 설명 중 잘못된 것은?

① 기업업무추진비 한도계산은 내국법인뿐만 아니라 외국법인이나 비영리법인에도 적용된다.
② 현물기업업무추진비는 시가와 장부가액 중 큰 금액으로 계산한다.
③ 기업업무추진비 한도계산에 있어서 기본한도는 중소기업 여부를 불문하고 법인은 모두 12,000,000원이다.
④ 기업업무추진비는 실제 지출한 날이 아닌 기업업무추진행위가 일어난 때를 기준으로 귀속시기를 결정한다.

04. 다음은 법인세법상 기업업무추진비에 대한 설명이다. 가장 옳지 않은 것은?

① 3만원을 초과하는 1회의 기업업무추진비에 대해 법인의 대표이사의 신용카드로 사용하는 경우 손금에 산입한다.
② 기업업무추진비한도액을 계산할 때 중소기업인 경우 기본금액이 3,600만원이다.
③ 기업업무추진비시부인 계산은 기업업무추진행위가 일어난 사업연도에 행한다.
④ 금전 이외의 물품으로 제공하는 기업업무추진비는 제공할 때의 시가와 장부가액 중 큰 금액으로 평가한다.

05. 내국법인이 국내에서 지출한 기업업무추진비 중 3만원을 초과한 기업업무추진비(경조금 아님)로서 적격증빙을 수취하지 않은 금액 5,000,000원을 비용처리하였다. 이에 대한 알맞은 세무조정(소득처분 포함)은?

① 세무조정 없음
② 〈손금불산입〉 5,000,000원 (유보)
③ 〈손금불산입〉 5,000,000원 (상여)
④ 〈손금불산입〉 5,000,000원 (기타사외유출)

06. 다음 중 법인세법상 기업업무추진비 및 기부금에 관한 내용으로 잘못된 것은?

① 기부금은 사업과 관련이 있어야 한다.
② 기업업무추진비는 사업과 관련이 있어야 한다.
③ 특례기부금을 금전 외의 자산으로 제공한 경우 해당 자산의 가액은 이를 제공한 때의 장부가액에 의한다.
④ 기업업무추진비를 금전 외의 자산으로 제공한 경우 해당 자산의 가액은 이를 제공할 때의 시가(시가가 장부가액보다 낮은 경우에는 장부가액)에 따른다.

07. 법인세법상 기부금에 관한 다음 설명 중 잘못된 것은?

① 특수관계 없는 자에게 지출하는 것이다
② 사업과 직접적인 관계없이 지출하는 것이다.
③ 무상으로 지출하는 것이다.
④ 법령에 따라 강제적으로 지출하는 것이다.

08. 법인세법상 기부금에 대한 설명이다. 잘못된 것은?

① 기부금에 대한 세법에서의 처리는 엄격한 발생주의를 적용한다.
② 비지정기부금에 대해서는 한도계산 없이 전액 손금불산입한다.
③ 특례기부금, 일반기부금 한도초과액은 10년간 이월공제한다.
④ 특수관계가 없는 자에게 정당한 사유 없이 자산을 정상가액보다 낮은 가액으로 양도한 경우 그 차액은 기부금이다.

09. 다음 중 법인세법상 기부금 성격이 다른 하나는?

① 정부로부터 허가 또는 인가를 받은 학술연구단체에 고유목적사업비로 지출하는 기부금
② 사회복지사업법에 의한 사회복지법인에 고유목적사업비로 지출하는 기부금
③ 의료법에 의한 의료법인에 고유목적사업비로 지출하는 기부금
④ 국방헌금과 국군장병 위문금품의 가액

10. 다음 중 법인세법상 일반기부금에 해당하지 않는 것은?

① 고유목적사업비로 지출하는 사회복지시설에 대한 기부금
② 사회복지법인의 고유목적사업비로 지출하는 기부금
③ 국·공립학교, 사립학교의 시설비·교육비·연구비·장학금으로 지출하는 기부금
④ 지정심사를 거친 문화·예술단체 기부금

11. 법인세법상 「소득금액조정합계표」상에 기업회계와의 차이금액을 세무조정을 통하여 항목별로 집계하는데 이와 달리 「법인세과세표준및세액조정계산서」상에 직접 반영하는 세무조정 항목은 어떤 것인가?

① 기업업무추진비 한도초과액
② 대손충당금한도초과액
③ 기부금 한도초과액
④ 감가상각비 한도초과액

12. 법인세법상 기업업무추진비와 기부금에 대한 설명 중 잘못된 것은?

① 기업업무추진비 관련 부가가치세 매입세액은 전액 손금산입한다.
② 특례기부금은 장부가액으로 평가한다.
③ 기업업무추진비는 발생주의 기부금은 현금주의에 의하여 귀속시기를 판단한다.
④ 기업업무추진비는 업무와 관련 있는 지출이지만 기부금은 업무와 관련 없는 지출이다.

13. 다음 중 법인세법상 기부금의 손금 귀속시기로 옳은 것은?

① 인도기준 ② 발생주의 ③ 현금주의 ④ 진행기준

14. 법인세법상 특례 기부금이 아닌 것은?

① 사립학교 등에 시설 및 연구비 지출
② 국군장병 위문금품
③ 정당에 지출하는 기부금
④ 천재 · 지변 해외 이재민 구호금품

15. 다음은 법인세법상 기업업무추진비에 대한 설명이다. 잘못된 것은?

① 기업업무추진비 한도액에 대한 세무조정은 기업업무추진행위가 일어난 사업연도에 행한다.
② 건당 금액과 상관없이 현금영수증등 적격증빙서류를 수취하지 않은 경우 전액 손금불산입한다.
③ 농어민에게 직접 재화를 공급받은 지출로 송금명세서를 첨부한 경우 적격증빙서류 수취로 본다.
④ 각 사업연도에 지출한 기업업무추진비로서 한도액을 초과하는 금액은 손금에 산입하지 않는다.

16. 다음 중 법인세법상 기부금에 대한 설명으로 틀린 것은?

① 한도초과 기부금은 손금불산입하고 기타사외유출로 소득처분한다.
② 손금에 산입되지 아니한 특례기부금과 일반기부금은 해당 사업연도의 다음 사업연도 개시일부터 10년 이내에 끝나는 사업연도에 이월하여 그 초과금액을 손금에 산입할 수 있다.
③ 법인이 기부금을 금전이외의 자산으로 제공한 경우 특례기부금은 장부가액과 시가 중 큰 금액으로 평가한다
④ 비지정기부금은 손금불산입한다.

주관식

01. 법인세법상 다음 (가), (나) 안에 들어갈 알맞은 금액은?

내국법인이 1회의 기업업무추진에 지출한 기업업무추진비중 신용카드 등의 적격증빙서류를 수취하지 않아도 손금에 산입되는 지출금액은 경조금의 경우에는 (가), 경조금 이외의 경우에는 (나)이다.

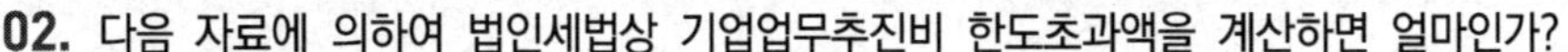

02. 다음 자료에 의하여 법인세법상 기업업무추진비 한도초과액을 계산하면 얼마인가?

㉠ 당기 기업회계기준상의 매출액 : 6,000,000,000원(특수관계인간의 거래 없음) ㉡ 기업업무추진비 지출액 : 65,000,000원 ㉢ 사업연도 : 20x1년 1월 1일~12월 31일까지 ㉣ 중소기업이 아님

03. 다음 자료를 보고 법인세법상 한도초과 시부인대상 기업업무추진비해당액을 계산하면?

• 거래처 경조사비 현금지출액 : 1,000,000원(단, 경조사 건당 20만원 초과분의 합계액은 700,000원이다) • 적격증빙 미수취 금액 : 2,000,000원(단, 거래건당 3만원 이하 금액의 합계액은 200,000원이다) • 일반적인 : 기업업무추진비 5,000,000원(모두 국내 지출분으로서, 적격증빙을 수취하였다)

04. 법인세법상 일반기부금은 몇 년간 이월하여 손금산입을 할 수 있는가?

연/습/문/제 답안

객관식

1	2	3	4	5	6	7	8	9	10
①	②	③	①	④	①	④	①	④	③
11	12	13	14	15	16				
③	①	③	③	②	③				

[풀이 – 객관식]

01. “기업업무추진비”란 접대비 및 교제비, 사례금, 그 밖에 어떠한 명목이든 상관없이 이와 유사한 성질의 비용으로서 법인이 업무와 관련하여 지출한 금액을 말한다.

02. **기업업무추진비의 손익귀속시기는 발생주의**에 따라 기업업무추진을 한 사업연도의 기업업무추진비로 본다.

03. **중소기업의 1년에 36,000,000원의 기본한도**를 적용하고 중소기업이 아닌 경우에는 12,000,000원의 기본한도를 적용한다.

04. 3만원을 초과하는 1회의 기업업무추진비에 대해 법인명의의 신용카드로 사용하는 경우 손금에 산입한다. 개인카드의 신용카드영수증은 일반영수증으로 본다. 따라서 **3만원 초과 기업업무추진비(개인신용카드영수증)로서 손금불산입**한다.

05. 적격증빙을 미수취한 기업업무추진비(3만원 초과)는 손금불산입하고 기타사외유출로 처분하여야 한다.

06. 기부금은 사업과 관련이 없어야 한다.

07. **법령에 의해 강제적으로 지출하는 것은 공과금**이다.

08. 기부금에 대한 세법처리는 현금주의를 적용한다.

09. ④는 특례기부금, ①②③은 일반기부금이다.

10. 국·공립학교, 사립학교 기부금은 특례기부금이다.

11. **기부금의 세무조정사항**은 소득금액합계표에 반영되지 않고 **[법인세과세표준 및 세액조정계산서]에 직접 반영**된다.

12. 기업업무추진비 관련 부가가치세액은 기업업무추진비로 포함하여, 기업업무추진비 한도 내 손금으로 인정된다.

13. 기부금의 손금 귀속시기는 현금주의이다.

14. **법인은 정치자금법에 의하여 일체의 정치자금을 기부할 수 없다.**

15. 건당 3만원 을 초과하는 기업업무추진비는 적격증빙서류를 수취하지 않은 경우 손금에 산입하지 않는다.

16. 법인이 기부금을 금전이외의 자산으로 제공한 경우 특례기부금은 장부가액으로 평가한다.

주관식

01	(가) : 20만원 이하 (나) : 3만원 이하	02	35,000,000원	03	5,500,000원
04	10년				

[풀이 – 주관식]

02. (1) 기업업무추진비 한도액 : 30,000,000원

① 기본금액 : **12,000,000(일반기업 기본금액)**

② 수입금액 : 6,000,000,000원×0.3% = 18,000,000원

(2) 기업업무추진비 한도초과액 : 65,000,000원 - 30,000,000원 = 35,000,000원

03. 직부인대상 기업업무추진비 :

- 20만원 초과 경조금 = 700,000원(손불, 기타사외유출)
- 3만원 초과 적격증빙 미수취 = 1,800,000원(손불, 기타사외유출)

시부인대상 기업업무추진비 = 300,000원 + 200,000원 + 5,000,000원 = 5,500,000원

Chapter

기타 세무조정사항 8

로그인 세무회계 3급

제1절 퇴직급여충당금

기업회계기준에서는 종업원의 퇴직금에 대해서 발생주의에 따라 비용을 인식한다. 퇴직금은 퇴사시점에 비용을 인식하는 것이 아니라 임직원이 근로제공기간에 배분하여 퇴직급여충당부채라는 부채성 충당부채로 인식한다.

법인세법에서도 법인이 설정한 퇴직급여 충당부채를 인정하지 않고, 퇴직연금부담금 등의 부담을 통한 외부적립을 한 경우에 한하여 동 금액 상당액을 손금으로 인정해 주고 있다.

1. 퇴직급여충당금의 손금산입

> **퇴직급여충당금 한도액 = MIN[①, ②]**
> **① 급여액기준 : 총급여액×5% ☜ 퇴직금규정 조작 방지차원**
> **② 추계액기준 : (퇴직급여추계액×0% + 퇴직전환금[*1]) – 설정전 세무상 퇴충잔액**

*1. 연금보험료의 납부로 인한 가입자 및 사용자의 부담을 완화하기 위하여 퇴직금에서 연금보험료로 전환하여 납부하는 제도로서 1999년 폐지되었다. 납부한 퇴직금전환금은 퇴직금을 미리 지급한 것으로 보며, 가입자가 퇴직할 때 지급하는 퇴직금에서 퇴직금전환금으로 납부된 금액을 공제하고 지급한다. 아직 소멸하지 않고 남아 있는 당기말 재무상태표에 계상된 퇴직금전환금잔액을 말한다.

(1) 총급여액

근로의 제공으로 인하여 받는 봉급 등 이와 유사한 성질의 급여총액과 이익처분에 의한 상여금을 말한다.(비과세근로소득과 손금불산입된 급여 등은 제외)

(2) 퇴직급여추계액 : MAX[① 일시퇴직기준 추계액, ② 보험수리적기준추계액]

① 일시퇴직기준 추계액 : 해당 사업연도 종료일 현재 재직하는 임원이나 사용인(**확정기여형 퇴직연금대상자 제외**)의 전원 퇴직할 경우에 퇴직급여로 지급되어야 할 추계액(규정상의 금액)을 말한다.

② 보험수리적기준추계액(근로자퇴직급여보장법) : 매사업연도 말일 현재 급여에 소요되는 비용 예상액의 현재가치와 부담금 수입예상액의 현재가치를 추정하여 산정된 금액

2. 세무조정

당기 퇴직급여충당금 설정액과 한도액(2016년 이후에는 원칙적으로 '0'임)을 비교하여 한도초과액은 손금불산입한다.

제2절 대손금 및 대손충당금

대손금이란 회수할 없는 채권금액을 말한다. 이러한 대손채권에 대해서 기업회계기준에서는 과거의 경험을 통해서 산출한 대손추산율을 추정하게 되어 있다. 그러나 법인세법에서는 기업의 자의적인 판단을 배제하고 세무행정의 편의 등을 위하여 객관적인 대손율에 의하여 대손충당금의 범위를 정하고 있다.

〈기업회계기준과 법인세법의 차이〉

	기업회계기준	법인세법
대손금	주관적 판단	**법정요건(신고조정, 결산조정)**
대손추산액	주관적 판단	**법정산식**

1. 대손금

대손금이란 회수할 수 없는 채권금액을 말하는데, 이는 법인의 순자산을 감소시키는 손금에 해당한다. 그러나 법인세법은 대손금의 범위를 엄격하게 규정하고 있다.

(1) 대손처리대상채권

대손처리할 수 없는 채권	**① 특수관계자(대여시점에 판단)에 대한 업무무관가지급금** **② 보증채무 대위변제로 인한 구상채권*1** **③ 대손세액공제를 받은 부가가치세 매출세액 미수금**
대손처리할 수 있는 채권	위 이외의 모든 채권

*1. 구상채권

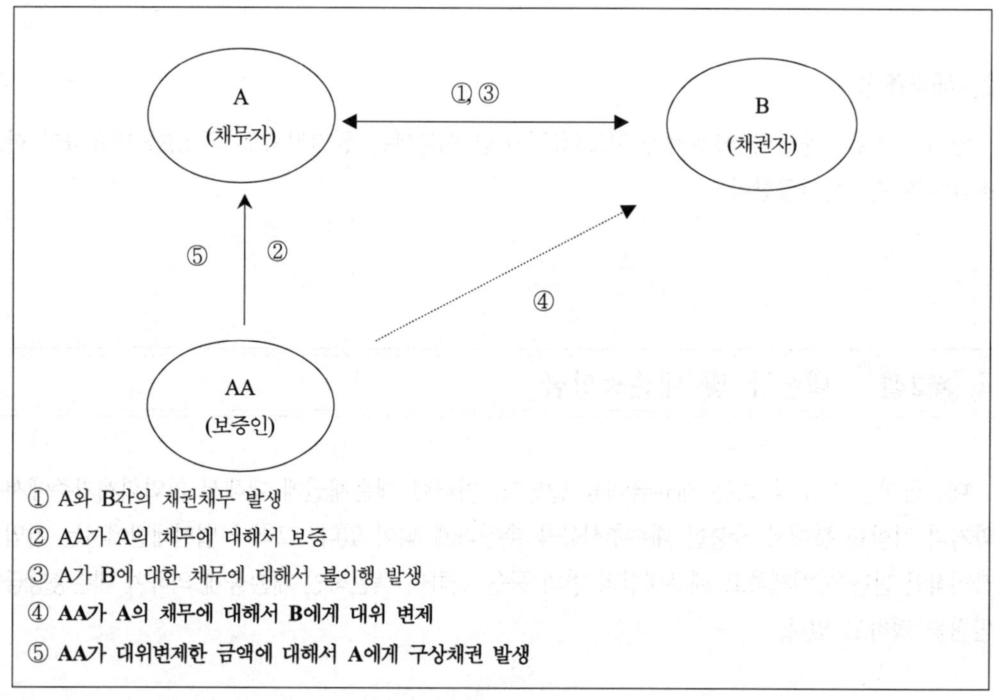

(2) 대손금의 범위(대손요건) 및 손금산입시기

신고조정사항은 부실도가 100%라 회수가능성이 전무하나, 결산조정사항은 회수가능성이 매우 낮은 것을 말한다.

신고조정사항	결산조정사항
① **소멸시효완성채권** **(상법 · 어음법 · 수표법 · 민법)** ② **회생계획인가의 결정 또는 법원의 면책결정에 따라 회수불능으로 확정된 채권** ③ **채무자의 재산에 대한 경매가 취소된 압류채권(민사집행법)** ④ **채무의 조정을 받아 신용회복지원 협약에 따라 면책으로 확정된 채권**	① 채무자의 파산, 강제집행, 형의 집행, 사업의 폐지, 사망, 실종, 행방불명으로 인하여 회수할 수 없는 채권 ② **부도발생일**[*1]**부터 6개월 이상 지난 수표 또는 어음상의 채권 및 외상매출금**(중소기업의 외상매출금으로서 부도발생일 이전의 것) ⇨ 저당권설정분은 제외 ③ **중소기업의 외상매출금 및 미수금으로서 회수기일로부터 2년이 경과한 외상매출금 등(특수관계인과의 거래는 제외)** ④ **민사소송법에 따른 화해 및 화해권고결정에 따라 회수불능으로 확정된 채권** ⑤ 회수기일이 6개월 이상 지난 채권 중 채권가액이 30만원 이하(채무자별 채권가액의 합계액을 기준으로 한다)인 채권 ⑥ 채권의 일부 회수를 위해 일부를 불가피하게 포기한 채권(다만, 채권의 포기가 부당행위에 해당하는 것은 제외) ⑦ 금융감독원장 등이 정한 기준에 해당하는 채권
손금산입시기	
대손요건을 구비한 사업연도	**대손요건을 구비하고 결산상 회계처리한 사업연도**

*1. 부도발생일이란 소지하고 있는 수표 등의 지급기일(지급기일 전에 해당 수표 등을 제시하여 금융회사 등으로부터 부도확인을 받은 날)을 말한다.

2. 대손충당금의 손금산입

법인이 각 사업연도에 외상매출금 · 대여금 등 채권의 대손에 충당하기 위하여 대손충당금을 손금으로 계상한 경우에는 일정한 금액의 범위에서 해당 사업연도의 소득금액을 계산할 때 이를 손금에 산입한다.

대손충당금 한도액 = 세무상 기말 대상 채권 × 설정율

(1) 설정대상제외채권

① **대손처리할 수 없는 채권(전술한 채권)**

② **할인어음, 배서양도어음**

③ **부당행위계산 부인규정 적용 시가 초과채권**

(2) 설정율 = MAX[① 1%, ② 대손실적율]

$$대손실적율 = \frac{세무상\ 당기대손금}{세무상\ 전기말\ 대상채권}$$

(3) 세무조정

① 한도초과	손금불산입, 유보
② 한도내	세무조정없음

제3절 지급이자 손금불산입

차입금에 대한 지급이자는 업무와 관련된 비용이므로 원칙적으로 손금으로 인정된다. 다만 법인세법은 몇 가지 사유로 일정한 지급이자를 손금불산입하도록 규정하고 있다.

〈지급이자 손금불산입 종류와 세무조정순서〉

세무조정순서	손금불산입액	소득처분
1. 채권자불분명이자	해당 이자	대표자상여 (원천징수세액은 기타사외유출)
2. 비실명채권 · 증권이자	해당 이자	
3. 건설자금이자(특정차입금이자)	해당 이자	원칙 : 유보
4. 업무무관자산 등에 대한 지급이자	업무무관자산 등	기타사외유출

1. 채권자불분명사채이자

채권자불분명 사채이자란 다음의 차입금에서 발생한 이자(알선수수료·사례금 등 명칭여하를 불문하고 사채를 차입하고 지급하는 일체의 금품을 포함)를 말한다.

① 채권자의 주소·성명을 확인할 수 없는 차입금 ② 채권자의 능력·자산상태로 보아 금전을 대여한 것으로 인정할 수 없는 차입금 ③ 채권자와의 금전거래사실·거래내용이 불분명한 차입금

채권자가 불분명한 사채를 가공채무로 보아 소득금액을 감소시키는 행위를 방지함과 동시에 사채시장의 양성화를 위한 도입한 제도이다.

만약 채권자불분명사채이자 10,000원을 지급하면서 소득세 40%와 지방소득세(소득세의 10%)를 원천징수하였다고 가정하자.

결산서	(차)	지급이자(이자비용) 	10,000 	(대)	현 금 예 수 금[*1]	5,600 4,400
세무상	(차)	잉 여 금 	10,000 	(대)	현 금 예 수 금	5,600 4,400
수정분개	(차)	잉여금+부당 잉 여 금	5,600(채권자) 4,400(국가)	(대)	지 급 이 자	10,000
세무조정	**〈손금불산입〉 채권자불분명사채이자 5,600원 (상여)[*2]** **〈손금불산입〉 사채이자에 대한 원천징수세액 4,400원 (기타사외유출)**					

*1. 원천징수세액 상당액은 결국 국가 등에 귀속되므로 기타사외유출로 소득처분한다.

*2. 증빙의 입증책임은 대표이사에게 있다. 따라서 대표자 상여로 소득처분한다.

2. 비실명 채권·증권이자

채권 등의 발행법인이 채권 등의 소지자에게 직접 이자 등을 지급하는 경우 발행법인에게 실명확인을 하도록 강제함으로써 금융소득 종합과세를 정착시키기 위한 취지이다. 소득처분은 채권자불분명사채이자와 같다.

3. 건설자금이자

건설자금이자는 사업용 고정자산(유형, 무형자산)의 매입·제작·건설에 소요되는 차입금에 대한 건설기간 중의 지급이자 또는 이와 유사한 성질의 지출금을 말한다.

<table>
<tr><th></th><th>기업회계기준</th><th colspan="2">법인세법</th></tr>
<tr><td>대상자산</td><td>유형자산, 무형자산, 재고자산, 투자자산 등</td><td colspan="2">고정자산(유형, 무형자산)</td></tr>
<tr><td rowspan="2">적 용</td><td rowspan="2">• 일반기업회계기준 : 원가산입과 기간비용 중 선택
• 국제회계기준 : 취득원가산입</td><td>특정차입금[*1]</td><td>취득원가산입(강제)</td></tr>
<tr><td>일반차입금</td><td>취득원가 산입과 당기 손금산입 중 선택</td></tr>
</table>

*1. 특정차입금 : 사업용 고정자산의 건설 등에 소요된 차입금에 대한 지급이자 또는 이와 유사한 지출금을 말한다.

4. 업무무관자산 등에 대한 지급이자

법인이 **업무무관부동산(별장 등) 또는 업무무관동산(골동품 등)을 보유하거나 특수관계자에게 업무와 무관한 가지급 등**을 지급한 경우 이에 상당하는 지급이자는 손금불산입한다. 여기서 가지급금이란 회계상 가지급금의 개념과 다른 것으로서 업무와 관계없는 특수관계자에 대한 일체의 자금 대여액을 말한다.

제4절 준비금

준비금은 중소기업지원 등 조세정책적 목적에서 조세의 납부를 일정기간 유예하는 조세 지원제도이다.

<table>
<tr><th></th><th>X1년도</th><th>X5년도</th></tr>
<tr><td rowspan="2">세무상 분개</td><td>(차) 비 용 XXX (대)준비금 XXX</td><td>(차) 준비금 XXX (대) 수 익 XXX</td></tr>
<tr><td>⇩</td><td>⇩</td></tr>
<tr><td rowspan="2">법인세효과</td><td>세금감소</td><td>세금증가</td></tr>
<tr><td colspan="2">세금에 대한 이자혜택</td></tr>
</table>

법인세법상 준비금으로는 고유목적사업준비금, 보험회사의 책임준비금, 비상위험준비금 등이 있고, 조세특례제한법상 준비금 등이 있다.

연/습/문/제

객관식

01. 다음 중 법인세법상 세무조정 시 소득처분의 유형이 유보에 해당하는 것은?

① 퇴직급여충당금 한도초과액　② 업무무관 지급이자
③ 기업업무추진비 한도초과액　④ 기부금 한도초과액

02. 다음 중 법인세법상 대손충당금을 설정할 수 있는 채권이 아닌 것은?

① 채무보증으로 인하여 발생한 구상채권　② 외상매출금
③ 공사미수금　④ 어음상의 채권

03. 법인세법에서 정하는 대손충당금 설정대상 채권이 아닌 것은?

① 외상매출금
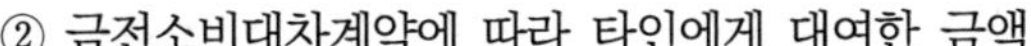
② 금전소비대차계약에 따라 타인에게 대여한 금액
③ 사업용 유형자산의 매각대금 미수액
④ 특수관계자에게 업무와 관련없이 대여한 금액

04. 법인세법상 대손충당금에 대한 설명이 올바르지 못한 것은?

① 대손충당금 손금산입은 결산조정사항이다.
② 대손충당금 설정대상채권 잔액은 세무상의 잔액으로 한다.
③ 부당행위 계산부인 규정을 적용받은 시가초과액에 상당하는 채권도 대손충당금을 설정할 수 있다.
④ 전기 대손금으로 적법하게 손금 산입한 금액 중 회수된 금액은 회수된 날이 속하는 사업연도의 익금에 속한다.

05. 다음 중 법인세법상 한도를 정하여 그 범위 내의 금액만을 손금으로 인정하는 것들로 올바르게 짝지어진 것은?

가. 기업업무추진비	나. 종업원(임원제외)에 대한 급여
다. 자산의 임차료	라. 퇴직급여충당금

① 가, 나　② 가, 다　③ 가, 라　④ 나, 라

06. 다음 중 법인세법상 지급이자에 대한 손금불산입 순서가 맞는 것은?

가. 채권자가 불분명한 사채이자	나. 건설자금이자
다. 업무무관자산 등에 대한 지급이자	라. 지급받은 자가 불분명한 채권, 증권이자

① 가 → 라 → 나 → 다　② 나 → 다 → 라 → 가
③ 다 → 나 → 가 → 라　④ 라 → 다 → 나 → 가

07. 다음 손익계산서에 반영된 지급이자 중 법인세법상 손금불산입되면서 유보로 소득처분되는 것은?

① 채권자 불분명사채이자　② 건설자금이자
③ 지급받은 자가 불분명한 채권이자　④ 초과인출금에 대한 이자

08. 법인세법상 손익계산서에 반영된 지급이자(원천징수세액 제외) 중 손금불산입되면서 기타사외유출로 소득처분 되는 것은?

① 수취인이 불분명한 채권이자　② 업무무관자산 등에 대한 지급이자
③ 채권자가 불분명한 사채이자　④ 건설자금이자

주관식

01. 다음 중 법인세법상 대손충당금 설정대상 채권금액은?

• 외상매출금 : 2,000,000원	• 받을어음 : 4,000,000원
• 대표이사 업무무관 대여금 : 3,000,000원	

02. 법인세법상 대손충당금 설정대상 채권은 얼마인가?

• 미수금 : 100,000원	• 외상매출금 : 500,000원
• 거래처대여금 : 300,000원	• 대표이사에게 업무 무관한 대여금 : 200,000원

연/습/문/제 답안

객관식

1	2	3	4	5	6	7	8
①	①	④	③	③	①	②	②

[풀이 – 객관식]

01. ①은 유보이고 ②③④은 기타사외유출이다.

03. **특수관계자에 대한 업무무관가지급금**은 **대손충당금을 설정할 수 없는 채권**이다.

05. 기업업무추진비와 퇴직급여충당금은 한도 내에서만 손금산입할 수 있다.

08. **채권자가 불분명한 이자등은 원칙적으로 상여**로 처분하고, 건설자금이자에 대해서 비용으로 처리한 경우 유보로 처리한다.

주관식

01	6,000,000원	02	900,000원

[풀이 – 주관식]

01. **업무무관가지급금은 대손충당금설정대상채권에서 제외**한다.

02. 100,000(미수금) + 500,000(외상매출금) + 300,000(대여금) = 900,000원
특수관계자에 대한 대여금은 대손충당금 설정대상이 아니다.

Chapter

부당행위계산부인 9

로그인 세무회계 3급

제1절 의의

법인이 그 법인과 특수관계에 있는 자와 거래시 그 법인의 소득에 대한 조세 부담을 부당히 감소시켰다고 인정되는 경우, 그 법인의 행위 또는 소득금액의 계산에 관계없이 그 법인의 각 사업연도의 소득금액을 계산할 수 있다고 규정하고 있다. 이것을 '부당행위계산의 부인'이라고 한다.

1. 부인의 요건

1. 특수관계자간 거래 2. 조세의 부당한 감소 3. 현저한 이익의 분여[시가의 5% 이상 또는 3억원 이상]

(1) 특수관계자

① 판단시점 : **행위당시를 기준으로 판단**

② 범위 : **쌍방관계**(어느 일방을 기준으로 특수관계에 해당하기만 하면 이들 상호간은 특수관계에 해당한다)

① **임원의 임면권의 행사, 사업방침의 결정 등 당해 법인의 경영에 대하여 사실상 영향력을 행사하고 있다고 인정되는 자와 그 친족**
② **주주 등(소액주주를 제외-지분율 1% 미만)과 그 친족**
③ **법인의 임원 · 사용인 또는 주주 등의 사용인**이나 사용인 외의 자로서 법인 또는 주주 등의 금전 기타 자산에 의하여 생계를 유지하는 자와 이들과 생계를 함께하는 친족
④ 기타

(2) 부당행위 계산의 유형

자산의 고가매입과 저가양도가 부당행위 계산의 대표적인 유형에 해당됩니다.

1. 자산의 고가매입/ 저가양도	① 자산을 시가보다 높은 가액에 매입 · 현물출자받았거나 그 자산을 과대상각한 때 ② 자산을 무상 또는 시가보다 낮은 가액으로 양도 · 현물출자한 때
2. 금전(임대)의 고가차용/ 저가대부	③ 금전 그 밖의 자산 또는 용역을 무상 · 시가보다 낮은 이율 · 요율이나 임대료로 대부하거나 제공한 경우 ④ 금전 기타 자산 또는 용역을 시가보다 높은 이율 · 요율이나 임차료로 차용하거나 제공받은 경우
3. 불균등자본거래 외	자본거래(증자 · 감자 등)로 인하여 주주 등인 법인이 특수관계인인 다른 주주 등에게 이익을 분배하는 경우 등

2. 부인의 기준

(1) 일반적인 시가 산정방법

1. 본래의 시가	특수관계자 외의 불특정다수인과 계속적으로 거래한 가격 또는 특수관계자가 제3자간에 일반적으로 거래된 가격(상장주식의 경우 원칙적으로 불특정 다수인간 장내거래시 해당 거래가격)	
2. 자산의 시가가 불분명시	**주식 등**	**상증세법상 평가액**
	주식 이외의 자산	**감정평가법인의 감정가액 → 상증세법상 평가액 순**

(2) 금전의 대여 또는 차용의 경우 시가

1. 원칙	**가중평균차입이자율**
2. 예외	**당좌대출이자율 : 가중평균차입이자율적용이 불가능한 경우**

☞ 가중평균차입이자율 = Σ(차입금잔액×이자율)/Σ차입금잔액

3. 부인의 효과

(1) 부인금액의 익금산입과 소득처분

부당행위계산에 해당하는 경우에는 시가와의 차액 등을 익금에 산입하고, **부인금액은 그 특수관계자에게 이익을 분여한 것(사외유출)으로 취급한다.**

(2) 납세자의 행위가 조세부담을 부당히 감소시킨 것이라도 **사법적으로 적법·유효한 것으로서 그 행위자체를 부인하는 것은 아니다.**

제2절 가지급금 인정이자

1. 가지급금의 개념

가지급금이란 **명칭 여하에 불구하고 해당 법인의 업무와 관련이 없는 자금의 대여액**을 말한다.

따라서 법인이 **특수관계자에게 금전을 무상 또는 낮은 이율로 대여한 경우** 법인세법상 적정이자율로 계산한 이자상당액 또는 이자상당액과의 차액을 부당행위계산부인하여 익금산입하고 그 귀속자에게 소득처분을 하여야 한다.

〈업무무관 가지급금에 대한 법인세법상 규제〉

구 분	세무사항
1. 가지급금의 인정이자 익금산입	**무상 또는 저율의 경우에 한함.** 즉, 적정이자 수령시 제외됨
2. 업무무관자산 등에 대한 지급이자 손금불산입	이자수령 불문
3. 대손금 부인 및 대손충당금설정채권에서 제외	이자수령 불문

2. 인정이자의 계산 및 익금산입액

$$익금산입액 = 가지급금적수 \times 인정이자율 \times \frac{1}{365(366)} - 실제수령이자$$

☞ 가지급금적수란 가지급금의 매일의 잔액을 합한 금액을 말한다.

연/습/문/제

객관식

01. 법인세법상 인건비에 대한 설명 중 잘못된 것은?

① 급여지급기준을 초과하여 지급한 임원 상여금은 손금에 산입하지 않는다.
② 현실적으로 퇴직하지 아니한 사용인에게 지급한 퇴직금은 퇴직시까지 업무무관가지급금으로 본다.
③ 임원을 위하여 지출한 사회통념상 타당한 경조사비는 손금으로 인정한다.
④ 특수관계자인 사용인의 경우 급여는 제한 없이 손금으로 인정된다.

02. 다음 중 법인세법상 부당행위계산의 유형에 해당하지 아니하는 것은?

① 자산을 시가보다 높은 가액으로 매입 또는 현물출자받은 경우
② 자산을 시가보다 낮은 가액으로 양도 또는 현물출자한 경우
③ 출연금을 대신 부담한 경우
④ 금전, 그 밖의 자산 또는 용역을 시가보다 높은 이율·요율이나 임대료로 대부하거나 제공한 경우

03. 다음 중 법인세법상 부당행위 계산의 부인 규정이 적용되지 않는 것은?

① 특수관계자에게 자산을 고가로 양도한 경우
② 출자임원에게 사택을 무상으로 제공하는 경우
③ 특수관계자에게 자산을 시가보다 현저히 낮은 가액으로 양도한 경우
④ 특수관계자에 대한 가지급금이 있고 적정이자를 수령하지 않은 경우

04. 다음 중 법인세법상 부당행위계산의 유형에 해당하지 아니한 것은?

① 자산을 시가보다 높은 가액으로 매입한 경우

② 금전을 시가보다 낮은 이율로 차용한 경우

③ 자산을 무상으로 양도한 경우

④ 무수익자산을 매입한 경우

05. 법인이 업무와 관련 없는 가지급금이 있는 경우 현행 법인세법상 발생 가능한 불이익이 아닌 것은?

① 임원 퇴직금 한도액 축소

② 대손금 설정대상 채권에서 제외

③ 지급이자에 대하여 일정 부분 손금불산입

④ 가지급금 인정이자의 계산

연/습/문/제 답안

객관식

1	2	3	4	5
④	④	①	②	①

[풀이 – 객관식]

01. 지배주주와 특수관계에 있는 사용인에게 동일직위의 지배주주외의 사용인보다 정당한 이유 없이 초과하여 과다 지급한 급여는 손금에 산입하지 않는다.
02. '높은'이 아니라 **'낮은' 이율·요율이나 임대료로 대부하거나 제공한 경우**이다.
03. **고가로 양도**한 경우에는 조세의 부담을 부당히 감소한 경우에 해당하지 않으므로 **부당행위부인의 적용대상이 아니다.**
04. 금전을 시가보다 높은 이율로 차용한 경우 부당행위계산 부인을 적용한다.
05. **업무무관가지급금은 임원 퇴직금 한도에 미치는 영향이 없다.**

Chapter

과세표준과 세액의 계산

10

제1절 과세표준의 계산

	각사업연도소득금액	
(－)	이 월 결 손 금	* 15년(10년, 5년) 이내 발생한 세무상 결손금
(－)	비 과 세 소 득	
(－)	소 득 공 제	
	과 세 표 준	

1. 이월결손금의 공제

(1) 결손금의 소급공제와 이월공제

각 사업연도의 손금총액이 익금총액을 초과하는 경우 그 초과하는 금액을 각 사업연도의 결손금이라 한다. 이러한 세무상 결손금은 그것이 발생한 사업연도에 있어서 법인의 순자산 감소를 나타내는 것이므로 다른 사업연도의 소득에서 공제되어야 한다.

따라서 **법인세법은 소급공제(이전 사업연도의 소득금액에서 공제)하거나 이월공제(이후 사업연도의 소득에서 공제)를 규정**하고 있다.

법인세법은 원칙적으로 이월공제를 허용하나, **중소기업 장려책의 일환으로 소급공제도 허용**하고 있다.

(2) 결손금의 이월공제

① **15년간 이월하여 공제함을 원칙으로 한다.(강제공제)**

〈결손금의 공제기간〉

2020년 이후	2009년~2019년	2008년 이전
15년	**10년**	**5년**

② 이월결손금공제 한도

일반기업	당해연도 소득의 80%
중소기업	당해연도 소득의 100%

③ 미소멸 세무상 이월결손금만 대상이다. 따라서 **자산수증이익, 채무면제이익으로 충당된 이월결손금은 각 사업연도의 과세표준을 계산할 때 공제된 것으로 본다.**

④ 추계결정 · 경정시 이월결손금은 공제를 배제한다.**(예외 : 천재 · 지변으로 추계시)**

(3) 결손금소급공제

㉠ 중소기업
㉡ 직접사업연도에 납부한 법인세액이 있어야 한다.
㉢ 법정신고기한 내에 신고(직전사업연도와 결손금이 발생한 해당 사업연도)

2. 비과세

정책적인 목적 등을 위하여 국가가 과세권을 포기한 소득이다.

법인세법에서 규정된 비과세소득은 공익신탁의 신탁재산에서 발생하는 소득이 있다.

3. 소득공제

과세표준상 계산상 과세소득의 일부를 공제해 줌으로써 세부담을 경감시켜주는 제도이다. 이러한 **비과세와 소득공제(예외사항 있음)의 미공제분은 다음연도로 이월되지 않는다.**

제2절 산출세액 및 총부담세액의 계산

	과 세 표 준	
(×)	세 율	**9%, 19%, 21%, 24%**
=	산 출 세 액	
(−)	세액감면 · 세액공제	
(+)	가 산 세	
=	총 부 담 세 액	
(−)	기 납 부 세 액	* 중간예납세액, 원천징수세액, 수시부과세액
(+)	토지등양도소득에 대한 법인세	
	차 감 납 부 할 세 액	

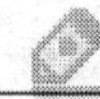

1. 산출세액

① 법인세의 세율

반드시 암기하세요!

과세표준	산 출 세 액
2억원 이하	**과세표준×9%**
2억원 초과 200억원 이하	**18,000,000원+(과세표준−2억원)×19%**
200억원 초과~3,000억원 이하	37.8억+(과세표준−200억원)×21%
3,000억원 초과	625.8억+(과세표준−3,000억원)×24%

☞ 성실신고확인대상 소규모 법인(부동산 임대업 등)에 대한 법인세율 : 0~200억원 이하 19%(개정세법 25)

② 사업연도가 1년 미만인 경우

- 과세표준을 1년으로 환산하여 세율로 곱하여 1년간 산출세액을 계산하고, 월단위 세액을 계산하여 월수를 곱하여 1년 미만 월수의 세액을 계산한다.

$$산출세액 = \left\{ 과세표준 \times \frac{12}{사업연도\ 월수^{*1}} \right\} \times 세율 \times \frac{사업연도\ 월수^{*1}}{12}$$

*1. 1월미만의 일수는 1월로 한다.

<예제 10 - 1> 이월결손금공제

㈜무궁은 중소기업으로서 다음 자료에 의하여 법인세 과세표준 및 산출세액을 계산하시오.

1. 결산서상 당기순이익 : 500,000,000원
2. 기타의 세무조정사항
   ① 익금산입 및 손금불산입 : 20,000,000원
   ② 손금산입 및 익금불산입 : 10,000,000원
3. 연도별 각사업연도 소득 현황은 다음과 같다.

사업연도	세무상 결손금
2016	△13,000,000원
2017	△ 7,000,000원
2018	6,000,000원

해답

	항목	금액	비고
	결산서상당기순이익	500,000,000원	
(+)	익 금 산 입	20,000,000원	
(-)	손 금 산 입	(10,000,000원)	
	차 가 감 소 득 금 액	510,000,000원	
	각사업연도소득금액	510,000,000원	
(-)	이 월 결 손 금	**(14,000,000원)**	2019년 이전 이월결손금은 10년간 공제가 가능하다. 중소기업이므로 소득금액의 100%까지 공제가 가능하다.
	과 세 표 준	496,000,000원	
(×)	세 율	9%, 19%	
	산 출 세 액	74,240,000원	☞ **18,000,000 + (496,000,000 − 200,000,000)×19%**

2. 세액감면(조특법)

세액감면이라 특정한 소득에 대해 사후적으로 세금을 완전히 면제해 주거나 또는 일정한 비율만큼 경감해 주는 것을 말한다.

$$감면세액 = 산출세액 \times \frac{감면소득}{과세표준}(100\%\ 한도) \times 감면율$$

구 분	면제대상	감면대상소득	감면내용
1. 창업중소기업에 대한 세액 감면	수도권 과밀억제권역 외의 지역에서 창업한 중소기업, 창업벤처중소기업등	해당 사업에서 발행한 소득	4년간 50%
2. 중소기업에 대한 특별세액감면	제조업 등을 경영하는 중소기업		**5%~30%**

3. 세액공제

세액공제란 산출세액에서 일정액을 공제하는 것을 말한다. 법인세법 및 조세특례제한법에 따른 세액공제는 다음과 같다.

구 분	종 류	이월공제
1. 법인세법	① **외국납부세액공제**	**<u>10년간</u>**
	② 재해손실세액공제	-
	③ 사실과 다른 회계처리로 인한 경정에 따른 세액공제[*1]	**<u>기간제한없음</u>** (매년 과다납부한 세액의 20% 한도)
2. 조세특례제한법	① **연구 · 인력개발비에 대한 세액공제** ② **통합투자세액공제**	10년간

*1. 분식회계(이익과대)로 인하여 과다납부한 법인세를 경정청구한 경우 관할 세무서장이 경정시 경정한 세액을 세액공제로 법인에게 돌려주는 것

4. 세액감면과 세액공제의 적용순서

세액감면은 이월되지 않으므로 먼저 공제되고, 세액공제 중 이월공제되지 않는 세액공제를 먼저 적용한다.

① 세액감면
② 이월공제되지 않는 세액공제
③ 이월공제되는 세액공제
④ 사실과 다른 회계처리로 인한 경정에 따른 세액공제

제3절 최저한세(조특법)

조세감면을 적용받는 경우라도 과다한 조세감면은 과세형평에 어긋나며 국가의 조세수입을 감소시키므로 일정한도의 세액은 납부하도록 하고 있는데 이것을 최저한세라 한다.

최저한세(중소기업) = 최저한세 적용대상인 비과세 등을 적용하지 않는 과세표준×7%[*1]

*1. 세율

구 분	(조세감면전) 과세표준	세율
일반기업	100억원 이하	10%
	100억원 초과 1,000억원 이하	12%
	1,000억원 초과	17%

<예제 10 - 2> 법인세 과세표준 및 세액조정계산서

㈜ 무궁은 중소기업으로서 다음 자료에 의하여 7기(20x1년)의 차감납부할세액을 산출하시오.

1. 손익계산서의 일부분이다.

손익계산서 20x1.1.1~20x1.12.31 (원)	
- 중간생략 -	
Ⅷ 법인세차감전순이익	550,000,000
Ⅸ 법인세등	50,000,000
Ⅹ 당기순이익	500,000,000

2. 위의 자료를 제외한 세무조정 자료는 다음과 같다.
   ① 익금산입 · 손금불산입(가산조정) : 20,000,000원
   ② 익금불산입 · 손금산입(차감조정) : 10,000,000원
3. 세무상 이월결손금의 잔액은 다음과 같다.

발생연도	2017년	2018년
금 액	30,000,000원	10,000,000원

4. 세액공제 및 감면세액은 다음과 같다.
   ① 연구인력개발세액공제 : 3,000,000원
   ② 외국납부세액공제 : 5,000,000원
5. 기납부세액내역은 다음과 같다.
   ① 중간예납세액 : 15,000,000원
   ② 이자수익에 대한 원천징수세액 : 2,000,000원

해답

1. 세무조정 및 소득금액조정합계표

익금산입 및 손금불산입			손금산입 및 익금불산입		
과 목	금 액	처 분	과 목	금 액	처 분
법인세비용	50,000,000	기타사외유출	차감조정	10,000,000	-
가산조정	20,000,000	-			
합계	70,000,000		합계	10,000,000	

2. 이월결손금대상 체크 : 40,000,000원
2009년~2019년 결손금은 10년간 이월공제가 되므로 대상은 2017년, 2018년도분이 이월결손금공제대상이 된다. 그리고 중소기업은 소득금액의 100%까지 이월결손금 공제가 된다.

3. 법인세계산

	항목	금액	비고
	결산서상당기순이익	500,000,000원	
(+)	익금산입	70,000,000원	
(−)	손금산입	10,000,000원	
=	차가감소득금액	560,000,000원	
	각사업연도소득금액	560,000,000원	
(−)	이월결손금	40,000,000원	
=	과세표준	520,000,000원	
(×)	세율	9%, 19%	
	산출세액	78,800,000원	☞ **18,000,000＋(520,000,000−200,000,000원)×19%**
(−)	세액감면 · 세액공제	8,000,000원	
(+)	가산세		
	총부담세액	70,800,000원	
(−)	기납부세액	17,000,000원	☞ **중간예납세액 및 원천징수세액**
	차감납부할세액	53,800,000원	

연/습/문/제

 객관식

01. 다음 중 빈칸에 들어갈 수 없는 것은?

각 사업연도 소득에 대한 법인세과세표준 = 각 사업연도 소득금액 - (　　　)

① 이월결손금　　② 비과세소득
③ 기부금한도초과액　　④ 소득공제

02. 법인세법상 결손금 및 이월결손금의 처리에 대한 설명으로 틀린 것은?

① 모든 법인은 이월공제 및 소급공제를 선택하여 적용할 수 있다.
② 이월결손금은 먼저 발생한 사업연도의 결손금부터 순차적으로 공제한다.
③ 추계결정 · 경정시에는 이월결손금공제가 원칙적으로 배제된다.
④ 현행 법인세법상 결손금 발생연도부터 15년간(2020년 이후) 이월하여 공제가능하다.

03. 다음 설명 중 법인세법상 잘못된 내용은?

① 내국법인의 경우 결손금 소급공제 또는 이월공제를 할 수 있다.
② 자산수증익에 보전할 이월결손금은 발생연도에 상관없이 가능하다.
③ 2020년 귀속 이월결손금은 15년간 이월하여 공제할 수 있다.
④ 과세표준 계산시 공제받지 못한 비과세소득은 이월하여 공제받을 수 없다.

04. 법인세법상 이월결손금에 대한 설명이 잘못된 것은?

① 회계상이 아닌 세무상의 결손금을 의미한다.

② 2020년 이후 발생한 이월결손금은 15년간 공제된다.

③ 법인세과세표준을 추계결정 또는 추계경정하는 때에도 이월결손금을 공제할 수 있다.

④ 비영리법인의 과세표준계산시 이월결손금공제는 수익사업에서 발생한 이월결손금만을 공제한다.

05. 다음은 법인세법상 결손금과 이월결손금에 대한 설명이다. 잘못된 것은?

① 중소기업은 각 사업연도에 세무상 결손금이 발생한 경우 그 결손금을 소급공제하여 직전 사업연도 법인세액을 환급받고자 신청할 수 있다.

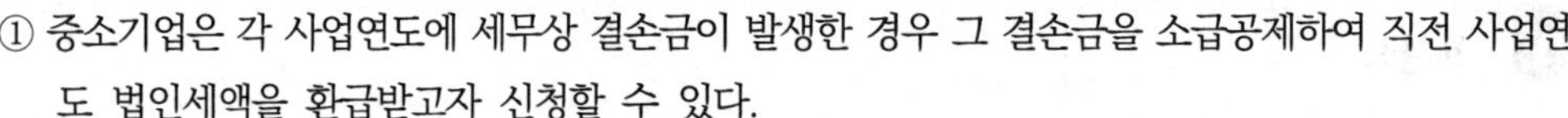

② 법인세 과세표준을 추계결정 · 경정하는 경우에는 항상 이월결손금의 공제를 할 수 없다.

③ 과세표준계산시 이월결손금은 각 사업연도 개시일전 15년 이내(2020.1.1.이후 발생)에 개시한 사업연도에서 발생한 결손금에 한하여 공제한다.

④ 결손금의 공제는 먼저 발생한 사업연도의 결손금부터 순차로 공제한다.

06. 다음 중 법인세법에서 규정하고 있는 세액공제만으로 묶은 것은?

가. 대손세액공제	나. 외국납부세액공제
다. 근로소득세액공제	라. 재해손실세액공제

① 가, 라 ② 나, 다 ③ 다, 라 ④ 나, 라

07. 다음 중 법인세법상 세액공제에 해당하지 않는 것은?

① 외국납부세액공제 ② 투자펀드에 대한 외국납부세액 공제

③ 재해손실세액공제 ④ 연구인력개발비에 대한 세액공제

08. 법인세법상 신고 · 납부세액의 계산 시 기납부세액에 해당하는 것으로 묶은 것은?

ㄱ. 가산세	ㄴ. 원천징수세액	ㄷ. 수시부과세액	ㄹ. 경정결정세액

① ㄱ, ㄴ ② ㄱ, ㄷ ③ ㄴ, ㄷ ④ ㄷ, ㄹ

09. 다음 중 법인세법상 당해 미공제액을 이월공제 가능한 세액공제가 아닌 것은?

① 직접외국납부세액공제
② 재해손실세액공제
③ 간접외국납부세액공제
④ 사실과 다른 회계처리로 인한 경정에 따른 세액공제

10. 다음 중 현행 법인세법상 산출세액을 계산하기 위해 과세표준에 적용하는 세율이 아닌 것은?

① 9%　② 19%　③ 23%　④ 24%

주관식

01. 사업연도가 1년인 경우 20x1년도의 법인세율표의 괄호(①, ②, ③) 안에 알맞는 세율은?

과세표준	세 율
2억원 이하	과세표준의 100분의 (①)
2억원 초과 ~ 200억원 이하	1.8천만원+2억원을 초과하는 금액의 100분의 (②)
200억원 초과~3,000억원 이하	37억 8천만원+200억원을 초과하는 금액의 (③)

02. 다음은 (주)수원의 법인세 과세표준 및 세액의 계산과 관련된 자료이다. 다음 자료에 의하여 (주)수원의 20x1년 각 사업연도 소득금액을 계산하면 얼마인가?

- 당기순이익(20x1년 귀속) : 600,000,000원
- 익금산입 및 손금불산입 : 10,000,000원
- 손금산입 및 익금불산입 : 30,000,000원
- 이월결손금(20x0년 귀속 발생) : 200,000,000원

03. 다음 자료를 보고 세무조정시 손금산입된 금액을 추정하면? 단, 아래 이외의 익금산입 및 손금불산입액은 없는 것으로 가정한다.

- 결산서상 당기순이익 : 3,000,000원
- 기부금한도 초과액 : 1,000,000원
- 기업업무추진비한도 미달액 : 500,000원
- 각 사업연도 소득금액 : 1,500,000원

04. 다음 자료에 의한 법인세 산출세액은 얼마인가?

(가) 과세표준 : 250,000,000원
(나) 적용할 법인세율은 2억이하 9%, 2억 초과 200억 이하는 19%이다.
(다) 중간예납세액 : 10,000,000원
(라) 사업연도 : 20x1.1.1~20x1.12.31

05. 다음 자료를 근거로 하여 중소제조기업인 ㈜성동의 제6기(20x1.1.1~20x1.12.31) 법인세 산출세액을 계산하면?

- 제5기 각 사업연도소득금액 : (-)50,000,000원
- 제6기 각 사업연도소득금액 : 350,000,000원
- 법인세를 최소화하는 것으로 가정한다.

06. 다음 자료에 의한 (주)남강의 20x1년 귀속 법인세 납부할 세액은 얼마인가?

- 법인세 산출세액 : 120,000,000원
- 중간예납세액 : 35,000,000원
- 감면세액 : 8,000,000원
- 원천징수세액 : 3,000,000원
- 가산세액 : 1,000,000원

07. 중소 제조기업인 ㈜산업의 사업연도가 20x1.7.20.~20x1.12.31.이고, 법인세과세표준이 300,000,000원인 경우 법인세 산출세액을 계산하시오.

연/습/문/제 답안

객관식

1	2	3	4	5	6	7	8	9	10
③	①	①	③	②	④	④	③	②	③

[풀이 – 객관식]

01. 기부금한도초과액은 각 사업연도 소득금액계산과정에 반영된다.

02. **중소기업 법인에 한하여 소급공제를 허용**하고 있다.

03. 소급공제는 중소기업의 경우에만 대상이 된다.

04. **추계결정이나 추계경정**을 받는 경우에는 **이월결손금 공제가 불가능**하다.

05. 법인세의 과세표준과 세액을 추계하는 경우 이월결손금 공제를 적용하지 아니한다. 다만, **천재지변 등으로 장부나 그 밖의 증명서류가 멸실되어 추계하는 경우 그러하지 아니하다.**

06. 대손세액공제는 부가가치세법, 근로소득세액공제는 소득세법상 세액공제이다.

07. 연구인력개발비 세액공제는 조세특례제한법상 세액공제에 해당한다.

08. 가산세, 경정결정세액은 추가 납부세액임.

09. **재해손실세액공제는 이월공제가 불가능**하다.

10. 법인세의 세율은 9%, 19%, 21%, 24%이다.

주관식

01	① 9%, ② 19%, ③ 21%	02	580,000,000원	03	2,500,000원
04	27,500,000원	05	37,000,000원	06	75,000,000원
07	47,000,000원				

[풀이 – 주관식]

02. 각사업연도소득금액 = 당기순이익(600,000,000원) + 익금산입(10,000,000원) - 손금산입(30,000,000원)
= 580,000,000원

03. 당기순이익(3,000,000) + 0(익금산입) - X(손금산입) + 1,000,000(기부금한도초과) = 1,500,000
∴ X = 2,500,000원

04. 산출세액 = [18,000,000 + 50,000,000 × 19% = 27,500,000원

05. ① 과세표준 = 350,000,000원 - 50,0000,000원 = 300,000,000원
② 산출세액 = [18,000,000 + 100,000,000 × 19%] = 37,000,000원

06.

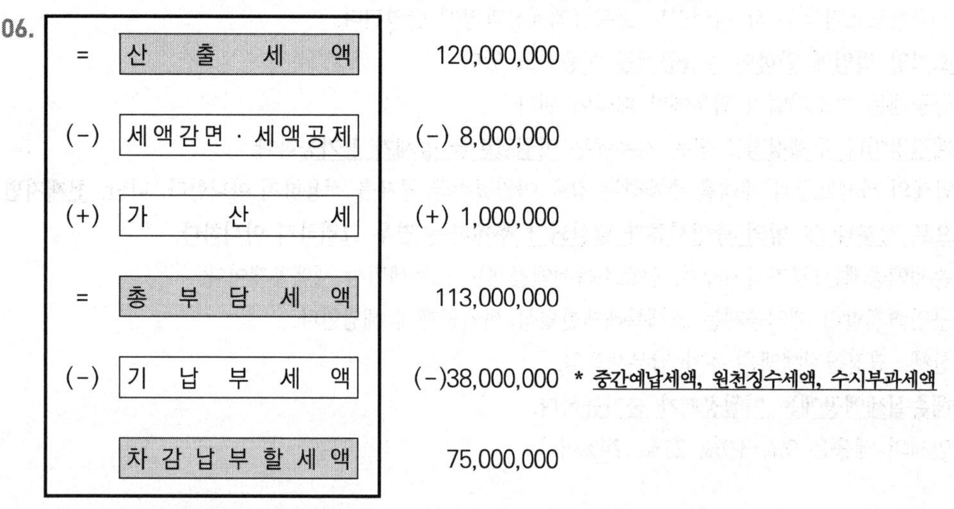

=	산출세액	120,000,000
(-)	세액감면 · 세액공제	(-) 8,000,000
(+)	가산세	(+) 1,000,000
=	총부담세액	113,000,000
(-)	기납부세액	(-)38,000,000 * 중간예납세액, 원천징수세액, 수시부과세액
	차감납부할세액	75,000,000

07. ① **연환산 과세표준** = 300,000,000 × 12개월/6개월 = 600,000,000원
② **연환산 산출세액** = 200,000,000 × 9% + 400,000,000 × 19% = 94,000,000원
③ **6개월 법인세산출세액** = 94,000,000 ÷ 12개월 × 6개월 = 47,000,000원

Chapter

납세절차

11

로그인 세무회계 3급

제1절 법인세의 신고 및 납부

1. 법인세의 신고

(1) 신고기한

각사업연도종료일이 속하는 달의 말일부터 3개월 이내(성실신고확인대상 내국법인은 4개월)에 신고하여야 한다. **각사업연도소득금액이 없거나 결손금이 있는 경우에도 마찬가지이다.**

(2) 신고시 제출서류

구 분	종 류	비 고
필수적 첨부서류	① **재무상태표** ② **손익계산서** ③ **이익잉여금처분계산서(결손금처리계산서)** ④ **법인세과세표준 및 세액조정계산서(세무조정계산서)** ⑤ **현금흐름표(외부감사 대상법인)**	• **필수적 첨부서류 미첨부의 경우 무신고로 본다.**
기타서류	⑥ 기타부속서류	

2. 법인세의 자진납부 - 분납

납부할 세액(중간예납 포함)이 1천만원(**가산세 제외**)을 초과하는 경우에는 다음의 세액을 **납부기한이 경과한 날로부터 1월(중소기업은 2월) 이내에 분납**할 수 있다.

구 분	분납가능금액
① 납부할 세액이 2천만원 이하인 경우	**1천만원을 초과하는 금액**
② 납부할 세액이 2천만원을 초과하는 경우	그 세액의 50% 이하의 금액

〈중소기업에 대한 세제지원〉

구 분	중소기업	일반기업
1. 기업업무추진비기본한도	**36,000,000원**	**12,000,000원**
2. 대손금 인정	- 부도발생일로부터 6개월 이상 경과한 외상매출금 - 외상매출금 및 미수금으로 회수기일로부터 2년이 경과한 외상매출금등	-
3. 업무무관가지급금	근로자에 대한 주택구입 · 전세자금대여금은 제외	
4. 이월결손금공제한도	당해연도 소득의 100%	80%
<u>5. 결손금소급공제</u>	허용	-
<u>6. 분납기간</u>	2월 이내	1월 이내
7. 최저한세 세율	7%	10%~
8. 중간예납의무	중간예납세액 50만원 미만 배제	-
9. 세액감면	창업중소기업에 대한 세액감면 중소기업에 대한 특별세액감면	-

제2절 사업연도 중의 신고·납부

1. 중간예납

(1) 중간예납의무자

각 사업연도의 기간이 6개월을 초과하는 법인

☞ **중간예납제외자**

① 사립학교를 경영하는 법인(초·중·고·대학 등)

② **신설법인(다만, 합병이나 분할에 따라 신설된 법인은 중간예납의무가 있다.)**

③ 청산법인

④ 중간예납세액 50만원(전년도 실적기준 방법) 미만인 내국중소기업

(2) 중간예납세액의 계산

아래의 두 가지 방법 중 선택하여 중간예납세액을 계산할 수 있으나, **직전연도의 산출세액이 없는 법인은 반드시 가결산방법에 의해 중간예납세액을 계산하여 납부하여**야 한다.

구분	계산
① 전년도 실적기준	$\left\{\text{직전산출세액(가산세 포함)} - \text{직전감면세액}\cdot\text{원천징수세액}\right\} \times \frac{6}{\text{직전월수}}$
② 가결산방법[*1]	$\left\{\text{중간예납기간의 과세표준} \times \frac{12}{6} \times \text{세율}\right\} \times \frac{6}{12} - \text{중간예납기간의 감면}\cdot\text{원천징수세액}$

*1. 과세표준을 1년으로 환산하여 세율로 곱하여 1년 산출세액을 계산하고, 다시 중간예납기간 월수만큼 곱한다.

(3) 중간예납세액의 납부

중간예납세액은 그 중간예납기간(12월말법인의 경우 1.1~6.30)이 **지난 날부터 2개월 이내(8월 31일)에 납세지 관할세무서장에 납부**하여야 한다. 또한 분납도 가능하다.

2. 원천징수

내국법인에게 다음의 소득을 지급하는 자는 해당 원천징수세율을 적용하여 계산한 금액에 상당하는 법인세를 징수하여 그 징수일이 속하는 달의 다음달 10일까지 관할 세무서장에게 납부하여야 한다.

소액부징수 : **원천징수세액이 1천원 미만인 경우에는 해당 법인세를 징수하지 않는다**.

구 분			원천징수세율
이자소득	금융회사의 예 · 적금등		14%
	비영업대금이익	내국법인에게 지급	25%
		온라인투자연계금융업자를 통해 내국법인에게 지급	14%
배당소득	**집합투자기구로부터의 이익**		14%

☞ 집합투자기구(펀드) : 2인 이상의 투자자로부터 금전 등을 모아 일상적인 운용지시를 받지 아니하면서 재산적 가치가 있는 투자 대상자산을 운용하고 그 결과를 투자자에게 배분하여 귀속시키는 것을 의미한다.

3. 수시부과

법인세포탈의 우려가 있어 조세채권을 조기에 확보하여야 될 것으로 인정되는 일정한 요건(신고를 하지 않고 본점 등을 이전한 경우, 사업부진 기타 사유로 인하여 휴업 또는 폐업상태에 있는 경우 등)에 대해서 사업연도 중이라도 당해 사업연도 법인세액의 일부로서 수시로 부과할 수 있도록 규정하고 있다.

제3절 성실신고 확인제도

1. 제출대상법인

① 부동산임대업을 주된 사업으로 하는 성실신고 확인대상 소규모 법인

② **성실신고확인대상자인 개인사업자에서 법인으로 전환된지 3년 이내의 법인**

→ **외부감사를 받은 내국법인은 제출하지 아니할 수 있다.**

2. 성실신고확인서 제출에 대한 혜택

① **신고기한 연장 : 1개월**

② 성실신고확인비용세액공제 : 성실신고 확인비용의 60%(한도 150만원)

3. 성실신고확인서 미제출에 대한 제재

① **가산세 부과 : MAX(산출세액의 5%, 수입금액의 0.02%)**

② 세무조사 사유에 추가

연/습/문/제

객관식

01. 다음 중 법인세법상 법인세의 확정신고시 필수적 첨부서류가 아닌 것은?

① 재무상태표 ② 포괄손익계산서
③ 이익잉여금처분(또는 결손금처리)계산서 ④ 합계잔액시산표

02. 다음 중 법인세과세표준 확정신고시 반드시 제출하여야 하는 서류는?

① 현금흐름표 ② 제조원가명세서
③ 합계시산표 ④ 포괄손익계산서

03. 법인세 과세표준 신고에 대한 설명으로 옳지 않은 것은?

① 각 사업연도 종료일이 속하는 달의 말일로부터 3개월 이내가 신고기한이다.
② 과세표준 신고를 할 때 세무조정계산서를 첨부하지 아니하면 무신고로 본다.
③ 결손 법인의 경우에는 납부세액이 없으므로 과세표준 신고를 하지 않아도 된다.
④ 자진납부할 세액이 1천만원을 초과하는 경우 분납도 가능하다.

04. 법인세의 과세표준 신고 및 자진납부와 관련한 설명이다. 가장 옳지 않은 것은?

① 법인세의 과세표준은 각 사업연도 종료일이 속하는 달의 말일부터 3월 이내에 신고한다.
② 법인세는 분납할 수 있다.
③ 법인세에는 물납제도가 있다.
④ 법인세의 과세표준은 각 사업연도소득금액에서 이월결손금, 비과세소득, 소득공제를 차감한 후 계산된다.

05. 법인세의 분납에 대한 설명이다. (　　)안에 알맞은 것은?

> 내국법인의 납부할 세액이 (가)을 초과하는 경우에는 대통령령이 정하는 바에 따라 납부할 세액의 일부를 납부기한이 경과한 날부터 (나)[중소기업의 경우는 (다)]이내에 분납할 수 있다.

	(가)	(나)	(다)		(가)	(나)	(다)
①	1천만원	1개월	2개월	②	2천만원	1개월	2개월
③	1천만원	1개월	45일	④	2천만원	45일	2개월

06. 내국법인인 중소기업 (주)명희의 제12기(20x1.1.1~20x1.12.31)의 법인세 납부세액이 15,000,000원이었다. (주)명희가 법인세 신고 · 납부기한 내 분납신청을 하였을 경우 신고 · 납부기한 내 납부할 최대 금액과 분납세액의 분납기간으로 옳게 짝지은 것은?

	납부금액	분납기간		납부금액	분납기간
①	5,000,000원	1개월	②	7,500,000원	1개월
③	5,000,000원	2개월	④	10,000,000원	2개월

07. 다음 중 법인세의 중간예납의무가 있는 법인은?

① 청산법인
② 사업연도 기간이 6월인 법인
③ 고등학교법에 따른 사립학교를 경영하는 법인
④ 직전사업연도에 산출세액은 있으나 납부세액이 없는 법인

08. 법인세 중간예납에 대한 설명 중 잘못된 것은?

① 중간예납의무자는 각 사업연도의 기간이 6개월을 초과하는 내국법인이다.
② 중간예납의 목적은 조세채권과 세수의 조기확보 및 납세자의 조세부담을 시간적으로 분산시키기 위함이다.
③ 중간예납의무자는 원칙적으로 직전 사업연도 실적기준 또는 가결산방법 중 한가지를 선택하여 중간예납세액을 계산 할 수 있다.
④ 중간예납의무자는 중간예납세액에 대해 분납할 수 없다.

09. 다음 법인세법상 중간예납에 대한 설명 중 틀린 것은?

① 중간예납세액은 중간예납기간이 지난 날로부터 2개월 이내에 납부하여야 한다.
② 신설법인은 최초 사업연도에는 중간예납의무가 없다.
③ 청산법인은 중간예납의무가 없다.
④ 중간예납시 납부할 세액은 분납할 수 없다.

10. 다음 중 법인세법상 원천징수대상이 아닌 것은?

① 비영업대금의 이익
② 내국법인으로부터 받는 이익의 배당
③ 국내은행에서 받는 정기예금의 이자
④ 5년 만기 저축성보험의 보험차익

11. 현행 법인세법상 중소기업이 일반 대기업에 비해 우대받는 제도가 아닌 것은?

① 과소신고가산세
② 결손금 소급공제
③ 법인세 분납기한의 연장
④ 기업업무추진비 한도액

12. 다음 중 법인세법상 중간예납에 관한 설명으로 옳지 않은 것은?

① 원칙적으로 신설법인이 아닌 사업연도의 기간이 6개월을 초과하는 내국법인은 중간예납 법인세액을 납부할 의무가 있다.
② 직전 사업연도의 산출세액을 기준으로 계산한 중간예납세액이 50만원 미만인 경우 내국법인은 법인세 중간예납세액을 납부할 의무가 없다.
③ 고등교육법에 따른 사립학교를 경영하는 학교법인은 법인세 중간예납세액을 납부할 의무가 없다.
④ 중간예납세액의 경우 500만원을 초과하는 경우 분납이 가능하다.

13. 다음 중 법인세법상 중소기업 지원을 위한 조세 혜택으로 옳지 않은 것은?

① 법인세 분납기한의 연장
② 기업업무추진비 한도액 계산 시 기본한도액 인상
③ 결손금 소급공제
④ 납부지연가산세율의 인하

14. 다음 중 법인세법상 과세표준의 신고 및 납부에 관한 설명으로 옳지 않은 것은?

① 내국법인은 각 사업연도 종료일이 속하는 달의 말일부터 3개월(성실신고확인서를 제출하는 경우에는 4개월) 이내에 신고하여야 한다.

② 내국법인으로서 각 사업연도의 소득금액이 없거나 결손금이 있는 법인의 경우에도 신고하여야 한다.

③ 납부할 세액이 2천만원 이하인 경우 1천만원 초과분에 대해 분납할 수 있다.

④ 중소기업이 분납하는 경우 납부기한이 지난 날부터 3개월 이내에 분납할 수 있다.

15. 법인세법상 내국법인의 법인세 자진납부에 대하여 옳지 않은 것은?

① 각 사업연도 소득에 대한 법인세는 원칙적으로 과세표준 신고기한 내에 납부해야 한다.

② 중소기업의 분납 기한은 납부기한이 지난 날부터 2개월 이내이다.

③ 분납은 중소기업만 할 수 있다.

④ 납부세액이 2천만원을 초과하는 경우 50% 이하의 금액을 분납할 수 있다.

16. 다음 중 법인세법상 성실신고확인제도에 대한 설명으로 가장 옳지 않은 것은?

① 성실신고확인대상자인 개인사업자가 법인으로 전환된 지 3년 이내인 경우 성실신고확인대상이다.

② 성실신고확인서를 제출하는 법인은 법인세 신고기한을 2개월 연장한다.

③ 성실신고확인대상사업자가 성실신고확인서를 제출하지 아니하는 경우 가산세를 납부하여야 한다.

④ 주식회사의 외부감사에 관한 법률에 따라 감사인에 의한 감사를 받은 내국법인은 성실신고확인서를 제출하지 않을 수 있다.

주관식

01. 다음은 법인세법 제60조 1항의 내용이다. 빈 칸에 알맞은 것은?

> 납세의무가 있는 내국법인은 각 사업연도의 종료일이 속하는 달의 말일부터 (　　　) 이내에 대통령령으로 정하는 바에 따라 그 사업연도의 소득에 대한 법인세의 과세표준과 세액을 납세지 관할 세무서장에게 신고하여야 한다.

02. 법인세법상 사업연도가 20x1년 4월 1일 ~ 20x2년 3월 31일인 납세의무가 있는 (주)매탄상사의 각 사업연도 소득에 대한 법인세 과세표준과 세액은 언제까지 신고해야 하는가?

03. 다음 중 법인세법상 사업연도가 20x1.1.1.~20x1.12.31.인 내국법인 ㈜A의 중간예납세액의 납부기한을 적으시오.

04. 다음 중 법인세법상 신고기한에 대한 설명으로 괄호 안에 들어갈 숫자를 적으시오.

> 법인세의 납세의무가 있는 성실신고확인대상 내국법인은 사업연도 종료일이 속하는 달의 말일부터 (　)개월 이내에 법인세 과세표준과 세액을 신고하여야 한다.

05. 다음은 법인세법상 중간예납에 대한 설명이다. 아래의 괄호 안에 들어갈 숫자로 알맞은 것은?

> 사업연도의 기간이 (　)개월을 초과하는 법인은 각 사업연도 중 중간예납기간에 대한 법인세액을 납부할 의무가 있다.

연/습/문/제 답안

객관식

1	2	3	4	5	6	7	8	9	10	11	12	13	14	15
④	④	③	③	①	④	④	④	④	②	①	④	④	④	③
16														
②														

[풀이 – 객관식]

03. **결손이라도 법인세를 신고**하여야 한다.

04. **법인세의 물납제도는 없다.**

05~06. 납부할 세액이 1천만원 초과 2천만원 이하인 경우 **1천만원을 초과하는 금액을 1개월(중소기업의 경우 2개월)** 이내에 분납할 수 있다.

08. 중간예납세액도 세액이 1천만원을 초과하는 경우 분납이 허용된다.

09. 법인세 중간예납도 세액이 1천만원을 초과하는 경우에는 분납할 수 있다.

10. 배당소득 중 일정한 요건을 갖춘 **집합투자기구로부터의 이익에 대해서만 법인세법상 원천징수**를 적용한다.

12. **1,000만원을 초과하는 경우 분납이 가능**하다.

13. **납부지연가산세**는 법인세법상의 가산세가 아니며, **중소기업 여부와 관계없이 동일한 가산세율**이 적용된다.

14. 중소기업이 납부할 세액이 **1천만원을 초과하여 분납**하는 경우 **납부기한이 지난 날로부터 2개월 이내**에 분납할 수 있다.

15. **비중소기업도 1개월 이내 분납**할 수 있다.

16. 납세의무가 있는 내국법인은 각 사업연도의 종료일이 속하는 달의 말일부터 3개월(**내국법인이 성실신고확인서를 제출하는 경우에는 4개월**로 한다) 이내에 그 사업연도의 소득에 대한 법인세의 과세표준과 세액을 납세지 관할 세무서장에게 신고하여야 한다.

주관식

01	3개월	02	20x2년 6월 30일	03	20x2년 8월 31일
04	4	05	6		

[풀이 – 주관식]

02. 법인은 각 사업연도의 **종료일이 속하는 달의 말일로부터 3개월 이내**(20x2년 6월 30일 이내) 법인세 과세표준과 세액을 납세지 관할세무서장에게 신고하여야 한다.

03. 내국법인의 중간예납기간은 해당 사업연도의 개시일부터 6개월이 되는 날까지로 하고, **중간예납기간이 지난 날부터 2개월 이내에 중간예납세액**을 납부해야 한다.

Part IV

소득세

Chapter 1

소득세 기본개념

로그인 세무회계 3급

제1절 소득세의 의의

1. 소득세의 특징

소득세는 개인의 소득을 과세대상으로 하여 부과하는 조세이다.

(1) 부담 능력에 따른 과세(응능과세제도 ⇒ VS 응익과세제도)

(2) 납세자와 담세자가 동일한 직접세(VS 부가세는 간접세)

(3) **열거주의 과세방법(이자 · 배당 · 사업소득은 유형별 포괄주의)**

소득이란 개인이 일정기간에 얻은 경제적 이익을 말하며, 소득세법상 소득이란 소득세법상 열거된 소득을 의미한다. 즉, 소득세법은 열거주의에 의해 과세대상소득을 규정하고 있으므로 열거되지 아니한 소득은 비록 담세력이 있더라도 과세되지 않는다.

다만, 예외적으로 금융소득(이자 · 배당소득)과 사업소득은 열거되지 않은 소득이라도 유사한 소득을 포함하는 **유형별 포괄주의**를 채택하고 있다.

(4) 개인단위과세제도 및 인적공제

개인별 소득을 기준으로 과세하는 개인단위 과세제도를 원칙으로 하고,

개인(납세의무자)의 담세능력에 따라 세부담능력도 다르다는 것을 고려하여 인적공제를 두고 있다.

(5) 소득세의 과세방법(종합과세, 분리과세 또는 분류과세)

① **종합과세** : 소득의 원천에 불문하고 모든 종류의 소득을 합산하여 과세하는 것(이자, 배당, 사업, 근로, 연금 및 기타소득)

② **분리과세** : 일정금액 이하(20백만원)인 금융소득, 일용근로소득, 복권당첨소득 등에 대하여 원천징수로써 납세의무를 종결하는 것

③ **분류과세** : 간헐적으로 발생되는 퇴직소득, 양도소득을 종합소득과 구별하기 위하여 과세하는 제도

(6) 누진과세

소득세는 단계별 초과누진세율을 적용하여 소득이 많은 개인에게 상대적으로 많은 세금을 납부하게 하여 소득 재분배를 하고 있다.

(7) 원천징수

소득세의 납세의무자는 사업자가 아닌 자가 상당히 많은 비중을 차지하고 있다. 이러한 조건에서 세원의 탈루를 최소화하고 납세편의를 도모하기 위하여 소득세법은 원천징수 제도를 시행하고 있다.

2. 납세의무자

소득세의 납세의무자는 원칙적으로 자연인인 개인(거주자 및 비거주자)에 한정된다.

1. 거주자(무제한납세의무자)	국내에 주소를 두거나 **1과세기간 중 183일 이상** 거소를 둔 개인	**국내+국외 원천소득**
2. 비거주자(제한납세의무자)	거주자가 아닌 개인	**국내원천소득**

여기서 거소란 주소지 외의 장소 중 상당기간에 걸쳐 거주하는 장소로서 주소와 같이 밀접한 일반적 생활관계가 형성되지 않는 장소를 말한다.

3. 과세기간

소득세법상 과세기간은 1역년주의(1.1.~12.31.)이고 예외적으로 납세의무자의 사망 또는 출국시 예외적인 과세기간을 두고 있다.

구 분	과 세 기 간	확정신고기한
1. 원 칙	1.1~12.31	익년도 5.1~5.31
2. 사망시	1.1~사망한 날	**상속개시일이 속하는 달의 말일부터 6개월이 되는 날**
3. 출국시 (거주자가 출국하여 비거주자가 되는 경우)	1.1~출국한 날	출국일 전일

신규사업자 또는 폐업자는 일반 거주자와 마찬가지로 1월 1일부터 12월 31일까지의 기간을 1과세기간으로 하고 있는데, 이는 신규사업 전 또는 폐업 이후에도 과세대상이 되는 다른 소득이 있을 수 있기 때문이다.

4. 납세지

(1) 원칙

거 주 자	**주소지**로 한다. 다만, 주소지가 없는 경우에는 그 거소지로 한다. **사업소득이 있는 거주자가 사업장소재지를 납세지로 신청한 때에는 "그 사업장소재지"를 납세지로 지정할 수 있다.**
비거주자	**주된 국내사업장의 소재지**(국내사업장이 없는 경우에는 국내원천소득이 발생하는 장소)
	비거주자가 납세관리인을 둔 경우 : 국내사업장의 소재지 또는 납세관리인의 주소지나 거소지 중 납세관리인이 납세지로 신고한 장소

(2) 원천징수하는 소득세의 납세지

개인	거주자	해당 거주자의 주된 사업장 소재지
	비거주자	해당 비거주자의 주된 사업장 소재지
법인		① 원칙 : 법인의 본점 또는 주사무소의 소재지 ② 예외 : 지점 등이 독립적으로 회계사무를 처리하는 경우 : 그 사업장 소재지

(3) 납세지변경

변경후의 납세지 관할 세무서장에게 **변경된 날부터 15일 이내 신고**하여야 한다.

5. 과세대상소득

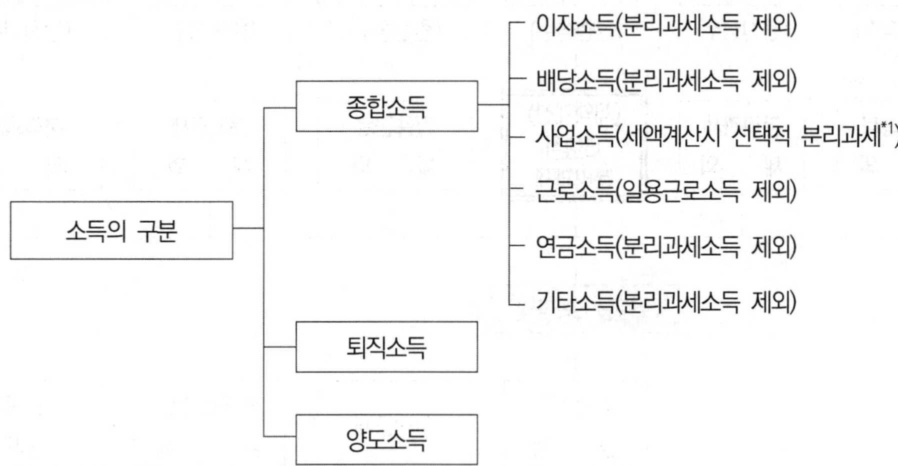

***1. 수입금액이 2천만원 이하의 주택임대소득만 대상**

제2절 소득세의 계산구조

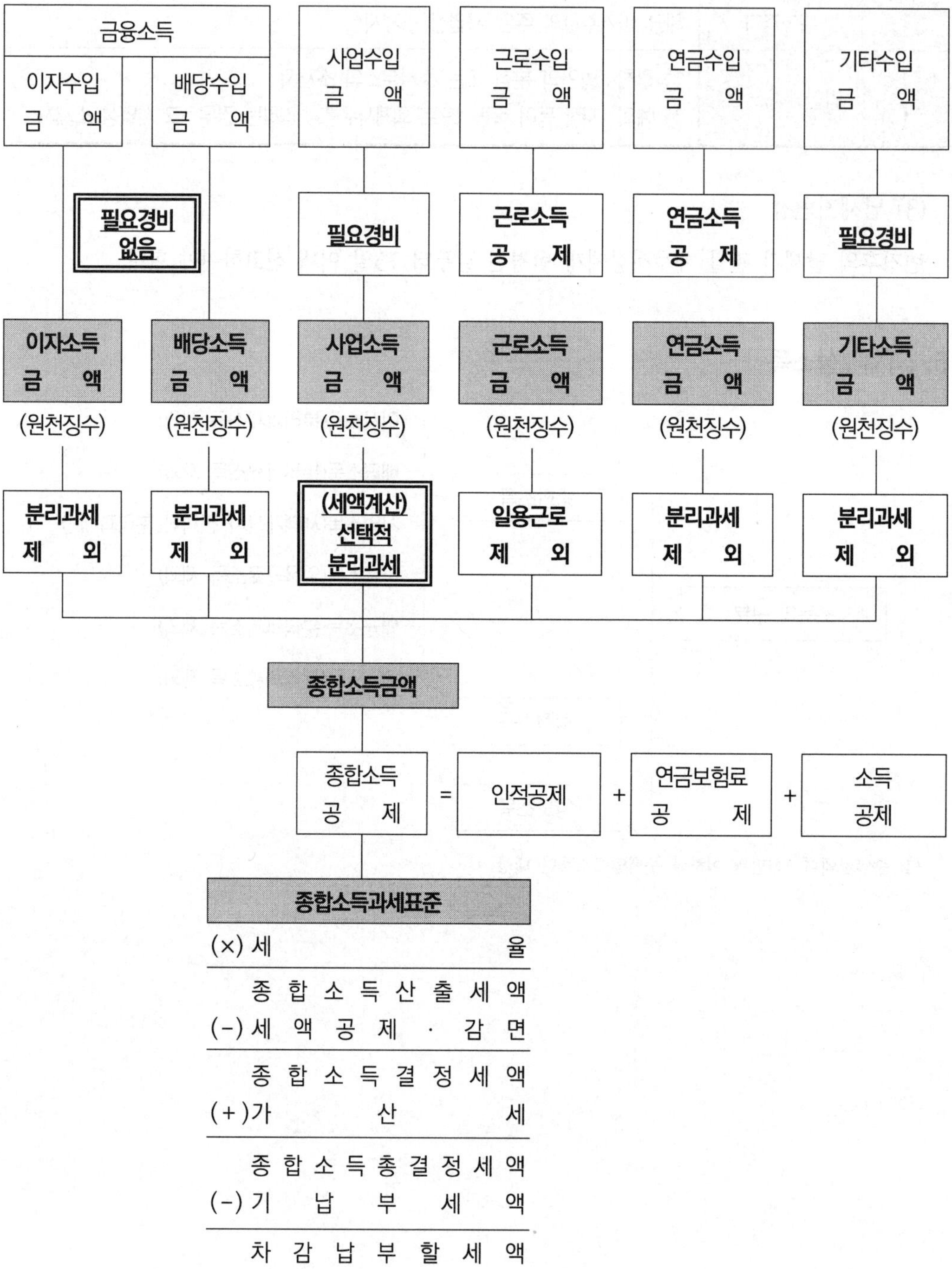

금융소득						
이자수입 금액	배당수입 금액	사업수입 금액	근로수입 금액	연금수입 금액	기타수입 금액
필요경비 없음	필요경비 없음	필요경비	근로소득 공제	연금소득 공제	필요경비
이자소득 금액 (원천징수)	**배당소득 금액** (원천징수)	**사업소득 금액** (원천징수)	**근로소득 금액** (원천징수)	**연금소득 금액** (원천징수)	**기타소득 금액** (원천징수)
분리과세 제외	분리과세 제외	(세액계산) 선택적 분리과세	일용근로 제외	분리과세 제외	분리과세 제외

종합소득금액

종합소득 공제 = 인적공제 + 연금보험료 공제 + 소득 공제

종합소득과세표준

(×) 세율

종합소득산출세액

(−) 세액공제 · 감면

종합소득결정세액

(+) 가산세

종합소득총결정세액

(−) 기납부세액

차감납부할세액

연/습/문/제

객관식

01. 우리나라 소득세법의 특징으로 가장 적절하지 못한 것은?

① 누진과세 ② 개인별과세 ③ 순자산증가설 ④ 신고납세주의

02. 소득세법상 소득세에 대한 설명으로 옳은 것은?

① 소득세는 지방세이며 간접세에 해당된다.
② 종합소득세는 부과과세제도를 채택하고 있다.
③ 소득세의 과세방법은 종합과세와 분리과세를 병행하고 있다.
④ 종합소득 중 이자, 배당, 기타소득에 대해서는 분리과세 제도를 실시하지 않고 있다.

03. 소득세법상 과세대상소득 과세방식에 대한 내용이다. (가), (나)의 내용을 〈보기〉에서 고른 것으로 올바른 것은?

소득이 비교적 장기간에 걸쳐 발생하는 퇴직소득 및 양도소득을 종합과세하는 경우에는 (가)로 인하여 조세부담이 과중하게 되므로 이들 소득은 종합소득으로 과세하지 아니하고 (나)한다.	
〈보기〉	㉠ 누진세율 ㉡ 분리과세 ㉢ 분류과세

	(가)	(나)
①	㉠	㉡
②	㉠	㉢
③	㉡	㉠
④	㉡	㉢

04. 다음 중 종합소득에 대한 소득세 납세의무가 없는 자는?

① 국내원천소득만 있는 거주자
② 국내원천소득만 있는 비거주자
③ 국외원천소득만 있는 거주자
④ 국외원천소득만 있는 비거주자

05. 소득세법상 거주자 · 비거주자의 구분은 납세의무의 판정에 있어서 매우 중요한 의미를 지니는데, 거주자 · 비거주자에 대한 설명 중 잘못된 것은?

① 거주자란 국내에 주소를 두거나 1과세기간 중 183일 이상의 거소를 둔 개인을 말한다.
② 비거주자는 소득세의 납세의무를 지지 않는다.
③ 내국법인의 국외사업장에 파견된 임직원은 거주자로 본다.
④ 거주자가 이민을 위하여 출국하는 날의 다음 날을 비거주자가 되는 날로 본다.

06. 소득세법상 납세의무에 대한 설명으로 잘못된 것은?

① 거주자는 소득세의 납세의무가 있다.
② 국세기본법에 따라 1거주자로 보는 단체도 소득세법에 따라 납세의무를 진다.
③ 외국인은 국내의 소득에 대하여 납세의무를 지지 않는다.
④ 해외지점에 파견된 임직원은 거주자로 본다.

07. 다음 중 소득세법상 과세기간에 대한 설명 중 옳은 것은?

① 거주자가 비거주자로 되는 경우 : 해당연도 1월 1일 ~ 출국일
② 비거주자가 거주자로 되는 경우 : 입국일 ~ 해당연도 12월 31일
③ 거주자가 신규로 사업을 개시한 경우 : 사업개시일 ~ 해당연도 12월 31일
④ 거주자가 사망한 경우 : 사망일 ~ 해당연도 12월 31일

08. 소득세법상 소득세 과세기간 및 납세지에 대한 설명이다. 잘못 설명한 것은?

① 소득세의 과세기간은 반드시 1월 1일부터 12월 31일까지 1년으로 한다.
② 거주자의 소득세 납세지는 그 주소지로 한다.
③ 비거주자가 국내사업장이 없는 경우에는 국내원천소득이 발생하는 장소로 한다.
④ 거주자가 주소지가 없는 경우에는 그 거소지로 한다.

09. 거주자인 이장수씨가 20x1년 3월 15일에 사망한 경우 소득세법상 이장수씨의 종합소득에 대한 종합소득 과세표준 신고기한은 언제까지인가?

① 20x1. 5. 31.
② 20x2. 5. 31.
③ 20x1. 9. 15.
④ 20x1. 9. 30.

10. 소득세법상 납세지에 대한 설명이다. 옳지 않은 것은?

① 거주자에 대한 소득세의 납세지는 주소지로 한다.
② 비거주자의 납세지는 국내사업장의 소재지로 한다.
③ 원천징수하는 소득세는 원천징수하는 자가 거주자인 경우 그 주된사업장 소재지로 한다.
④ 사업소득이 있는 자는 사업장소재지를 납세지로 할 수 없다.

11. 소득세법상 납세지에 대한 설명 중 잘못된 설명은?

① 거주자의 납세지는 주소지이며, 주소지가 없는 경우 거소지이다.
② 비거주자의 납세지는 원칙적으로 주된 국내사업장이다.
③ 납세지란 소득세의 관할세무서를 정하는 기준이 되는 장소이다.
④ 납세지 변경신고는 15일 이내에 변경 전 관할 세무서장에게 하여야 한다.

12. 소득세법상 소득세의 원천징수 납세지에 대한 설명으로 잘못된 것은?

① 법인은 법인의 본점 또는 주사무소의 소재지로 한다.
② 원천징수하는 소득세의 납세지는 그 소득자의 주소지로 한다.
③ 비거주자는 비거주자의 주된 국내사업장의 소재지로 한다.
④ 독립채산제에 의하여 독자적으로 회계사무를 처리하는 경우에는 그 사업장의 소재지로 한다.

13. 다음 자료를 참고로 각 (   )에 들어갈 것으로 알맞은 것은?

자료	영등포구에 거주하는 이연주씨는 도봉구에서 개인사업(도매업)을 하며, 강동구에 거주하는 이수림씨를 종업원으로 고용하고 월급을 지급하고 있다. 단, 이수림씨는 종합합산되는 기타소득이 있다.(지역별 관할세무서는 아래와 같다고 가정한다) • 영등포구 : 영등포세무서 • 도봉구 : 도봉세무서 • 강동구 : 강동세무서

이연주씨의 종합소득세 관할세무서는 (가)이고, 이연주씨의 부가가치세 관할세무서는 (나)이고, 원천징수한 소득세 관할세무서는 (다)이고 이수림씨의 종합소득세 관할 세무서는 (라)이다.

	(가)	(나)	(다)	(라)
①	영등포세무서	도봉세무서	강동세무서	도봉세무서
②	영등포세무서	도봉세무서	도봉세무서	강동세무서
③	도봉세무서	영등포세무서	강동세무서	도봉세무서
④	도봉세무서	영등포세무서	도봉세무서	강동세무서

14. 다음 중 소득세법상 종합소득에 합산하여 과세되는 소득이 아닌 것은?

① 기타소득 ② 이자소득
③ 양도소득 ④ 연금소득

15. 다음 중 소득세법상 거주자의 근로소득과 합산과세될 수 없는 소득으로만 짝지어진 것은?

① 양도소득, 퇴직소득 ② 기타소득, 양도소득
③ 이자소득, 배당소득 ④ 사업소득, 퇴직소득

16. 다음 중 소득세법상 거주자의 종합소득금액에 영향을 미치지 않는 것은?

① 주택을 양도하고 받는 소득
② 부동산 임대업자가 토지를 임대하고 받는 소득
③ 정규직 근로자가 직장에서 받는 근로소득
④ 영화필름을 양도하고 받는 소득

17. 다음 중 소득세법상 필요경비가 인정되는 소득은?

① 이자소득 ② 배당소득
③ 사업소득 ④ 퇴직소득

18. 다음 중 소득세법상 아래에서 설명하고 있는 방식으로 과세하는 소득에 해당하는 것은?

법에 열거된 소득과 유사한 소득이면 비록 법에 열거되지 않는 경우에도 과세하는 방식

① 연금소득 ② 기타소득
③ 이자소득 ④ 근로소득

주관식

01. 다음은 소득세법상 〈보기〉에서 납세지에 관하여 설명하고 있다. 잘못 설명한 항목을 모두 고른 것은?

〈보 기〉

가. 거주자의 납세지는 주소지이다.
나. 주소지가 없는 거주자의 납세지는 사업장이다.
다. '납세지'란 소득세의 관할세무서를 정하는 기준이 되는 장소이다.
라. 국내사업장이 있는 비거주자의 납세지는 국내원천소득 발생장소이다.

02. 소득세법상 거주자가 5월 1일 사망한 경우의 과세기간을 적으시오.

03. 다음 중 소득세법상 (　　　)안에 들어갈 말로 적당한 것을 고른 것은?

(　　　)(이)란 국내에 주소를 두거나 183일 이상의 거소를 둔 개인을 말하며,
계속하여 183일 이상 거소를 둔 경우도 포함한다.

04. 다음 중 소득세법상 20x1년 5월 25일 폐업한 경우 과세기간을 적으시오.

05. 소득세법상 납세지를 변경할 경우 변경 후의 납세지 관할 세무서장에게 변경된 날부터 (　　　) 이내 신고하여야 한다. (　　　)에 들어갈 내용을 적으시오.

06. 다음은 소득세법상 과세표준 확정신고의 특례에 대한 설명이다. 아래 (　　　)을 적으시오.

거주자가 사망한 경우 그 상속인은 상속개시일이 속하는 달의 말일부터 (　　　)이 되는 날까지 사망일이 속하는 과세기간에 대한 그 거주자의 과세표준을 신고하여야 한다.

연/습/문/제 답안

객관식

1	2	3	4	5	6	7	8	9	10
③	③	②	④	②	③	①	①	④	④
11	12	13	14	15	16	17	18		
④	②	②	③	①	①	③	③		

[풀이 – 객관식]

01. 현행 소득세법은 소득원천설에 입각하여 법에 열거되지 않은 것은 과세되지 아니한다. 예외적으로 **이자 · 배당 · 사업소득에 대하여만 유형별 포괄주의**를 취하고 있다.

02. ① 소득세는 국세이며, 직접세에 해당한다.

② 소득세는 납세의무자가 **과세표준 및 세액을 정부에 신고한 때 확정되는 신고납세방식**을 선택하고 있다.

④ 이자, 배당, 기타소득에 대해서도 분리과세를 병행하고 있다.

04,05. **비거주자는 국내원천소득**에 대해서만 납세의무를 진다.(제한납세의무)

06. 거주자의 판정은 국적과는 상관이 없으며, 비거주자로서 국내원천소득이 있는 개인은 소득세 납세의무가 있다.

07. 소득세법상 과세기간은 **원칙적으로 1/1~12/31**이다. 예외적으로 거주자가 출국하여 비거주자가 되는 경우 **1월1일~출국일이 과세기간**이 된다.

08. 소득세의 과세기간은 원칙적으로 1월 1일부터 12월 31일까지 1년으로 하지만, 반드시는 아니다.

09. **상속개시일이 속하는 달의 말일부터 6개월이 되는 날이 신고기한**이다.

10. 사업소득이 있는 거주자가 사업장소재지를 납세지로 신청한 때에는 **"그 사업장 소재지"를 납세지로 지정**할 수 있다.

11. 납세지가 변경 된 경우 그 **변경 후의 납세지 관할세무서장에게 변경된 날부터 15일 이내**에 신고해야 한다.

12. 원천징수하는 소득세의 납세지는 원천징수의무자의 주된 사업장으로 한다.

13. 소득세는 주소지, 부가가치세와 **원천징수한 국세는 사업장소재지가 납세지**이다.

14. 양도소득은 종합소득에 합산하지 않고 분류 과세한다.
15. **양도소득과 퇴직소득은 분류과세**한다.
16. 주택의 양도에서 발생하는 소득은 양도소득으로서 나머지 종합소득과는 합산되지 아니한다.
17. **필요경비가 인정되는 소득에는 사업소득과 기타소득**이 있다.
18. 유형별 포괄주의(금융소득)를 설명하고 있다.

주관식

01	나, 라	02	1월1일~5월1일	03	거주자
04	1.1~12.31	05	15일	06	6개월

[풀이 – 주관식]

01. 주소지가 없는 거주자의 납세지는 거소지이고 국내사업장이 있는 비거주자의 납세지는 국내사업장(국내사업장이 둘이상 있는 경우에는 주된 국내사업장)의 소재지이다.
02. 거주자가 사망한 경우의 **과세기간은 1월 1일부터 사망한 날**까지로 한다.
04. 신규사업자 또는 폐업자는 신규사업 전 또는 폐업 이후에도 과세대상 소득이 있을 수 있기 때문에 1월 1일부터 12월 31일까지를 1과세기간으로 하고 있다.
05. 납세지가 변경된 경우 **변경된 날부터 15일 이내에 변경 후의 납세지 관할 세무서장**에게 신고하여야 한다.

Chapter

종합소득 2

로그인 세무회계 3급

제1절 금융소득(이자 · 배당소득)

1. 이자소득

(1) 이자소득의 범위

① 예금이자

② 채권 또는 증권의 이자와 할인액

③ 채권 또는 증권의 환매조건부 매매차익

☞ 환매조건부채권 : 금융기관이 고객에게 일정기간 후에 금리를 더해 되사는 조건으로 발행하는 채권

④ 보험기간이 10년 미만인 저축성보험의 보험차익(2003.12.31. 이전 계약 체결분 7년)

☞ 보장성 보험에 대한 보험금은 비열거소득에 해당한다.

⑤ 비영업대금의 이익 

비영업대금이라 함은 자금대여를 영업으로 하지 아니하고 일시적 · 우발적으로 금전을 대여하는 것을 말한다. 다만 사업성이 있는 경우에는 사업소득으로 과세한다.

	자금대여	성 격	소득 구분
금융업	영업대금의 대여	사업적	사업소득
금융업이외	비영업대금의 대여	일시우발적	이자소득

⑥ 직장공제회 초과반환금(1999년 1월 1일 이후 가입자에 한함)

☞ 직장공제회 : 법률에 의하여 설립된 공제회 · 공제조합(이와 유사한 단체를 포함)으로서 동일직장이나 직종에 종사하는 근로자들의 생활안정, 복리증진 또는 상호부조 등을 목적으로 구성된 단체를 말한다.

⑦ 위와 유사한 소득으로서 **금전사용에 따른 대가로서의 성격**이 있는 것

⑧ 이자부복합금융거래[*1]에서 발생한 이익

*1. 이자소득을 발생시키는 거래와 파생상품이 결합된 경우 해당 파생상품의 거래·행위로부터 이익

(2) 이자소득이 아닌 것

① 사업관련 소득

물품을 매입할 때 대금의 결제방법에 따라 에누리되는 금액, 외상매출금이나 미수금을 약정기일 전에 지급함으로써 받는 할인액, 외상매출금이나 미수금의 지급기일을 연장하여 주고 추가로 지급받는 금액(**소비대차전환분 제외**) 등은 이자소득으로 보지 아니한다.

☞ 소비대차 : 당사자 일방이 금전 기타 대체물의 소유권을 상대방에게 이전할 것을 약정하고, 상대방은 그와 동종·동질·동량의 물건을 반환할 것을 약정하는 계약

② 손해배상금에 대한 법정이자

	손해배상금	법정이자
법원의 판결 또는 화해에 의하여 지급받을 경우 **(육체적·정신적·물리적 피해)**	과세제외	과세제외
계약의 위약·해약	기타소득	기타소득

(3) 비과세이자소득 : 공익신탁의 이익 등이 있다.

☞ 공익신탁 : 재산을 공익목적(종교, 자선, 학술등)에 사용하기 위하여 신탁하는 것

(4) 이자소득의 수입시기 : **권리의무확정주의**

구 분		수 입 시 기
① 채권 등의 이자와 할인액	**무기명**	**그 지급을 받는 날**
	기 명	약정에 의한 지급일 ☞ 기명채권 : 채권에 투자자의 성명을 기재하는 채권으로 양도가 가능하나 채권의 양도란에 배서하고 등록부에 양도절차를 기재해야 한다.
② 예금의 이자	보통예금·정기예금·적금 또는 부금의 이자	원칙 : 실제로 이자를 지급받는 날 1. 원본에 전입하는 뜻의 특약이 있는 이자는 그 특약에 의하여 "원본에 전입된 날" 2. 해약으로 인하여 지급되는 이자는 그 "해약일" 3. 계약기간을 연장하는 경우에는 그 "연장하는 날"
③ **통지예금의 이자**		**인출일**

☞ 통지예금 : 현금을 인출할 때에 사전 통지가 요구되는 예금을 말한다. 일정일 전에 예고하고 인출하기 때문에 정기예금 다음가는 이자율을 적용하고 있다.

구 분	수 입 시 기
④ 채권 또는 증권의 환매조건부 매매차익	**약정**에 따른 당해 채권 또는 증권의 환매수일 또는 환매도일. 다만, 기일 전에 환매수 또는 환매도하는 경우에는 그 환매수 또는 환매도일
☞ 환매조건부 채권 : 일정기간이 지난 후 확정금리를 더해 되사는 조건으로 발행하는 채권	
⑤ 저축성보험의 보험차익	**보험금 또는 환급금의 지급일.** 다만, 기일 전에 해지하는 경우에는 그 해지일
⑥ 직장공제회의 초과반환금	**약정**에 따른 공제회 반환금의 지급일
⑦ 비영업대금의 이익	**약정**에 따른 이자지급일. 약정에 따른 이자지급일 전에 이자를 지급하는 경우에는 그 이자지급일
⑧ 유형별 포괄주의에 따른 이자소득	**약정**에 의한 상환일로 함. 다만, 기일 전에 상환하는 때에는 그 상환일

(4) 이자소득금액 : 필요경비불인정

이자소득금액 = 이자소득 총수입금액(비과세, 분리과세소득 제외)

2. 배당소득

(1) 배당소득의 범위

① 일반적인 이익배당
② 의제배당(법인세법을 참조하십시오.)
③ 법인세법에 의하여 배당으로 처분된 금액(인정배당)
④ 집합투자기구의 이익
☞ 집합투자기구(펀드) : 2인 이상의 투자자로부터 금전 등을 모아 일상적인 운용지시를 받지 아니하면서 재산적 가치가 있는 투자 대상자산을 운용하고 그 결과를 투자자에게 배분하여 귀속시키는 것을 의미한다.
⑤ 공동사업에서 발생하는 소득금액 중 손익분배비율에 상당하는 금액

공동사업 이익배분	공동사업자(경영참가시)	사업소득
	출자공동사업자(경영미참가시)	배당소득

⑥ 파생결합증권으로부터의 이익
⑦ 위와 유사한 소득으로서 수익분배의 성격이 있는 것

(2) 비과세 배당소득

우리사주조합원이 지급받는 배당등이 있다.(조세특례제한법)

(3) 배당소득의 수입시기

구분		수입시기
일반배당		• 무기명주식의 이익배당 : 실제지급일 • 기명주식의 이익배당 : 잉여금처분결의일 ☞ 기명주식 : 주주의 이름이 주주명부와 주권에 기재된 주식
인정배당		당해 사업연도의 결산확정일
의제배당	감자 등	감자결의일 등
	해산	잔여재산가액 확정일
	잉여금자본전입	자본전입 결의일
	합병, 분할	합병(분할)등기일
기타 유사한 소득		그 지급을 받은 날

☞ 자본감소 등으로 인한 의제배당
=[자본감소·해산·합병 등으로 인해 주주등이 받은 재산가액]-[소멸하는 주식 등의 취득가액]

(4) 배당소득금액 : 필요경비불인정 

배당소득금액=배당소득 총수입금액(비과세, 분리과세소득 제외)+귀속법인세
☞ 귀속법인세=Gross-Up대상 배당 소득×**가산율(10%)**

㈜ 무궁	
8. 법인세차감전순이익	100
9. 법인세(세율 9%)	9
10. 당기순이익	91

→ 전액 배당

개인(㈜무궁의 100% 주주)	
1. 배당소득	90
2. 배당가산액(91×10%)	**9**
3. 배당소득금액 계	99
....	
4. 산출세액(과세표준×세율)	xx
5. 배당소득세액공제	**9**
6. 결정세액	xx

***배당 가산율=9/91=10%**

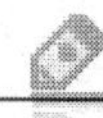

3. 금융소득의 과세방법

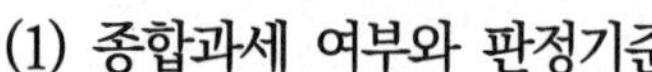

(1) 종합과세 여부와 판정기준

과세방법	범 위	원천징수세율
1. 무조건 분리과세	- **비실명 이자 · 배당소득** - 직장공제회 초과반환금 - 법원보관금의 이자소득	**45%** 기본세율 14%
2. 무조건종합과세	- 국외에서 받은 이자 · 배당소득 - **출자공동사업자의 배당소득**	- 25%
3. 조건부종합과세	- 일반적인 이자소득 · 배당소득 - 비영업대금이익	14% 25%

① **2천만원(출자공동사업자의 배당소득제외)을 초과하는 경우 … 종합과세**
② **2천만원 이하인 경우 … 분리과세(조건부 종합과세에 대해서)**

(2) Gross - up 금액 계산 및 종합소득금액 확정

원천징수세율(14%) 적용순서	Gross - up대상 배당소득 총수입금액
① **이자소득금액**	**1. 내국법인으로부터 수령**
② **Gross - up제외 배당소득총수입금액**	**2. 법인세가 과세된 잉여금으로 배당을 받을 것 (법인세를 의제배당을 참고)**
③ **Gross - up대상 배당소득총수입금액×110%**	**3. 종합과세되고 기본세율(2천만원 초과)이 적용되는 배당소득**
= 종합소득금액(①+②+③)	

<예제 2 - 1> 금융소득(귀속법인세)

거주자인 홍길동의 20x1년 귀속 금융소득의 내역은 다음과 같다. 종합소득에 합산될 금융소득 금액은 얼마인가?(단, 종합과세(Gross-up 포함)는 고려하지 아니한다)

1. 국내정기예금이자	6,000,000원
2. 주권상장법인으로부터 받은 현금 배당금	7,000,000원
3. 비상장법인으로부터 받은 현금배당금	8,000,000원
4. 비영업대금이익	9,000,000원

해답

1. 금융소득의 과세방법분류

1. 국내정기예금이자	조건부종합과세
2. 주권상장법인으로부터 받은 현금 배당금	조건부종합과세
3. 비상장법인으로부터 받은 현금배당금	조건부종합과세
4. 비영업대금이익	조건부종합과세

∴ **조건부 종합과세 = 3,000만원(전액 종합과세)**

참고

종합과세(Gross-up 포함)를 고려시

1. 14%세율 및 기본세율 적용순서

<table>
<tr><th>원천징수세율(14%) 적용순서</th><th></th><th colspan="2">- 2,000만원 -</th></tr>
<tr><td>① 이자소득금액</td><td rowspan="3">- 14%</td><td>-국내정기예금이자
-비영업대금이익</td><td>6,000,000
9,000,000</td></tr>
<tr><td>② Gross-up제외 배당소득총수입금액</td><td>-</td><td>-</td></tr>
<tr><td rowspan="3">③ Gross-up대상 배당소득총수입금액</td><td>-주권상장법인 배당금</td><td>5,000,000</td></tr>
<tr><td rowspan="2">-기본세율</td><td>-주권상장법인 배당금</td><td>2,000,000</td></tr>
<tr><td>-비상장법인 배당금</td><td>8,000,000</td></tr>
</table>

Gross-up금액

2. 종합소득에 합산할 금융소득금액 : 20,000,000원 + 10,000,000원 × 110% = 31,000,000원

연/습/문/제

객관식

01. 다음 중 소득세법상 이자소득에 해당하지 않는 것은?

① 국가나 지방자치단체가 발행한 채권 또는 증권의 이자와 할인액
② 채권 또는 증권의 환매조건부 매매차익
③ 보험기간 10년 미만인 보장성보험의 보험차익
④ 국외에서 받는 예금의 이자

02. 소득세법상 이자소득에 대한 설명이다. 잘못된 것은?

① 직장공제회 초과반환금
② 비영업대금의 이익
③ 개인연금저축 중 연금형태로 지급받는 이익
④ 보험기간이 10년 미만인 저축성보험의 보험차익

03. 다음 중 현행 소득세법상 원칙적인 이자소득의 수입시기로 잘못 짝지어진 것은?

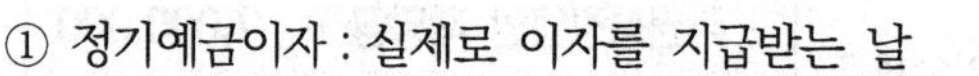

① 정기예금이자 : 실제로 이자를 지급받는 날
② 저축성 보험의 보험차익 : 보험금 해지일
③ 비영업대금의 이익 : 약정에 의한 이자 지급일
④ 기명채권의 이자와 할인액 : 약정에 따른 이자지급 개시일

04. 다음 중 소득세법상 이자소득의 수입시기가 틀린 것은?

① 보통예금 및 적금 : 실제로 이자를 지급받은 날
② 통지예금의 이자 : 인출일
③ 저축성보험의 보험차익 : 보험금 또는 환급금 지급일
④ 비영업대금의 이익 : 실제로 이자를 지급받은 날

05. 다음은 소득세법상 이자소득의 수입시기에 관한 설명이다. 잘못된 것은?

① 통지예금의 이자 : 인출일
② 비영업대금의 이익 : 약정에 따른 이자지급일
③ 보통예금, 정기예금, 적금 또는 부금의 이자 : 실제로 이자를 지급받는 날
④ 정기적금의 해약으로 인하여 지급되는 이자 : 실제로 이자를 지급받는 날

06. 다음 중 소득세법상 배당소득에 해당하지 않는 것은?

① 이익의 배당
② 의제배당
③ 채권 이자
④ 대통령령으로 정하는 집합투자기구로부터의 이익

07. 다음 중 소득세법상 의제배당이 아닌 것은?

① 주식소각, 감자, 퇴사, 탈퇴로 인한 배당
② 법인해산으로 인한 배당
③ 법인세법에 따라 배당으로 처분된 금액
④ 잉여금의 자본전입으로 인한 배당

08. 다음은 소득세법상 배당소득의 수입시기에 관한 설명이다. 잘못된 것은?

① 무기명 주식의 이익이나 배당 : 그 지급을 받은 날
② 잉여금의 처분에 의한 배당 : 당해 법인의 당해 사업연도의 결산확정일
③ 법인세법에 의하여 처분된 배당 : 당해 법인의 당해 사업연도의 결산확정일
④ 상법에 의한 건설이자의 배당 : 당해 법인의 건설이자배당결의일

09. 소득세법상 이자 · 배당소득의 수입시기로 잘못 짝지어진 것은?

① 정기예금의 이자 : 실제로 이자를 지급받는 날
② 잉여금 처분에 의한 배당 : 잉여금처분 결의일
③ 법인세법에 의하여 처분된 배당 : 당해 법인의 사업연도 결산확정일
④ 기명채권의 이자와 할인액 : 그 지급을 받은 날

10. 다음 중 소득세법상 필요경비를 인정받을 수 없는 것으로 묶은 것은?

① 이자소득, 사업소득
② 이자소득, 기타소득
③ 배당소득, 이자소득
④ 배당소득, 기타소득

11. 소득세법상 이자 및 배당소득에 대한 설명으로 틀린 것은?

① 이자소득은 필요경비가 인정되지 않는다.
② 배당소득의 원천징수세율은 무조건 14%이다.
③ 배당소득금액은 해당 과세기간의 총수입금액으로 하며 일정한 배당에 대해서는 귀속법인세를 더하여 배당소득금액을 계산한다.
④ 의제배당은 실제배당이 아니지만 배당으로 간주하여 소득세가 부과된다.

12. 소득세법상 이자소득 중 14%의 세율로 원천징수하는 것은 무엇인가?

① 채권 또는 증권의 이자와 할인액
② 비영업대금의 이익
③ 비실명 이자소득
④ 직장공제회 초과반환금

13. 다음 (가)와 (나)에 알맞은 용어로 짝지어진 것은?

> 거주자의 연간금융소득(이자소득+배당소득)이 2,000만원을 초과하는 경우에는 (가)에 의해 과세하고, 2,000만원 이하인 경우에는 (나)방식으로 과세한다.

	(가)	(나)		(가)	(나)
①	단순과세	분류과세	②	분류과세	단순과세
③	종합과세	분리과세	④	분리과세	종합과세

14. 다음은 소득세법상 배당소득의 Gross-up 요건에 대한 설명이다. 잘못된 것은?

① 자본잉여금 중 감자차익을 그 재원으로 할 것

② 내국법인으로부터의 배당소득

③ 종합과세되는 배당소득 중 누진세율이 적용되는 배당소득

④ 법인세가 과세된 잉여금을 재원으로 하는 배당소득

15. 다음 중 소득세법상 배당소득 중 Gross-up이 적용되기 위한 요건이 아닌 것은?

① 외국법인으로부터 받는 배당소득

② 내국법인으로부터 받는 배당소득

③ 법인세가 과세된 소득으로 배당금 지급

④ 종합과세와 기본세율이 적용될 것

주관식

01. 다음 빈칸에 들어갈 알맞은 말은?

> 이자소득과 배당소득으로서, 그 소득의 합계액이 (　　) 이하이고, 원천징수된 것은 종합소득 과세표준에 포함하지 않는다.

02. 소득세법상 비영업대금의 이익에 대한 원천징수세율은 몇 %인가?

03. 현행 소득세법상 배당소득의 이중과세를 조정하기 위한 Gross-up 비율은 얼마인가?

04. 다음은 거주자 김대한씨의 소득자료이다. 이를 토대로 소득세법상 과세대상 이자소득금액을 계산한 것으로 올바른 것은?

- 예금이자 : 2,000,000원
- 채권 또는 증권의 이자와 할인액 : 1,000,000원
- 싱가포르 은행으로부터 받은 이자 : 1,000,000원
- 저축성보험의 차익(만기일 5년) : 5,000,000원

05. 다음 자료에 의해 소득세법상 배당소득으로 과세되는 금액을 구하면 얼마인가? 단, 종합과세(Gross-up 포함)는 고려하지 아니한다.

수령한 배당금 등의 명세
• A사로부터 받은 금전배당 : 50,000,000원 • B사의 해산으로 인한 잔여재산 분배액 : 20,000,000원 (B사 주식의 취득가액 : 15,000,000원)

연/습/문/제 답안

객관식

1	2	3	4	5	6	7	8	9	10	11	12	13	14	15
③	③	②	④	④	③	③	②	④	③	②	①	③	①	①

[풀이 – 객관식]

01. **보장성보험에 대해서 보험차익은 비열거소득**이다.
02. 개인연금저축의 이익은 연금소득이다.
03. 저축성 보험의 보험차익은 보험금 또는 환급금의 지급일. 다만, 기일 전 해지하는 경우에는 그 해지일이 수입시기이다.
04. **비영업대금의 이익은 약정에 의한 이자지급일**. 단, 약정이 없거나 약정에 의한 이자지급일 전에 이자를 지급받는 경우에는 그 이자지급일
05. **정기적금의 해약**으로 인하여 지급되는 이자는 **해약일**을 수입시기로 본다.
06. 내국법인이 발행한 채권 또는 증권의 이자와 할인액은 이자소득에 해당한다.
07. 법인세법에 따라 배당으로 처분된 금액은 의제배당이 아닌 인정배당이다.
08. 잉여금의 처분에 의한 배당은 당해 **법인의 잉여금 처분결의일이 수입시기**에 해당한다.
09. **무기명채권**의 경우 그 **지급을 받은 날**이며, 기명채권은 약정에 따른 이자지급 개시일이 수입시기이다.
11. 이자와 배당의 원천징수세율은 원천별로 상이하다.
12. 비영업대금의 이익 25%, **비실명 이자소득 45%**, **직장공제회 초과반환금은 기본세율**로 원천징수한다.
14. 자본잉여금 중 일부만이 (Gross-up)대상이 된다. **감자차익의 경우 (Gross-up)대상이 아니다.**
15. **외국법인으로부터 받는 배당소득은 Gross-up 적용 요건이 아니다.**

주관식

01	20,000,000원	02	25%	03	10%
04	9,000,000원	05	55,000,000원		

[풀이 – 주관식]

04. 모두다 이자소득금액이다.

05. 실지배당 : 50,000,000원
의제배당(해산) : 잔여재산분배액(20,000,000원) – 소멸주식취득가액(15,000,000원) = 5,000,000원

제2절 사업소득

1. 사업소득의 범위

사업소득은 개인이 사업을 함에 따라 발생하는 소득을 말한다.

"사업"이라 함은 **자기의 계산과 위험 아래 영리 목적이나 대가를 받을 목적으로 독립적으로 경영하는 업무로서 계속적이고 반복적으로 행사하는 것**을 말한다.

소득세법은 열거주의에 따라 다음의 사업만을 과세대상으로 한다.

① 농업(**작물재배업 중 곡물 및 기타 식량작물 재배업 제외**)·수렵업·임업·어업·광업·제조업·전기가스 및 수도사업·도매업·소매업·소비자용품수리업·숙박업·음식점업·운수업·창고업·통신업·금융업·보험업

② 건설업(주택신축판매업 포함)

③ 부동산업, 임대업 및 사업서비스업

▶ 부동산임대업소득의 범위◀

ⓐ 부동산 또는 부동산상의 권리(전세권, 부동산임차권 및 지역권과 지상권의 설정·대여로 인하여 발생하는 소득

☞ 전세권 : 타인의 부동산을 일정기간 그 용도에 따라 사용, 수익한 후 그 부동산을 반환시 전세금의 반환을 받는 권리
지상권 : 타인의 토지에 건물, 공작물 등을 소유하기 위하여 그 토지를 사용할 수 있는 권리
지역권 : 자기의 토지의 이용가치를 증가시키기 위하여 타인의 토지를 일정한 방법(통행 또는 수로)으로 이용하는 권리

ⓑ 공장재단 또는 광업재단의 대여로 인하여 발생하는 소득

☞ 공장재단 : 공장에 있는 토지, 기계 등의 일부 또는 전부로써 이루어진 기업재산으로서 소유권과 저당권의 목적이 되는 것을 말한다. 기업의 담보능력이 커진다.
광업재단 : 광업권과 광업권에 기하여 광물을 채굴·취득하기 위한 각종 설비 및 이에 부속하는 사업의 설비로 구성되는 일단의 기업재산으로서 법에 따라 소유권과 저당권의 목적이 되는 것을 말한다.

ⓒ 광업권자·조광권자·덕대가 채굴에 관한 권리를 대여함으로 인하여 발생하는 소득

☞ 광업권 : 광구에서 등록을 받은 광물 등을 채굴할 수 있는 권리
조광권 : 설정행위에 의하여 타인의 광구에서 광물을 채굴할 수 있는 권리(덕대와 같은 개념이다.)

④ 부동산매매업

⑤ 교육서비스업

⑥ 보건 및 사회복지사업

⑦ 사회 및 개인서비스업, 가사서비스업 등

⑧ 가구내 고용활동에서 발생하는 소득

⑨ 복식부기의무자가 차량 및 운반구 등 사업용 유형고정자산(감가상각자산)을 양도함으로써 발생하는 소득

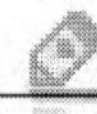

⑩ 위 소득과 유사한 소득으로서 **영리를 목적으로 자기의 계산과 책임 하에 계속적·반복적으로 행하는 활동**을 통하여 얻는 소득

2. 비과세사업소득

(1) 농지대여소득

다만, **농지(전답)를 주차장 등으로 사용하게 함으로 발생하는 소득은 사업소득**에 해당된다.

(2) 1개의 주택을 소유하는 자의 주택임대소득(고가주택의 임대소득은 제외)

☞ 고가주택 : 기준시가 12억원을 초과하는 주택

(3) 농어가부업소득 등

① 시행령에서 정한 농가부업규모의 축산에서 발생하는 소득은 전액 비과세
② '①' 외의 소득으로서 **연간 3,000만원 이하의 소득**
③ 어업소득(어로어업·양식어업 소득) : 5천만원 이하

(4) 전통주의 제조소득(수도권지역 외의 읍·면지역) : 연 1,200만원 이하의 소득

(5) 조림기간이 5년 이상인 임목의 벌채 또는 양도로 발생하는 소득

조림기간 5년 이상인 임지의 임목의 벌채 또는 양도로 발생하는 소득으로서 필요경비를 차감한 후 연 600만원 이하의 소득금액은 비과세한다.

(6) 작물재배업에서 발생하는 소득(10억원 이하의 작물재배)

☞ 곡물 및 기타 식량작물재배업은 사업소득에서 과세제외

3. 사업소득의 과세방법

사업소득은 모두 종합소득에 합산하여 과세하는 것이 원칙이나, 예외적으로 **주택임대소득의 수입금액이 2천만원 이하**일 경우 종합소득 확정신고시 세액계산을 종합과세방법과 분리과세방법 중 선택이 가능하다.

(1) 원천징수

1) 특정사업소득에 대한 원천징수

① 특정사업소득 : 수입금액의 3%를 원천징수
  ㉠ 의료보건용역(수의사의 용역을 포함)
  ㉡ 저술가 · 작곡가 등이 제공하는 인적용역

② 원천징수
  국내에서 거주자나 비거주자에게 특정사업소득을 지급하는 자는 원천징수하여 그 징수일이 속하는 달의 다음달 10일까지 납부하여야 한다.

2) 봉사료수입금액에 대한 원천징수

부가가치세가 면제되는 접대부 · 댄서와 이와 유사한 용역을 제공하는 자에게 지급하는 특정봉사료수입금액(봉사료금액이 공급가액의 20%를 초과)에 대해서는 5%를 원천징수한다.

(2) 사업소득에 대한 연말정산

간편장부대상자인 보험모집인 또는 방문판매원(신청한 경우에 한 함)등에게 모집수당 또는 판매수당 등의 사업소득을 지급하는 원천징수의무자는 해당 사업소득에 대한 소득세의 연말정산을 하여야 한다.

원천징수의무자는 다음연도 2월분 사업소득을 지급하는 때(미지급시 2월말까지) 또는 해당 사업자와 거래계약을 해지하는 달의 사업소득을 지급하는 때에 연말정산을 하여야 한다.

이처럼 연말정산된 사업소득 외의 다른 소득이 없는 경우에는 해당 소득자는 해당 과세기간에 대한 과세표준 확정신고를 하지 않아도 된다.

4. 사업소득금액의 계산 

〈기업회계기준과 세법의 차이 조정〉

세법과 기업회계기준에서의 수익과 비용에 대해서 98% 이상 동일하나, 2% 미만이 차이가 난다. 이러한 차이를 조정하는 것을 세무조정이라고 한다.

	기업회계기준	세 법	
수 익(≒총 수입금액)	실현주의	권리확정	"권리의무확정주의"
비 용(≒ 필요경비)	수익 · 비용대응의 원칙	의무확정	

사업소득금액은 해당 과세기간의 총수입금액에서 이에 소요된 필요경비를 공제하여 계산하며 전년도에 사업소득에서 발생한 이월결손금이 있는 경우에는 이를 공제한다.

기업회계	세무조정		소득세법
수익	(+)총수입금액산입	(−)총수입금액불산입	**총수입금액**
−			−
비용	(+)필요경비 산입	(−)필요경비 불산입	**필요경비**
=			=
당기순이익	**+가산 : 총수입금액산입+필요경비 불산입** **−차감 : 총수입금액불산입+필요경비산입**		**사업소득금액**

(1) 총수입금액

해당 과세기간에 수입하였거나 수입할 금액의 합계액으로 한다.

총수입금액산입	총수입금액불산입
ⓐ 사업수입금액 − 매출에누리와 환입, 매출할인 제외 **− 임직원에 대한 재화·용역의 할인금액은 사업수입금액에 포함(개정세법 25)** ⓑ 거래상대방으로부터 받은 장려금 기타 이와 유사한 성질의 급여 ⓒ 사업과 관련된 자산수증이익·채무면제이익 ⓓ **사업과 관련하여 생긴 보험차익(퇴직연금운용자산)** ⓔ 가사용으로 소비된 재고자산 ⓕ 사업용 유형고정자산(부동산 제외)양도가액(복식부기의무자) ⓖ 기타 사업과 관련된 수입금액으로서 당해 사업자에게 귀속되었거나 귀속될 금액(관세환급금*2)	ⓐ 소득세 등의 환급액 ⓑ 부가가치세 매출세액 ⓒ **재고자산 이외(고정자산)의 자산의 처분이익(복식부기의무자 제외)** ⓓ 국세환급가산금*1

*1. 국세환급금에 가산되는 법정이자상당액

*2. 원재료를 가공하여 제품을 해외로 수출하거나 상품을 재수출시 이미 부담한 관세를 환급받게 되는데 이를 관세환급금이라 한다.

(2) 필요경비 

해당 과세기간의 총수입금액에 대응하는 비용을 말한다.

필요경비산입	필요경비불산입
ⓐ 판매한 상품 등에 대한 원료의 매입가액과 그 부대비용(매입에누리, 매입할인 제외) ⓑ 종업원의 급여 **-임직원에 대한 재화·용역 등 할인금액(개정세법 25)** ⓒ 사업용자산에 대한 비용 및 감가상각비 ⓓ 사업과 관련 있는 제세공과금 ⓔ 복식부기의무자의 사업용 유형고정자산 양도 시 장부가액 ⓕ 거래수량 또는 거래금액에 따라 상대편에게 지급하는 장려금 기타 이와 유사한 성질의 금액	ⓐ **소득세와 지방소득세** ⓑ **벌금·과료와 과태료·강제징수비** ⓒ **감가상각비 중 상각범위액을 초과하는 금액** ⓓ **대표자의 급여와 퇴직급여** ⓔ **재고자산 이외(고정자산)의 자산의 처분손실 (복식부기의무자 제외)** ⓕ 가사(집안일)관련경비 ⓖ 한도 초과 업무용 승용차 관련비용등 (복식부기의무자)

☞ 강제징수비 : 납세자가 국세를 체납시 강제징수에 관한 규정에 의한 재산의 압류와 압류한 재산의 보관과 운반 및 공매에 소요된 비용이 강제징수비이다.

(3) 업무용승용차 관련비용

① 적용대상 : 복식부기의무자

② 업무용승용차 범위 : 부가가치세법상 매입세액불공제 대상 승용차

③ 관련비용 : 감가상각비, 임차료 등

④ 업무용승용차의 감가상각비

㉠ 정액법(내용연수 5년) : 감가상각비 한도 800만원/년

㉡ 강제신고조정

사업자의 장부 기장 의무 참고

사업자는 소득금액을 계산할 수 있도록 증명서류 등을 갖춰 놓고 그 사업에 관한 모든 거래사실이 객관적으로 파악될 수 있도록 복식부기에 따라 장부를 기록 · 관리하여야 한다. 다만, 업종 · 규모등을 고려하여 업종 일정규모 미만의 사업자는 간편장부에 관한 거래 사실을 기록할 수 있음

① 복식부기의무자 : 간편장부대상자에 해당되지 않는 사업자

② 간편장부대상자

㉠ 당해 과세기간에 신규로 사업을 개시한 사업자

㉡ 직전과세기간의 수입금액 합계액이 업종별 기준금액에 미달하는 사업자

☞ 수입금액에 사업용 유형자산 처분에 따른 수입금액 제외

직전연도 사업소득 수입금액	장부신고자	
업 종 별	복식부기의무자	간편장부대상자
농업 · 임업 및 어업, 광업, 도매 및 소매업, 부동산매매업 등	3억원 이상	3억원 미만
제조업, 숙박 및 음식점업, 건설업, 운수업, 출판 · 영상 · 방송통신 및 정보서비스업, 금융 및 보험업 등	1.5억원 이상	1.5억원 미만
부동산임대업, 전문 · 과학 및 기술서비스업, 교육서비스업, 보건업 및 예술 · 스포츠 및 여가 관련 서비스업등	0.75억원 이상	0.75억원 미만

☞ 전문직사업자(의사, 변호사 등)은 반드시 복식장부를 기록해야 한다.

5. 총수입금액과 필요경비의 귀속연도(권리의무확정주의)

법인세법에 따른 손익의 귀속사업연도 거의 동일하다.

구 분	사업소득의 수입시기
1. 상품등의 판매	인도한 날
2. 1 이외의 자산 매매	대금청산일
3. 시용판매	상대방이 구입의사를 표시한 날
4. 위탁판매	수탁자가 위탁품을 판매하는 날
5. 인적용역제공*1	**용역대가를 지급받기로 한 날 또는 용역제공을 완료한 날 중 빠른 날**

*1. 연예인 및 직업운동선수 등이 계약기간을 초과하는 일신 전속계약에 대한 대가를 일시에 받는 경우에는 계약기간에 따라 해당 대가를 균등하게 안분한 금액을 각 과세기간 종료일에 수입한 것으로 한다.

<예제 2 - 2> 사업소득금액

다음은 레고상사를 경영하는 홍길동씨(복식부기자가 아님)의 사업소득금액을 계산하시오.

1. 손익계산서상 당기순이익	:	1,000,000원
2. 손익계산서에 반영되어 있는 금액		
(1) 소득세비용	:	100,000원
(2) 가사관련경비	:	200,000원
(3) 거래상대방으로부터 받은 판매장려금	:	300,000원
(4) 상품창고 화재로 인한 보험차익	:	400,000원
(5) 지역가입자로 납부한 본인 건강보험료	:	500,000원
(6) 업무용 에어콘의 처분 손실	:	600,000원
(7) 비영업대금의 이익	:	700,000원
(8) 사업자 본인의 급여	:	800,000원
(9) 전년도 소득세 환급액(잡이익계상)	:	900,000원

해답

구 분	사 업 소 득 금 액		비 고
1. 당 기 순 이 익	1,000,000		
2. 세 무 조 정 사 항			
(1) 소 득 세 비 용	필요경비불산입	(+)100,000	
(2) 가 사 관 련 경 비	필요경비불산입	(+)200,000	
(6) 에어콘 처 분 손 실	필요경비불산입	(+)600,000	
(7) 비 영 업 대 금 이 익	총수입금액불산입	(−)700,000	이자소득으로 과세
(8) 대 표 자 급 여	필요경비불산입	(+)800,000	
(9) 소 득 세 환 급 액	총수입금액불산입	(−)900,000	소득세는 필요경비 불산입, 환급액은 총수입금액불산입이다.
3. 소 득 금 액		1,100,000	

6. 법인세법과의 차이

(1) 제도의 차이

구 분	법인세법	소득세법
1.과세대상소득	-각사업연도소득, 청산소득, 토지등 양도소득	-종합 · 퇴직 · 양도소득
2.과세원칙 및 방법	-순자산증가설(포괄주의) -종합과세	-소득원천설(열거주의) -종합 · 분류 · 분리과세
3.과세기간	-정관등에서 정하는 기간	1.1~12.31
4.납세지	본점, 실질적 관리장소의 소재지 등	거주자의 주소지 등

(2) 각사업연도소득과 사업소득금액의 차이

구 분		법인세법	소득세법
1.이자수익과 배당금수익		-각 사업연도 소득에 포함	-사업소득에서 제외(이자,배당소득)
2.유가증권처분손익		-익금 또는 손금	-사업소득에 해당 안됨. ☞ 처분익 발생 시 양도소득으로 과세될 수 있음
3.고정자산처분손익		-익금 또는 손금	-과세제외(기계 · 비품 등) ☞ 부동산등의 처분익 발생 시 양도소득으로 과세될 수 있음. 복식부기의무자는 과세
4.자산수증이익, 채무면제익		사업관련 여부에 관계없이 익금	사업과 관련이 있는 경우에만 총수입금액산입
5.대표자 급여 및 퇴직급여		손금	필요경비불산입
6.기업업무추진비		법인 전체로 계산함.	각 사업장별로 기업업무추진비 한도액을 계산하여 적용함.
7.소득처분	사외유출	귀속자의 소득세 납세의무 유발	귀속자의 소득으로 처분하지 않고 사업주가 인출하여 증여한 것으로 본다.
	유보	세무조정금액이 사내에 남아있는 경우 유보로 처분하여 별도관리한다.	

연/습/문/제

객관식

01. 다음 중 소득세법상 사업소득으로 과세되지 아니하는 소득은?

가. 농업(작물재배업중 곡물재배업)	나. 교육 서비스업
다. 도매 및 소매업	라. 부동산 임대업

① 가　　② 나　　③ 다　　④ 라

02. 다음 중 소득세법상 과세되는 부동산임대소득이 아닌 것은?

① 미등기 부동산의 대여로 인하여 발생하는 소득
② 공익사업과 관련된 지역권의 대여로 인하여 발생하는 소득
③ 공장재단의 대여로 인하여 발생하는 소득
④ 광업권자가 채굴시설과 함께 광산을 대여함으로써 발생하는 소득

03. 다음 중 소득세법상 비과세되는 소득에 해당하지 않는 것은?

① 신탁업법에 의한 공익신탁의 이익
② 논·밭을 작물 생산에 이용하게 함으로써 발생하는 소득
③ 직장에서 착용하는 작업복
④ 농가부업소득이 4천만원 이하인 소득

04. 소득세법상 비과세되는 사업소득이 아닌 것은?

① 논·밭을 작물생산에 이용하게 함으로써 발생하는 소득
② 5년 미만 조림한 임목(林木)의 벌채 또는 양도로 발생하는 소득
③ 일정규모 이하의 농가부업소득
④ 국내 1주택 소유자의 주택(부수토지 포함, 고가주택 제외) 임대소득

05. 소득세법상 사업소득에 대한 설명 중 옳지 않은 것은?

① 사업소득이 있는 자는 사업과 관련 없는 부동산 양도 등에 대해서도 사업소득에 대한 종합소득세 납세의무를 진다.
② 연예인 등이 계속·반복적으로 받는 전속계약금은 사업소득이다.
③ 부동산임대업은 사업소득에 해당한다.
④ 소득세법은 사업소득이 발생하는 사업의 범위를 규정하고 있다.

06. 다음 중 소득세법상 부동산임대업에 대한 설명 중 틀린 것은?

① 사업소득에 해당된다.
② 종합소득에 합산하여 과세한다.
③ 2년치 임대료를 선 수령한 경우에는 받은 시점에 전액 총수입금액에 산입한다.
④ 총수입금액에서 필요경비를 차감하여 소득금액을 계산한다.

07. 다음 중 소득세법상 부동산임대업 소득에 대한 설명으로 옳지 않은 것은?

① 부동산임대업에서 발생하는 소득은 사업소득으로 분류된다.
② 지역권, 지상권의 대여소득도 부동산임대업에서 발생하는 사업소득이 아니다.
③ 1세대 2주택자가 임대하는 주택임대소득은 과세대상이다.
④ 일반적인 부동산 임대의 수입시기는 지급일이 정해진 경우 그 정해진 날이다.

08. 다음 부동산임대업 관련소득 중 주택임대소득에 대한 설명이다. 틀린 것은?

① 1개 이하의 주택(고가주택 제외)을 소유하는 자의 주택임대소득에 대해서는 소득세를 과세하지 않는다.
② 주택임대로 인한 보증금 등에 대한 간주임대료를 총수입금액에 산입하는 경우도 있다.
③ 고가주택이란 과세기간 종료일 또는 해당 주택의 양도일 현재 기준시가 9억원을 초과하는 주택을 말한다.
④ 다가구주택은 1개의 주택으로 보되, 구분등기된 경우에는 각각을 1개의 주택으로 계산한다.

09. 소득세법상 사업소득에 관한 설명 중 틀린 설명은?

① 사업소득에는 분리과세대상소득이 없다.
② 고정자산처분이익(복식부기의무자가 아님)은 사업소득의 총수입금액에 산입하지 아니한다.
③ 사업소득의 총수입금액과 필요경비의 귀속연도는 총수입금액과 필요경비가 확정된 날이 속하는 연도로 한다.
④ 조림기간이 5년 이상인 산림의 벌채 또는 양도로 발생하는 소득으로서 연 6,000,000원의 이하의 금액은 비과세소득이다.

10. 다음 중 소득세법상 사업소득 총수입금액에 산입하여야 하는 것은?

① 부가가치세 매출세액
② 사업과 관련된 자산수증이익
③ 사업용 고정자산 매각액(복식부기의무자가 아님)
④ 자가생산한 제품을 타 제품의 원재료로 사용한 경우 그 금액

11. 소득세법상 사업소득금액의 계산과 관련 없는 것은?

① 외상매출금을 소비대차로 전환하여 주고 추가로 받는 금액
② 물품을 판매하고 대금결제 방법에 따라 추가로 지급받는 금액
③ 물품을 매입할 때 대금의 결제방법에 따라 에누리 되는 금액
④ 외상매입금이나 미지급금을 약정기일 전에 지급함으로써 받은 할인액

12. 다음 중 소득세법상 사업소득 필요경비에 해당하는 것은?

① 벌금, 과료와 과태료
② 국세징수법상 강제징수비
③ 채권자가 불분명한 차입금의 이자
④ 사업용 자산에 대한 임차료

13. 다음 중 소득세법상 한도규정 없이 전액 사업소득의 필요경비로 인정받는 것은?

① 감가상각비
② 기업업무추진비
③ 대손충당금
④ 복리후생비

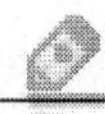

14. 소득세법상 사업소득금액계산 시 필요경비로 인정받을 수 없는 것은?

① 사업자 본인의 급여
② 사업용 자산의 수선비
③ 사업자의 부인의 급여(단, 직접 종사하고 있음)
④ 사업용 고정자산의 감가상각비

15. 다음 중 소득세법상 사업소득의 수입시기로 옳지 않은 것은?

① 상품 제품 그 밖의 생산품 판매 : 그 상품 등을 인도한 날
② 상품 등의 시용판매 : 상대방이 구입 의사를 표시한 날
③ 상품 등의 위탁판매 : 수탁자가 그 위탁품을 판매하는 날
④ 부동산의 판매 : 원칙적으로 부동산의 소유권이전 등기일

16. 다음 중 소득세법상 원천징수소득과 원천징수세율이 바르게 연결된 것은?

① 봉사료 수입금액 : 수입금액의 3%
② 일반적인 배당소득 : 수입금액의 15%
③ 비영업대금의 이익 : 수입금액의 25%
④ 조건부종합과세대상 이자소득 : 수입금액의 25%

17. 소득세법상 원천징수대상 사업소득이 아닌 것은?

① 의료보건용역
② 저술가·작곡가 등이 제공하는 인적용역
③ 복식부기의무자의 사업용 차량운반구 등의 양도 소득
④ 공급가액의 20%를 초과하는 특정봉사료수입금액

18. 다음 중 소득세법상 업무용승용차 관련 비용에 대한 설명으로 가장 옳지 않은 것은?

① 모든 사업자에 대하여 적용한다.
② 감가상각방법은 정액법을 적용한다.
③ 감가상각 내용연수는 5년으로 한다.
④ 업무용승용차 관련 비용 등의 필요경비를 계산할 때 월수의 계산은 역에 따라 계산하되, 1월 미만의 일수는 1월로 한다.

19. 다음 중 소득세법상 업무용승용차 관련 비용 등의 필요경비 불산입 특례 규정에 대한 설명으로 가장 옳지 않은 것은?

① 성실신고확인서를 제출하는 사업자에게만 적용된다.
② 업무용승용차 관련 비용에는 차량렌트비도 포함된다.
③ 업무용승용차별 연간 감가상각비는 8백만원을 한도로 필요경비로 인정한다.
④ 업무용승용차가 1,000㏄미만인 경차인 경우에는 업무용승용차 관련 비용 등에 관한 명세서를 제출하지 아니한다.

주관식

01. 소득세법에서는 부가가치세가 면제되는 접대부 · 댄서와 이와 유사한 용역을 제공하는 자에게 지급하는 일정한 봉사료를 지급하는 경우에 원천징수하도록 되어 있다. 봉사료 지급액의 몇%를 원천징수하는가?

02. 거주자의 인적용역 사업소득에 대한 소득세로서 원천징수한 금액이 270,000원일 경우, 해당 사업소득 지급금액은?

03. 다음 소득을 지급할 때 소득세법상 서울치과의원이 원천징수해야할 총 금액은 얼마인가?

> 서울치과의원은 개인사업자인 치과기공사에게 기공료로 1,000,000원을 지급하기로 하였다.(기공료는 원천징수대상 사업소득에 해당함)

04. 거주자인 김거부씨의 종합소득에 합산하여 과세할 소득금액은 얼마인가?

> • 은행 이자소득금액(원천징수됨) : 10,000,000원
> • 퇴직소득금액 : 40,000,000원
> • 부동산임대 사업소득금액 : 20,000,000원
> • 양도소득금액 : 100,000,000원

05. 다음 자료를 근거로 하여 사업소득금액을 계산하면?

> • 손익계산서상 당기순이익 : 10,000,000원 • 총수입금액불산입액 : 3,000,000원
> • 필요경비불산입액 : 5,000,000원

06. 다음 자료를 보고 거주자 이차남씨의 사업소득에 대한 총수입금액을 계산하시오.

> • 사업수입금액 : 50,000,000원(매출환입 5,000,000원 포함)
> • 거래상대방으로부터 받은 판매장려금 : 3,000,000원
> • 가사용으로 소비된 재고자산 : 2,000,000원(시가), 1,800,000원(원가)
> • 사업과 관련된 자산수증이익 : 300,000원

07. 다음은 제조업을 경영하는 사업자 박가연씨의 제8기(20x1.1.1.~20x1.12.31.) 손익계산서에 반영되어 있는 수익항목에 관한 자료이다. 제8기 소득세법상 사업소득의 총수입금액을 산출하면 얼마인가?

> • 총매출액 : 150,000,000원 • 관세환급금 : 2,000,000원
> • 전년도로부터 이월된 소득금액 : 20,000,000원 • 사업과 관련된 자산수증이익 : 17,000,000원
> • 부가가치세액 매출세액 : 12,000,000원

08. 소득세법상 사업소득금액계산 시 필요경비를 계산하면 얼마인가?

> • 사업자 본인의 급여 : 5,000,000원
> • 사업용 자산의 수선비 : 15,000,000원
> • 사업자 부인의 급여(단, 직접 종사하고 있음) : 3,000,000원
> • 가사관련 경비 : 6,000,000원

09. 다음 자료를 보고 권선상사의 소득세법상 필요경비를 계산하면?

㉠ 상품매출원가	: 30,000,000원
㉡ 사업과 관련 있는 제세공과금	: 5,000,000원
㉢ 가사의 경비와 이에 관련되는 경비	: 6,000,000원
㉣ 건설자금에 충당한 차입금의 이자	: 3,000,000원
㉤ 업무와 관련있는 해외시찰, 훈련비	: 5,000,000원

10. 소득세법상 분리과세 주택임대소득은 연간 총수입금액이 얼마 이하의 주택임대소득을 말하는가?

연/습/문/제 답안

객관식

1	2	3	4	5	6	7	8	9	10
①	②	④	②	①	③	②	③	①	②
11	12	13	14	15	16	17	18	19	
①	④	④	①	④	③	③	①	①	

[풀이 – 객관식]

01. 농업 중 작물재배업(**곡물 및 기타 식량작물 재배업**)은 **사업소득의 범위에서 제외**되어 과세되지 아니한다.

02. **지상권 · 지역권의 대여로 인한 소득은 사업소득**이나 공익사업과 관련시 기타소득이다

03. **농가부업소득은 소득금액의 합계액이 3천만원 이하**인 소득에 대해서 비과세한다.

04. **조림기간이 5년 이상**인 임목의 양도로 인하여 발생하는 소득(사업소득)으로서 **연 600만원 이하의 금액에 대하여만 비과세**한다.

05. 사업과 관련 없는 부동산양도에 대해서는 양도소득세 납세의무를 진다.

06. 부동산을 임대하고 미리 받은 임대료의 총수입금액은 그 선세금을 계약기간의 월수로 나눈 금액의 각 과세기간의 합계액으로 한다.

07. 지역권, 지상권의 대여소득은 사업소득으로 과세한다.

08. 고가주택이란 **과세기간 종료일 또는 해당 주택의 양도일 현재 기준시가 12억원을 초과하는 주택**을 말한다.

    다가구주택이란 여러 가구가 살 수 있도록 건축된 주택으로서 3개층(지하층 제외) 이하이고 바닥면적이 합계가 660㎡ 이하이며, 19세대 이하가 거주할 수 있어야 한다.

    다가구주택은 건축법상 단독주택에 해당한다.

09. 사업소득 중 **주택임대소득의 경우 수입금액이 2천만원 이하인 경우 세액계산시 종합과세 방법과 분리과세 방법으로 선택이** 가능하다.

11. ①은 이자소득이고, 나머지는 사업소득이다.

12. **채권자 불분명 차입금 이자, 건설자금관련 차입금 이자 등은 필요경비불산입** 항목이다.

13. 일반적으로 사업소득금액과 법인세의 각사업연도소득금액을 산출하는 것은 거의 일치한다. 감가상각비, 기업업무추진비, 대손충당금한도 계산은 동일하다.
14. 사업자 본인의 급여는 필요경비 불산입하고, 직접 종사하고 있는 사업자의 부인의 급여는 필요경비 산입한다.
15. **부동산의 양도**는 원칙적으로 **대금의 청산일**이다.
16. 봉사료 5%, 일반적인 이자, 배당소득 14%이다.
17. **차량양도(매각)는 원천징수할 필요가 없다.**
18. **복식부기의무 사업자에 한하여 필요경비 불산입 특례**를 적용한다.
19. 업무용승용차관련 규정은 복식부기의무자도 적용된다.

주관식

01	5%	02	9,000,000원	03	33,000원
04	20,000,000원	05	12,000,000원	06	50,300,000원
07	169,000,000원	08	18,000,000원	09	40,000,000원
10	20,000,000원				

[풀이 – 주관식]

02. 270,000원÷3%(사업소득 소득세원천징수세율)=9,000,000원
03. **의료보건용역**에 대한 사업소득 원천징수세액은 지급금액의 **3.3%(지방소득세 포함)**이다.
04. 이자소득(2천만원 이하)은 분리과세대상, 퇴직 · 양도소득은 분류과세대상이고, 부동산임대 사업소득이 종합소득금액이다.
05.

구 분	사 업 소 득 금 액
1. 당 기 순 이 익	10,000,000
2. 세 무 조 정 사 항	
(1) 총 수 입 금 액 불 산 입	(-) 3,000,000
(2) 필 요 경 비 불 산 입	(+) 5,000,000
3. 소 득 금 액	12,000,000

06. 총수입금액 = 55,300,000 - 5,000,000 = 50,300,000원

총수입금액산입		총수입금액불산입	
-사업수입금액 -판매장려금 -가사용으로 소비된 재고자산 -사업과 관련한 자산수증익	50,000,000 3,000,000 2,000,000 300,000	-매출환입	5,000,000

07. 사업소득상 총수입항목은 총매출액, 관세환급금, 사업과 관련된 자산수증이익이다.

08. 사업자 **본인의 급여와 가사관련 경비는 필요경비불산입항목**이다.

09. 상품매출원가 30,000,000원 + 사업과 관련있는 제세공과금 5,000,000원 + 업무와 관련있는 해외시찰. 훈련비 5,000,000원 = 40,000,000원

ⓒ, ⓡ은 필요경비불산입항목

10. 해당 과세기간에 주택임대업에서 발생한 **총수입금액합계액이 2천만원 이하**인 자의 주택 임대소득은 **종합과세방법과 분리과세방법 중 선택이 가능**하다.

제3절 근로소득

1. 근로소득의 개념

근로소득이란 근로자가 육체적 · 정신적 노동을 하여 보수로 얻는 소득 · 봉급 · 급료 · 임금 · 연금 · 상여금 따위가 있는데 이는 명칭여하를 불문한다.

① 근로의 제공으로 인하여 받는 봉급 · 급료 · 상여 · 수당 등의 급여
② 법인의 주주총회 · 사원총회 등 의결기관의 결의에 의하여 상여로 받는 소득
③ 법인세법에 의하여 상여로 처분된 금액(인정상여)
④ 퇴직함으로써 받는 소득으로서 퇴직소득에 속하지 아니하는 소득
⑤ 종업원 또는 대학의 교직원이 지급받는 직무발명보상금(고용관계 종료 전 지급되는 보상금에 한정)
☞ 퇴직 후 지급받으면 기타소득으로 과세
⑥ 종업원 등에 대한 할인 금액(개정세법 25)
자사 및 계열사의 종업원으로 일반소비자의 시가보다 할인하여 공급받는 경우

(1) 근로소득에 포함되는 항목

① 기밀비 · 교제비 · 여비

㉠ 기밀비(판공비 포함) · 교제비 등의 명목으로 받는 것으로서 업무를 위하여 사용된 것이 분명하지 아니한 급여

㉡ 여비의 명목으로 정기적으로 받는 연액 또는 월액의 급여

② 공로금 · 위로금 · 학자금

종업원이 받는 공로금 · 위로금 · 학자금 · 장학금(종업원의 자녀가 사용자로부터 받는 학자금 · 장학금 포함) 등 이와 유사한 성질의 급여

③ 각종 수당

㉠ 근로수당 · 가족수당 · 출납수당 · 직무수당 · 시간외근무수당 등

㉡ 보험회사 · 증권회사 등 금융기관의 내근사원이 받는 집금수당과 보험가입자의 모집 · 증권매매의 권유 · 저축의 권장으로 인한 대가 · 기타 이와 유사한 성질의 급여

㉢ 기술수당 · 보건수당 · 연구수당 등

④ 회사로부터 받는 경제적 이익

㉠ 출자임원이 주택을 제공받음으로써 얻는 이익. 다만, **비출자임원(소액주주임원 포함)과 종업원이 사택을 제공받음으로써 얻는 이익은 비과세 근로소득**으로 본다.

㉡ 모든 임직원이 주택자금을 저리 또는 무상으로 대여 받음으로서 얻는 이익
다만 **중소기업 종업원의 주택구입 · 임차자금 대여이익은 비과세근로소득**으로 본다.

㉢ 종업원이 보험계약자이거나 종업원 또는 그 배우자 · 가족을 보험수익자로 하는 보험과 관련하여 사용자가 부담하는 보험료

㉣ 임원 또는 사용인이 회사로부터 주식매수선택권을 부여받아 이를 행사함으로써 얻은 이익

☞ 주식매수선택권(stock option) : 법인의 경영 · 기술혁신 등에 기여하였거나 기여할 능력을 갖춘 임직원등에게 낮은 가격으로 당해 법인의 신주를 매입할 수 있도록 부여한 권리

〈사택제공 및 주택자금대여〉

	사택제공이익	주택자금대여이익
출자임원	근로소득	근로소득 **<u>(중소기업 종업원은 비과세)</u>**
소액주주(1% 미만)임원, 비출자임원	**<u>비과세</u>** 근로소득	
종업원		

(2) 근로소득으로 보지 아니하는 것

① **경조금 : 사업자가 사용인에게 지급한 <u>경조금 중 사회통념상 타당하다고 인정되는 금액</u>**

② 퇴직급여로 지급하기 위하여 적립되는 급여

☞ 대가의 명칭여하에 관계없이 퇴직을 원인으로 지급받는 공로금 · 위로금은 원칙적으로 퇴직소득으로 본다.

2. 비과세 근로소득

(1) 실비변상적 성질의 급여

① 일직료 · 숙직료 또는 여비로서 실비변상정도의 금액

② **<u>자가운전보조금(월 20만원 이내)</u>**

<u>종업원이 소유차량(종업원 명의 임차차량 포함)을 종업원이 직접 운전하여 사용자의 업무수행에 이용</u>하고 시내 출장 등에 소요된 실제여비를 지급받는 대신에 그 소요경비를 해당 사업체의 규칙 등에 의하여 정하여진 지급기준에 따라 받는 금액

③ 선원이 받는 승선수당, 경찰공무원이 받는 함정근무수당 · 항공수당, 소방공무원이 받는 함정근무수당 · 항공수당 · 화재진화수당(월 20만원 이내)

④ 초 · 중등교육법에 의한 교육기관의 교원이 받는 연구보조비(월 20만원 이내)

⑤ 방송 · 통신 · 신문사 등의 기자가 받는 취재수당(월 20만원 이내)

(2) 생산직근로자의 연장근로수당 등

① 비과세요건

㉠ **공장 또는 광산에서 근로를 제공하는 생산 및 관련 종사자**, 어업을 영위하는 자에게 고용되어 근로를 제공하는 자

㉡ **직전년도 총급여액이 3,000만원 이하로서 월정액급여*1가 210만원 이하인 자**

*1 월정액급여=급여총액－상여 등 부정기적 급여－실비변상 · 복리후생적 성질의 급여－연장 · 야간 · 휴일근로수당 등

㉢ 통상임금에 가산하여 받는 연장근로 · 휴일근로 · 야간근로수당일 것

② 비과세금액

㉠ 광산근로자 · 일용근로자 : 전액 비과세

㉡ **'㉠' 외의 생산직근로자 : 연 240만원 비과세**

(3) 식사와 식사대

① **사내급식 등을 통하여 근로자가 제공받는 식사 기타 음식물 : 전액 비과세**

② **식사 · 음식물을 제공받지 아니하는 근로자가 받는 식사대* : 월 20만원**

* 만일 식사 기타 음식물을 제공받으면서 식사대를 지급받으면, 식사대는 전액 과세된다.

(4) 복리후생적 성질의 급여

① 사택제공이익 : 비출자임원, 소액주주임원, 종업원에게 제공

② 중소기업 종업원의 주택자금 저리 대여이익

③ 단체순수보장성 보험 및 단체환급부보장성 보험 중 70만원 이하의 보험료

(5) 기타의 비과세 근로소득

① 각종 법률에 의하여 받는 금액

㉠ 산업재해보상보험법에 의하여 지급받는 요양급여 · 휴업급여 · 장해급여 · 유족급여 및 장의비 또는 근로의 제공으로 인한 부상 · 질병 또는 사망과 관련하여 근로자나 그 유족이 지급받는 배상 · 보상 또는 위자의 성질이 있는 급여

㉡ 고용보험법에 의하여 받는 실업급여 및 육아휴직급여와 산전후 휴가급여 등

② 본인 학자금

교육 · 훈련기간이 6월 이상인 경우에는 당해 교육기간을 초과하여 근무하지 않는 경우에 지급받은 금액을 반납할 것을 조건으로 한다.

③ **출산 · 양육 관련 급여**

㉠ 출산지원금(개정세법 25)

<u>**근로자 본인 또는 배우자의 출산과 관련**</u>하여, <u>**출생일 이후 2년 이내**</u>에, <u>**공통 지급규정에 따라 지급(2회 이내)**</u>받는 급여로서 전액 비과세(한도 없음)

㉡ 양육수당

근로자 또는 그 배우자의 출산이나 <u>**6세 이하의 자녀보육관련 급여로서 월 20만원 이내의 금액**</u>

④ 국외근로시 받은 급여

㉠ 일반근로자 : <u>**국외 등에서 근로를 제공하고 받는 보수 중 월 100만원**</u>(외항선원, 원양어업선원 및 <u>**해외건설 근로자는 500만원**</u>) 이내의 금액

㉡ 공무원 등 : 국외 등에서 근무하고 받는 수당 중 당해 근로자가 국내에서 근무할 경우에 지급받을 금액 상당액을 초과하여 받는 금액

⑤ 건강보험료 등의 사용자부담금

국민건강보험법 · 고용보험법 · 국민연금법 · 근로자퇴직급여보장법 등에 의하여 국가 · 지방자치단체 또는 사용자가 부담하는 부담금

⑥ <u>**직무발명보상금(고용관계 종료전 지급)으로서 7백만원 이하의 보상금**</u>

⑦ 종업원 할인 금액(개정세법 25)

㉠ **비과세 금액 : MAX(시가의 20%, 연 240만원)**

㉡ **요건 : 종업원 등이 직접 소비목적으로 구매 & 일정기간 동안 재판매 금지 & 공통 지급기준에 따라 할인금액적용**

3. 근로소득의 과세방법

(1) 근로소득자(종합과세소득) 

매월분의 급여 또는 상여지급시 **근로소득 간이세액표**에 의하여 소득세를 원천징수하고 다음 연도 2월분 급여지급시 연말정산을 한다.

☞ 간이세액표 : 월급여수준과 공제대상부양가족수별로 매월 원천징수해야 하는 세액을 정한 표

[연말정산]

	1월	2~11월	12월	계	비 고
급 여	5,000,000	....	5,000,000	60,000,000	
원천징수 소득세등	300,000	....	300,000	3,600,000	간이세액표에 의하여 원천징수
익년도 2월분 급여 지급시 실제 부담할 세액을 정산합니다.					
총 급 여 액	60,000,000				
(-)소 득 공 제	***	근로소득공제, 인적공제, 물적공제			
= 과 세 표 준	***	산출세액=과세표준×세율			
= 산 출 세 액	***				
(-)세 액 공 제					
= 결 정 세 액	3,000,000				

원천징수세액(A) (기납부세액)	3,600,000	2,400,000
결정세액(B)	3,000,000	3,000,000
환급/추가납부 (B-A)	**△600,000 (환급세액)**	**600,000 (추가납부)**

(2) 일용근로자-분리과세소득

일용근로자란 근로를 제공한 날 또는 시간에 따라 급여를 계산하거나 근로를 제공한 날 또는 시간의 근로성과에 따라 급여를 계산하여 받는 자로서 근로계약에 따라 일정한 고용주에게 **3개월 이상(건설공사 : 1년 이상) 계속 고용되어 있지 않는 업무종사자**를 말한다.

> **원천징수세액=[일급여액-150,000원]×6%-근로소득세액공제(산출세액×55%)**
> ***=[(일급여액-150,000원)×6%]×45%***

4. 근로소득금액의 계산

(1) 계산구조

> **근로소득금액=근로소득 총수입금액*-근로소득공제(공제한도 2천만원)**

* 근로소득 총수입금액=근로소득-비과세소득-분리과세소득

(2) 근로소득공제

근로소득공제는 근로기간이 1년 미만인 경우에도 월할 공제하지 아니하고 전액 공제한다. 다만, 당해 연도의 총급여액이 공제액에 미달하는 경우에는 당해 연도 총급여액을 공제액으로 한다.

구　　분	공제액 한도
500만원 이하	**총급여액 ×70%**
500만원 초과 1,500만원 이하	350만원+(총급여액－500만원)×40%
1,500만원 초과 4,500만원 이하	750만원+(총급여액－1,500만원)×15%
4,500만원 초과 1억원 이하	1,200만원+(총급여액－4,500만원)×5%
1억원 초과	1,475만원+(총급여액－1억원)×2%

* 총급여액=근로소득－비과세 근로소득

5. 근로소득의 수입시기 

급　　여	**근로를 제공한 날**
잉여금처분에 의한 상여	**잉여금처분결의일**
인정상여	해당 사업연도 중 근로를 제공한 날
주식매수선택권	행사한 날

<예제 2 - 3> 근로소득금액

다음 자료에 의하여 생산직 근로자인 김길동씨(월정액급여 230만원)의 근로소득금액을 계산하시오. 직전년도 총급여액이 4천만원이고, 배우자와 6세 이하 자녀가 있다.

〈연간 급여 명세〉

1. 기본급(월 2,000,000원×12월)	24,000,000원
2. 상여금	10,000,000원
3. 직책수당(월 50,000원×12월)	600,000원
4. 식대보조금(월 300,000원×12월) – **<u>별도 식사를 제공하지 않고 있음</u>**	3,600,000원
5. 시간외근무수당	1,000,000원
6. 경조금(결혼축하금)	300,000원
7. 자가운전보조금(월 300,000원×12월) *** <u>본인차량으로 회사업무에 사용하고 있으며, 별도 교통비를 청구하지 않음.</u>**	3,600,000원
8. 자녀양육비(월 200,000원×12월)	2,400,000원
9. 연월차수당	1,000,000원
합　　계	46,500,000원

해답

1. 총급여액 계산

항 목	근로소득해당액	비과세	총급여액
1. 기본급	24,000,000원	-	24,000,000원
2. 상여금	10,000,000원	-	10,000,000원
3. 직책수당	600,000원	-	600,000원
4. 식대보조금	3,600,000원	2,400,000원	1,200,000원
5. 시간외근무수당*	1,000,000원	-	1,000,000원
6. 경조금	-	-	-
7. 자가운전보조금	3,600,000원	2,400,000원	1,200,000원
8. 자녀양육비	2,400,000원	2,400,000원	-
9. 연월차수당	1,000,000원	-	1,000,000원
합 계	46,200,000원	7,200,000원	39,000,000원

* 월정액급여가 210만원 초과이고, 직전년도 총급여액이 3천만원 초과이므로 전액 과세한다.

2. 근로소득공제 : 7,500,000원+(39,000,000원-15,000,000원)×15%=11,100,000원

3. 근로소득금액 : 39,000,000원-11,100,000원=27,900,000원

연/습/문/제

객관식

01. 소득세법상 비과세 소득에 해당하지 아니하는 것은?

① 임지(林地)의 임목(林木)의 벌채 또는 양도로 발생하는 소득
② 대통령령으로 정하는 농가부업소득
③ 1주택자의 주택임대소득(고가주택 및 국외소재 주택은 제외)
④ 대통령령으로 정하는 실비변상적인 성질의 급여

02. 다음 보기 중 소득세법상 비과세 근로소득에 해당하는 것은?

① 월 20만원이내의 실비변상적인 자가운전보조금
② 출자임원(대주주)이 주택을 제공받음으로써 얻는 이익
③ 기밀비로서 업무를 위하여 사용된 것이 분명하지 아니한 급여
④ 근로수당 · 직무수당 기타 이와 유사한 성질의 급여

03. 다음 중 소득세법상 비과세되지 않는 근로소득은?

① 변상 정도 지급액인 일직료
② 근로자가 천재지변으로 인하여 지급받는 급여
③ 식사와 별도로 지급받는 월 20만원 이하의 식대
④ 직장에서만 착용하는 피복

04. 다음 중 소득세법상 비과세근로소득에 해당하지 않은 것은?

① 월 20만원 이하의 식대(식사를 제공받지 않는 조건임.)
② 근로자의 자녀에게 지급하는 장학금
③ 월 20만원 이하의 초등학교 교원이 받는 연구보조비
④ 월 20만원 이하의 6세 이하 자녀에 대한 양육수당

05. 다음 중 소득세법상 근로소득에 관한 설명 중 틀린 설명은?

① 일용근로자의 근로소득은 종합소득에 합산하지 아니한다.
② 잉여금 처분에 의한 상여의 근로소득 수입시기는 근로를 제공한 날이다.
③ 근로소득만 있는 거주자는 연말정산만으로 납세의무가 종결된다.
④ 국외근로소득은 당연종합과세대상 근로소득이다.

06. 소득세법상 일용근로자와 상용근로자의 과세방법에 대한 설명으로 옳은 것은?

① 일용근로자는 연말정산 신고대상자에 해당된다.
② 일용근로자의 근로소득도 종합소득공제를 받을 수 있다.
③ 상용근로자의 근로소득은 종합소득 과세표준에 합산한다.
④ 원천징수의무자(사업장)가 일용근로자에게 일용근로소득을 지급한 때 원천징수함으로써 납세의무가 종결되지 않는다.

07. 소득세법상 근로소득공제에 대한 설명 중 틀린 것은?

① 사업소득과 근로소득이 함께 있는 경우에는 종합소득을 한도로 공제한다.
② 일용근로자에 대한 공제액은 1일 15만원으로 한다.
③ 근로소득이 있는 거주자에 대하여 적용한다.
④ 총급여액에는 비과세급여는 제외한다.

08. 다음은 소득세법상 근로소득의 수입시기에 관한 설명이다. 옳지 않은 것은?

① 급여 : 근로를 제공한 날
② 잉여금 처분에 의한 상여 : 당해 법인의 결산확정일
③ 인정상여 : 당해 사업연도 중의 근로를 제공한 날
④ 주식매수선택권 : 주식매수선택권을 행사한 날

09. 다음 중 소득세법상 비과세 근로소득이 아닌 것은?

① 연 700만원 이하의 직무발명보상금
② 월 20만원 한도의 자가운전보조금
③ 식사 등을 제공받지 않는 조건의 월 30만원 이하의 식사대
④ 월 20만원 이내의 6세 이하 자녀에 대한 양육수당

10. 다음 설명의 (가), (나)에 들어갈 금액으로 옳은 것은?

생산직근로자의 연장근로수당 등에 대한 비과세요건은 직전년도 총급여액이 (가)만원 이하로서 월정액 급여가 (나)만원 이하인 자이다.

① 가 : 2,400, 나 : 170
② 가 : 3,000, 나 : 210
③ 가 : 2,600, 나 : 180
④ 가 : 2,700, 나 : 200

11. 소득세법상 한도 없이 비과세되는 근로소득으로 적절한 것은?

① 종업원이 받는 자가운전보조금
② 초중등교원이 받는 연구보조비
③ 음식물을 제공받지 아니하는 근로자가 받는 식사대
④ 일직료 · 숙직료 또는 여비로서 실비변상 정도의 금액

12. 소득세법상 근로소득의 수입시기에 대한 것이다. 옳지 않은 것은?

① 인정상여 : 지급받은 날
② 급여 : 근로를 제공한 날
③ 잉여금처분에 의한 상여 : 잉여금 처분 결의일
④ 임원의 퇴직소득 중 근로소득으로 보는 금액 : 지급받거나 지급받기로 한 날

주관식

01. 다음 괄호에 들어갈 숫자를 합계하면 얼마인가?

> • 종업원 소유차량(**임차차량 포함**)을 종업원이 직접 운전하여 사용자의 업무수행에 이용하고 실제 여비를 받는 대신 지급받는 월 (　　)만원 범위 내의 금액은 실비변상적 성질의 급여로 소득세가 비과세된다.
> • 식사, 기타 음식물을 제공받지 아니하는 근로자가 지급받는 월 (　　)만원 이하의 식사대는 소득세를 과세하지 아니한다.

02. (주)학산산업의 영업부장인 한세영씨의 4월 급여와 관련된 사항은 다음과 같다. 4월의 근로소득 총 급여액은 얼마인가?

> • 본　　봉 : 2,000,000원
> • 직책수당 : 400,000원
> • 특별공로금 : 500,000원
> • 가족수당 : 50,000원
> • 시간외근무수당 : 150,000원
> • 식대(식사제공 없음) : 100,000원
> • 자가운전보조비(직접업무 사용대가로 받음) : 300,000원

03. 다음은 (주)세한의 영업부장 '김세무'씨의 7월분 급여명세이다. 소득세법상 '김세무' 씨의 7월분 근로소득 '총급여액'을 계산하면?

> • 기본급 : 3,000,000원
> • 직책수당 : 1,000,000원
> • 상여금 : 800,000원
> • 보육수당 : 200,000원(만5세 자녀 양육수당)
> • 식대 : 200,000원(회사에서 식사제공 없음)
> • 자가운전보조금 : 300,000원(본인명의 차량을 회사업무용으로 사용하고, 실비를 지급받지 않음)

04. 다음 자료를 근거로 하여 (주)아영건설이 원천징수하여야 할 세액의 총합계(지방소득세 제외)는?

> 김씨는 20x1년 (주)아영건설의 지방 건설현장에서 4월부터 6월까지 매월 20일 동안 용역을 제공하고 그 대가로 10,800,000원(일당 180,000원)을 받았다.

05. 소득세법상 총급여액이 65,000,000원일 때, 근로소득공제액이 다음과 같은 경우 근로소득금액은 얼마인가?

구 분	공제액 한도
500만원 이하	총급여액×70%
500만원 초과 1,500만원 이하	350만원+(총급여액-500만원)×40%
1,500만원 초과 4,500만원 이하	750만원+(총급여액-1,500만원)×15%
4,500만원 초과 1억원 이하	1,200만원+(총급여액-4,500만원)×5%
1억원 초과	1,475만원+(총급여액-1억원)×2%

06. 소득세법상 총급여액이 500만원인 근로자의 근로소득공제 금액은 얼마인가?

연/습/문/제 답안

객관식

1	2	3	4	5	6	7	8	9	10	11	12			
①	①	③	②	②	③	①	②	③	②	④	①			

[풀이 – 객관식]

01. **조림기간이 5년 이상**인 임목의 양도로 인하여 발생하는 소득(사업소득)으로서 **연 600만원 이하**의 금액에 대하여만 비과세한다.

02. 종업원의 소유차량(임차차량 포함)을 종업원이 직접 운전하여 사용자의 업무수행에 이용하고 시내출장 등에 소요된 실제여비를 받는 대신에 그 소요경비를 당해 사업체의 규칙 등에 의하여 정하여진 지급기준에 따라 받는 금액 중 월 20만원 이내의 금액은 비과세한다.

03. 식사를 제공받고 동시에 식사대를 지급받는 경우에 **식사는 비과세**이고 **식사대는 전액 과세**한다.

04. **근로자의 자녀가 받는 장학금은 근로소득**으로 본다.

05. 잉여금처분에 의한 상여는 당해 **법인의 잉여금 처분 결의일**이다.

06. 일용근로자는 종합소득공제를 받을 수 없고, 분리과세로 납세의무가 종결된다.

07. **근로소득공제는 2천만원을 한도**로 하며 사업소득에서 공제할 수 없다.

08. 잉여금처분에 의한 상여는 잉여금처분결의일이 수입시기가 된다.

09. 식사 등을 제공받지 않는 조건의 **월 20만원 이하의 식사대는 비과세 근로소득**이다.

11. ①②는 20만원/월, ③은 20만원/월 한도로 비과세된다.

12. 인정상여는 **근로를 제공한 날을 수입시기**로 본다.

주관식

01	40	02	3,200,000원	03	4,900,000원
04	48,600원	05	52,000,000원	06	3,500,000원

[풀이 – 주관식]

01. **자가운전보조금은 20만원/월, 식대는 20만원/월**이 비과세된다.

02. 급여액(3,500,000원) - 비과세소득(300,000원) = 3,200,000원
비과세소득 = 자가운전보조비(200,000) + 식대(100,000) = 300,000원

03. 비과세소득금액 = 200,000원(양육수당) + 200,000원(식대) + 200,000원(자가운전보조금)
= 600,000원
총급여액 = 5,500,000원 - 600,000원(비과세소득금액) = 4,900,000원

04. 원천징수세액 = [(일급여액 - 150,000원) × 6%] × 45% × 일수
= [(180,000원 - 150,000원) × 6%] × 45% × 60일 = 48,600원

05. 근로소득공제 : 12,000,000원 + (65,000,000원 - 45,000,000원) × 5% = 13,000,000원
근로소득금액 : 65,000,000원 - 13,000,000원 = 52,000,000원

06. 근로소득공제 : **5,000,000(총급여액) × 70%** = 3,500,000원

제4절 연금소득

1. 연금소득의 범위

(1) 공적연금

① 국민연금 : 국민연금법에 의하여 지급받는 각종 연금

② 특수직 연금 등 : 공무원연금법 · 군인연금법 · 사립학교교직원연금법 등에 의하여 지급받는 각종 연금

〈국민연금과 공무원연금의 과세체계〉

구분		~2001년까지	2002년~
1. 연금납입시		소득공제불인정 또는 50% 소득공제	**전액소득공제**
2. 수령시	① 연금수령	**과세 제외**	연금소득으로 과세
	② 일시금수령		퇴직소득으로 과세

(2) 연금계좌(사적연금)

① 퇴직연금

㉠ 퇴직보험의 보험금을 연금형태로 지급받는 경우 당해 연금 또는 이와 유사한 것으로서 퇴직자가 지급받는 연금

㉡ 근로자퇴직급여보장법에 따라 지급받은 연금

② 개인연금

연금저축에 가입하고 연금형태로 지급받는 소득 등

③ 기타연금

위 '①' 내지 '②'와 유사하고 연금형태로 지급받는 것으로서 세법이 정하는 것

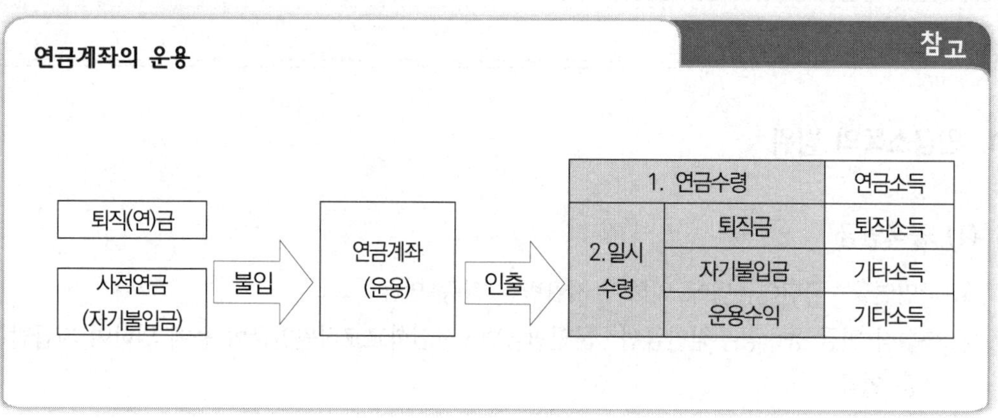

2. 비과세 연금소득

① 국민연금법에 의하여 지급받는 장애연금
② 공무원연금법·군인연금법 등에 의하여 지급받는 장해연금·상이연금
③ 산업재해보상보험법에 의하여 지급받는 각종 연금
④ 국군포로대우등에 관한 법률에 따른 국군포로가 지급받는 연금

3. 연금소득의 과세방법

(1) 공적연금 : 종합과세

원천징수의무자가 매월 공적연금소득을 지급하는 때에는 연금소득 간이세액표에 의하여 소득세를 원천징수한다. 연말정산은 다음연도 1월분 지급시 한다.

(2) 연금계좌에서 연금수령시(사적연금)

① 1,500만원 이하 : 저율·분리과세(5%~3%)
② 1,500만원 초과 : 종합과세하거나 **<u>15% 분리과세를 선택</u>**할 수 있다.

4. 연금소득금액의 계산

연금소득금액 = 연금소득 총수입금액 – 연금소득공제

① 연금소득 총수입금액 = 연금소득 – 비과세소득 – 분리과세소득

② 연금소득공제 : **연금소득공제의 한도는 900만원**으로 한다.

총연금액이 350만원 이하인 경우 연금소득공제로 연금소득금액은 없다.

5. 연금소득의 수입시기

① 공적연금소득 : 연금을 지급받기로 한 날

② 연금계좌에서 받는 연금소득 : 연금을 수령한 날

③ 그 밖의 연금소득 : 해당 연금을 지급받은 날

제5절 기타소득

1. 기타소득의 범위

기타소득은 이자소득, 배당소득, 사업소득, 근로소득, 연금소득, 퇴직소득, 양도소득 이외의 소득으로서 다음에 열거된 소득으로 한다(열거주의).

(1) 80% 추정필요경비가 적용되는 기타소득 

기타소득의 범위	필요경비
① 공익법인이 주무관청의 승인을 받아 시상하는 상금 및 부상과 다수가 순위 경쟁하는 대회에서 입상자가 받는 상금 및 부상	MAX [①수입금액의 80%, ②실제 소요경비]
② 계약의 위약 또는 해약으로 인하여 받는 위약금과 배상금 중 주택입주지체상금	
③ 서화 · 골동품의 양도로 발생하는 소득[*1](개당 양도가액 6천만원 이상인 것) ☞ 사업장등 물적시설을 갖춘 경우와 서화 · 골동품을 거래하기 위한 목적으로 사업자 등록을 한 경우에는 사업소득으로 과세	

*1. 양도가액이 1억원 이하 또는 보유기간이 10년 이상 경우 90% 필요경비

(2) 60% 추정필요경비가 적용되는 기타소득

기타소득의 범위	필요경비
① **인적용역을 일시적으로 제공하고 지급받는 대가** ㉠ 고용관계 없이 다수인에게 강연을 하고 강연료 등의 대가 용역 ㉡ 라디오 · 텔레비전방송 등을 통하여 해설 · 계몽 또는 연기의 심사 등을 하고 받는 보수 또는 이와 유사한 성질의 대가는 받는 용역 ㉢ 변호사 · 공인회계사 · 세무사 · 건축사 · 측량사 · 변리사 기타 전문적 지식 또는 특별한 기능을 가진 자가 당해 지식 또는 기능을 활용하여 보수 또는 기타 대가를 받고 제공하는 용역 ㉣ '㉠ 내지 ㉢' 외의 용역으로서 고용관계 없이 수당 또는 이와 유사한 성질의 대가를 받고 제공하는 용역	**MAX [①수입금액의 60%, ②실제 소요경비]**
② **일시적인 문예창작소득**(문예, 학술, 미술, 음악, 사진에 속하는 창작품) ㉠ 원고료 ㉡ 저작권사용료인 인세 ㉢ 미술 · 음악 또는 사진에 속하는 창작품에 대하여 받는 대가	
③ **광업권, 어업권, 산업재산권, 산업정보, 산업상 비밀, 영업권(점포임차권 포함)**, 토사석의 채취허가에 따른 권리, 지하수의 개발 · 이용권 기타 이와 유사한 자산이나 권리를 양도 또는 대여하고 그 대가로 발생하는 소득	**MAX [①수입금액의 60%, ②실제 소요경비]**
④ 공익사업과 관련된 지상권 · 지역권의 설정 · 대여소득	
⑤ 통신판매중개를 하는 자를 통하여 물품 또는 장소를 대여하고 500만원 이하의 사용료로서 받은 금품	

(3) 실제발생경비만 필요경비가 인정되는 소득

기타소득의 범위	필요경비
① 상금, 현상금, 포상금, 보로금 또는 이에 준하는 금품	실제발생경비
② **저작자 또는 실연자 · 음반제작자 · 방송사업자 외의** 자가 저작권 또는 저작인접권의 양도 또는 사용의 대가로 받는 금품 ☞ **저작자등에게 귀속되면 사업소득임**	
③ 영화필름 · 라디오 · 텔레비전방송용 테이프 또는 필름, 기타 이와 유사한 자산이나 권리의 양도 · 대여 또는 사용의 대가로 받는 금품	
④ **물품 또는 장소를 일시적으로 대여하고 사용료로서 받는 금품**	

기타소득의 범위	필요경비
⑤ 계약의 위약 또는 해약으로 인하여 받는 위약금과 배상금, 부당이득 반환시 지급받는 이자	실제발생경비
⑥ 유실물의 습득 또는 매장물의 발견으로 인하여 보상금을 받거나 새로 소유권을 취득하는 경우 그 보상금 또는 자산	
⑦ 무주물의 점유로 소유권을 취득하는 자산	
⑧ 거주자·비거주자 또는 법인과 특수관계가 있는 자가 그 특수관계로 인하여 당해 거주자 등으로부터 받는 경제적 이익으로 급여·배당 또는 증여로 보지 아니하는 금품	
⑨ **재산권에 관한 알선수수료·사례금**	
⑩ 법인세법에 의하여 처분된 기타소득	
⑪ 연금저축의 해지일시금(불입계약기간 만료 후 연금 외의 형태로 지급받는 금액 포함)	
⑫ 퇴직전에 부여받은 주식매수선택권을 퇴직 후에 행사하거나 고용관계 없이 주식매수선택권을 부여받아 이를 행사함으로써 얻는 이익 종업원 또는 대학의 교직원이 퇴직한 후에 지급받는 직무발명보상금(학생이 받는 보상금도 추가)	
⑬ **뇌물 및 알선수재 및 배임수재에 의하여 받는 금품** ☞ 알선수재 : 금품을 받고 다른 사람의 직무에 관해 잘 처리해주도록 알선한 죄 배임수재 : 다른 사람의 일을 처리하는 사람이 그 임무에 관하여 부정한 청탁을 받고 재산상의 이익을 취함.	
⑭ 승마투표권 및 경륜·경정법에 의한 승자투표권의 환급금	단위투표금액 합계액
⑮ 슬롯머신(비디오게임 포함) 및 투전기 기타 이와 유사한 기구를 이용하는 행위에 참가하여 받는 당첨금품 등	당첨 당시 슬롯머신 등에 투입한 금액
⑯ **복권 · 경품권 기타 추첨권에 의하여 받는 당첨금품**	실제발생경비
⑰ 사행행위등 규제 및 처벌특례법에 규정하는 행위에 참가하여 얻은 재산상의 이익	
⑱ 종교인소득 ☞ 근로소득 신고시 인정	의제필요경비

2. 비과세 기타소득

① 국가유공자등예우및지원에관한법률에 의하여 받는 보훈급여금 · 학습보조비 및 귀순북한동포보호법에 의하여 받는 정착금 · 보로금 및 기타금품

② 국가보안법 등에 의하여 받는 상금과 보로금 등

③ **종업원 또는 대학의 교직원이 퇴직한 후에 지급받거나 대학의 학생이 받는 직무발명보상금으로서 700만원 이하의 금액**

④ 상훈법에 의한 훈장과 관련하여 받는 상금과 부상 등

⑤ 국군포로의 송환 및 대우 등에 관한 법률에 따라 받는 정착금 등

⑥ 문화재보호법에 따라 국가지정문화재로 지정된 서화 · 골동품의 양도로 발생하는 소득

⑦ **서화 · 골동품을 박물관 또는 미술관에 양도함으로써 발생하는 소득**

3. 기타소득의 과세방법

(1) 무조건 분리과세

① **각종 복권당첨소득, 승마투표권 · 승자투표권의 환급금, 슬롯머신의 당첨금품은 20%(당첨금품등이 3억원을 초과하는 경우 당해 초과분에 대하여는 30%)** 세율로 소득세를 원천징수당함으로써 납세의무가 종결된다.

② 서화 · 골동품의 양도소득 : 20%

③ 연금계좌 납입시 세액공제분과 운용수익 부분 연금외 수령시 : 15%

(2) 무조건 종합과세

뇌물 및 알선수재 및 배임수재에 의하여 받는 금품

(3) 선택적 분리과세

연 300만원 이하의 기타소득금액은 분리과세 또는 종합과세를 선택에 의할 수 있다.

(4) 과세최저한

<table>
<tr><td>1. 원칙</td><td>기타소득금액이 건별로 5만원 이하인 경우
☞ 연금계좌에서 발생하는 기타소득은 과세최저한 적용제외</td></tr>
<tr><td rowspan="2">2. 예외</td><td>1. 승마투표권 등의 환급금으로서 건별로 해당 권면에 표시된 금액의 합계액이 10만원 이하이고
가. 적중한 개별 투표당 환급금이 10만원 이하인 경우
나. 단위 투표금액당 환급금이 단위 투표금액의 100배 이하이면서 적중한 개별 투표당 환급금이 200만원 이하인 경우</td></tr>
<tr><td>2. 복권당첨금, 슬롯머신 등의 당첨금품 등이 건별로 200만원 이하인 경우</td></tr>
</table>

4. 기타소득금액의 계산

기타소득금액 = 기타소득 총수입금액* - 필요경비

* 기타소득 총수입금액 = 기타소득금액 - 비과세소득 - 분리과세소득

5. 기타소득의 수입시기

(1) 원칙 : 지급을 받은 날로 한다(<u>현금주의</u>).

(2) 예외

① 법인세법에 의하여 처분된 기타소득에 대하여는 당해 법인의 당해 사업연도의 결산확정일로 한다.

② 광업권 · 어업권 · 산업재산권 등의 자산이나 권리를 양도하거나 대여하고 받은 기타소득은 인도일 · 사용수익일 중 빠른 날로 한다. 다만, 대금청산 전에 자산을 인도 또는 사용 · 수익하였으나 대금이 확정되지 아니한 경우 대금지급일

〈개별 소득의 특징〉

사업소득	근로소득	기타소득
<u>계속 · 반복적(사업적)</u>	**<u>고용계약</u>**	**<u>일시 · 우발적</u>**
	[강사료]	
학원강사(사업자)	대학교 시간강사	정치인 특강

<예제 2 - 4> 기타소득금액

다음 자료에 의하여 김길동씨의 종합소득에 합산될 기타소득금액을 계산하시오.
필요경비는 확인되지 않는다.

명 세	금 액
1. 남서울대학교에서 전산회계관련 특별강의(일시적인 강사료임)	1,000,000원
2. 국가보안법에 의해 국가로부터 받은 상금	2,000,000원
3. 복권당첨소득	3,000,000원
4. 사내에서 특별강연을 하고 받은 강사료	4,000,000원
5. 상표권의 양도로 받은 대가	5,000,000원
6. 지역권을 설정하고 받은 대가(공익사업관련)	6,000,000원
7. 위약금과 배상금 중 주택입주 지체상금	7,000,000원
8. 저작자로서 받은 저작권 사용료	8,000,000원
합 계	36,000,000원

해답

1. 소득의 구분

명 세	기타소득			기 타
	비과세	선택적	분리과세	
1. 일시적인 강사료임		1,000,000원		
2. 국가로부터 받은 상금	2,000,000원	-		
3. 복권당첨소득		-	3,000,000원	
4. 사내 강사료		-		근로소득
5. 상표권 양도대가		5,000,000원		
6. 지역권 설정대가		6,000,000원		
7. 주택입주 지체상금		7,000,000원		
8. 저작권 사용료(저작자)		-		사업소득

2. 종합소득에 합산할 기타소득금액의 계산

명 세	총수입금액	필요경비	기타소득금액
1. 일시적인 강사료임 5. 상표권 양도대가 6. 지역권 설정대가	1,000,000원 5,000,000원 6,000,000원	7,200,000원(60%)	4,800,000원
7. 주택입주 지체상금	7,000,000원	5,600,000원(80%)	1,400,000원
합 계	19,000,000원	12,800,000원	6,200,000원

종교인 소득 참고

1. 기타소득 중 종교인 소득으로 명시(근로소득으로 신고가능)
2. 소득의 범위 : 종교인이 종교단체(민법 제32조에 따라 설립된 비영리단체)로부터 받는 소득
3. 비과세소득 : 종교활동을 위하여 통상적으로 사용할 목적으로 지급받은 금액(종교활동비), 종교활동과 관련있는 학자금, 식사대(월 20만원 이하) 등
4. 필요경비 : MAX[의제필요경비, 실제 소요된 필요경비]

2천만원 이하	80%
2천만원 초과 4천만원 이하	1,600만원+2천만원 초과금액의 50%
4천만원 초과 6천만원 이하	2,600만원+4천만원 초과금액의 30%
6천만원 초과	3,200만원+6천만원 초과금액의 20%

5. 원천징수 : 종교인 소득 간이세액표에 따라 원천징수, 원천징수시 반기 납부특례적용
6. 연말정산 : 다음연도 2월분 종교인소득 지급시(2월말까지)

연/습/문/제

 객관식

01. 소득세법상 소득의 구분이 다른 하나는?

① 매장물의 발견으로 인하여 받는 보상금 ② 계약의 해약으로 인하여 받는 배상금
③ 계속적, 반복적인 인적용역 제공에 대한 대가 ④ 재산권에 관한 알선수수료

02. 소득세법상 소득의 구분에 대한 설명 중 가장 옳은 것은?

① 회사원이 저술하고 받은 원고료는 사업소득이다.
② 공무원이 저술하고 받은 원고료는 기타소득이다.
③ 고용관계가 없는 자가 다수인에게 일시적으로 강연하고 받은 원고료는 사업소득이다.
④ 저작권을 상속받은 자가 저작권을 사용하게 하고 받는 저작권사용료는 양도소득이다.

03. 다음 중 소득세법상 비과세 기타소득은?

① 경찰청장이 정하는 바에 따라 범죄 신고자가 받는 보상금
② 알선수재 및 배임수재에 따라 받는 금품
③ 무주물의 점유로 소유권을 취득하는 자산
④ 복권에 따라 받는 당첨금품

04. 다음 중 최소한 수입금액의 60%를 필요경비로 적용받을 수 있는 것으로 묶은 것은?

(a) 재산권에 관한 알선수수료	(b) 일시적인 인적용역 제공소득
(c) 일시적인 문예창작소득	(d) 사례금

① (a), (b) ② (b), (c) ③ (b), (d) ④ (c), (d)

05. 소득세법상 기타소득 중 최소 60%의 필요경비를 인정받을 수 없는 것은?

① 문예창작소득
② 공익사업과 관련된 지역권·지상권을 설정 또는 대여하고 받는 금품
③ 일시적인 강연료
④ 물품 또는 장소를 일시적으로 대여하고 사용료로서 받는 금품

06. 소득세법상 기타소득의 과세방법에 대한 설명 중 옳은 것은?

① 기타소득의 원천징수 세율은 30%이다.
② 뇌물에 대하여는 원천징수하지 아니한다.
③ 기타소득 원천징수세액은 징수일로부터 10일내에 납부하여야 한다.
④ 일시적인 문예창작소득은 실제 사용된 경비만 필요경비로 인정한다.

07. 종합소득 과세표준의 계산에 있어서 반드시 합산하여야 하는 것은?

① 일용근로자의 급여
② 실비변상적인 급여
③ 국내에서 지급하는 저축예금의 이자
④ 고용관계가 없는 자가 다수인에게 강연하고 지급받는 강연료로서 수입금액이 연 1,600만원인 경우

08. 소득세법상 강사료에 대한 소득구분이다. 설명으로 가장 올바른 것은?

① 학교에서 1학기 이상 시간강사로 고용된 경우 : 근로소득
② 고용관계 없이 일시적으로 강의를 하고 있는 경우 : 사업소득
③ 독립된 자격으로 계속적·반복적으로 강의하는 경우 : 연금소득
④ 학교와 학원이 계약을 체결하고 학원에 고용된 강사가 강의를 하고 그 대가를 학원이 받는 경우 : 기타소득

09. 다음 중 소득세법상 기타소득에 해당하지 않는 것은?

① 재직 중인 종업원이 받는 직무발명보상금
② 저작자가 저작권의 사용 대가로 받는 금품
③ 물품을 일시적으로 대여하고 사용료로 받은 금품
④ 복권에 당첨되어 받는 금품

10. 다음 중 소득세법상 기타소득이 아닌 것은?

① 사례금
② 연금계좌의 운용실적에 따라 증가된 금액
③ 계약의 위약으로 인하여 받는 위약금
④ 재산권에 관한 알선 수수료

11. 소득세법상 실제발생경비만 필요경비로 인정되는 기타소득에 해당하는 것은?

① 일시적인 인적용역 제공소득
② 일시적인 문예창작소득
③ 공익사업과 관련된 지역권 대여소득
④ 복권 · 경품권 기타 추첨권에 의하여 받는 당첨금품

12. 다음 중 소득세법상 연금소득에 대한 설명으로 틀린 것은?

① 연금을 수령할 때 연금소득으로 과세된다.
② 연금소득에 대하여 총연금액에서 연 900만원을 한도로 연금소득공제가 적용된다.
③ 퇴직연금을 근로자가 퇴직 후 일시금으로 수령한 경우에도 연금소득으로 과세한다.
④ 국민연금법에 의한 유족연금의 경우 비과세한다.

13. 다음 중 소득세법상 연금소득에 대한 설명으로 옳은 것은?

① 연금소득은 원천징수가 없다.
② 공적연금소득은 원칙적으로 종합소득에 합산하여 과세된다.
③ 사적연금소득이 1,200만원 이하인 경우 선택적 분리과세할 수 있다.
④ 연금소득공제의 한도는 1,000만원이다.

14. 다음 중 소득세법상 비과세 연금소득이 아닌 것은?

① 공적연금 관련법에 따라 받는 유족연금
② 국민연금법에 따라 받는 연금소득
③ 산업재해보상보험법에 따라 받는 각종 연금
④ 국군포로의 송환 및 대우 등에 관한 법률에 따른 국군포로가 받는 연금

주관식

01. 고용에 관계없이 일시적으로 세미나에서 특강을 한 강사의 강의료가 5,000,000원인 경우 소득세 원천징수액은?

02. 다음 자료에 따른 거주자 J씨(컴퓨터 프로그램 개발자로 (주)시스템 근로자임)의 기타소득금액은 얼마인가? (단, 필요경비는 확인되지 않는다)

• P대학에서 한 컴퓨터 관련 특별강의에 대한 강연료 : 5,000,000원
• 컴퓨터산업에 기여한 공로로 국가로부터 받은 상금과 부상 : 6,000,000원
• 산업재산권을 대여하고 받은 대가 : 5,000,000원

03. 소득세법상 거주자가 분리과세를 선택하지 않은 경우 종합소득에 합산되는 기타소득금액은?(단, 필요경비는 확인되지 아니한다)

• 복권당첨소득 : 20,000,000원
• 고용관계 없는 자가 받는 강연료 : 5,000,000원
• 광업권 대여소득 : 15,000,000원

04. 소득세법상 연금소득공제의 한도액은 얼마인가?

05. 다음 중 소득세법상 납세의무자가 분리과세를 선택할 수 있는 것을 모두 고르시오.

① 연간 4,000만원 이하의 사업소득
② 일당 10만원 이하의 일용근로소득
③ 연간 300만원 이하의 기타소득금액
④ 1,500만원 초과의 사적연금소득

06. 소득세법상 거주자인 김한국은 20x1년에 슬롯머신 당첨금 100,000,000원을 받았다. 김한국의 20x1년 기타소득금액은 얼마인가? 단, 당첨 당시 슬롯머신에 투입한 금액은 5,000원이다.

연/습/문/제 답안

객관식

1	2	3	4	5	6	7	8	9	10	11	12	13	14
③	②	①	②	④	②	④	①	①	②	④	③	②	②

[풀이 – 객관식]

01. **계속적 · 반복적인 인적용역 제공에 대한 대가**는 사업소득에 해당된다.
나머지는 기타소득에 해당된다.

02. 근로소득자가 직무와 관련이 있으면 근로소득으로 직무와 관련이 없거나 작가가 아닌 자가 일시적으로 받는 원고료는 기타소득으로, 상속인이 받는 저작권 사용료는 기타소득이다.

03. 법에 정한 보상금은 비과세소득이다.

05. **물품 또는 장소를 일시적으로 대여**하고 사용료로서 받는 금품은 대응되는 경비**(실제발생경비)가 필요경비**로 인정된다.

06. 기타소득의 원천징수세율(원칙)은 20%이고, 원천징수세액은 다음달 10일까지 납부하여야 하고, **일시적인 문예창작소득은 필요경비를 60% 인정**한다.

07. 일용근로자의 급여는 분리과세소득, 실비변상적인 급여는 비과세근로소득이고, 저축예금이자는 2천만이하인 경우에는 분리과세소득이다. 연간 기타소득금액 합계가 3,000,000원(기타소득금액 16,000,000원×40%)을 초과하면 반드시 종합소득에 합산하여 신고해야 한다.

08. ②는 기타소득(일시적), ③은 사업소득(계속반복적), ④는 근로소득(계약체결)에 해당한다.

09. 직무발명보상금의 경우 재직 중인 종업원이 받는 경우 근로소득이다.
저작자가 저작권의 사용 대가로 받는 금품을 기타소득으로 하여 잘못된 답안을 제시하였는데, 사업소득에 해당한다. **저작자 이외 자**가 저작권의 사용 대가로 받는 금품이 기타소득에 해당한다.
〈소득세법 제21조(기타소득) 제1항 제5호〉
5. 저작자 또는 실연자(實演者) · 음반제작자 · 방송사업자 **외의 자가 저작권** 또는 저작인접권의 양도 또는 사용의 대가로 받는 금품

10. 연금계좌의 운용실적에 따라 증가된 금액은 연금소득이다.

11. 실제발생경비만 필요경비로 인정되는 기타소득은 복권 · 경품권 기타 추첨권에 의하여 받는 당첨금품이다.

12. **퇴직연금계좌에서 연금형태 등으로 인출하는 경우의 그 연금을 연금소득**으로 본다.
    퇴직연금계좌에서 **일시금으로 연금외수령한 소득은 기타소득**으로 본다.
13. ① 연금소득도 원천징수가 있다.
    ③ **사적연금이 1,500만원인 경우 선택적 분리과세**가 가능하다.
    ④ **연금소득공제의 한도는 900만원**이다.
14. **국민연금은 소득세가 과세되는 연금소득**이다.

주관식

01	400,000원	02	4,000,000원	03	8,000,000원
04	9,000,000원	05	③,④	06	99,995,000원

[풀이 – 주관식]

01. 일시적인 강의료는 기타소득에 해당되고, 필요경비 60%추정소득이다.
    5,000,000×(1 - 0.6)×20% = 400,000원,
02. **강연료와 산업재산권 대여소득은 60% 필요경비대상 소득**이다.
    국가로부터 받은 상금과 부상은 비과세 기타소득이다.
03. 무조건분리과세 : 복권당첨소득(20% 원천징수로 과세종결)
    강연료 소득 : 5,000,000원×(1 - 0.6) = 2,000,000원
    광업권 대여소득 : 15,000,000원×(1 - 0.6) = 6,000,000원
05. 사적연금소득은 1,500만원 초과의 경우 **분리과세(15%)하거나 종합과세를 선택**할 수 있다.
06. 기타소득금액 = 당첨금품(100,000,000) - 실제발생경비(5,000) = 99,995,000원
    슬롯머신 등에서 받는 당첨금품 등에 대하여는 그 당첨금품 등의 당첨 당시에 슬로머신 등에 투입한 금액을 필요경비로 한다.

Chapter

소득금액계산의 특례

3

로그인 세무회계 3급

제1절 부당행위계산의 부인

법인세법의 경우와 거의 같으며, 소득세법상 적용되는 대상소득은 **배당소득(출자공동사업의 배당소득만 해당한다), 사업소득, 기타소득과 양도소득**에 한한다.

제2절 공동사업

1. 공동사업장의 소득금액 계산

사업소득이 발생하는 사업을 공동으로 경영하고 그 손익을 분배하는 공동사업(출자공동사업자가 있는 공동사업을 포함)의 경우에는 해당 사업을 경영하는 장소를 **1거주자로 보아 공동사업장별로 그 소득금액을 계산**한다.

2. 공동사업의 소득분배

(1) 원칙 : 손익분배비율에 의한 소득분배

(2) 예외 : **공동사업합산과세**

거주자 1인과 그와 특수관계에 있는 자가 공동사업자에 포함되어 있는 경우로서 **손익분배비율을 거짓으로 정하는 등의 사유가 있는 경우**에는 손익분배비율에 따른 소득분배규정에 불구하고 그 특수관계(판단은 과세기간 종료일 현재의 상황)자의 소득금액은 주된 공동사업자(**손익분배비율이 큰 공동사업자**)의 소득금액으로 본다.

☞ 손익분배비율이 같을 경우

① 공동사업소득외의 종합소득금액이 많은 자 ⇒ ② 직전과세기간의 종합소득금액이 많은 자 ⇒ ③ 해당 사업에 대한 종합소득과세표준을 신고한 자 순으로 한다.

(3) 연대납세의무 : 공동사업합산과세시

(4) 기타

① 원천징수세액의 배분 : 각 공동사업자의 손익분배비율

② 가산세 배분 : 공동사업장과 관련된 가산세는 손익분배비율

③ 1사업자의제 : **공동사업장을 1사업자로 보아 장부비치, 기장의무** 등을 부여한다.

④ 결정 · 경정시 관할 : 대표공동사업자의 주소지 관할세무서장

제3절 결손금과 이월결손금의 공제

1. 결손금과 이월결손금의 의의

결손금이란 소득금액계산시 필요경비가 총수입금액을 초과하는 경우 동 금액을 말하며, 이월결손금이란 동 결손금이 다음 연도 이후로 이월된 경우 이를 말한다.

소득세법상 결손금과 이월결손금은 **사업소득(결손금은 양도소득에서도 발생)**에서만 발생한다.

2. 결손금 및 이월결손금의 공제

(1) 결손금 공제(수평적 통산)

사업소득의 결손금**[부동산임대업(주거용건물 임대업 제외)에서 발생한 결손금은 무조건 다음 연도로 이월하여 해당 부동산임대업의 소득금액에서만 공제]**은 종합소득금액계산시 다음 순서로 공제한다.

사업소득(부동산임대업) → 근로소득 → 연금소득 → 기타소득 → 이자소득 → 배당소득

(2) 이월결손금 공제(수직적 통산)

이월결손금은 당해 이월결손금이 **발생한 연도의 종료일부터 일정기간 이월하여** 과세연도의 소득금액 계산시 먼저 발생한 이월결손금부터 순차로 공제한다.

〈결손금의 공제기간〉

2020년 이후	2009년 ~ 2019년	2008년 이전
15년	**10년**	**5년**

① 사업소득의 이월결손금

사업소득의 이월결손금은 종합소득금액계산시 다음 순서로 공제한다.

사업소득(부동산 임대업의 소득금액을 포함) → 근로소득 → 연금소득 → 기타소득 → 이자소득 → 배당소득

② 사업소득 중 부동산임대업

부동산임대업(주거용 건물임대업 제외)에서 발생한 이월결손금은 당해 부동산임대업 소득금액에서만 공제한다.

(3) 이월결손금공제의 배제

소득금액을 추계신고, 결정, 경정하는 경우에는 이월결손금공제를 배제한다.

다만, 천재 · 지변 기타 불가항력으로 인하여 장부 · 기타 증빙서류가 멸실되어 추계하는 경우에는 이월결손금공제를 적용한다.

(4) 결손금소급공제

① **중소기업의 사업소득(부동산임대업의 결손금제외)에서 발생한 결손금**

② 결손금 발생연도와 그 직전연도의 소득세를 신고기한 내에 신고한 경우

③ 과세표준 확정신고기한 내에 소급공제환급신청을 한 경우

직전 과세기간 해당 중소기업의 사업소득에 대한 종합소득세액을 환급받을 수 있다.

연/습/문/제

객관식

01. 소득세법상 부당행위계산부인 규정이 적용되는 소득이 아닌 것은?

① 사업소득　　② 기타소득
③ 양도소득　　④ 연금소득

02. 다음 중 소득세법상 거주자의 부당행위계산에 대한 부인규정이 적용되지 않는 소득은?

① 출자공동사업자의 배당소득　　② 기타소득
③ 사업소득　　④ 이자소득

03. 다음 내용에서 설명하고 있는 것은?

> 거주자 1인과 그와 특수관계에 있는 자가 사업소득이 발생하는 사업을 공동으로 경영하는 공동사업자 중에 포함되어 있는 경우로서, 지분 또는 손익분배 비율을 거짓으로 정하는 사유가 있는 때는, 해당 특수관계인의 소득금액은 그 지분 또는 손익분배의 비율이 큰 공동사업자의 소득금액으로 본다.

① 분류과세　　② 종합과세
③ 분리과세　　④ 공동사업 합산과세

04. 소득세법상 결손금이 발생하는 소득은?

① 이자소득　　② 배당소득
③ 사업소득　　④ 기타소득

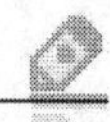

05. 소득세법상 사업자가 비치·기록한 장부에 의하여 해당 과세기간의 사업소득금액을 계산할 때 발생한 결손금은 그 과세기간의 종합소득과세표준을 계산할 때 일정한 순서대로 공제한다. 그 순서로 맞는 것은?

① 근로소득금액 - 연금소득금액 - 기타소득금액 - 이자소득금액 - 배당소득금액
② 기타소득금액 - 근로소득금액 - 연금소득금액 - 이자소득금액 - 배당소득금액
③ 이자소득금액 - 근로소득금액 - 연금소득금액 - 기타소득금액 - 배당소득금액
④ 배당소득금액 - 근로소득금액 - 연금소득금액 - 기타소득금액 - 이자소득금액

06. 다음 소득세법상 소득금액계산의 특례에 대해 설명한 내용 중 틀린 것은?

① 이자소득에 대해 부당행위계산의 부인이 적용된다.
② 부당행위계산의 부인은 특수 관계자와의 거래에 대해서만 적용한다.
③ 2020년 1월 1일 이후 발생하는 결손금은 15년간 이월하여 공제할 수 있다.
④ 해당 과세기간에 결손금이 발생하고 이월결손금이 있는 경우에는 결손금을 먼저 공제한다.

07. 소득세법상 결손금 및 이월결손금에 관한 다음 설명 중 잘못된 것은?

① 부동산임대업(주거용 건물임대업 제외)에서 발생한 결손금은 타 소득에서 공제가 가능하다.
② 해당 과세기간에 결손금이 발생하고 이월결손금이 있는 경우에는 그 과세기간의 결손금을 먼저 소득금액에서 공제한다.
③ 2020년이후 발생한 사업소득의 결손금은 향후 15년간 이월공제가 가능하다.
④ 일반적인 사업소득(중소기업에 한함)의 결손금은 소급공제가 가능하다.

08. 다음은 소득세법상 결손금공제에 관한 설명이다. 잘못된 것은?

① 2009년~2019년 발생한 결손금은 10년간 공제가 가능하다.
② 부동산임대사업(주거용 건물임대업 제외)에서 발생한 결손금은 당해연도 종합소득 과세표준에서 공제할 수 있다.
③ 장부가 기장되지 않아 소득금액을 추계결정하는 경우에는 이월결손금 공제를 받을 수 없다.
④ 사업소득에서 발생한 이월결손금은 당해연도의 사업소득금액, 근로소득금액, 연금소득금액, 기타소득금액, 이자소득금액, 배당소득금액에서 순차적으로 공제된다.

09. 다음은 소득세법상 결손금과 이월결손금에 관한 설명이다. 가장 옳지 않은 것은?

① 결손금은 일반적으로 사업소득에서만 발생할 수 있다.
② 사업소득 중 부동산임대업(주거용 건물임대업 제외)에서 발생하는 결손금은 다른 소득금액에서 공제하지 아니하고 다음 과세기간으로 이월시킨다.
③ 2019년 발생한 이월결손금은 5년간 이월공제 가능하다.
④ 부동산임대업 이외의 사업소득에서 발생하는 이월결손금은 근로소득금액, 연금소득금액, 기타소득금액, 이자소득금액, 배당소득금액에서 순서대로 공제한다.

10. 소득세법상 공동사업장에 대한 설명으로 옳지 않은 것은?

① 공동사업장의 기업업무추진비 한도액 계산시 1거주자로 보아 동일하게 적용한다.
② 특수관계 판단 여부는 거래 당시의 상황에 의한다.
③ 공동사업장을 1거주자로 보아 기장의무 규정을 적용한다.
④ 가산세로 공동사업장에 관련되는 세액은 공동사업자의 손익분배비율에 따라 배분한다.

11. 다음 중 소득세법상 부동산임대업(주거용 건물임대업 제외)에서 발생한 이월결손금을 당기의 소득금액에서 공제하려고 한다. 옳은 것은?

① 근로소득금액에서 공제 가능하다.
② 이자소득금액에서 공제 가능하다.
③ 사업소득금액에서 공제 가능하다.
④ 반드시 부동산임대업의 소득금액에서 공제 가능하다.

12. 다음 중 소득세법상 사업소득금액에서 발생한 결손금을 다른 소득금액에서 공제할 때 가장 마지막으로 공제하는 소득금액으로 알맞은 것은?

① 이자소득금액　② 근로소득금액
③ 연금소득금액　④ 배당소득금액

13. 다음에서 서술하고 있는 소득세법상 소득금액계산의 특례는 무엇인가?

> 사업소득 또는 기타소득이 있는 거주자의 행위 또는 계산이 그 거주자와 특수관계인과의 거래로 인하여 그 소득에 대한 조세 부담을 부당하게 감소시킨 것으로 인정되는 경우에는 그 거주자의 행위 또는 계산과 관계없이 해당 과세기간의 소득금액을 계산할 수 있다.

① 부당행위계산의 부인
② 비거주자 등과의 거래에 대한 소득금액 계산 특례
③ 결손금 및 이월결손금 공제
④ 채권 등에 대한 소득금액 계산 특례

14. 다음 중 소득세법상 공동사업장에 대한 설명으로 틀린 것은?

① 공동사업장을 1거주자로 보아 공동사업장별로 소득금액을 계산한다.
② 공동사업장의 소득금액은 공동사업자 간에 약정된 손익분배비율에 의하여 각 공동사업자별로 분배한다.
③ 거주자 1인과 그의 특수관계인이 공동사업자에 포함되어 있는 경우로서 손익분배비율을 거짓으로 정하는 경우에도 약정된 손익분배비율에 따라 공동사업장의 소득금액을 분배한다.
④ 공동사업자간 특수관계인에 해당하는지 여부는 해당 과세기간 종료일 현재의 상황에 의한다.

주관식

01. 다음 자료에서 소득세법상 20x1년 소득세 신고 시 이월결손금을 공제 후 남은 이월결손금 금액은? (중소기업이며 세부담최소화 가정)

- 이월결손금(2017년 부동산임대 사업소득에서 발생) : 1억원
- 사업소득금액(제조업) : 2천만원
- 근로소득금액 : 3천만원
- 양도소득금액 : 1천만원

02. 소득세법 중 "사업자가 비치 · 기록한 장부에 의하여 해당 과세기간의 사업소득금액을 계산할 때 발생한 결손금은 그 과세기간의 종합소득과세표준을 계산할 때 (ㄱ)소득금액 · (ㄴ)소득금액 · (ㄷ)소득금액 · (ㄹ)소득금액 · (ㅁ)소득금액에서 순서대로 공제한다."에서 (ㄱ)에 들어갈 단어는?

03. 다음 중 소득세법상 부당행위계산 부인 규정이 적용되는 소득을 모두 고른 것은?

가. 사업소득	나. 연금소득	다. 근로소득	라. 기타소득

연/습/문/제 답안

객관식

1	2	3	4	5	6	7	8	9	10	11	12	13	14
④	④	④	③	①	①	①	②	③	②	④	④	①	③

[풀이 – 객관식]

01.02. 소득세법상 부당행위계산부인규정이 적용되는 소득은 **배당소득(출자공동사업자의 배당소득**에 한함), **사업소득, 기타소득, 양도소득**이 있다.

04. 사업소득에서는 결손금이 발생하고, **이자소득, 배당소득, 기타소득에는 결손금이 발생하지 않는다.**

07. 부동산임대업에서 발생한 결손금은 종합소득 과세표준을 계산할 때 공제하지 아니한다.

08. **부동산임대사업에서 발생한 결손금**은 당해연도 종합소득과세표준에서 공제하지 않고 **다음연도로 이월시킨다.**

09. **2009~2019발생 이월결손금은 10년간 이월공제가능**하다.

10. 공동사업장 특수관계판단여부는 당해 **과세기간 종료일 현재의 상황**에 의한다.

11. 부동산임대업의 결손금은 부동산임대업의 소득금액에서 공제 가능하다.

12. 근로소득금액 · 연금소득금액 · 기타소득금액 · 이자소득금액 · 배당소득금액에서 순서대로 공제한다.

13. 납세지 관할 세무서장 또는 지방국세청장은 출자공동사업자의 배당소득, 사업소득 또는 기타소득이 있는 거주자의 행위 또는 계산이 그 **거주자와 특수관계인과의 거래**로 인하여 그 소득에 대한 **조세부담을 부당하게 감소시킨 것으로 인정되는 경우**에는 그 거주자의 행위 또는 계산과 관계없이 해당 과세기간의 소득금액을 계산할 수 있다.

14. 거주자 1인과 그의 특수관계인이 공동사업자에 포함되어 있는 경우로서 손익분배비율을 거짓으로 정하는 경우에는 경우에는 그 특수관계인의 소득금액은 그 **손익분배비율이 큰 공동사업자의 소득금액**으로 본다.

주관식

01	1억원	02	근로	03	가,라

[풀이 – 주관식]

01. **부동산임대업에서 발생한 이월결손금**은 **다른 소득금액에서 공제되지 않는다.**
02. 사업자가 비치 · 기록한 장부에 의하여 해당 과세기간의 사업소득금액을 계산할 때 발생한 결손금은 그 과세기간의 종합소득과세표준을 계산할 때 **근로소득금액 · 연금소득 금액 · 기타소득금액 · 이자소득금액 · 배당소득금액에서 순서대로 공제**한다.
03. **부당행위계산이 적용되는 소득은 사업소득과 기타소득**이다.

Chapter

종합소득 과세표준 및 세액계산

4

제1절 종합소득 과세표준의 계산구조

종합소득금액	
(-) 종합소득공제	소득세법과 조세특례제한법에 의한 공제
종합소득과세표준	

이러한 종합소득공제는 다음과 같이 분류한다.

구 분	종 류	근거법령
1. 인적공제	1. 기본공제 2. 추가공제	소득세법
2. 물적공제	1. 공적연금 보험료공제 2. **특별소득공제(사회보험료, 주택자금)**	소득세법
	3. 신용카드소득공제 4. 기타 소득공제	조세특례제한법

인적공제란 거주자의 최저생계비 보장 및 부양가족의 상황에 따라 세부담에 차별을 두어 부담능력에 따른 과세를 실현하기 위한 제도이다.

이에 반해 물적공제란 납세의무자가 지출한 일정한 비용(연금보험료 등)을 과세표준계산상 공제하는 제도로서 사회보장제도를 세제측면에서 지원하기 위함이다.

제2절 종합소득인적공제

1. 기본공제(인당 150만원) 

<table>
<tr><th rowspan="2"></th><th rowspan="2">공제대상자[*1]</th><th colspan="2">요 건</th><th rowspan="2">비 고</th></tr>
<tr><th>연 령</th><th>연간소득금액</th></tr>
<tr><td>1. 본인공제</td><td>해당 거주자</td><td>–</td><td>–</td><td rowspan="7">장애인은 연령제한을 받지 않는다. 그러나 소득금액의 제한을 받는다.</td></tr>
<tr><td>2. 배우자공제</td><td>거주자의 배우자</td><td>–</td><td rowspan="6">100만원 이하
(종합+퇴직+양도 소득금액의 합계액)
다만, 근로소득만 있는 경우 총급여 5백만원 이하</td></tr>
<tr><td rowspan="5">3. 부양가족공제</td><td>직계존속[*1](계부계모 포함)</td><td><u>60세 이상</u></td></tr>
<tr><td>직계비속[*2](의붓자녀)과 입양자</td><td><u>20세 이하</u></td></tr>
<tr><td>형제자매</td><td><u>20세 이하/
60세 이상</u></td></tr>
<tr><td>국민기초생활보호대상자</td><td>–</td></tr>
<tr><td>위탁아동(6개월 이상)</td><td>18세 미만</td></tr>
</table>

*1. 직계존속 : 할아버지에서 손자로 이어지는 직계혈족에서 나를 기준으로 위의 혈족인 부, 모, 조모·조부, 외조부, 외조모등을 말한다.

*2. 직계비속 : 나를 기준으로 아래의 혈족인 자녀, 손자녀 등을 말한다.

2. 추가공제 : 기본공제 대상자를 전제로 하고 추가공제는 중복하여 적용가능하다.

<table>
<tr><td>1. 경로우대공제</td><td>기본공제 대상자가 <u>70세 이상</u>인 경우</td><td>100만원/인</td></tr>
<tr><td>2. 장애인공제</td><td>기본공제대상자가 <u>장애인</u>[*1]인 경우</td><td>200만원/인</td></tr>
<tr><td>3. 부녀자공제</td><td>해당 과세기간의 <u>종합소득금액이 3천만원 이하인 거주자</u>로서
1. 배우자가 없는 여성으로서 기본공제대상인 부양가족이 있는 세대주인 경우 or
2. 배우자가 있는 여성인 경우</td><td>50만원</td></tr>
<tr><td>4. 한부모소득공제</td><td>배우자가 없는 자로서 기본공제대상자인 직계비속 또는 입양자가 있는 경우
☞ <u>부녀자공제와 중복적용 배제</u></td><td>100만원</td></tr>
</table>

***1. 국가유공자 등 예우 및 지원에 관한 법률에 의한 상이자, 항시 치료를 요하는 중증환자 등**

3. 인적공제 관련사항 

(1) 공제대상가족인 생계를 같이하는 자의 범위

해당 과세기간 종료일 현재 주민등록표상의 동거가족으로서 당해 거주자의 주소 또는 거소에서 현실적으로 생계를 같이하는 자이어야 한다. 다만 **다음의 경우는 동거하지 않아도 생계를 같이하는 것으로 본다.**

① 배우자 및 직계비속, 입양자(항상 생계를 같이하는 것으로 본다) ② 이외의 동거가족의 경우에는 취학, 질병의 요양, 근무상·사업상 형편 등으로 본래의 주소에서 일시 퇴거한 경우 ③ 주거의 형편에 따라 별거하고 있는 직계존속

(2) 공제대상자의 판정시기

공제대상자에 해당하는지의 여부에 대한 판정은 **해당 연도의 과세기간 종료일 현재의 상황**에 따른다.

다만, **과세기간 종료일전에 사망 또는 장애가 치유된 자는 사망일 전일 또는 치유일 전일의 상황**에 따른다.

또한 **연령기준이 정해진 공제의 경우 해당 과세기간 중에 기준연령에 해당하는 날이 하루라도 있는 경우 공제대상자**가 된다.

세법상연령 = 연말정산연도 – 출생연도

즉 1965년생인 경우 당해연도(2025년) 기준으로 60살이 되므로 직계존속인 경우 연령요건이 충족된다.

<예제 4 - 1> 소득요건

다음 생계를 같이하는 부양가족의 소득에 대하여 소득요건을 충족하는지 판단하시오.

명 세	소득요건 충족여부
1. 근로소득 총급여 4,000,000원이 있는 장인	
2. 복권당첨소득 200,000,000원이 있는 아버지	
3. 국내정기예금이자소득이 22,000,000원이 있는 장남	
4. 일용근로소득 12,000,000원이 있는 배우자	

해답

충 족 이 유	충족여부
1. **총급여액이 5,000,000원 이하인 경우 소득요건을 충족한다.**	○
2. 복권당첨소득은 무조건 분리과세소득에 해당한다.	○
3. 정기예금이자소득은 조건부종합과세소득으로서 20백만원 초과인 경우 종합과세되고, 20백만원 이하인 경우 분리과세된다.	×
4. 일용근로소득은 무조건 분리과세소득에 해당한다.	○

<예제 4 - 2> 인적공제

다음은 직원 이하나(여성근로자)씨 부양가족내용이다. 인적공제액을 계산하시오.

가족	이름	연령	소득현황	비 고
배우자	김길동	48세	총급여 6,000,000원	
부 친	이무식	75세	이자소득금액 18,000,000원	국민은행 정기예금에 대한 이자금액임
딸	김은정	22세	대학생	장애인
자 매	이두리	19세	양도소득금액 3,000,000원	장애인

해답

1. 인적공제 판단

가족	이름	요 건		기본공제	추가공제	판 단
		연령	소득			
본인(여)	이하나	–	○	○	부녀자	**맞벌이 여성**
배우자	김길동	–	×	×	–	**총급여액 5백만원 초과자**
부친	이무식	○	○	○	경로우대	**예금이자가 20백만원 이하인 경우에는 분리과세소득임.**
딸	김은정	×	○	○	장애인	**장애인은 연령요건을 따지지 않음**
자 매	이두리	○	×	×	–	소득금액 1백만원 초과자

2. 인적공제액 계산

	대상자	세법상 공제액	인적공제액
1. 기본공제	본인, 부친, 딸	1,500,000원/인	4,500,000원
2. 추가공제			
① 부녀자	본인	500,000원	500,000원
② 장애인	딸	2,000,000원/인	2,000,000원
③ 경로	부친	1,000,000원/인	1,000,000원
합 계			8,000,000원

제3절 소득공제(물적공제)

1. 연금보험료공제

종합소득이 있는 거주자가 공적연금 관련법에 따른 기여금 또는 개인부담금(이하 "연금보험료"라 한다)을 납입한 경우에는 해당 과세기간의 종합소득금액에서 그 과세기간에 납입한 연금보험료를 공제한다.

① 국민연금법에 따라 부담하는 연금보험료 ② 공적연금(공무원연금 등)에 의한 기여금 또는 부담금

2. 주택담보노후연금 이자비용공제

① 공제대상자 : 연금소득이 있는 거주자가 주택담보노후연금을 받은 경우

② 공제한도 : 200만원(연금소득금액을 초과하는 경우 초과금액은 없는 것으로 한다.)

3. 특별소득공제

(1) (사회)보험료공제

근로소득이 있는 거주자(일용근로자는 제외한다)가 해당 과세기간에 「국민건강보험법」, 「고용보험법」 또는 「노인장기요양보험법」에 따라 근로자가 부담하는 보험료를 지급한 경우 그 금액을 해당 과세기간의 근로소득금액에서 공제한다.

국민건강보험료, 고용보험료, 노인장기요양보험료	전액

(2) 주택자금공제

① 대상자

특별소득공제신청을 한 **근로소득자로서 세대주인 자**가 해당 주택자금공제를 적용받을 수 있다.

② 공제대상과 금액

구 분	대 상	공 제 액
무주택 세대주(세대구성원도 요건 충족시 가능)로서 근로소득이 있는 거주자가 국민주택(주거용 오피스텔도 추가) 규모 이하		
1. 주택임차자금	국민주택규모의 주택을 임차하기 위하여 차입한 차입금의 원리금(원금과 이자)을 상환하는 경우	상환액의 40%
2. 장기주택저당 차입금	무주택자인 세대주가 **기준시가 6억원 이하인 주택**을 취득하기 위하여 차입한 장기주택저당차입금의 이자를 지급하는 경우(한도 600~2,000만원)	이자상환액 전액

4. 소득공제 종합한도

(1) 공제한도 : 2,500만원

(2) 공제한도 소득공제

① 소득세법상 특별소득공제(건강보험료, 고용보험료 등은 제외)

② 조세특례제한법상 청약저축, 신용카드 등 사용금액, 우리사주조합출자에 대한 소득공제등

연/습/문/제

 객관식

01. 다음 중 소득세법상 기본공제대상자 판정시 연령제한을 받는 자는?

① 본인　② 배우자

③ 직계존속　④ 형제자매(단, 장애인)

02. 다음은 거주자 A씨와 생계를 같이하는 거주자 A씨의 가족들이다. 소득세법상 기본공제자에 해당하는 사람은 누구인가?

① 배우자(나이 26세, 사업소득금액 150만원)

② 동　생(나이 21세, 소득없음)

③ 아버지(나이 66세, 사업소득금액 300만원, 장애인)

④ 어머니(나이 61세, 소득없음)

03. 소득세법상 거주자의 기본공제대상자 판정시, 생계를 같이하는 부양가족의 범위에 대한 설명으로 틀린 것은?

① 주민등록표상의 동거가족으로서, 해당 거주자의 주소 또는 거소에서 현실적으로 생계를 같이 하는 사람으로 한다.

② 공제대상 부양가족 여부의 판정은 원칙적으로 해당 과세기간의 종료일 현재의 상황에 따른다.

③ 동거가족이 사업상 형편에 따라 본인의 주소 또는 거소에서 일시 퇴거한 경우에는 생계를 같이하는 부양가족으로 보지 않는다.

④ 부양가족 중 거주자의 직계존속이 주거 형편에 따라 별거하고 있는 경우에는 주민등록 여부에 불구하고 생계를 같이 하는 가족으로 본다.

04. 소득세법상 기본공제 대상자를 판정하는데 있어 생계를 같이하는 부양가족의 범위에 대한 설명 중 틀린 것은?

① 근무상 형편 등으로 동거가족이 일시 퇴거한 경우에는 그 기간 동안 생계를 같이하는 부양가족으로 보지 않는다.

② 부양가족이라 함은 기본적으로 현실적으로 생계를 같이 하는 사람을 말한다.

③ 부양가족 중 거주자의 직계존속이 주거 형편에 따라 별거하고 있는 경우에는 주민등록 여부에 불구하고 생계를 같이 하는 사람으로 본다.

④ 공제대상 부양가족 여부의 판정은 원칙적으로 해당 과세기간의 종료일 현재의 상황에 따른다.

05. 소득세법상 기본공제대상자에 대한 설명 중 틀린 것은?

① 배우자 및 부양가족은 반드시 생계를 같이 하여야 공제대상에 해당한다.

② 부양가족이 장애인에 해당하는 경우에는 나이의 제한을 받지 않는다.

③ 기본공제 대상자가 아닌 자는 추가공제대상자가 될 수 없다.

④ 연간 100만원 이하의 소득금액(비과세 및 분리과세 제외)은 종합소득금액, 퇴직소득금액 및 양도소득금액의 합계액을 말한다.

06. 소득세법상 기본공제에 관한 설명 중 틀린 것은?

① 기본공제액은 1명당 연 150만원이며, 기본공제대상자의 수에 제한이 있다.

② 해당 거주자 본인도 적용된다.

③ 거주자의 배우자로서 연간 소득금액이 없거나, 연간소득금액의 합계액이 100만원 이하인 사람은 기본공제 대상자이다.

④ 거주자의 부양가족으로서 장애인의 경우 연간소득금액의 합계액이 100만원 이하인 사람은 기본공제 대상자이다.

07. 소득세법상 종합소득공제에 관한 다음 설명 중 옳지 못한 것은?

① 분리과세 소득만 있는 자에 대하여는 인적공제 및 특별소득공제를 적용하지 않는다.

② 특별소득공제에는 사회보험료공제와 주택자금공제 등이 있다.

③ 사업자의 경우 인적공제 적용시 추가공제는 중복적용이 불가능하다.

④ 인적공제의 합계액이 종합소득금액을 초과하는 경우 그 초과하는 공제액은 없는 것으로 본다.

08. 다음 중 종합소득 과세표준 계산시 종합소득금액에서 차감되는 것은?

① 근로소득공제 ② 연금소득공제
③ 퇴직소득공제 ④ 연금보험료공제

09. 소득세법상 기본공제 대상자 중에서 추가공제에 해당하지 않는 것은?

① 배우자공제 ② 장애인공제
③ 한부모공제 ④ 부녀자공제

10. 다음 중 소득세법상 종합소득세의 계산순서를 바르게 나열한 것은?

가. 과세표준	나. 필요경비	다. 총수입금액	라. 종합소득공제

① 다-나-라-가 ② 다-라-가-나
③ 라-가-나-다 ④ 라-나-다-가

주관식

01. 소득세법상 다음 자료에서 종합소득 과세표준은 얼마인가?

- 종합소득금액 : 70,000,000원
- 종합소득공제 : 20,000,000원
- 세액공제 : 300,000원
- 가산세액 : 100,000원

02. 소득세법에 따라 다음 자료를 토대로 거주자 김한국씨의 종합소득 과세표준을 구하시오. 단, 과세표준을 최소화하기로 한다.

- 사업소득금액 : 30,000,000
- 근로소득금액 : 25,000,000
- 기타소득금액 : 2,000,000
- 종합소득공제 : 2,100,000

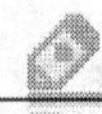

03. 소득세법상 거주자의 기본공제에 관한 다음 설명 중 괄호 안에 들어갈 금액은?

> 종합소득이 있는 거주자(자연인만 해당한다)에 대해서는 기본공제 대상자 1명당 연 (　　　)을 곱하여 계산한 금액을 그 거주자의 해당 과세기간의 종합소득금액에서 공제한다.

04. 다음 자료에 의하여 거주자 L씨의 20x1년 귀속 종합소득공제의 인적공제액은 얼마인가?

> • 거주자 L씨의 근로소득금액 : 22,500,000원　　• 배우자(남편) : 소득 없음
> • 20x1년 12월 23일 첫째딸 출산(비장애인)

05. (주)세무에 근무하는 한세희(여, 28세, 장애인)씨는 입사이후로 현재까지 소득공제와 관련한 일체의 증빙서류를 제출하지 않았다. 20x1년도 근로소득금액이 24백만원일 경우, 한세희씨의 종합소득 과세표준은 얼마인가?

06. 다음 자료를 이용하여 종합소득공제 중 인적공제 합계액을 구하면 얼마인가?

> • 본인 51세(남), 배우자와 사별함　　• 딸 18세, 고등학생

07. 다음 자료를 이용하여 거주자 갑(남성이며 55세임)의 20x1년도 종합소득과세표준 계산시 공제되는 인적공제액의 합은?

구 분	나 이	내 역
배우자	50세	총급여 4,000,000원인 근로자임
부 친	81세	20x1년 1월 2일 사망함
장 모	68세	주거형편상 별거하고 있으며, 소득없고 갑씨가 생계를 책임짐
장 녀	22세	소득 없음

연/습/문/제 답안

객관식

1	2	3	4	5	6	7	8	9	10
③	④	③	①	①	①	③	④	①	①

[풀이 – 객관식]

01. **본인, 배우자와 장애인일 경우 연령요건을 충족하지 않아도 된다.**

02.

가족	요 건		기본공제	판 단
	연령	소득		
배우자	–	×	×	**종합소득금액 1백만원 초과자**
동생	×	○	×	**형제자매는 20세 이하 또는 60세 이상**
아버지	○	×	×	**종합소득금액 1백만원 초과자**
어머니	○	○	○	

03,04. 대통령령으로 정하는 사유에 해당할 때에는 일시 퇴거한 경우에도 생계를 같이 하는 사람으로 본다.

05. **배우자 및 직계비속은 항상 생계를 같이하는 부양가족**으로 보며, 부양가족인 **직계존속이 주거의 형편에 따라 별거하고 있는 경우 등은 예외적**으로 생계를 같이 하는 것으로 본다.

06. 기본공제대상자의 수에 제한이 없다.

07. 인적공제중 추가공제는 **기본공제대상자를 전제**로 하고 **추가공제는 중복적용이 가능**하다.

08. 연금보험료공제는 소득공제에 해당한다.

09. 배우자공제는 기본공제이다.

10. 종합소득금액 = 총수입금액 – 필요경비

    종합소득과세표준 = 종합소득금액 – 종합소득공제

주관식

01	50,000,000원	02	52,900,000원	03	1,500,000원
04	5,000,000원	05	22,500,000원	06	4,000,000원
07	7,000,000원				

[풀이 – 주관식]

01. 종합소득과세표준 = 종합소득금액(70,000,000) - 종합소득공제(20,000,000) = 50,000,000원

02. 종합소득금액(30,000,000 + 25,000,000) - 종합소득공제(2,100,000) = 52,900,000원

기타소득금액 3백만원이하는 선택적 분리과세이므로 과세표준을 최소화하기 위해서는 분리과세를 선택한다. 종합과세시 세율(과세표준 54,900,000원) : 24%, 분리과세시 세율 : 20%

04.

가족	요 건		기본공제	추가공제	인적공제
	연령	소득			
본인(여성)	-	-	○	부녀자	**1.기본공제 3명 4,500,000원** **2.추가공제(부녀자) : 500,000원**
배우자(남편)	○	○	○		
자녀	○	○	○		

05. 공제신청을 하지 않은 경우 **본인의 기본공제만 적용**한다.

과세표준 = 24,000,000원 - 1,500,000(기본공제 중 거주자 본인) = 22,500,000원

06. 기본공제 : 본인 + 자녀 = 300만원

추가공제 : 한부모공제 : 100만원 인적공제 합계액 : 400만원

07. 1,500,000(기본공제) × 4명 + 1,000,000(경로) = 7,000,000원

관계	요 건		기본공제	추가	판 단
	연령	소득			
본 인	-	-	○		
배우자	-	○	○		**총급여액 5백만원 이하자**
부친(81)	○	○	○	경로	**사망일 전일로 판단**
장모(68)	○	○	○		**직계존속일 경우 주거형편상 별거 인정**
장녀(22)	×	○	부		

제4절 종합소득세액의 계산

1. 종합소득세액의 계산구조

	종합소득과세표준	
(×)	세율	
=	종합소득산출세액	
(－)	세액공제·감면	배당세액공제, 외국납부세액공제, **특별세액공제, 자녀세액공제등**
=	종합소득결정세액	
(+)	가산세	
=	총결정세액	
(－)	기납부세액	**중간예납세액, 원천징수세액, 수시부과세액**
	차감납부할세액	

2. 기본세율

과세표준	세　　율
1,400만원 이하	**6%**
1,400만원 초과 5,000만원 이하	84만원*1 +1,400만원을 초과하는 금액의 15%
5,000만원 초과 8,800만원 이하	624만원*2 +5,000만원을 초과하는 금액의 24%
8,800만원 초과 1.5억 이하	1,536만원+8,800만원을 초과하는 금액의 35%
1.5억 초과 3억 이하	3,706만원+1.5억원 초과하는 금액의 **38%**
3억 초과 5억 이하	9,406만원+3억원 초과하는 금액의 **40%**
5억 초과 10억 이하	1억7천406만원+5억원 초과하는 금액의 **42%**
10억 초과	3억8천406만원+10억원 초과하는 금액의 **45%**

*1. 14,000,000×6%=840,000

*2. 840,000+(50,000,000−14,000,000)×15%=6,240,000
아래 금액도 같은 구조로 계산된다.

3. 소득세법상 세액공제

구 분	공제요건	세액공제
1. 배당세액공제	배당소득에 배당가산액을 합산한 경우 ☞ **이중과세조정목적**	**- 배당가산액(10%)**
2. 기장세액공제	**간편장부대상자**가 복식부기에 따라 장부를 기장한 경우	**- 기장된 사업소득에 대한 산출세액의 20%** **- 한도액 : 1,000,000원**
3. 외국납부세액공제	외국납부세액이 있는 경우 **10년간 이월공제가 가능하다.** ☞ **이중과세조정목적**	- 외국납부세액 - 한도액 : 국외원천소득분
4. 재해손실세액공제	**재해상실비율이 자산총액의 20% 이상**인 경우	- 산출세액(사업소득)×재해상실비율 - 한도액 : 재해상실자산가액
5. 근로소득세액공제	근로소득이 있는 경우	- 산출세액의 55%, 30% (일용근로자는 55%이고 한도는 없다.)
6. 자녀세액공제	종합소득이 있는 거주자	**8세 이상 자녀만 대상**
7. 연금계좌세액공제	종합소득이 있는 거주자	
8. 특별세액공제	근로소득이 있는 거주자(일용근로자 제외)	

☞ 근로소득세액공제(상용근로자)

근로소득산출세액	세액공제액	한도
130만원 이하	근로소득산출세액 × 55%	–
130만원 초과	715,000원+(근로소득산출세액−130만원) × 30%	급여구간별 별도 한도
근로소득산출세액=종합소득산출세액 × $\frac{근로소득금액}{종합소득금액}$		

(2) 적용순위

소득세의 감면규정과 세액공제에 관한 규정이 동시에 적용되는 경우 **그 적용순위는 다음과 같다.**

① 해당 과세기간의 소득에 대한 소득세의 감면
② 이월공제가 인정되지 않는 세액공제
③ 이월공제가 인정되는 세액공제(이월된 미공제액을 먼저 공제)

4. 자녀세액공제

(1) 기본세액공제

종합소득이 있는 거주자의 **기본공제대상자에 해당하는 자녀(입양자 및 위탁아동을 포함한다)** 및 손자녀에 대해서는 다음의 금액을 종합소득산출세액에서 공제한다. 다만 **아동수당[*1]의 지급으로 인하여 8세 이상의 자녀에 한한다.**

1명인 경우	25만원	(개정세법 25)
2명인 경우	**55만원**	
2명 초과	55만원+**40만원/초과인**	

*1. 만 7세이하 아동에게 월 10만원씩 지급함으로써 아동의 건강한 성장환경을 조성하여 아동의 기본적 권리와 복지 증진에 기여하기 위하여 도입한 제도

(2) 출산입양세액공제

첫째 30만원, 둘째 50만원, 셋째이상 70만원

5. 연금계좌세액공제(12%, 15%)

종합소득이 있는 거주자가 연금계좌에 납입한 금액(이연퇴직소득, 다른계좌에서 이체된 금액 제외) 중 12%(15%)을 해당 과세기간의 종합소득산출세액에서 공제한다.

해당액=MIN[① MIN(연금저축, 600만원)+퇴직연금, ② 연 900만원]

6. 특별세액공제

(1) 표준세액공제 : 특별소득공제와 특별세액공제 미신청

근로소득이 있는 자	**13만원**
근로소득이 없는 거주자	7만원(성실사업자 12만원)

(2) 특별세액공제 공통적용요건

〈공통 적용요건 : 기본공제자 판단기준〉

구 분	보험료		의료비	교육비		기부금
	일반	장애인		일반	장애인특수	
연령요건	○(충족)	×(미충족)	×	×	×	×
소득요건	○	○	×	○	×	○
세액공제액	**12%**	**15%**	**15~30%**	**15%**		**15%, 30%**

① 보장성보험료세액공제 : 해당액의 12%, 15%

① 보장성보험료*1	기본공제대상자를 피보험자*4로 하는 보장성보험료와 **주택임차보증금(보증대상 3억 이하) 반환 보증 보험료*3**	연 100만원 한도	12%
② 장애인전용 보장성보험료*2	기본공제대상자 중 장애인을 피보험자 또는 수익자*5로 하는 보장성보험료	연 100만원 한도	15%

*1. 만기에 환급되는 금액이 납입보험료를 초과하지 아니하는 보험(만기에 환급되는 금액이 납입보험료를 초과하는 보험을 저축성보험이라고 한다.)

*2. 장애인전용보장성보험의 계약자(장애인)에 대하여 보장성보험료와 장애인전용보장성보험보험료 규정이 동시에 적용되는 경우 그 중 하나만을 선택하여 적용한다.

*3. 임대인이 전세금을 반환하지 않는 경우 그 반환을 책임지는 보험

*4. 보험계약자 : 보험계약을 체결하고 보험자(보험회사)에게 보험료를 지급하는 자
피보험자(생명보험) : 사람의 생(生)과 사(死라)는 보험사고발생의 객체가 되는 사람
피보험자(손해보험) : 보험사고의 대상이 되며 사고 발생시 보호를 받는 사람

*5. 수익자 : 보험사고 발생시 보험금을 받는 사람

② 의료비세액공제 : 해당액의 15~30% 

㉠ 의료비의 공제대상액 계산

		세액공제율
난임시술비	**임신을 위하여 지출하는 시술비용**	30%
미숙아 등	**미숙아 · 선천성 이상아에 대한 의료비**	20%
특정	**㉠ 본인** **㉡ (과세기간 개시일) 6세 이하** **㉢ (과세기간 종료일) 65세 이상인 자** ㉣ 장애인 ㉤ 중증질환자, 희귀난치성질환자 또는 결핵환자 등	15%
일반	난임, 미숙아 등, 특정의료비 이외	
의료비공제 대상액	난임시술비 + 미숙아등 + 특정의료비 + MIN[① 일반의료비 - 총급여액의 3%, ② 7백만원][*1] *1. MIN[① 일반의료비 - 총급여액의 3%, ② 7백만원]이 (-)인 경우에는 의료비공제대상액에서 차감한다.	

㉡ 세액공제 대상 의료비

세액공제 대상의료비	대상제외 의료비
㉠ 질병의 예방 및 치료에 지출한 의료비 ㉡ 치료, 요양을 위한 의약품(한약 포함) 구입비 ㉢ 장애인보장구 구입 · 임차비용 ㉣ 보청기 구입비용 ㉤ 의사 등의 처방에 따라 의료용구를 직접 구입 또는 임차하기 위하여 지출한 비용 ㉥ 시력보정용안경 · 콘택트렌즈 구입비용(1인당 50만원 이내) ㉦ 산후조리원에 지출한 비용(한도 2백만원)	**㉠ 국외의료기관에 지출한 의료비** **㉡ 건강증진을 위한 의약품 구입비** **㉢ 미용목적 성형수술비** **㉣ 간병인에 대한 간병비용** **㉤ 실손의료보험금으로 보전받은 금액**

③ 교육비세액공제 : 해당액의 15% 

1. 본인	1) 전액**(대학원 교육비는 본인만 대상)** 2) 직무관련수강료 : 해당 거주자가 직업능력개발훈련시설에서 실시하는 직업 능력개발훈련을 위하여 지급한 수강료 다만, 근로자수강지원을 받은 경우에는 이를 차감한 금액으로 한다.
2. 기본공제대상자 (직계존속제외)	학교, 보육시설 등에 지급한 교육비(대학원 제외) 1) **대학생 : 900만원/인** 2) **취학전아동, 초중고등학생 : 300만원/인** ☞ **취학전 아동의 학원비도 공제대상**
3. 장애인특수교육비 (직계존속도 가능)	**한도없음**

④ 기부금세액공제 

기부금공제는 근로소득이 있는 거주자와 근로소득이 없는 종합소득자(사업소득자는 필요경비공제)로서 **기본공제대상자**의 기부금지출액을 말한다.

1천만원 이하인 경우	대상액의 15%
1천만원 초과인 경우	대상액의 30%

㉠ 기부금 종류

1. 특례기부금	1. 국가등에 무상으로 기증하는 금품 2. 국방헌금과 위문금품 3. 이재민구호금품(천재 · 지변) 4. 사립학교등에 지출하는 기부금 5. 사회복지공동모금회에 출연하는 금액 6. 특별재난지역을 복구하기 위하여 자원봉사한 경우 그 용역의 가액 7. 한국장학재단 기부금
2. 우리사주조합에 지출하는 기부금 – 우리사주조합원이 아닌 거주자에 한함	
3. 일반기부금	1. 종교단체 기부금 2. 종교단체외 ① 노동조합에 납부한 회비, 사내근로복지기금에 지출기부금 ② 사회복지등 공익목적의 기부금 ③ 무료 · 실비 사회복지시설 기부금 ④ 공공기관 등에 지출하는 기부금

㉡ 기부금이월공제

기부금이 한도액을 초과한 경우와 **기부금세액공제를 받지 못한 경우**(종합소득산출세액을 초과)에 <u>10년간 이월하여 기부금세액공제</u>를 받을 수 있다.

7. 소득세법상 주요가산세

종 류	적 용 대 상	가 산 세 액
1. 신고불성실 가산세(무신고, 과소신고 등)	- 거주자가 과세표준확정신고**(양도소득세예정신고서)**을 제출하지 않거나 미달신고시	무신고 20%, 과소신고 10%
2. 지급명세서 불성실가산세	지급명세서 기한내에 미제출 또는 제출된 지급명세서의 내용이 불분명한 경우	미제출 · 불분명 지급금액×1% **(기한후 3개월 이내에 제출시에는 50% 감면)**
3. <u>**계산서 등 또는 계산서 합계표 불성실가산세**</u>	- 계산서를 미교부 부실기재한 경우 또는 합계표를 제출하지 않거나 부실기재한 경우 - 가공 및 위장계산서 등(현금영수증 포함)를 수수한 경우	**- 미발급, 가공 및 위장수수×2%** **- 지연발급×1%** **- 계산서 합계표 미제출×0.5% (지연제출 0.3%)** ☞ 소규모사업자 제외
4. 원천징수 등 납부지연가산세	원천징수세액의 미납부 · 미달납부	MIN[①, ②] ① 미달납부세액×3%+미달납부세액×(0.019%~0.022%)[*1]×미납일수 ② 미달납부세액의 10% *1. 매년 2월경 시행령에서 결정
5. **지출증빙 미수취가산세 (증빙불비)**	**사업자가 건당 3만원 초과분에 해당하는 경비 등을 지출하고 임의증빙서류를 수취한 경우**	<u>**미수취 금액 중 필요경비 인정금액×2%**</u> ☞ 소규모사업자 및 소득금액이 추계되는 자 제외
6. 영수증수취 명세서제출 불성실가산세	사업자가 영수증수취명세서를 제출하지 아니하거나 불분명하게 제출한 경우(3만원 초과분)	미제출 · 불분명금액×1% ☞ 소규모사업자 및 소득금액이 추계되는 자 제외
7. <u>**무기장가산세**</u>	**사업자(<u>소규모사업자* 제외</u>)가 장부를 비치하지 않거나 허위로 기장하는 경우**	미기장/누락기장한 소득금액에 대한 산출세액×20%
8. 사업장현황신고 불성실가산세	<u>**의료업, 수의사업 및 약사업**</u>	무신고(미달신고)수입금액×<u>**0.5%**</u>
9. **사업용계좌** 미사용가산세	<u>**복식부기의무자**</u>	미사용금액, 미신고기간의 수입금액 <u>**0.2%**</u>
10. 기타	신용카드매출전표미발급가산세, 현금영수증미발급가산세 등이 있다.	

* 소규모사업자 : ① 신규사업개시자
② 직전연도 사업소득의 수입금액합계액이 4,800만원에 미달하는 자
③ 연말정산되는 사업소득만 있는 자

사업용계좌 참고

1. 사용의무자 : <u>복식부기의무자</u>
2. 사용거래
   ① 거래의 대금을 금융회사 등을 통하여 결제하거나 결제받는 경우
   ② 인건비 및 임차료를 지급하거나 지급받는 경우
3. 신고기한 : **<u>과세기간의 개시일부터 6개월 이내</u>**에 사업장 또는 주소지 관할세무서장에게 신고

연/습/문/제

객관식

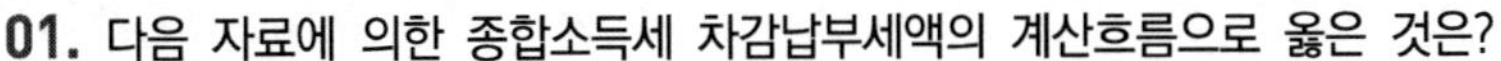

01. 다음 자료에 의한 종합소득세 차감납부세액의 계산흐름으로 옳은 것은?

㉠ 종합소득산출세액	㉡ 종합소득결정세액	㉢ 종합소득과세표준
㉣ 총결정세액	㉤ 차감납부세액	

① ㉡-㉢-㉣-㉠-㉤　　② ㉢-㉡-㉠-㉣-㉤
③ ㉠-㉢-㉣-㉡-㉤　　④ ㉢-㉠-㉡-㉣-㉤

02. 다음 중 각 빈칸에 들어갈 용어로 적절하지 않은 것은?

- 종합소득 과세표준 = 종합소득금액 - (a)
- 종합소득 산출세액 = 종합소득과세표준 × (b)
- 종합소득 결정세액 = 종합소득산출세액 - (c)
- 종합소득 총결정세액 = 종합소득결정세액 + (d)

① a : 소득공제　　② b : 기본세율
③ c : 기납부세액　　④ d : 가산세

03. 다음 중 거주자의 종합소득 과세표준확정신고시 기납부세액으로 공제될 수 없는 것은?

① 중간예납세액　　② 수시부과세액
③ 원천징수세액　　④ 지방소득세액

04. 소득세법상 세액공제로서 이중과세조정을 주목적으로 하는 세액공제제도는?

① 외국납부세액공제 ② 기장세액공제
③ 재해손실세액공제 ④ 근로세액공제

05. 다음 중 소득세법상 이월공제되는 세액공제는?

① 배당세액공제 ② 기장세액공제
③ 외국납부세액공제 ④ 재해손실세액공제

06. 다음 중 소득세법상 세액공제에 해당하지 않은 것은?

① 기부정치자금 세액공제 ② 배당 세액공제
③ 근로소득 세액공제 ④ 기장 세액공제

07. 다음 <보기>에서 다음 소득세법상 세액공제의 공통적인 특징으로 올바른 것은?

<보기>	• 외국납부세액공제　　• 배당세액공제

① 근로소득자의 세부담 경감 목적 ② 이중과세조정을 위한 목적
③ 사업자에 대한 조세지원 ④ 근거과세를 통한 공평과세의 목적

08. 다음 보기에서 소득세에 대한 세액감면규정과 세액공제규정이 동시에 적용되는 경우 그 적용순서를 올바르게 나열한 것은?

a. 이월되지 않는 세액공제
b. 이월되는 세액공제 중 이전과세기간에서 이월된 미공제액
c. 이월되는 세액공제 중 해당과세기간에 발생한 세액공제
d. 해당과세기간에 대한 세액감면

① a-b-c-d ② d-c-b-a
③ a-d-c-b ④ d-a-b-c

09. 다음 중 소득세법상 표준세액공제에 대한 설명으로 옳지 않은 것은?

① 근로소득이 없는 거주자에게는 적용되지 않는다.

② 최대 13만원까지 종합소득산출세액에서 공제할 수 있다.

③ 근로소득자는 특별소득공제 및 특별세액공제를 신청하지 않은 경우에 적용한다.

④ 종합소득산출세액을 한도로 하여 적용한다.

10. 소득세법상 특별세액공제에 관한 설명이다. 잘못된 것은?

① 교육비세액공제는 나이의 제한을 받지 않는다.

② 사업소득자는 일체 특별세액공제를 받지 못한다.

③ 근로자 본인과 65세 이상인 자 및 장애인 그리고 중증질환자, 6세 이하 등을 위한 의료비는 한도에 관계없이 전액이 세액공제대상이다.

④ 보험료세액공제란 근로자가 부담하는 보장성 보험의 보험료 중 연간 1,000,000원 이내의 금액에 대해서 12% 세액공제 하는 것을 말한다.

11. 소득세법상 의료비 세액공제에 관한 설명으로 잘못된 것은?

① 기본공제대상자(연령 및 소득요건은 고려 안함)를 위하여 지출하여야 한다.

② 의료비 지출액이 총급여액의 5%를 초과해야만 세액공제대상이 된다.

③ 세액공제 대상이 되는 일반 의료비 지출의 연간 한도액은 700만원이다.

④ 미용·성형수술 및 보신용 한약 구입액은 세액공제의료비 대상에 해당하지 않는다.

12. 소득세법상 세액공제대상 의료비가 아닌 것은?

① 장애인 보장구 구입비용

② 시력보정용 안경 구입비용으로서 1인당 연 50만원 이내의 금액

③ 보청기 구입비용

④ 미용·성형수술을 위한 비용

13. 소득세법상 거주자가 기본공제 대상자를 위하여 지출한 교육비에 관한 설명 중 잘못된 것은?

① 근로소득이 있는 거주자(성실신고확인사업자 포함)에 대하여 세액공제한다.
② 교육비 세액공제는 나이의 제한을 두지 않는다.
③ 소득세 또는 증여세가 비과세되는 교육비는 세액공제대상이 아니다.
④ 배우자의 대학원 등록금은 연간 900만원을 한도가 세액공제대상으로 한다.

14. 다음 중 소득세법상 특례기부금이 아닌 것은?

① 국가 등에 기증하는 금품
② 천재지변이나 그 밖의 재난으로 생긴 이재민 구호금품가액
③ 국방헌금과 위문금품의 가액
④ 종교단체에 지출하는 감사헌금

15. 다음 중 소득세법상 일반기부금에 해당하는 것은?

① 정치자금 기부액
② 우리사주조합에 지출하는 기부금
③ 사회복지법인에 대하여 고유목적사업비로 지출하는 기부금
④ 국가나 지방자치단체에 무상으로 지출하는 기부금

16. 다음 중 소득세법상 근로소득이 없는 거주자(사업소득자가 아님)가 받을 수 있는 특별세액공제는?

① 보험료세액공제
② 의료비세액공제
③ 교육비세액공제
④ 기부금세액공제

17. 다음 중 소득세법상 적격증빙미수취 가산세(2%)가 적용되는 증빙은?

① 간이영수증
② 현금영수증
③ 세금계산서
④ 계산서

18. 다음 중 소득세법상 사업장현황신고를 하지 않을 경우, 사업장현황신고불성실 가산세(0.5%)가 적용되는 업종은?

① 의료업　　② 세무사업　　③ 변호사업　　④ 건축사업

19. 다음 중 소득세법상 가산세에 대한 설명 중 틀린 것은?

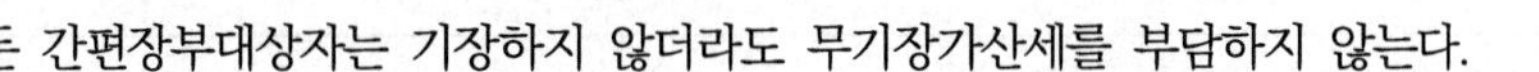
① 모든 간편장부대상자는 기장하지 않더라도 무기장가산세를 부담하지 않는다.

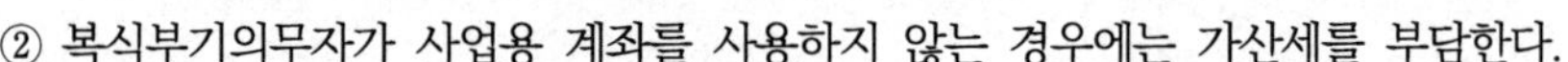
② 복식부기의무자가 사업용 계좌를 사용하지 않는 경우에는 가산세를 부담한다.

③ 납부할 세액을 납부하지 않은 경우에는 납부지연 가산세를 부담한다.

④ 양도소득세는 예정신고를 하지 않으면 가산세가 부과된다.

20. 다음 중 소득세법상 교육비세액공제가 적용되는 교육비와 그 한도가 잘못된 것은?

① 기본공제 대상자 장애인 특수교육비 : 연 1,200만원

② 기본공제 대상자 대학 교육비 : 연 900만원

③ 기본공제 대상자 중학교 교육비 : 연 300만원

④ 기본공제 대상자 유치원 교육비 : 연 300만원

21. 다음 중 소득세법상 공제 대상 교육비에 해당하지 않는 것은?

① 배우자 대학원 교육비

② 취학전 아동의 학원비

③ 중학생 1인당 연 50만원이내 교복 구입비

④ 대학생 자녀의 연 900만원 이내 교육비

주관식

01. 다음 자료에서 종합소득세 자진납부세액은 얼마인가?

- 종합소득산출세액 : 30,000,000원
- 가 산 세 : 1,000,000원
- 세 액 감 면 액 : 11,000,000원
- 세액공제액 : 10,000,000원
- 중 간 예 납 세 액 : 10,000,000원
- 근로소득금액 : 10,000,000원

02. 다음 (　　　)안에 알맞은 것은?

> 소득세법상 사업자가 해당 연도에 천재지변 그 밖의 재해로 자산총액의 (　) 이상에 상당하는 자산을 상실하여 납세가 곤란하다고 인정되는 경우에는 재해손실공제를 적용받을 수 있다.

03. 일용근로자인 K씨의 원천징수세액을 구할 때 소득세법상 근로소득세액공제는 산출세액의 몇 %를 공제하는가?

04. 소득세법상 (　　)안에 들어갈 숫자는얼마인가?

> 간편장부대상자가 종합소득 과세표준확정신고를 할 때, 복식부기에 따라 기장한 경우에는 (　　)%를 기장세액공제하며 그 한도액은 1,000,000원이다.

05. 다음 빈칸에 들어갈 알맞은 금액은?

> 해당 과세기간에 신규로 사업을 개시하였거나, 직전 과세기간의 사업소득 수입금액이 (　　　) 미만인 사업자에 대하여는 소득세법상 무기장가산세를 적용하지 않는다.

06. 소득세법상 사업자가 사업과 관련하여 재화 또는 용역을 공급받고 적격증명서류를 받지 않거나 사실과 다른 증명서류를 수취한 경우에 적용되는 가산세율은?

07. 소득세법상 특별세액공제에 대하여, 근로소득이 있는 자의 표준세액 공제금액은 얼마인가?

08. 근로자인 유재헌씨는 연말정산시 회사에 특별세액공제신청을 하기 위하여 다음과 같은 자료를 제출하였다. 이 경우 소득세법상 교육비세액공제액은 얼마인가? (단, 소득은 모든 공제가 적용되기에 충분하며 부양가족 등은 교육비 세액공제요건을 충족한다)

- 당해 거주자 본인 : 야간 대학원 등록금 15,000,000원
- 장애인인 동생(부양가족에 해당) : 장애인 재활교육을 위한 사회복지시설에 지급하는 특수교육비 10,000,000원
- 고등학교 자녀 : 학교에 지급한 교육비 5,000,000원

09. 아래 자료에 의하여 20x1년도 교육비 세액공제액은 얼마인가?(단, 배우자 및 직계존비속은 기본공제 대상자이면서 소득이 없다)

- 본인의 대학교 교육비 : 10,000,000원
- 배우자의 대학교 교육비 : 10,000,000원
- 장남의 중학교 교육비 : 4,000,000원
- 차녀의 유치원 교육비 : 2,000,000원

10. 소득세법상 자녀 3인(8세 이상)인 경우 자녀세액공제금액은?

11. 나누진씨의 올해 종합소득과세표준은 42,000,000원이다. 종합소득 산출세액은?

과 세 표 준	세 율
1,400만원 이하	과세표준×6%
1,400만원 초과 5,000만원 이하	84만원+1,400만원 초과하는 금액×15%
5,000만원 초과 8,800만원 이하	624만원+5,000만원 초과하는 금액×24%

12. 소득세법상 거주자의 종합소득 과세표준이 14,000,000원인 경우, 산출세액을 구하시오.

13. 다음 중 소득세법상 다음 (　　) 안에 들어갈 알맞은 단어를 적으시오.

> 복식부기의무자는 복식부기의무자에 해당하는 과세기간의 개시일(사업개시와 동시에 복식부기의무자에 해당되는 경우에는 다음 과세기간 개시일)부터 (　　) 이내에 사업용계좌를 해당 사업자의 사업장 관할 세무서장 또는 납세지 관할 세무서장에게 신고하여야 한다. 다만, 사업용계좌가 이미 신고되어 있는 경우에는 그러하지 아니하다.

14. 소득세법상 복식부기 대상 사업자가 사업용 계좌를 사용하지 않을 경우 적용되는 사업용 미사용가산세는 미사용금액의 몇 %인가?

15. 다음 자료를 이용하여 소득세법상 자녀세액공제액을 구하면 얼마인가? 단, 자료의 직계비속은 모두 소득이 없는 것으로 가정한다.

> • 첫째 : 24세(장애인)
> • 둘째 : 17세
> • 셋째 : 7개월(해당 과세기간에 출생)

연/습/문/제 답안

객관식

1	2	3	4	5	6	7	8	9	10	11	12	13	14	15
④	③	④	①	③	①	②	④	①	②	②	④	④	④	③
16	**17**	**18**	**19**	**20**	**21**									
④	①	①	①	①	①									

[풀이 – 객관식]

02. c에는 세액공제 및 감면이 들어가야 한다.

04. **외국납부세액과 배당소득세액공제는 이중과세조정 목적의 세액공제**제도이다.

05. **외국납부세액공제는 10년간 이월공제가능**

06. 기부정치자금 세액공제는 조세특례제한법상 세액공제이다.

09. **근로소득이 없는 자도 표준세액공제가 가능**하다.

10. 성실사업자는 교육비 및 의료비에 대하여 세액공제를 받을 수 있다.

11. 의료비지출액이 **총급여액의 3%를 초과**해야 하며, 기준에 미달하는 경우 본인등 의료비지출액에서 차감하고 공제대상의료비를 적용할 수 있다.

12. 미용목적의 성형수술은 의료비세액공제대상이 아니다.

13. **대학원 등록금은 본인만 교육비세액공제대상**이다.

14. 종교단체에 지출하는 기부금은 일반기부금에 해당한다.

16. 기부금세액공제는 종합소득(사업소득자는 필요경비 산입)이 있는 거주자가 받을 수 있다.

19. **간편장부대상자**도 소규모사업자를 제외하고는 **무기장가산세를 부담**한다.

20. 본인교육비와 기본공제대상자인 장애인 특수교육비는 한도가 없는 전액공제대상이다.

21. 대학원교육비는 본인만 공제된다.

주관식

01	0	02	20%	03	55%
04	20%	05	48,000,000원	06	2%
07	13만원	08	4,200,000원	09	3,600,000원
10	95만원 (개정세법 25)	11	5,040,000원	12	840,000원
13	6개월	14	0.2%	15	1,250,000원 (개정세법 25)

[풀이 - 주관식]

01.

종합소득산출세액	30,000,000
(-) 세액공제 · 감면	(-)21,000,000
= 종합소득결정세액	9,000,000
(+) 가산세	1,000,000
= 총결정세액	10,000,000
(-) 기납부세액	(-)10,000,000
차감납부할세액	0

08. 세액공제대상 교육비 = 본인(15,000,000원, **한도없음**) + 동생(10,000,000원, **장애인교육비 한도없음**)
+ 자녀(3,000,000원, 한도있음) = 28,000,000원

교육비세액공제액 = 28,000,000원 × 15% = 4,200,000원

09. 세액공제대상 교육비 = 본인(10,000,000원, 한도없음) + 배우자(**9,000,000원, 대학교 한도**)
+ 장남(3,000,000원, 한도있음) + 차녀(2,000,000원, 한도있음)
= 24,000,000원

교육비세액공제액 = 24,000,000원 × 15% = 3,600,000원

10. 자녀 2명 55만원, 2인 초과시 1인당 40만원 : (2명) 55만원 + (1명) 40만원 = 95만원

11. 84만원 + (4,200만원 - 1,400만원) × 15% = 5,220,000원

12. 14,000,000 × **6%(소득세 최저 기본세율)** = 840,000원

15. 자녀세액공제액 = 2명(55만원) + 출산입양[1명(셋째) × 70만원 = 1,250,000원

☞ 자녀세액공제는 8세 이상 자녀가 대상이다.

Chapter

5 퇴직소득

제1절 퇴직소득의 범위

1. 범위

① 공적연금 관련법에 따라 받는 일시금*1

② 사용자 부담금을 기초로 하여 현실적인 퇴직을 원인으로 지급받는 소득

③ 위 ①의 소득을 지급하는 자가 퇴직소득의 일부 또는 전부를 지연하여 지급하면서 지연지급에 대한 이자를 함께 지급하는 경우 해당 이자

④ 「과학기술인공제회법」에 따라 지급받는 과학기술발전장려금

⑤ 「건설근로자의 고용개선 등에 관한 법률」에 따라 지급받는 퇴직공제금

⑥ 소기업 · 소상공인이 폐업 · 법인해산 등 법정사유로 공제부금에서 발생하는 소득 (예 : 노란우산공제)

*1 퇴직일시금 : '근로자퇴직급여 보장법' 등에 따라 지급받는 일시금

Ⓐ 퇴직연금제도 및 개인퇴직계좌에서 지급받는 일시금

Ⓑ 확정기여형퇴직연금 및 개인퇴직계좌에서 중도인출되는 금액

Ⓒ 연금을 수급하던 자가 연금계약의 중도해지 등을 통하여 받는 일시금

연금수령시	연금소득
일시금수령시	퇴직소득

☞ 해고예고수당 : 사용자가 30일 전에 예고를 하지 아니하고 근로자를 해고하는 경우 근로자에게 지급하는 **해고예고수당**은 퇴직소득으로 본다.

현실적 퇴직	현실적 퇴직에 해당하지 않는 경우
① **종업원이 임원이 된 경우** ② 합병·분할 등 조직변경, 사업양도 또는 직·간접으로 출자관계에 있는 법인으로의 전출이 이루어진 경우 ③ **법인의 상근임원이 비상근임원이 된 경우** ④ **비정규직근로자가 정규직근로자로 전환된 경우** ⑤ **법에 따라 퇴직급여를 중간 정산하여 지급한 경우** ⑥ 법에 따라 퇴직연금제도가 폐지된 경우	① **임원이 연임된 경우** ② 법인의 대주주의 변동으로 인하여 계산의 편의, 기타사유로 전사용인에게 퇴직급여를 지급한 경우 ③ 기업의 제도·기타 사정 등을 이유로 퇴직금을 1년 기준으로 매년 지급하는 경우 ④ 비거주자의 국내사업장 또는 외국법인의 국내지점의 근로자가 본점(본국)으로 전출하는 경우 등

〈임원퇴직금 한도〉

2012.1.1. 이후 근무기간의 퇴직소득금액이 한도액을 초과하는 경우 그 초과금액은 근로소득으로 본다.

> 퇴직한 날부터 소급하여 3년*1 동안 지급받은 총급여의 연평균환산액×10%×2020년 이후의 근속기간*2/12개월**×2***3

*1. 근무기간이 3년 미만인 경우에는 월수로 계산한 해당 근무기간을 말한다.
*2. 개월수로 계산하며, 1개월 미만의 기간이 있는 경우에는 이를 1개월로 한다.
*3. 2012년 이후에는 3배

2. 비과세퇴직소득

① 근로의 제공으로 인한 부상·질병 또는 사망과 관련하여 근로자나 그 유가족이 받는 연금과 위자료의 성질이 있는 급여

② 국민연금법, 고용보험법 등 각종 법률에 따라 받는 노령연금, 장해연금, 유족연금 등

제2절 퇴직소득의 계산

1. 계산구조

퇴 직 소 득 금 액	퇴직급여액
환 산 급 여 액	**(퇴직소득금액－근속연수공제)÷근속연수×12**
(－) 환 산 급 여 차 등 공 제	
퇴 직 소 득 과 세 표 준	
× 세 율	**기본세율**
= 퇴 직 소 득 산 출 세 액	과세표준×기본세율÷12×근속연수
－ 외 국 납 부 세 액 공 제	이월공제가 되지 않는다.(종합소득세는 5년간 이월공제 적용)
퇴 직 소 득 결 정 세 액	⇨ 원천징수세액

(1) 근속연수 공제

근속년수	공 제 액
5년 이하	100만원 × 근속년수
5년 초과 10년 이하	500만원 +200만원 × (근속년수- 5년)
10년 초과 20년 이하	1,500만원 + 250만원 × (근속년수-10년)
20년 초과	4,000만원 +300만원 × (근속년수-20년)

☞ 1년 미만인 기간이 있는 경우에는 이를 1년으로 본다.

(2) 차등공제

환산급여	차 등 공 제
800만원 이하	환산급여의 100%
7,000만원 이하	800만원 +800만원 초과분의 60%
1억원 이하	4,520만원 +7,000만원 초과분의 55%
3억원 이하	6,170만원 +1억원 초과분의 45%
3억원 초과	15,170만원 +3억원 초과분의 35%

2. 퇴직소득에 대한 과세방법

1. 분류과세	종합소득에 합산하지 않고 별도로 과세한다.
2. 원천징수	원천징수일이 속하는 다음달 10일까지 정부에 납부하여야 한다. **다만, 국외 근로소득이 있는 사람이 퇴직함으로써 받는 퇴직소득은 원천징수하지 않는다.**

3. 퇴직소득의 수입시기

1. 일반적인 퇴직소득	-퇴직한 날
2. 잉여금처분에 따른 퇴직급여	-해당 법인의 잉여금 처분 결의일
3. 이외의 퇴직소득	-소득을 지급받은 날

연/습/문/제

 객관식

01. 다음 중 소득세법상 퇴직소득에 해당하지 않는 것은?

① 퇴직급여지급규정 등에 따라 지급받는 퇴직위로금
② 연임된 임원이 지급받는 퇴직수당
③ 근로소득자가 퇴직으로 인하여 받는 퇴직보험금 중 일시금
④ 해고예고수당

02. 소득세법상 현실적인 퇴직으로 보지 아니하는 경우는?

① 종업원이 임원으로 취임한 경우
② 임원이 연임된 경우
③ 법인의 상근임원이 비상근임원이 된 경우
④ 합병으로 인하여 진출되는 경우

03. 소득세법상 퇴직소득의 범위로 잘못된 것은?

① 공무원이 받는 명예퇴직수당
② 퇴직금에 가산하여 지급받는 가산금
③ 일반 근로자가 퇴직할 때 받는 퇴직보험금
④ 근로자퇴직급여보장법에 의하여 근로자가 연금형태로 지급받는 퇴직연금

04. 소득세법상 퇴직소득세에 관한 설명이다. 잘못된 것은?

① 국외 근로소득이 있는 사람이 퇴직함으로써 받은 퇴직소득에 대해서도 원천징수를 한다.
② 임원이 연임 된 경우에는 비현실적 퇴직으로 본다.
③ 근속연수를 계산할 때 1년 미만의 기간이 있는 경우에는 이를 1년으로 본다
④ 퇴직소득 계산시 외국납부세액공제는 미공제시 이월공제가 되지 않는다.

05. 다음은 소득세법상 퇴직소득에 대한 설명이다. 가장 옳지 않은 것은?

① 퇴직을 사유로 지급받는 퇴직위로금은 퇴직소득으로 본다.
② 퇴직소득세 과세표준은 환산급여에서 환산급여에 따른 차등공제액을 차감하여 계산한다.
③ 퇴직소득을 지급하는 자는 퇴직소득세를 원천징수하여 징수일이 속하는 달의 다음 달 10일까지 납부하여야 한다.
④ 퇴직소득세액공제는 산출세액의 50%로 공제한다.

06. 소득세법상 퇴직소득에 대한 설명 중 잘못된 것은?

① 퇴직급여에서 퇴직소득공제를 차감한 금액을 말한다.
② 근속기간이 5년4개월인 경우 퇴직소득공제액 계산 시 5년으로 계산한다.
③ 퇴직급여는 명예퇴직수당을 포함한다.
④ 연금형태로 수령하는 국민연금은 퇴직소득으로 과세하지 않고 연금소득으로 과세한다.

07. 다음 중 소득세법상 퇴직소득에 대한 설명으로 틀린 것은?

① 공적연금관련법에 따라 받는 일시금은 퇴직소득으로 본다.
② 계속근로기간 중에 중간정산하여 지급받을 수 있는 경우는 없다.
③ 종합과세 대상이 아니다.
④ 퇴직소득과세표준 계산시 근속연수에 따른 공제가 있다.

08. 다음 중 소득세법상 퇴직소득에 관한 설명으로 잘못된 것은?

① 일반적인 퇴직소득에 대한 수입시기는 원칙적으로 퇴직을 한 날로 한다.
② 국민연금법, 공무원연금법 등에 따라 받는 일시금은 퇴직소득에 해당한다.
③ 국내 근로소득이 있는 사람에 대한 퇴직소득은 원천징수가 없다.
④ 사용자 부담금을 기초로 하여 현실적인 퇴직을 원인으로 지급받는 소득은 퇴직소득이다.

09. 다음 중 소득세법상 퇴직소득에 대한 설명으로 옳지 않은 것은?

① 종업원이 임원이 된 경우 퇴직한 것으로 본다.
② 법인의 상근임원이 비상근임원이 되어 받은 퇴직금은 퇴직소득으로 본다.
③ 임원에게 세법상 퇴직금 한도액을 초과하여 지급하는 퇴직금은 근로소득으로 본다.
④ 임원이 연임된 경우에 받은 퇴직금은 퇴직소득으로 본다.

MEMO

연/습/문/제 답안

객관식

1	2	3	4	5	6	7	8	9
②	②	④	①	④	②	②	③	④

[풀이 – 객관식]

01,02. **임원의 연임은 현실적인 퇴직으로 보지 아니한다.**

03. 퇴직연금을 일시금으로 지급받는 경우 퇴직소득이나 **연금형태로 받는 경우에는 연금소득이다.**

04. **국외퇴직소득에 대해서는 예외적으로 원천징수를 하지 않는다.**

05. 퇴직소득세액공제는 없음.

06. **근속년수 공제시 1년 미만**인 기간이 있는 경우에 **1년으로 본다.**

07. 계속근로기간 중 **법정사유에 해당하는 경우 퇴직소득 중간지급이 허용**된다.

08. **국외 근로소득이 있는 사람에 대한 퇴직소득은 원천징수가 없다.**

09. **임원이 연임된 경우는 현실적인 퇴직으로 보지 아니한다.**

Chapter

납세절차 등

6

로그인 세무회계 3급

제1절 원천징수

1. 원천징수의 개념

원천징수란 원천징수의무자가 소득 또는 수입금액을 지급할 때 납세의무자가 내야 할 세금을 미리 징수하여 정부에 납부하는 제도이다.

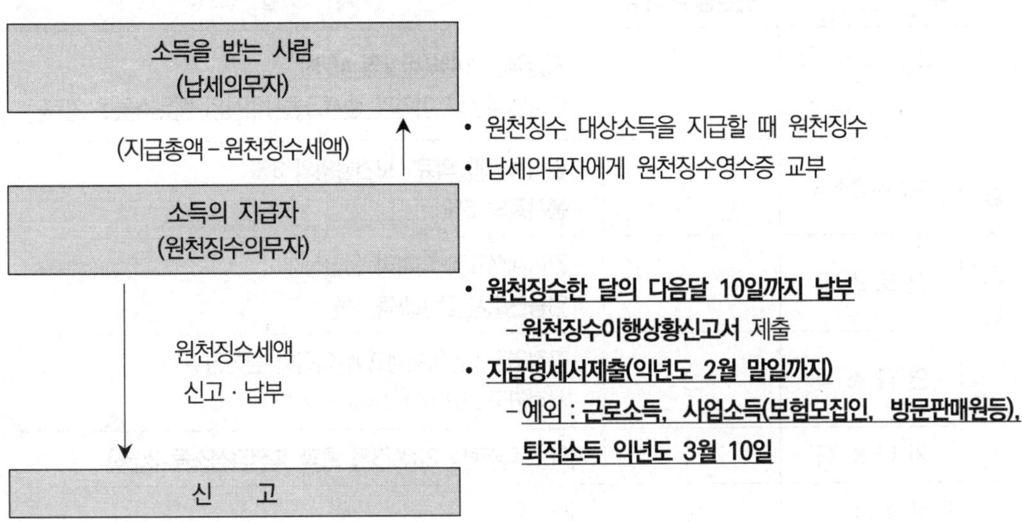

2. 원천징수의 종류

원천징수는 **원천징수로 납세의무가 종결되는지 여부**에 따라 완납적 원천징수와 예납적 원천징수로 나눌 수 있다.

〈예납적 원천징수와 완납적 원천징수의 비교〉

구 분	예납적 원천징수	완납적 원천징수
납세의무 종결	원천징수로 종결되지 않음	원천징수로 납세의무종결
확정신고 의무	**확정신고의무 있음**	**확정신고 불필요**
조세부담	확정신고시 정산하고 원천징수 세액을 기납부세액으로 공제함	원천징수세액
대상소득	**분리과세 이외의 소득**	**분리과세소득** **① 비실명금융소득** **② 직장공제회초과반환금** **③ 복권당첨금** **④ 일용근로소득**

3. 원천징수세율 

구 분			원천징수 여부	세 율
종합소득	금융소득	이 자	○	-**지급액의 14%(비실명 45%)** -**비영업대금의 이익과 출자공동사업자의 배당소득은 25%**
		배 당		
	특정사업소득		○	-**인적용역과 의료·보건용역의 3%** -**봉사료의 5%**
	근로소득		○	-간이세액표에 의하여 원천징수 -**일용근로자 근로소득 6%**
	연금소득		○	-공적연금 : 간이세액표에 의하여 원천징수 -사적연금 : 5%(4%,3%)
	기타소득		○	**기타소득금액의 20%(3억 초과 복권당첨소득 30%)**
퇴직소득			○	기본세율
양도소득			×	

4. 원천징수신고납부

원천징수의무자는 다음달 10일까지 원천징수이행상황신고를 제출하여야 한다.

구 분	원천징수신고납부기한
1. 원칙	징수일이 속하는 달의 다음달 10일
2. 예외	반기별납부사업자 : **상시고용인원이 20인 이하**인 소규모 업체로서 세무서장의 승인을 얻은 경우 ① **징수일이 1월 1일 ~ 6월 30일 : 7월 10일** ② 징수일이 7월 1일 ~12월 31일 : 다음연도 1월 10일

☞ 신규사업자는 신청일이 속하는 반기의 상시 고용인원이 20명이하인 경우에도 반기별 납부를 신청할 수 있다.

5. 지급시기의제(근로소득)

근로소득을 미지급시에도 지급한 것으로 의제하여 원천징수를 하여야 한다.

① **1~11월분 급여 : 12월 31일**

② **12월분 급여 : 다음연도 2월말**

제2절 연말정산(근로소득)

1. 의의

연말정산이란 근로소득을 지급하는 자가 다음해 2월분 급여를 지급하는 때에 지난 1년간의 총급여액에 대한 근로소득세액을 정확하게 계산한 후, 매월 급여지급시 간이세액표에 의하여 이미 원천징수납부한 세액과 비교하여 적게 징수한 경우에는 더 징수하고, 많이 징수한 세액은 돌려주는 절차를 말한다.

2. 연말정산의 시기 

구 분	시 기	신고납부
(1) 일반	**다음해 2월분 급여 지급시**	**3월 10일까지**
(2) 중도퇴사	**퇴직한 달의 급여를 지급하는 때**	**다음달 10일까지**
(3) 반기별납부자	다음해 2월분 급여 지급시	신고는 3월 10일까지, 납부는 7월 10일까지

제3절 소득세 신고·납부절차

1. 소득세 신고절차 

구 분	내 용	신고여부	납부기한
1. 중간예납	사업소득이 있는 거주자가 상반기(1월~6월)의 소득세를 미리 납부하는 절차	고지납부	11월 30일
2. 사업장 현황신고	**면세사업자(개인)**의 총수입금액을 파악하기 위한 제도	자진신고	**다음연도 2월 10일까지**
3. 확정신고	소득세법상 소득이 있는 자가 소득세를 확정 신고납부하는 것	자진신고	다음연도 5월말까지

2. 중간예납

(1) 중간예납대상자

사업소득이 있는 거주자는 중간예납 의무가 있다.
다만, 다음에 해당하는 사람은 중간예납 의무가 없다.

① 신규사업자
② 사업소득 중 수시 부과하는 소득
③ 보험모집인, 방문판매인 등 연말정산대상 사업소득으로서 원천징수의무자가 직전연도에 사업소득세의 연말정산을 한 경우
④ 납세조합이 소득세를 매월 원천징수하여 납부하는 경우

(2) 징수

고지납부(중간예납기준액의 1/2)가 원칙이고, 1천만원초과시 분납도 가능하다.
[소액부징수 : 50만원미만인 때에는 징수하지 않는다]

(3) 신고납부 : 11월 1일부터 11월 30일까지

① 임의적 신고대상자 : 사업부진으로 **중간예납기준액의 30%**에 미달시 중간예납추계액을 신고 납부할 수 있음.
② 강제적 신고대상자 : 중간예납기준액이 없는 거주자(복식부기의무자)가 당해 연도의 중간예납기간 중 종합소득이 있는 경우에는 중간예납세액을 신고·납부하여야 함.

☞ 중간예납기준액 : 직전년도 종합소득에 대한 소득세로서 납부하였거나 납부하여야 할 세액
중간예납추계액(세액) : 당해년도 1.1~6.30까지 종합소득에 대한 소득세 추계액

3. 사업장현황신고 : 개인면세사업자

개인면세사업자가 5월의 종합소득 확정신고를 하기 전에 1년간의 수입금액을 미리 신고하는 제도를 사업장현황 신고라고 한다.

다음연도 2월 10일까지 사업장 소재지 관할세무서장에게 신고하여야 한다.

4. 지급명세서 제출의무

(1) 제출의무자 : 소득세납세의무가 있는 개인에게 소득을 국내에서 지급하는 자

(2) 제출기한

① **원칙 : 익년도 2월 말일**

② **근로소득, 퇴직소득, 원천징수대상사업소득 : 익년도 3월 10일**

③ 일용근로자의 근로소득 : 지급일이 속하는달의 다음달 말일(매월단위 제출)

④ 휴업(폐업)의 경우 : 휴업(폐업)일이 속하는 달의 다음다음 달 말일

5. 근로소득 등 간이지급명세서 제출의무

(1) 제출의무자 : 상용근로소득, 원천징수대상 사업소득,
인적용역관련 기타소득을 지급하는 자

(2) 제출기한 : 상용근로소득(반기 단위제출, 반기말 다음달 말일)
원천징수대상 사업소득 및 인적용역 관련 기타소득(매월단위 제출, 다음달 말일)

6. 확정신고와 납부

(1) 과세표준확정신고

당해 연도의 소득금액(종합소득 · 퇴직소득 · 양도소득)이 있는 거주자는 당해 소득의 과세표준을 당해 연도의 다음 연도 5월 1일부터 5월 31일**(성실신고 확인대상 사업자는 6월 30일)**까지 납세지 관할세무서장에게 신고하여야 한다.

이러한 **과세표준 확정신고는 해당 과세기간의 과세표준이 없거나 결손금액이 있는 경우에도 하여야 한다.**

(2) 제출서류

① 인적공제, 연금보험료공제, 주택담보노후연금 이자비용공제 및 특별공제대상임을 증명하는 서류

② 종합소득금액 계산의 기초가 된 총수입금액과 필요경비의 계산에 필요한 서류

③ 사업소득금액을 비치 · 기록된 장부와 증명서류에 의하여 계산한 경우에는 기업회계기준을 준용하여 작성한 재무상태표 · 손익계산서와 그 부속서류, 합계잔액시산표 및 조정계산서. 기장을 한 사업자의 경우에는 간편장부소득금액 계산서. 이 경우 **복식부기의무자가 재무상태표 · 손익계산서, 합계잔액시산표 및 조정계산서를 제출하지 아니한 경우에는 종합소득 과세표준확정신고를 하지 아니한 것으로 본다.**

④ 필요경비를 산입한 경우에는 그 명세서

⑤ 사업자(소규모사업자는 제외)가 사업과 관련하여 다른 사업자(법인을 포함한다)로부터 재화 또는 용역을 공급받고 적격증빙서류외의 것으로 증명을 받은 경우에는 영수증 수취명세서

⑥ 사업소득금액을 비치 · 기록한 장부와 증명서류에 의하여 계산하지 아니한 경우에는 추계소득금액 계산서

〈확정신고 의무 제외자〉

① **근로소득만 있는 자**
② **퇴직소득만 있는 자**
③ **연말정산대상 연금소득만 있는 자**
④ **연말정산대상 사업소득만 있는 자**
⑤ 위 ① · ② 또는 ② · ③ 또는 ② · ④ 소득만 있는 자
⑥ 분리과세이자소득 · 분리과세배당소득 · 분리과세연금소득 및 분리과세기타소득만이 있는 자
⑦ 위 ① 내지 ⑤에 해당하는 자로서 분리과세이자소득 · 분리과세배당소득 · 분리과세연금소득 및 분리과세기타소득이 있는 자

(3) 자진납부 및 분납

거주자는 해당 연도의 과세표준에 대한 종합소득 · 퇴직소득 · 양도소득 산출세액에서 감면세액 · 공제세액 · 기납부세액을 공제한 금액을 과세표준확정신고기한까지 납세지 관할세무서에 납부하여야 한다.

또한 납부할 세액(가산세 및 감면분 추가납부세액은 제외)이 **1천만원을 초과하는 거주자는 다음의 세액을 납부기한 경과 후 2개월 이내에 분납**할 수 있다.

① 납부할 세액이 **2천만원 이하인 때에는 1천만원을 초과하는 금액**
② 납부할 세액이 2천만원을 초과하는 때에는 그 세액의 50% 이하의 금액

7. 소액부징수

① 원천징수세액이 1천원 미만인 경우(**이자소득과 인적용역 사업소득으로서 계속적·반복적 활동을 통해 얻는 소득은 제외)**

② 납세조합의 징수세액이 1천원 미만인 경우

③ 중간예납세액이 50만원 미만인 경우

8. 성실신고 확인제도

성실한 납세를 위하여 필요하다고 인정되어 수입금액이 일정규모 이상의 사업자(성실신고확인대상사업자)는 종합소득과세표준 확정신고시 비치·기록된 장부와 증명서류에 의하여 계산한 **사업소득금액의 적정성을 세무사 등이 확인하고 작성한 확인서**를 납세지 관할 세무서장에게 제출하여야 한다.

(1) 사업자 범위 : 해당 과세기간의 수입금액의 합계액이 일정금액이상인 개인사업자

① 농업, 도매 및 소매업, 부동산매매업등	15억원 이상
② 제조업, 건설업, 음식점업, 금융 및 보험업 등	7.5억원 이상
③ 부동산임대업, 교육서비스업등	5억원 이상

☞ 수입금액에 사업용 유형자산 처분에 따른 수입금액 제외

(2) 성실신고확인서 제출 : 사업소득금액의 적정성을 세무사 등이 확인하고 작성한 확인서를 납세지 관할세무서장에게 신고

(3) 성실신고확인서 관련 혜택 및 제재

① **확정신고기한 연장 : 익년 6월 30일까지**

② **의료비 및 교육비, 월세 세액공제**를 허용함.

③ 성실신고 확인비용에 대한 세액공제

④ **미제출가산세 : MAX(산출세액의 5%, 수입금액의 0.02%)**

⑤ 미제출시 세무조사 가능

제4절 결정 · 경정

1. 결정

납세지 관할세무서장(또는 관할 지방국세청장)은 종합소득 또는 퇴직소득 과세표준확정신고를 하여야 할 자가 신고를 하지 않은 경우에는 해당 거주자의 해당 과세기간의 과세표준과 세액을 결정한다. 이러한 결정은 과세표준 신고기한으로부터 1년 이내에 완료하여야 한다.

2. 경정

① 신고내용에 탈루 또는 오류가 있는 경우
② 근로소득세, 연금소득세, 사업소득세, 퇴직소득세를 원천징수한 내용에 탈루 또는 오류가 있는 경우로서 법에 정한 사유
③ 매출 · 매입처별 세금계산서합계표 또는 지급명세서의 전부 또는 일부를 제출하지 않은 경우
④ 사업용계좌를 이용(신고)하여야 할 사업자가 이를 이행하지 않는 경우 등

납세지 관할세무서장(또는 관할 지방국세청장)은 종합소득 또는 퇴직소득 과세표준확정신고를 한 자가 상기 사유가 있는 경우 이를 경정한다.

이처럼 과세표준과 세액을 결정 또는 경정한 후 그 결정 · 경정에 오류나 누락이 있는 것이 발견된 경우에는 즉시 이를 다시 경정한다.

3. 결정 · 경정의 방법 : 실지조사(예외 : 추계조사)

과세표준확정신고서 및 그 첨부서류에 의하거나 장부나 그 밖의 증명서류에 의한 실지 조사에 따라야 한다.

(1) 추계조사사유

① 과세표준을 계산할 때 필요한 장부와 증명서류가 없거나 중요한 부분이 미비 또는 허위인 경우
② 기장의 내용이 시설규모 · 종업원수와 원자재 · 상품 · 제품의 시가, 각종 요금 등에 비추어 허위임이 명백한 경우
③ 기장의 내용이 원자재 사용량 · 전력사용량 기타 조업상황에 비추어 허위임이 명백한 경우

(2) 추계의 방법 

추계과세표준 = 추계소득금액 − 소득공제액

① 단순경비율 적용대상자

추계소득금액 = 수입금액 − 수입금액 × 단순경비율

☞ 적용대상자

㉠ **신규로 사업을 개시한 사업자로서 해당 과세기간의 수입금액이 간편장부대상자 수입금액에 미달하는 자**

㉡ 직전과세기간의 수입금액의 합계액이 다음의 금액에 미달하는 사업자

업 종 별	수입금액 기 준
농업 · 임업 및 어업, 광업, 도매 및 소매업, 부동산매매업 등	**6,000만원**
제조업, 숙박 및 음식점업, 전기 · 가스 · 증기 및 수도사업, 하수 · 폐기물처리 · 원료재생 및 환경복원업, 건설업, 운수업, 출판 · 영상 · 방송통신 및 정보서비스업, 금융 및 보험업	**3,600만원**
부동산임대업, 전문 · 과학 및 기술서비스업, 사업시설관리 및 사업지원서비스업, 교육서비스업, 보건업 및 사회복지서비스업, 예술 · 스포츠 및 여가 관련 서비스업, 협회 및 단체, 수리 및 기타 개인서비스업, 가구내 고용활동	**2,400만원**

② 기준경비율 적용대상자(일반적인 사업자)

추계소득금액 = MIN[㉠, ㉡] ㉠ 기준소득금액 = 수입금액 − **매입비용(고정자산의 매입비용은 제외)과 사업용고정자산의 임차료** **− 종업원의 급여와 퇴직급여** − 수입금액 × 기준경비율(복식부기의무자는 기준경비율의 50%) ㉡ 비교소득금액 = (수입금액 − 수입금액 × 단순경비율) × 배율(3배, 간편장부대상자 2.4배)

[수입금액별 장부작성 의무 및 소득금액 신고]

직전연도 사업소득 수입금액	장부신고자		추계신고자	
업 종 별	복식부기 의무자	간편장부 대상자	기준경비율 적용대상자	단순경비율 적용대상자
농업·임업 및 어업, 광업, 도매 및 소매업, 부동산매매업 등	3억원 이상	3억원 미만	0.6억원 이상	0.6억원 미만
제조업, 숙박 및 음식점업, 건설업, 운수업, 출판·영상·방송통신 및 정보서비스업, 금융 및 보험업 등	1.5억원 이상	1.5억원 미만	0.36억원 이상	0.36억원 미만
부동산임대업, 전문·과학 및 기술서비스업, 교육서비스업, 보건업 및 예술·스포츠 및 여가 관련 서비스업, 기타 개인서비스업, 가구내 고용활동 등	0.75억원 이상	0.75억원 미만	0.24억원 이상	0.24억원 미만

☞ 수입금액에 사업용 유형자산 처분에 따른 수입금액 제외

연/습/문/제

객관식

01. 다음 중 소득세법상 무조건 원천징수로서 납세의무가 종결되는 경우가 아닌 것은?

① 복권당첨금
② 비영업대금의 이익
③ 비실명 이자 및 배당소득
④ 직장공제회 초과반환금

02. 다음 소득 중 원천징수 세율이 가장 높은 것부터 순서대로 나열한 것을 고르면?

(ㄱ) 비영업대금의 이익	(ㄴ) 3억원 이하의 복권 당첨소득
(ㄷ) 원천징수대상 사업소득	(ㄹ) 비상장법인으로부터 받는 배당소득

① (ㄴ)>(ㄱ)>(ㄹ)>(ㄷ)
② (ㄴ)>(ㄹ)>(ㄱ)>(ㄷ)
③ (ㄱ)>(ㄴ)>(ㄹ)>(ㄷ)
④ (ㄱ)>(ㄷ)>(ㄹ)>(ㄴ)

03. 소득세법상 원천징수 세율이 잘못 적용된 것은?

① 일용근로자의 근로소득 : 10%
② 원천징수대상 사업소득 : 3%
③ 봉사료 : 5%
④ 비영업대금의 이익 : 25%

04. 다음 중 소득세법상 원천징수시기에 관한 내용 중 틀린 것은?

① 원천징수는 원칙적으로 그 대상소득을 지급할 때 한다.
② 원천징수한 세액은 그 징수일이 속하는 달의 익월 10일(반기별 납부 제외)까지 납부하여야 한다.
③ 12월분의 근로소득을 다음 연도 2월말까지 미지급한 경우는 2월말에 지급한 것으로 보아 원천징수를 하여야 한다.
④ 반기별 납부는 원천징수의무자의 선택에 따라 제한 없이 적용할 수 있다.

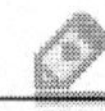

05. 직전년도부터 소득세법상 원천징수세액의 반기별납부승인을 얻은 사업자가 해당연도 7월 5일에 기타소득을 지급한 경우, 이에 대한 원천징수세액의 납부기한은 언제인가?

① 해당연도 7월 10일　　② 해당연도 8월 10일
③ 다음연도 1월 10일　　④ 다음연도 2월 10일

06. 소득세법상 예납적 원천징수와 완납적 원천징수에 관한 설명이다. 잘못된 것은?

① 원천징수로 납세의무가 종결되는지의 여부에 따라 예납적 원천징수와 완납적 원천징수로 구분한다.
② 예납적 원천징수의 경우 별도의 소득세 확정신고절차가 필요하나, 완납적 원천징수의 경우 별도의 소득세 확정 신고 절차가 불필요하다.
③ 예납적 원천징수 대상소득은 분리과세되지 않는 소득이고, 완납적 원천징수 대상소득은 분리과세소득이다.
④ 예납적 원천징수의 경우 납부한 원천징수세액과 실제의 세금부담액이 차이가 없으나, 완납적 원천징수의 경우 납부한 원천징수세액과 실제의 세금부담액이 차이가 있다.

07. 다음 중 종합소득과세표준 확정신고기한으로 옳은 것은?

① 거주자가 사망한 경우 : 그 사망일이 속한 달의 말일로부터 6개월이 되는 날
② 거주자가 출국한 경우 : 그 출국일이 속한 달의 말일로부터 6개월이 되는 날
③ 거주자가 폐업한 경우 : 그 폐업일이 속한 달의 말일로부터 2개월이 되는 날
④ 거주자가 휴업한 경우 : 그 휴업일이 속한 달의 말일로부터 2개월이 되는 날

08. 다음 중 소득세법상 중간예납에 대한 설명으로 옳은 것은?

① 중간예납세액은 매년 10월 31일까지 납부하여야 한다.
② 중간예납기준액이 없는 거주자는 중간예납세액 납부의무가 없다.
③ 중간예납세액이 1천 5백만원인 경우에는 750만원을 분할납부할 수 있다.
④ 중간예납기간은 해당연도 1월 1일부터 6월 30일까지이다.

09. 소득세법상 소득세 중간예납에 대한 설명이다. 가장 옳은 것은?

① 중간예납세액의 납부는 익년 1월 15일까지 이다.
② 사업소득자, 퇴직소득자, 양도소득자를 대상자로 한다.
③ 당해 과세기간 중 사업을 개시한 자는 중간예납의무가 있다.
④ 중간예납기준액이 없는 복식부기의무자의 경우 해당 과세기간의 중간예납기간 중에 사업소득이 있는 경우 신고해야 한다.

10. 다음 중 소득세법상 중간예납에 대한 설명으로 옳지 않은 것은?

① 중간예납세액이 30만원 미만인 때에는 해당 소득세를 징수하지 아니한다.

② 전년도의 종합소득에 대한 소득세로서 납부하였거나 납부하여야 할 세액의 2분의 1에 상당하는 금액이 중간예납기준액이 된다.

③ 중간예납신고기한은 11월 1일부터 11월 30일까지이다.

④ 중간예납세액이 1천만원을 초과시 분납할 수 있다.

11. 다음 중 소득세법상 사업장현황신고를 하지 않을 경우, 사업장현황신고불성실 가산세(0.5%)가 적용되는 업종은?

① 의료업　　② 세무사업

③ 변호사업　　④ 건축사업

12. 거주자인 김아영씨는 20x1년 4월 20일에 치과의원을 개설하여 개인사업을 시작하였다. 김아영씨가 20x1년 및 20x2년에 하여야 할 소득세법상의 의무가 아닌 것은?

① 직원 급여지급에 따른 원천징수의무　　② 사업장현황신고의무

③ 종합소득과세표준 확정신고의무　　④ 부가가치세 확정신고의무

13. 소득세법상 원천징수의무자는 20x1년 근로소득 연말정산시 근로소득 지급명세서를 언제까지 제출해야 하는가?

① 20x2년 2월 10일　　② 20x2년 2월 28일

③ 20x2년 3월 10일　　④ 20x2년 3월 31일

14. 다음 중 소득세법상 과세표준 확정 신고를 반드시 해야 하는 경우는?

① 퇴직소득과 사업소득만 있는 자　　② 분리과세 연금소득만 있는 자

③ 근로소득만 있는 자　　④ 퇴직소득과 분리과세 기타소득만 있는 자

15. 소득세법상 종합소득세 확정신고를 반드시 해야 하는 거주자는?

① 근로소득만 있는 자　　② 퇴직소득만 있는 자

③ 근로소득과 부동산임대소득이 있는 자　　④ 근로소득과 퇴직소득만 있는 자

16. 소득세법상 종합소득 과세표준 확정신고시 제출해야 하는 서류에 해당하지 않는 것은?

① 손익계산서 ② 세무조정계산서
③ 재무상태표 ④ 지급명세서

17. 다음 소득세법상 확정신고납부에 대한 설명 중 틀린 것은?

① 종합소득금액이 있는 거주자라 하더라도 과세표준이 없거나 결손금이 있는 경우에는 과세표준 확정신고를 하지 않아도 된다.
② 납부할 세액이 1천만원을 초과하는 경우 2개월 이내에 분할 납부할 수 있다.
③ 신고한 내용에 탈루 또는 오류가 있는 경우 관할세무서장 또는 지방국세청장은 과세표준과 세액을 경정한다.
④ 과세표준을 계산할 때 필요한 장부와 증명서류가 없거나 미비한 경우 소득금액을 추계조사결정할 수 있다.

18. 다음 중 소득세법상 소액부징수 금액으로 옳지 않은 것은?

① 중간예납세액 : 50만원 미만
② 배당소득에 대한 원천징수세액 : 1천원 미만
③ 이자소득에 대한 원천징수세액 : 1천원 미만
④ 납세조합의 징수세액 : 1천원 미만

19. 다음 중 소득세법상 단순경비율에 대한 설명으로 옳지 않은 것은?

① 모든 신규사업자는 해당 과세기간 수입금액에 관계없이 단순경비율을 적용하여 신고할 수 있다.
② 단순경비율제도란 장부가 없는 영세사업자에 대하여 추계과세하는 제도를 말한다.
③ 부동산임대업의 경우 직전 과세기간 수입금액이 2,400만원에 미달하는 사업자는 단순경비율로 신고할 수 있다.
④ 단순경비율의 소득금액은 수입금액×(1 - 단순경비율)이다.

20. 소득세법상 간편장부 대상자와 복식부기의무 대상자 판정의 기준이 되는 업종별 직전과세기간 수입금액으로 바르게 짝지어진 것을 고르시오.

업 종 별	수입금액 기준
농업 · 임업 및 어업, 광업, 도매 및 소매업, 부동산매매업, 그 밖에 나목 및 다목에 해당되지 아니하는 사업	가
제조업, 숙박 및 음식점업, 전기 · 가스 · 증기 및 수도사업, 하수 · 폐기물처리 · 원료재생 및 환경복원업, 건설업, 운수업, 출판 · 영상 · 방송통신 및 정보서비스업, 금융 및 보험업	나
부동산임대업, 전문 · 과학 및 기술서비스업, 사업시설관리 및 사업지원서비스업, 교육서비스업, 보건업 및 사회복지서비스업, 예술 · 스포츠 및 여가 관련 서비스업, 협회 및 단체, 수리 및 기타 개인서비스업, 가구내 고용활동	다

	가	나	다
①	2,400만원	3,600만원	6,000만원
②	6,000만원	3,600만원	2,400만원
③	7,500만원	1억5천만원	3억원
④	3억원	1억5천만원	7,500만원

21. 소득세법상 기준경비율 적용시 주요경비가 아닌 것은?

① 매입비용(사업용 고정자산 매입비용 제외)
② 사업용 고정자산에 대한 임차료
③ 종업원의 급여와 임금 및 퇴직급여로서 증빙서류에 의하여 지급하였거나 지급할 금액
④ 이자비용, 통신료, 차량유지비, 복리후생비, 기업업무추진비, 지급수수료

22. 다음 중 소득세법상 근로소득 원천징수에 대한 설명으로 가장 옳지 않은 것은?

① 원천징수의무자가 1월부터 12월까지의 근로소득을 지급하지 못한 경우 원천징수하지 아니한다.
② 원천징수의무자는 매월 급여 지급 시 근로소득 간이세액표에 의하여 원천징수 후 지급한다.
③ 직전 연도의 상시고용 인원이 20명 이하인 원천징수의무자(금융 및 보험업을 경영하는 자 아님)는 반기별 납부 신청을 할 수 있다.
④ 원천징수의무자가 일용근로자에게 일용근로소득을 지급한 때 원천징수함으로써 납세의무가 종결된다.

주관식

01. 다음은 소득세법상 원천징수에 관한 규정을 설명한 것이다. 빈칸에 올바른 것은?

> 원천징수의무자는 원천징수한 소득세를 그 징수일이 속하는 달의 다음 달 10일까지 정부에 납부하여야 한다. 다만, 직전 과세기간의 상시고용인원이 ( )명 이하인 원천징수의무자(금융 · 보험업자는 제외)로서 원천징수 관할세무서장의 승인을 받거나 국세청장이 정하는 바에 따라 지정을 받은 자는 원천징수한 소득세를 그 징수일이 속하는 반기의 마지막 달의 다음 달 10일까지 납부할 수 있다.

02. 도매업을 영위하는 이종숙씨는 개인사업자 이종희씨에게 20x1년 2월 1일에 300,000,000원을 빌려주고 20x1년 11월 30일에 15,000,000원의 이자를 받기로 약정하였다. 이때 이종숙씨가 비영업대금의 이익으로 보아 원천징수하고 신고해야 할 소득세와 지방소득세의 합계액은 얼마인가?

03. 20x1년도에 일용근로소득만 있는 거주자 A씨에게 일당으로 250,000원을 지급시 거주자 A씨의 소득세법상 일일근로소득의 원천징수 소득세는 얼마인가?

04. 다음 자료에 따라 20x1년 귀속 개인사업자 A의 추계신고(단순경비율)에 의한 사업소득금액은?

> (1) 20x1년 총수입금액 : 45,000,000원
> (2) 매입비용 · 임차료 · 인건비 발생액 : 25,000,000원
> (3) 적용할 단순경비율 : 80%

05. 다음은 부동산 임대업을 영위하는 간편장부대상자(단순경비율 적용대상)인 홍길동씨의 소득 자료이다. 단순경비율에 의한 종합소득 산출세액은 얼마인가?

> • 부동산 입대업 총수입금액 : 20,000,000원
> • 부동산 임대업의 단순경비율 : 40%
> • 종합소득공제액 : 2,500,000원
> • 과세표준 1,400만원 이하 적용세율 : 과세표준×6%

06. 다음 자료에 의하여 소득세법상 중간예납세액을 계산하면 얼마인가?

(ㄱ) 직전연도 중간예납세액 : 8,000,000원	(ㄴ) 해당연도 중간예납기준액 : 10,000,000원
(ㄷ) 추가납부세액 : 6,000,000원	

연/습/문/제 답안

객관식

1	2	3	4	5	6	7	8	9	10	11	12	13	14	15
②	③	①	④	③	④	①	④	④	①	①	④	③	①	③
16	**17**	**18**	**19**	**20**	**21**	**22**								
④	①	③	①	④	④	①								

[풀이 – 객관식]

01. 비영업대금의 이익은 금융소득이 2,000만원을 초과하는 경우에 종합소득에 합산하여 과세한다.

02. 비영업대금의 이익 : 25%　　3억원 이하의 복권 당첨소득 : 20%
원천징수대상 사업소득 : 3%　　배당소득 : 14%

03. 근로소득에 대해서는 기본세율. 다만, **일용근로자의 근로소득에 대해서는 100분의 6**로 한다.

04. 직전 과세기간의 **상시고용인원이 20인 이하**인 사업장은 **관할세무서장의 승인을 얻어 반기별 납부**를 할 수 있다.

06. 예납적 원천징수의 경우 납부세액과 실제의 세금부담액이 차이가 날 수 있으나, 완납적원천징수의 경우에는 원천징수로 과세가 원천징수로 과세가 종결되기 때문에 납부한 세액과 실제의 세금부담액이 차이가 없다.

07. 출국시 출국일 전일, 폐업/휴업시는 익년도 5월31일

08. **중간예납세액은 11월 30일까지 납부**하여야 하고, 중간예납기준액이 없는 거주자는 중간예납추계액을 신고하여야 한다. 그리고 중간예납세액이 15백만원인 경우 5백만원을 분할 납부할 수 있다.

09. 사업소득자만 중간예납대상자이고, **신규사업자는 중간예납의무가 없다.**

10. **중간예납세액이 50만원** 미만인 경우에는 소득세를 징수하지 아니한다. : 1천만원 초과시 분납 가능함

11. 사업장 현황신고는 의료업, 수의업 및 약사업이 신고대상이다.

12. 의료보건용역을 영위하는 치과의원은 면세사업을 영위하므로 부가가치세 신고의무가 없다.

14,15. **사업소득(부동산임대업 포함)이 있는 사업자는 반드시 과세표준 확정신고**를 하여야 한다.

16. **지급명세서는 원칙적으로 2월 말일**까지 제출하여야 한다.

17. 종합소득금액이 있는 거주자가 과세표준이 없거나 결손금이 있는 경우에도 과세표준확정신고는 해야 한다.

19. 신규개시사업자로서 수입금액이 **간편장부대상자 수입금액기준에 미달하여야 단순경비율**을 적용할 수 있다.

22. 근로소득을 지급하여야 할 원천징수의무자가 1월부터 11월까지의 근로소득을 해당 과세기간의 12월 31일까지 지급하지 못한 경우에는 **12월 31일**에, 12월분의 근로소득을 다음 연도 2월 말일까지 지급하지 아니한 경우에는 그 근로소득을 **다음 연도 2월 말일에 지급한 것으로 보아 소득세를 원천징수한다.**

주관식

01	20	02	4,125,000원	03	2,700원
04	9,000,000원	05	570,000원	06	5,000,000원

[풀이 – 주관식]

02. 비영업대금의 이익에 대하여 25%(지방소득세 10% 별도)의 원천징수세율을 적용한다.

03. **원천징수세액(일용근로소득) = [(일당 - 150,000원)] × 6%] × 45%**

= [(250,000원 - 150,000원) × 6%] × 0.45 = 2,700원

04. 추계소득금액 = 45,000,000원(총수입금액) - (45,000,000원 × 80%) = 9,000,000원

05. {20,000,000원(총수입금액) - (20,000,000원 × 40%(단순경비율)) - 2,500,000원} × 6%
= 570,000원

06. **중간예납기준액 × 1/2** = 중간예납세액(10,000,000원 × 1/2 = 5,000,000원)

Chapter

7 양도소득세

양도라 함은 자산에 대한 등기·등록에 관계없이 매도, 교환, 법인에 대한 현물출자 등(대물변제, 이혼위자료의 지급, 공용수용도 포함)으로 인하여 그 **자산이 유상으로 사실상 이전되는 것**을 말한다.

- 양도에서 제외되는 것

① 환지처분 또는 체비지에의 충당 : 공익사업의 원할한 수행

☞ 환지처분 : 시행자가 환지계획에 따라 토지구획정리사업이 완료된 뒤 종전의 토지 갈음하여 새로운 토지를 교부하고 이에 종전의 권리를 이전시키는 처분을 말한다.

체비지 : 도시개발사업을 환지방식으로 시행하는 경우 해당 사업에 필요한 재원을 확보하기 위하여 사업주가 토지소유주로부터 취득하여 처분할 수 있는 토지

② 양도담보 : 그러나 채무불이행으로 변제에 충당시 양도에 해당한다.

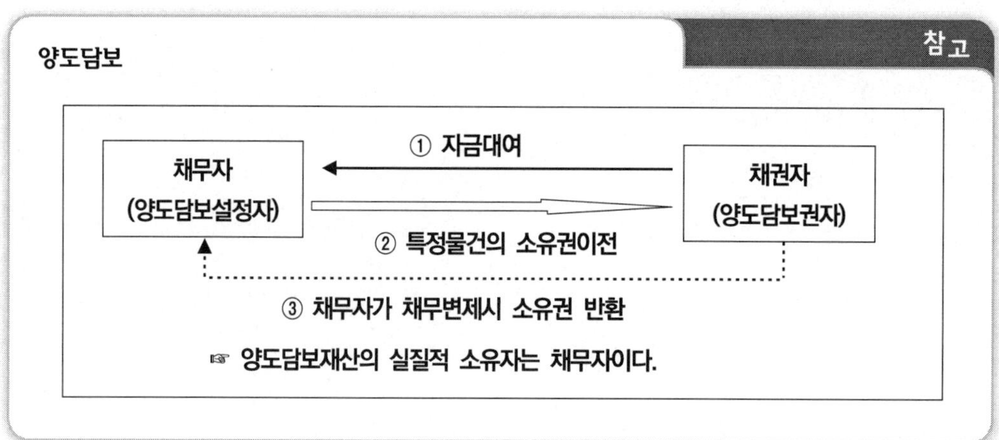

제1절 양도소득세 과세대상자산

1. 과세 대상자산

구 분		과 세 대 상
1그룹 (부동산 등)	부동산	토지, 건물
	부동산에 관한 권리	① 지상권, 전세권 ② 등기된 부동산임차권 ③ 부동산을 취득할 수 있는 권리(아파트분양권 등)
	기타자산	① 특정주식(A,B) ② 특정시설물이용권 ③ 영업권 ☞ **사업용 고정자산과 함께 양도하는 것에 한함**
2그룹	일반주식	① 상장주식 중 대주주 양도분과 장외양도분 ② 비상장주식 ③ 해외주식(외국법인이 발행한 주식 등)
3그룹	파생상품	파생상품 등의 거래 또는 행위로 발생하는 소득
4그룹	신탁수익권	신탁의 이익을 받을 권리 의 양도로 발생하는 소득

(1) 기타자산

① 특정주식(A) : 부동산 과다법인의 주식(㉠ & ㉡ & ㉢)

㉠ 주식을 발행한 법인의 토지 · 건물 · 부동산에 관한 권리의 합계액이 자산총액의 50% 이상

㉡ 주주 1인과 그 특수관계인의 소유주식합계액이 주식총액의 50% 초과

㉢ 주주 1인과 그 특수관계인이 양도한 주식합계액이 주식총액의 50% 이상(3년간 누계기준)

② 특정주식(B) : 골프장 등 특수업종을 영위하는 부동산 과다법인의 주식

㉠ 골프장, 스키장, 휴양코도미니엄, 전문휴양시설을 건설 또는 취득하여 직접 경영하거나 분양 또는 임대하는 사업을 영위하는 법인

㉡ 해당 법인의 자산총액 중 토지, 건물 및 부동산에 관한 권리의 합계액 이 80%이상인 법인

→ 상기 요건에 해당하는 주식은 단 1주를 양도하더라도 양도세 과세대상이다.

③ 특정시설물이용권

시설물을 배타적으로 이용하거나 일반 이용자에 비하여 유리한 조건으로 이용할 수 있도록 한 시설물이용권을 말하며, 골프회원권, 헬스클럽이용권 등이 대표적 사례이다.

④ 영업권 : <u>사업용 고정자산(토지 · 건물 · 부동산에 관한 권리)과 함께 양도하는 경우</u>

☞ **영업권만 양도시 기타소득에 해당한다.**

(2) 주식(출자지분 포함)

주식시장의 활성화를 위하여 상장주식에 대하여는 원칙적으로 양도소득세를 과세하지 않는다. 그러나 이러한 점을 이용해 변칙증여를 하는 경우가 있으므로 이를 방지하기 위하여 **대주주가 양도하는 것과 장외(유가증권시장, 코스닥시장등 이외)에서 양도하는 것과 비상장주식**은 양도소득세 과세대상이 된다.

2. 비과세 양도소득

① **파산선고의 처분으로 인하여 발생하는 소득**

② **농지의 교환 · 분합으로 인하여 발생하는 소득**

③ **1세대 1주택(고가주택 제외)과 그 부수토지의 양도로 인한 소득**

* 고가주택 : 12억 초과

참고

1세대 1주택의 양도소득에 대한 비과세

1. 양도소득세가 과세되지 않는 1세대 1주택
   - 1세대가 양도일 현재 국내에 당해 양도주택하나(고가주택 제외)만을 보유하고 있는 경우로서 해당 주택의 보유기간이 2년 이상(최종적으로 1주택만 보유하게 된 날부터 기산)인 것을 말한다.
2. 다음의 경우에는 보유기간의 제한을 받지 않는다.
   - ㉠ 취학, 1년이상의 질병의 치료.요양, 근무상 형편으로 1년이상 살던 주택을 팔고 세대원 모두가 다른 시, 군지역으로 이사할 때
   - ㉡ 세대원 모두가 국외이주로 출국후 2년 이내 양도시
   - ㉢ 1년 이상 계속하여 국외거주를 필요로 하는 취학 또는 근무상의 형편으로 세대전원이 출국 후 2년 내 양도시
   - ㉣ 재개발, 재건축사업에 참여한 조합원이 재개발,재건축사업기간 중 일시 취득하여 1년 이상 살던 집을 재개발, 재건축 아파트로 세대전원이 이사하게 되어 팔게 될 때
   - ㉤ 임대주택법에 의한 건설임대주택을 취득하여 양도하는 경우로서 당해 주택의 임차일로부터 양도일까지의 거주기간이 5년 이상인 때
3. 1세대 2주택이라도 다음과 같은 경우에는 양도소득세를 과세하지 않는다.
   - ㉠ 이사를 가기 위해 일시적으로 두 채의 집을 갖게 될 때(3년 이내 양도)
   - ㉡ 상속을 받아 두 채의 집을 갖게 될 때
   - ㉢ 한 울타리 안에 두 채의 집이 있을 때
   - ㉣ 집을 사간 사람이 등기이전을 해가지 않아 두 채가 될 때
   - **㉤ 직계존속을 모시기 위하여 세대를 합쳐 두 채의 집을 갖게 될 때(10년 이내 양도)**
   - ㉥ 결혼으로 두 채의 집을 갖게 될 때[10년(개정세법 25) 이내 양도]
   - ㉦ 농어촌주택을 포함하여 두 채의 집을 갖게 될 때

제2절 양도소득세 과세표준

1. 취득 · 양도시기

		취득시기(양도시기)
1. 유상	① 원칙	**대금청산일**
	② 대금청산일 불분명시	등기부 등에 기재된 **등기접수일 또는 명의개서일**
	③ 대금청산전 소유권이전등기를 한 경우	등기부 등에 기재된 등기접수일
2. 기타	① 자가건축	사용검사필증 교부일
	② 상속 · 증여	상속이 개시된 날 또는 증여를 받은 날

2. 과세표준 계산절차 

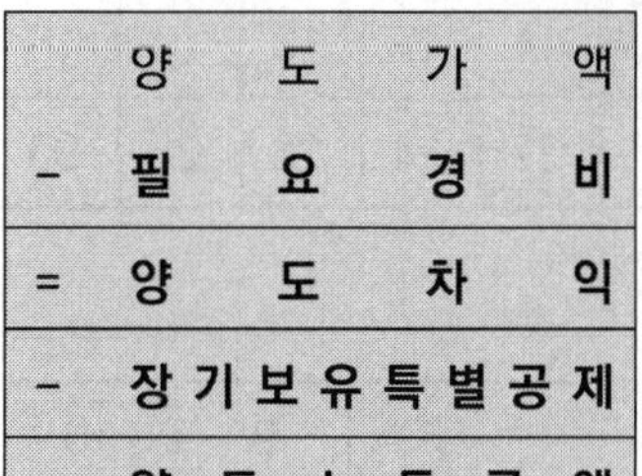

	양도가액	(= 총수입금액)
−	필요경비	⇨ **취득가액 +기타의 필요경비**
=	양도차익	⇨ **자산별로 계산**
−	장기보유특별공제	⇨ 등기된 토지 · 건물로서 보유기간이 3년이상
=	양도소득금액	
−	양도소득기본공제	⇨ **그룹별로 각각 연 250만원**
	양도소득과세표준	

3. 양도가액과 취득가액

① 원칙 : **실지거래가액**

② 예외 : 실지거래가액을 인정 또는 확인할 수 없는 경우 추계

㉠ 매매사례가액 ⇨ ㉡ 감정가액 ⇨ ㉢ 환산가액 ⇨ ㉣기준시가

4. 필요경비

	취득가액	필요경비
1. 원칙 : 실제경비	실지거래가액, 등기부기재가액 등	자본적지출액, 양도비용

☞ 세금계산서 등 적격증빙, 금융거래 증빙만 인정

5. 장기보유특별공제와 양도소득기본공제

(1) 장기보유특별공제

㉠ 토지, 건물로서 ㉡ 등기되고 ㉢ 보유기간이 3년 이상인 보유한 것만 적용된다.

다만, **미등기자산 등을 양도한 경우에는 장기보유특별공제를 적용하지 않는다.**

① 건물 및 토지

보유기간(년)	3	4	5	6	7	8	9	10	11	12	13	14	15
공제율(%)	6	8	10	12	14	16	18	20	22	24	26	28	30

② 1세대 1주택

보유/거주기간(년)	2	3	4	5	6	7	8	9	10
보유기간별 공제율(%)	–	12	16	20	24	28	32	36	**40**
거주기간별 공제율(%)	8	12	16	20	24	28	32	36	**40**

장기보유특별공제액 = 자산의 양도차익 × (보유기간별 공제율 + 거주기간별 공제율)

(2) 양도소득기본공제

자산 그룹별로 각각 250만원을 공제하며 양도한 모든 자산에 대하여 적용되나 토지, 건물, 부동산에 관한 권리로서 **"미등기양도자산"에 대하여는 양도소득기본공제를 적용하지 아니한다.**

또한 **해당 과세기간에 먼저 양도한 자산의 양도소득금액에서부터 순서대로 공제한다.**

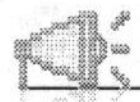

6. 양도소득금액의 계산 특례(부당행위계산의 부인)

(1) 고가취득 · 저가양도의 부인

(2) 증여 후 양도행위의 부인

거주자가 특수관계자에게 자산을 증여한 후 그 자산을 증여받은 자가 그 **증여일부터 10년 이내에 다시 타인에게 양도한 경우로서 다음 요건을 모두 갖춘 경우에는 증여자가 그 자산을 직접 양도한 것**으로 본다.

㉠ 증여세(a : 증여받은자) + 양도소득세(b : 증여받은자)

<증여자가 직접 양도한 경우 양도소득세(c)

㉡ 양도소득이 해당 수증자에게 실질적으로 귀속되지 않아야 한다.

이처럼 **증여자가 자산을 직접 양도한 것으로 보는 경우 그 양도소득에 대해서는 증여자와 증여받은 자가 연대하여 납세의무를 진다.**

〈증여후 양도행위 부인〉

증여자
(특수관계인)
납세의무자

① 증여
증여세(a)

수증자
(연대납세의무)

② 양도(10년내)
양도소득세(b)

타인

③ 증여자가 양도한 것으로 간주
– 양도소득세(c)

제3절 양도소득세액의 계산

	양도소득과세표준	각 세율별로 구분하여 계산
×	세율	
=	양도산출세액	
−	세액감면·공제	
=	양도소득결정세액	
+	가산세	
=	양도소득총결정세액	
−	기납부세액	⇨ 예정신고납부세액, 수시부과세액
	차가감납부할 세액	

1. 세율

구분			양도소득세율
부동산 및 부동산에 관한 권리	<u>**미등기자산**</u>		**70%**
	보유기간 1년 미만		50%[주택등 : 70%]
	보유기간 1년 이상 2년 미만		40%[(주택등 : 60%]
	보유기간 2년 이상		기본세율
기타자산			기본세율
주식	중소기업의 주식		10%(대주주 : 20%)
	중소기업 이외의 주식	일반	20%*1
		대주주가 1년 미만 보유	30%
파생상품			10%(탄력세율*2)
신탁수익권			20%(3억 초과는 25%)

*1. 대주주 양도시 : 과세표준이 3억 초과인 경우 : 25%

*2. 탄력세율 : 소득세법상 파생상품의 양도소득세 기본세율(20%)을 탄력적으로 변경하여 운영하는 세율

〈미등기양도자산과 비사업용토지에 대한 불이익〉

	미등기양도자산	비사업용토지
1. 장기보유특별공제	배제	공제
2. 양도소득기본공제(250만원)	배제	공제
3. 비과세와 감면	배제	-
4. 세율	최고세율 70%	기본세율+10%

제4절 양도소득세액의 납세절차

1. 예정신고와 납부

① 주식, 출자지분을 제외한 자산을 양도 : **양도한 날이 속하는 달의 말일부터 2개월 이내**
② 주식 및 출자지분을 양도 : **양도일이 속하는 반기의 말일부터 2개월 이내**

양도차익이 없거나 결손금이 발생한 경우에 신고를 하여야 하고 예정신고를 하지 않을 경우 무신고가산세 20%를 적용한다.

☞ 파생상품 : 예정신고의무가 면제되며, 연 1회 확정신고납부만 한다.

2. 확정신고 : 다음연도 5.1~5.31

해당 과세기간 과세표준이 없거나 결손금액이 있는 경우에도 확정신고를 하여야 한다.

연/습/문/제

 객관식

01. 다음 중 소득세법상 양도소득과세대상이 아닌 것은?

① 토지 ② 건물
③ 비상장주식 ④ 영업권

02. 소득세법상 아래의 상황에서 양도소득세의 신고의무가 발생한 사람은?

이고은 : 매매업을 영위하고 있으며, 편의점에서 생활필수품을 판매하였다. 유민아 : 골프회원권을 양도담보로 채권자에게 양도하였다. 오유리 : 강남에 보유하고 있는 아파트를 15억원에 매각하였다. 이혜영 : 이혼위자료로 전 남편에게 비상장주식을 이전하였다.

① 오유리, 이혜영 ② 유민아, 오유리
③ 이고은, 유민아 ④ 유민아, 이혜영

03. 소득세법상 비과세 양도소득이 아닌 것은?

① 파산선고에 의한 처분으로 발생하는 소득
② 대통령령이 정하는 농지의 교환으로 인한 소득
③ 대통령령이 정하는 1세대 1주택의 처분으로 인한 소득
④ 채무불이행으로 인한 상가의 경매로 발생하는 소득

04. 다음 중 소득세법상 비과세 양도소득에 해당하는 것은?

① 토지의 수용
② 사업용 고정자산과 함께 양도하는 영업권
③ 상장법인 대주주의 보유주식 양도
④ 양도가액 12억 이하인 1세대 1주택(2년 이상 보유)의 양도

05. 다음 중 소득세법상 부동산 양도소득과 관련하여 괄호에 들어갈 용어로 옳은 것은?

• 양도차익 = 양도가액 - (A)	• 양도소득금액 = 양도차익 - (B)

	A	B		A	B
①	필요경비	양도소득기본공제	②	필요경비	장기보유특별공제
③	기준시가	양도소득기본공제	④	기준시가	장기보유특별공제

06. 다음 중 소득세법상 양도소득 필요경비로 볼 수 없는 것은?

① 대출금
② 취득가액
③ 양도비
④ 자본적 지출액

07. 다음 중 현행 소득세법상 양도소득금액 계산에 있어서 장기보유특별공제를 적용할 수 없는 것은 무엇인가?(단, 2년 이상 보유한 것으로 가정한다.)

① 2주택자의 주택 양도
② 사업용 토지의 양도
③ 고가주택의 양도
④ 아파트 당첨권의 양도

08. 소득세법상 거주자의 양도소득세 과세대상의 세율을 적용함에 있어서 잘못된 것은?(단, 20x1년 현재의 세율을 적용한다)

① 보유기간이 2년 이상인 토지 : 기본세율
② 보유기간이 1년이상 2년 미만인 건물 : 40%
③ 보유기간이 1년 미만인 토지 : 50%
④ 미등기된 토지 : 60%

09. 다음중 소득세법상 신고기한이 잘못된 것은?

① 사업장 현황신고기한 : 과세기간 종료 후 31일 이내
② 부동산에 대한 양도소득과세표준의 예정신고기한 : 양도일이 속하는 달의 말일부터 2월 이내
③ 종합소득 과세표준 확정신고기한 : 다음연도 5월 1일부터 5월 31일
④ 근로소득(일용근로소득 제외)에 대한 지급명세서 제출기한 : 근로소득 지급일이 속하는 연도의 다음연도 3월 10일까지

10. 현행 소득세법은 각종의 신고기한 및 명세서 제출기한을 명시하고 있다. 다음 중 연결이 잘못된 것은?

① 종합소득 과세표준 확정신고(성실신고확인대상자 제외) : 해당 과세기간의 다음연도 5월 1일부터 5월 31일까지
② 사업장현황신고 : 해당 과세기간의 다음연도 3월말까지
③ 근로소득에 대한 지급명세서 제출 : 해당 과세기간의 다음연도 3월 10일까지
④ 토지 등 매매차익 예정신고 : 매매일이 속하는 달의 말일로부터 2개월이 되는 날까지

11. 거주자 홍길동씨는 20x1년 1월 21일에 보유하던 토지, 건물을 양도하였다. 소득세법상 양도소득세과세표준 예정신고기한은 언제까지인가?

① 20x1년 1월 31일 ② 20x1년 2월 28일
③ 20x1년 3월 21일 ④ 20x1년 3월 31일

12. 다음 중 소득세법상 예정신고 · 납부 의무가 있는 소득은 무엇인가?

① 양도소득 ② 퇴직소득
③ 근로소득 ④ 이자소득

주관식

01. 다음의 빈칸에 알맞은 숫자는 무엇인가?

> 국내에 1주택을 소유한 1세대가 그 주택을 양도하기 전에 다른 주택을 취득(자기가 건설하여 취득한 경우 포함)함으로써 일시적으로 2주택이 된 경우 다른 주택을 취득한 날부터 (　　)년 이내에 종전의 주택을 양도하는 경우에는 이를 1세대 1주택으로 보아 비과세 여부를 판정한다.

02. 소득세법상 양도소득기본공제는 각 그룹(호)의 소득별로 해당 과세기간의 양도소득금액에서 각각 연 얼마를 공제하는가?

03. 다음 자료에 따라 계산한 양도소득금액은 얼마인가?

> • 양도물건 : 상가임대업에 사용하던 건물(5년 10개월 보유)
> • 양도가액 : 500,000,000원(취득가액 300,000,000원)
> • 필요경비 : 50,000,000원
> • 5년 이상 6년 미만 장기보유특별공제율 : 10%
> • 양도소득 기본공제는 연 250만원을 적용한다.

04. 소득세법상 1년이상 2년미만 보유하는 토지에 대한 양도소득세율은?

05. 소득세법상 양도소득세 과세 대상이 되는 자산(주식 제외)을 양도한 경우, 양도일이 속하는 달의 말일로부터 몇 개월 이내에 예정신고를 하여야 하는가?

06. 소득세법상 (　　)에 들어갈 숫자는?

> 양도소득세를 부당하게 감소시키기 위하여 특수관계자에게 자산을 증여한 후 그 자산을 증여받은 자가 그 증여일로부터 (　　)이내에 다시 이를 타인에게 양도한 경우에는 증여자가 자산을 직접 양도한 것으로 본다. 다만 배우자간 증여재산의 이월과세가 적용되는 경우에는 이 규정을 적용하지 아니한다.

연/습/문/제 답안

객관식

1	2	3	4	5	6	7	8	9	10	11	12
④	①	④	④	②	①	④	④	①	②	④	①

[풀이 – 객관식]

01. 사업용고정자산과 함께 양도하는 영업권은 과세대상이나, **일반 영업권의 양도는 기타소득**에 해당한다.

02. 이고은 : 사업소득으로 과세된다.

유민아 : **양도담보는 양도소득으로 보지 않는다.**

오유리 : 보유하고 있는 고가 아파트를 판매하였으므로 양도소득세 과세대상이다.

이혜영 : 이혼자료의 지급 등 사유를 불문하고 유상이전에 대하여는 양도소득세가 과세된다.

03. **경매도 사인간 유상양도**로 보아 양도소득세를 과세한다.

04. 고가주택에 해당하지 않는 **2년 이상 보유한 1세대 1주택에 대하여는 비과세**한다.

06. 대출금은 양도소득금액 계산과 무관하다.

07. 장기보유특별공제는 **① 토지, 건물 & ② 등기 & ③ 보유기간이 3년 이상**인 것만 대상이다.

08. **미등기 양도자산은 70%**이다.

09,10. 사업장현황은 다음 연도 2월 10일까지 사업장 소재지 관할 세무서장에게 신고하여야 한다.

11. 토지, 건물을 양도한 경우 예정신고기한은 그 **양도일이 속하는 달의 말일로부터 2개월(3/31) 이내**이다.

12. 양도소득은 **양도일이 속한 달의 말일부터 2개월 이내 예정신고 및 납부**를 하여야 한다.

주관식

01	3	02	2,500,000원	03	135,000,000원
04	40%	05	2개월	06	10년

[풀이 - 주관식]

03.

1. 양도가액	500,000,000	
2. 필요경비	350,000,000	취득가액 및 필요경비
3. 양도차익(1 - 2)	150,000,000	
4. 장기보유특별공제	15,000,000	양도차익의 10%
5. 양도소득금액(3 - 4)	135,000,000	

05. 주식을 제외한 자산을 양도한 거주자는 **양도한 달의 말일부터 2개월 이내에 예정신고**를 하여야 한다.

06. 부당행위계산에 관한 내용이다.

Part V

기출문제

20**년 **월 **일 시행
제**회 세무회계자격시험

A형

종목 및 등급 : **세무회계3급**

제한시간: 60분

페이지수: 6p

수험번호 : ________________

성　　명 : ________________

▶시험시작 전 문제를 풀지 말 것◀

♣ 수험준비요령

① 시험지가 본인이 응시한 종목인지, 페이지수가 맞는지를 확인합니다.
종목과 페이지를 확인하지 않은 것에 대한 책임은 수험자에게 있습니다.

② OMR카드에는 반드시 컴퓨터싸인펜을 사용하여야 하며, 수험번호, 주민등록번호, 성명, 응시종목/급수, 문제유형 란에 정확히 마킹하십시오.

③ 컴퓨터싸인펜 외에 다른 필기구를 사용하거나 다른 수험정보 및 중복 마킹으로 인한 채점누락 등의 책임과 불이익은 수험자 본인에게 있습니다.

④ 시험을 마친 OMR답안카드는 감독관확인을 받은 후 제출하십시오.

한 국 세 무 사 회

제114회 세무회계3급

합격율	시험년월
54%	2024.12

객관식	문항 당 5점

세법1부 법인세법, 부가가치세법

01. 다음 중 법인세법상 납세의무자가 아닌 것은?

① 내국법인
② 국내원천소득이 있는 외국법인
③ 국가와 지방자치단체
④ 법인세를 원천징수하는 자

02. 다음 중 법인세법상 소득의 귀속자에게 소득세가 부과되지 않는 소득처분은?

① 상여 ② 배당 ③ 기타소득 ④ 유보

03. 다음 중 법인세법상 손금항목으로 가장 옳지 않은 것은?

① 판매한 상품의 매입가액과 그 부대비용
② 대주주에게 제공한 사택의 유지비
③ 유형자산의 수선비
④ 유형자산에 대한 감가상각비

04. 다음 중 법인세법상 특허권의 감가상각방법으로 옳은 것은?

① 정액법　　② 정률법
③ 연수합계법　　④ 생산량비례법

05. 다음 중 법인세법상 과세표준 계산 시 각사업연도소득금액에서 공제하지 않는 금액은?

① 이월결손금　　② 비과세소득
③ 소득공제액　　④ 세액감면액

06. 다음 중 우리나라 부가가치세법의 특징이 아닌 것은?

① 직접세　　② 전단계세액공제법
③ 물세(物稅)　　④ 소비지국 과세원칙

07. 다음 중 부가가치세법상 납세지에 대한 설명으로 옳지 않은 것은?

① 사업자의 납세지는 각 사업장의 소재지로 한다.
② 사업장은 사업자가 사업을 위하여 거래의 전부 또는 일부를 하는 고정된 장소이다.
③ 사업자가 사업장을 두지 아니하면 사업자의 주소 또는 거소를 사업장으로 한다.
④ 재화를 수입하는 자의 납세지는 각 사업장의 소재지로 한다.

08. 다음 중 부가가치세법상 빈칸에 들어갈 기간으로 알맞은 것은?

> 사업자는 사업장마다 대통령령으로 정하는 바에 따라 사업 개시일부터 (　) 이내에 사업장 관할 세무서장에게 사업자등록을 신청하여야 한다. 다만, 신규로 사업을 시작하려는 자는 사업 개시일 이전이라도 사업자등록을 신청할 수 있다.

① 10일　　② 20일　　③ 30일　　④ 60일

09. 다음 중 부가가치세법상 재화의 공급으로 보는 것은?

① 국세징수법에 따른 공매　② 조세의 물납
③ 재화의 담보제공　④ 건물의 대물변제

10. 다음 중 부가가치세법상 재화의 공급의제와 공급가액으로 가장 옳지 않은 것은? 단, 감가상각자산이 아니라고 가정한다.

① 면세사업에의 전용 : 해당 재화의 시가
② 사업상 증여 : 해당 재화의 시가
③ 판매목적 타사업장 반출 : 해당 재화의 시가
④ 개인적 공급 : 해당 재화의 시가

11. 다음 중 부가가치세법상 면세대상 재화나 용역이 아닌 것은?

① 전기　② 토지
③ 의료보건 용역　④ 금융보험 용역

12. 다음 중 부가가치세법상 빈칸에 들어갈 기간은?

면세의 포기를 신고한 사업자는 신고한 날부터 (　　)간 부가가치세를 면제받지 못한다.

① 6개월　② 1년　③ 2년　④ 3년

13. 다음 중 부가가치세법상 세금계산서를 발급할 수 있는 업종은?

① 부동산임대업의 간주임대료　② 소매업
③ 미용업　④ 택시운송업

14. 다음 중 부가가치세법상 조기환급 사유로 가장 옳지 않은 것은?

① 영세율을 적용받는 경우
② 사업 설비를 신설·취득·확장 또는 증축하는 경우
③ 재무구조개선계획을 이행 중인 경우
④ 사업장을 이전하는 경우

15. 겸영사업자인 ㈜세무가 사용하던 기계를 20x1년 10월 10일 공급가액 1억원에 매각하였다. 다음 자료를 이용하여 이 재화에 대한 부가가치세 과세표준을 계산하면 얼마인가?

기간	20x1년 제1기	20x1년 제2기
과세공급가액	6억원	7억원
면세공급가액	4억원	3억원
총공급가액	10억원	10억원

① 30,000,000원 ② 40,000,000원 ③ 60,000,000원 ④ 70,000,000원

16. 다음 중 부가가치세법상 공제가 가능한 매입세액은 무엇인가?

① 사업과 직접 관련이 없는 지출에 대한 매입세액
② 영세율 적용 사업과 관련된 매입세액
③ 기업업무추진비와 관련된 매입세액
④ 토지 관련 매입세액

17. 한식당을 운영하는 일반과세자 A씨에 대한 설명이다. 다음 중 부가가치세법상 가장 옳지 않은 것은?

① 용역을 공급하는 사업자이다.
② 의제매입세액공제를 받을 수 있다.
③ 직전 연도의 공급대가의 합계액이 1억4백만원에 미달하는 경우 면세로 전환할 수 있다.
④ 신용카드매출전표 등 발행공제를 받을 수 있다.

18. 다음 자료를 이용하여 부가가치세법상 납부세액을 계산하면 얼마인가? 단, 모든 거래금액은 과세대상이며, 부가가치세가 포함되지 않았다.

> • 총매출액(매출에누리 차감 전) : 30,000,000원
> • 총매입액 : 20,000,000원
> • 매출에누리액 : 1,000,000원

① 900,000원　② 1,000,000원　③ 2,000,000원　④ 2,900,000원

19. 다음 중 부가가치세법상 예정신고 및 확정신고에 대한 설명으로 가장 옳지 않은 것은?

① 확정신고 시에만 대손세액공제가 가능하다.
② 원칙적으로 개인사업자는 예정신고를 하지 않고 관할 세무서장이 예정고지한 세액을 납부한다.
③ 예정신고 시 누락된 부분이 있으면 확정신고 시에 추가하여 신고한다.
④ 확정신고와 납부는 확정신고기간이 끝난 후 20일 이내에 하여야 한다.

20. 다음 중 부가가치세법상 간이과세를 적용받을 수 있는 업종은?

① 광업　② 부동산매매업　③ 변호사업　④ 제조업

세법2부 소득세법

01. 다음 중 소득세법에 대한 설명으로 가장 옳지 않은 것은?

① 원칙적으로 열거주의 과세방식을 취하고 있다.
② 원칙적으로 개인별 소득을 기준으로 과세한다.
③ 세율은 초과누진세율 구조로 되어있다.
④ 부과고지 납세제도를 취하고 있다.

02. 다음 중 소득세법상 과세기간에 대한 설명으로 옳지 않은 것은?

① 주소 또는 거소를 이전하는 출국 시에는 1월 1일부터 출국한 날까지를 과세기간으로 한다.
② 거주자가 사망한 경우의 과세기간은 1월 1일부터 사망일까지이다.
③ 폐업자의 과세기간은 1월 1일부터 폐업일까지이다.
④ 신규사업자의 과세기간은 1월 1일부터 12월 31일까지이다.

03. 다음 중 소득세법상 이자소득에 해당하지 않는 것은?

① 저축성보험의 보험차익
② 계약의 위약 또는 해약으로 인하여 받는 손해배상금과 그 법정이자
③ 국내에서 받는 예금의 이자
④ 국외에서 받는 예금의 이자

04. 다음 중 소득세법상 배당소득의 수입시기로 옳지 않은 것은?

① 무기명주식의 이익이나 배당 : 그 지급을 받은 날
② 잉여금 처분에 의한 배당 : 해당 법인의 잉여금 처분결의일
③ 「법인세법」에 의하여 처분된 배당 : 당해 법인의 당해 사업연도의 결산확정일
④ 집합투자기구로부터의 이익 : 지급약정일

05. 다음 중 소득세법상 연금소득에 대한 설명으로 가장 옳지 않은 것은?

① 연금소득은 원칙적으로 종합소득과세표준에 합산하여 과세한다.
② 공적연금소득만 있는 자는 과세표준확정신고를 하지 아니할 수 있다.
③ 사적연금소득의 합계액이 연 1천500만원 이하인 경우 분리과세를 선택할 수 있다.
④ 연금소득공제는 금액의 제한이 없다.

06. 다음 중 소득세법상 기타소득에 해당하지 않는 것은?

① 복권, 경품권, 그 밖의 추첨권에 당첨되어 받은 금품
② 저작자 또는 실연자가 저작권 사용의 대가로 받은 금품
③ 영업권을 양도하거나 대여하고 받은 금품
④ 고용관계 없이 다수인에게 강연을 하고 받은 대가

07. 다음은 근로소득자인 거주자 A씨의 20x1년 1년 동안의 소득 내역이다. 소득세법상 비과세 근로소득은 얼마인가?

- 급여 : 30,000,000원
- 상여금 : 5,000,000원
- 천재지변으로 인하여 지급받은 금액 : 1,000,000원
- 가족수당 : 500,000원
- 실비변상 정도의 일직료, 숙직료 : 100,000원

① 100,000원 ② 600,000원 ③ 1,100,000원 ④ 1,600,000원

08. 다음 중 소득세법상 퇴직소득에 대한 설명으로 가장 옳지 않은 것은?

① 임원의 퇴직소득 금액이 한도액을 초과하는 경우, 그 초과하는 금액은 근로소득으로 본다.
② 법인의 상근임원이 비상근임원이 된 경우 현실적인 퇴직으로 보지 아니할 수 있다.
③ 퇴직소득의 수입시기는 원칙적으로 퇴직한 날로 한다.
④ 퇴직소득공제 계산 시 근속연수를 계산할 때 1년 미만의 기간은 없는 것으로 한다.

09. 다음 중 소득세법상 사업소득의 총수입금액에 산입되지 않는 것은?

① 거래상대방으로부터 받는 장려금 기타 이와 유사한 성질의 금액
② 관세환급금 등 필요경비로서 지출된 세액이 환입되었거나 환입될 금액
③ 자산수증이익 · 채무면제이익 중 이월결손금의 보전에 충당된 금액
④ 재고자산을 가사용으로 소비하거나 종업원 또는 타인에게 지급한 경우 그 소비 · 지급한 때의 가액

10. 다음 중 소득세법상 기업업무추진비에 대한 설명으로 옳지 않은 것은?

① 기업업무추진비는 사업과 관련 없이 불특정 다수에게 지출한 금액을 말한다.
② 기업업무추진비의 귀속시기는 발생주의에 의한다.
③ 중소기업의 기업업무추진비 한도는 기본한도와 수입금액별 한도의 합계로 한다.
④ 국외에서 지출한 비용도 기업업무추진비가 될 수 있다.

11. 다음 중 소득세법상 원천징수의무자가 계속근로자의 연말정산을 수행하는 시기로 옳은 것은?

① 해당 과세기간의 다음 연도 1월분의 근로소득을 지급할 때
② 해당 과세기간의 다음 연도 2월분의 근로소득을 지급할 때
③ 해당 과세기간의 다음 연도 5월분의 근로소득을 지급할 때
④ 해당 과세기간의 다음 연도 6월분의 근로소득을 지급할 때

12. 다음 중 소득세법상 종합소득 과세표준 확정신고를 반드시 해야 하는 경우는?

① 근로소득만 있는 자
② 퇴직소득만 있는 자
③ 사업소득만 있는 자(연말정산 대상 아님)
④ 분리과세 대상 이자소득만 있는 자

13. 다음 중 소득세법상 기준경비율에 의한 추계결정 시 주요경비가 아닌 것은?

① 도·소매업의 상품 매입비용
② 종업원의 급여
③ 사업용 유형자산의 임차료
④ 복리후생비용

14. 다음 중 소득세법상 인적공제에 대한 설명으로 옳지 않은 것은?

① 종합소득이 있는 거주자가 적용받을 수 있다.
② 장애인과 기초생활수급자는 연령 요건을 적용하지 아니한다.
③ 공제대상에 해당하는지 여부의 판정은 해당 과세기간의 과세기간 종료일 현재의 상황에 따른다.
④ 비거주자는 본인 및 배우자만 공제대상이다.

15. 다음 중 소득세법상 일용근로자의 1일 근로소득공제액은 얼마인가?

① 50,000원 ② 100,000원 ③ 150,000원 ④ 180,000원

16. 다음 자료는 근로소득자 A씨가 당해 과세기간 동안 지출한 교육비 내역이다. 소득세법상 공제대상 교육비는? (단, 본인 외에 소득 없음)

교육비 지출 내역	금액
본인의 사설학원 수강료	1,000,000원
배우자의 대학원 등록금	5,000,000원
장남의 대학 등록금	9,000,000원

① 5,000,000원 ② 9,000,000원 ③ 10,000,000원 ④ 15,000,000원

17. 다음 중 소득세법상 필요경비가 인정되지 않는 소득은?

① 이자소득 ② 기타소득
③ 양도소득 ④ 사업소득

18. 다음 중 소득세법상 양도소득세 과세대상이 아닌 것은?

① 상가의 매매
② 비상장주식의 매매
③ 중고자동차의 매매
④ 아파트 분양권의 매매

19. 다음 중 소득세법상 이자소득금액에서 공제할 수 있는 결손금은?

① 주거용건물을 임대하는 사업에서 발생한 결손금
② 부동산의 권리를 대여하는 사업에서 발생한 결손금
③ 공장재단 또는 광업재단을 대여하는 사업에서 발생한 결손금
④ 채굴에 관한 권리를 대여하는 사업에서 발생한 결손금

20. 다음 중 소득세법상 6%의 기본세율을 적용받는 과세표준은 얼마인가?

① 1,000만원 이하
② 1,200만원 이하
③ 1,400만원 이하
④ 1,600만원 이하

OMR 카드의 수험번호, 종목, 급수, 유형 및 감독관확인란을 한 번 더 확인하신 후 제출하시기 바랍니다.

제114회 세무회계3급 답안 및 해설

세법1부–법인세법, 부가가치세법

1	2	3	4	5	6	7	8	9	10	11	12	13	14	15
③	④	②	①	④	①	④	②	④	③	①	④	②	④	③
16	**17**	**18**	**19**	**20**										
②	③	①	④	④										

01. 내국법인 중 국가와 지방자치단체 등은 그 소득에 대한 법인세를 납부할 의무가 없다.

02. 유보는 법인에 남아 있으므로 소득세가 부과되지 않는다.

03. 대주주에게 제공한 사택의 유지비는 손금불산입 항목이다.

04. 특허권(무형자산)의 감가상각방법은 정액법이다.

05. 각사업연도소득금액에서 이월결손금, 비과세소득, 소득공제액만 공제하여 과세표준을 구한다.

06. 부가가치세는 납세자와 담세자가 다른 간접세이다.

07. 재화를 수입하는 자의 부가가치세 납세지는 관세법에 따라 수입을 신고하는 세관의 소재지로 한다.

08. 사업자는 사업장마다 사업 개시일부터 20일 이내에 사업장 관할 세무서장에게 사업자등록을 신청하여야 한다.

09. 건물의 대물변제는 재화의 공급이다.

10. 판매목적으로 타사업장에 반출하는 경우 해당 재화의 취득가액 등을 공급가액으로 한다.

11. 전기는 과세대상 재화이다.

12. 면세의 포기를 신고한 사업자는 신고한 날부터 3년간 부가가치세를 면제받지 못한다.

13. 소매업은 상대방이 세금계산서 발급을 요구하면 발행할 수 있다.

14. 사업장을 이전하는 경우는 조기환급 사유가 아니다.

15. 재화 공급일이 속하는 과세기간의 직전 과세기간의 공급가액에 의해 안분계산한다.

과세표준 = 총공급가액(100,000,000) × 1기 과세공급가액(6억)/1기 총공급가액(10억)
= 60,000,000원

16. 영세율 적용 사업과 관련된 매입세액은 공제가 가능하다.

17. 직전 연도의 공급대가의 합계액이 1억4백만원에 미달하는 경우 간이과세자로 전환할 수 있다.

18. 매출세액 = 순매출액(30,000,000 - 1,000,000) × 10% = 2,900,000원

매입세액 = 총매입액(20,000,000) × 10% = 2,000,000원

납부세액 = 매출세액(2,900,000) - 매입세액(2,000,000) = 900,000원

19. 확정신고와 납부는 <u>확정신고기간이 끝난 후 25일 이내</u>에 하여야 한다.
20. <u>제조업은 간이과세를 적용</u>받을 수 있다.

세법2부 – 소득세법

1	2	3	4	5	6	7	8	9	10	11	12	13	14	15
④	③	②	④	④	②	③	④	③	①	②	③	④	④	③
16	**17**	**18**	**19**	**20**										
②	①	③	①	③										

01. <u>소득세법은 신고납세주의를 채택</u>하고 있다.
02. <u>폐업자의 과세기간은 1월 1일부터 12월 31일까지</u>이다.
03. <u>계약의 위약 또는 해약으로 인하여 받는 손해배상금과 그 법정이자는 기타소득</u>이다.
04. <u>집합투자기구로부터의 이익은 그 이익을 지급받은 날을 수입시기</u>로 한다.
05. <u>연금소득공제액이 900만원을 초과하는 경우에는 900만원을 공제</u>한다.
06. <u>저작자 또는 실연자가 저작권 사용의 대가로 받은 금품은 사업소득</u>이다.
07. 비과세소득 = 천재지변(1,000,000) + 일직료 등(100,000) = 1,100,000원
<u>천재지변으로 인하여 지급받는 금액, 실비변상적인 정도의 일직료, 숙직료는 비과세 근로소득</u>이다.
08. 퇴직소득공제 계산 시 근속연수를 계산할 때 <u>1년 미만의 기간이 있는 경우에는 이를 1년으로 본다</u>.
09. 자산수증이익 · 채무면제이익 중 <u>이월결손금의 보전에 충당된 금액은 총수입금액에 불산입</u>한다.
10. 기업업무추진비는 <u>사업과 관련 있는 자</u>를 대상으로 지출한 금액이다.
11. 해당 과세기간의 <u>다음 연도 2월분의 근로소득을 지급할 때 연말정산</u>을 한다.
12. 근로소득, 퇴직소득, 분리과세 대상 이자소득만 있는 자는 과세표준확정신고를 하지 아니할 수 있다.
13. 주요경비에 복리후생비는 포함되지 않는다.
14. <u>비거주자는 본인에 대한 공제만 가능</u>하다.
15. <u>일용근로자의 1일 근로소득공제액은 150,000원</u>이다.
16. 공제대상 교육비 = 장남의 대학등록금(9,000,000원)
본인의 사설학원 수강료, 배우자의 대학원 등록금은 공제대상에서 제외, <u>대학생 자녀의 교육비 공제 한도는 1인당 연 900만원</u>이다.
17. <u>이자소득은 필요경비가 인정되지 않는다.</u>
18. 중고자동차의 매매는 양도소득세 과세대상이 아니다.
19. <u>주거용건물 임대업에서 발생한 결손금</u>은 해당 과세기간의 과세표준을 계산할 때 <u>근로소득금액, 연금소득금액, 기타소득금액, 이자소득금액, 배당소득금액에서 순서대로 공제</u>한다.
20. <u>최저세율(6%)을 적용받는 과세표준은 1,400만원 이하</u>이다.

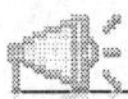

제113회 세무회계3급

합격율	시험년월
69%	2024.10

세법1부 법인세법, 부가가치세법

01. 다음 중 법인세법상 법인의 종류별 과세대상 소득의 범위로 옳지 않은 것은?

	법인의 종류	각 사업연도 소득
①	영리내국법인	국내 · 외 모든 소득
②	비영리내국법인	국내 · 외 수익사업소득
③	영리외국법인	국내 · 외 모든 소득
④	비영리외국법인	국내원천소득 중 수익사업소득

02. 법인세법상 업무와 관련된 다음의 세금과공과금 중 손금불산입 대상은?

① 재산세　　② 자동차세
③ 종합부동산세　　④ 법인세

03. 다음 중 법인세법상 수익적 지출에 해당하는 것은?

① 재해를 입은 자산에 대한 외장의 복구
② 빌딩 등에 피난시설 설치
③ 엘리베이터 또는 냉난방장치 설치
④ 본래의 용도를 변경하기 위한 개조

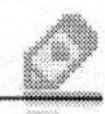

04. ㈜세무는 당기(20x1.1.1.~20x1.12.31.) 결산서상 당기순이익이 400,000,000원이다. 법인세법상 세무조정 결과 손금산입액 20,000,000원, 손금불산입액 10,000,000원이며, 익금불산입액은 10,000,000원이다. ㈜세무의 각 사업연도 소득금액은 얼마인가?

① 370,000,000원　② 380,000,000원　③ 390,000,000원　④ 400,000,000원

05. 다음 중 법인세법상 일반기업의 2억원 이하의 과세표준에 적용되는 세율은?

① 8%　② 9%　③ 10%　④ 11%

06. 다음 중 부가가치세법상 사업자의 특징으로 볼 수 없는 것은?

① 영리 목적의 사업
② 사업상 독립성
③ 재화 또는 용역의 공급
④ 사업의 계속성

07. 다음 중 부가가치세법상 사업자등록 정정 사유에 해당하지 않는 것은?

① 공동사업자의 구성원이 변경되는 경우
② 상속으로 사업자 명의가 변경되는 경우
③ 대표자의 주소가 변경되는 경우
④ 새로운 사업의 종류를 추가하는 경우

08. 다음 중 부가가치세법상 부가가치세의 과세기간으로 가장 옳지 않은 것은?

① 계속사업자인 일반과세자의 제1기 과세기간 : 1월 1일~6월 30일
② 피합병법인의 최종 과세기간 : 폐업일이 속하는 과세기간 개시일부터 폐업일
③ 계속사업자인 간이과세자의 과세기간 : 1월 1일~12월 31일
④ 4월 1일에 신규개업한 일반과세자의 최초 과세기간 : 4월 1일~12월 31일

09. 다음 중 부가가치세법상 재화의 공급시기에 대한 설명으로 가장 옳지 않은 것은?

① 장기할부판매 : 대가의 각 부분을 받기로 한 때
② 무인판매기를 이용하여 재화를 공급하는 경우 : 무인판매기에서 현금을 꺼내는 때
③ 외상판매 또는 할부판매 : 재화의 공급이 확정되는 때
④ 사업상 증여 : 재화를 증여하는 때

10. 다음 중 부가가치세법상 용역을 공급하는 사업이 아닌 것은?

① 건설업
② 숙박 및 음식점업
③ 상품판매업
④ 운수 및 창고업

11. 다음 중 부가가치세법상 영세율에 대한 설명으로 가장 옳지 않은 것은?

① 영세율 적용대상자는 매입세액을 공제받을 수 있다.
② 면세사업자는 면세포기를 하기 전에는 영세율을 적용받을 수 없다.
③ 영세율 적용대상자는 과세사업자가 이행하여야 할 제반 의무를 이행하여야 한다.
④ 간이과세자가 수출하는 재화에 대해서는 영세율을 적용하지 않는다.

12. 다음 중 부가가치세법상 면세에 해당하지 않는 것은?

① 수돗물
② 토지의 공급
③ 고속철도에 의한 여객운송용역
④ 복권과 공중전화

13. 다음 중 부가가치세법상 대손세액공제에 대한 설명으로 옳지 않은 것은?

① 대손세액공제는 과세사업자와 면세사업자에 대해서 모두 적용할 수 있다.
② 간이과세자는 대손세액공제를 적용받을 수 없다.
③ 대손세액은 대손금액에 110분의 10을 곱한 금액으로 한다.
④ 대손세액공제를 적용받으려면 대손 사실을 증명하는 서류를 제출해야 한다.

14. 다음 중 부가가치세법상 사업자가 매입세액으로 공제받을 수 있는 것은?

① 기업업무추진비와 관련된 매입세액
② 영수증을 교부받은 경우의 매입세액
③ 토지의 조성을 위한 자본적 지출에 관련된 매입세액
④ 예정신고 시 누락된 공제가능한 매입세액을 확정신고 시 신고하는 경우의 매입세액

15. 다음 중 부가가치세법상 세금계산서의 필요적 기재사항이 아닌 것은?

① 공급하는 사업자의 등록번호와 성명 또는 명칭
② 공급받는 자의 등록번호
③ 공급가액과 부가가치세액
④ 공급물품의 단가와 수량

16. 다음 중 부가가치세법상 공급가액에 포함될 수 있는 금액은?

① 환입된 재화의 가액
② 공급받는 자에게 도달하기 전에 파손되거나 훼손되거나 멸실된 재화의 가액
③ 재화의 공급대가와 관련된 국고보조금과 공공보조금
④ 공급에 대한 대가의 지급이 지체되었음을 이유로 받는 연체이자

17. 다음 중 부가가치세법상 공통매입세액 재계산 대상이 아닌 것은?

① 재공품 ② 건물 ③ 기계장치 ④ 구축물

18. 다음 중 부가가치세법상 신용카드 등의 사용에 따른 세액공제에 대한 설명으로 옳지 않은 것은?

① 법인은 신용카드발행세액공제를 적용받을 수 없다.
② 공제금액은 발급금액의 2.6%이다.
③ 연간 1천만원을 한도로 공제받을 수 있다.
④ 면세사업자는 신용카드발행세액공제를 적용받을 수 없다.

19. 다음 괄호 안에 들어갈 부가가치세법상 가산세는 얼마인가?

> 세금계산서의 발급시기가 지난 후 해당 재화 또는 용역의 공급시기가 속하는 과세기간에 대한 확정신고 기한까지 세금계산서를 발급하는 경우 그 공급가액의 ( )를 가산세로 한다.

① 0.5%　　② 1%　　③ 2%　　④ 3%

20. 다음 중 부가가치세법상 간이과세자에 대한 설명으로 옳지 않은 것은?

① 간이과세자는 세금계산서를 발행하지 않으며 세금계산서와 관련된 가산세의 적용을 받지 않는다.
② 간이과세자는 간이과세를 포기함으로써 일반과세자가 될 수 있다.
③ 간이과세자는 의제매입세액공제를 받을 수 없다.
④ 간이과세자의 납부세액은 공급대가에 업종별 부가가치율을 곱한 것에 10%의 세율을 적용해서 계산한다.

세법2부 소득세법

01. 다음 중 소득세법의 특징에 대한 설명으로 옳지 않은 것은?

① 직접세에 해당한다.　　② 부부 소득을 합산하여 과세한다.
③ 인세(人稅)에 해당한다.　　④ 신고납세제도를 채택하고 있다.

02. 다음 중 소득세법상 납세지에 대한 설명으로 틀린 것은?

① 거주자의 경우 주소지가 납세지이다.
② 비거주자의 경우 거소지의 소재지가 납세지이다.
③ 원천징수하는 자가 거주자인 경우 그 거주자의 주된 사업장 소재지가 납세지이다.
④ 원천징수하는 자가 법인인 경우 그 법인의 본점 또는 주사무소의 소재지가 납세지이다.

03. 다음 중 소득세법상 부당행위계산 부인 규정이 적용되는 소득은?

① 근로소득　　② 양도소득　　③ 퇴직소득　　④ 연금소득

04. 다음 중 소득세법상 비영업대금이익의 원천징수세율로 가장 옳은 것은?

① 20% ② 25% ③ 30% ④ 45%

05. 다음은 소득세법상 배당소득가산액에 대한 설명이다. 괄호 안에 들어갈 숫자를 고르시오.

> 배당소득에 대해서는 해당 과세기간의 총수입금액에 그 배당소득의 100분의 ( )에 해당하는 금액을 더한 금액을 배당소득금액으로 한다.

① 10 ② 11 ③ 12 ④ 13

06. 다음 중 소득세법상 퇴직소득에 대한 설명으로 옳지 않은 것은?

① 공적연금 관련법에 따라 받는 일시금은 퇴직소득에 해당한다.
② 퇴직소득은 종합소득에서 제외하여 별도로 분류과세 한다.
③ 임원이 연임된 경우에는 현실적인 퇴직으로 본다.
④ 퇴직소득금액 계산의 기초가 되는 총급여에 비과세소득은 포함하지 않는다.

07. 다음 중 소득세법상 기타소득이 아닌 것은?

① 물품(유가증권을 포함한다) 또는 장소를 계속적으로 대여하고 사용료로서 받는 금품
② 복권, 경품권, 그 밖의 추첨권에 당첨되어 받는 금품
③ 계약의 위약 또는 해약으로 인하여 받는 위약금
④ 뇌물

08. 다음 중 소득세법상 근로소득에 대한 설명으로 옳지 않은 것은?

① 급여의 수입시기는 근로를 제공한 날이다.
② 근로소득금액은 총급여액에서 근로소득공제를 차감한 것이다.
③ 근로소득공제는 금액의 제한이 있다.
④ 근로기간이 1년 미만인 경우, 근로소득공제는 일할계산한다.

09. 다음 중 소득세법상 연금소득에 대한 설명으로 옳지 않은 것은?

① 분리과세 연금소득을 제외한 총연금액이 3,500,000원 이하인 경우 연금소득금액은 0원이다.
② 총연금액에서 공제가능한 최대 연금소득 공제액은 9,000,000원이다.
③ 공적연금을 지급하는 자가 연금소득을 지연하여 지급함에 따른 이자는 연금소득으로 보지 않는다.
④ 「산업재해보상보험법」에 따라 받는 연금은 비과세 연금에 해당한다.

10. 다음 중 소득세법상 비과세 사업소득이 아닌 것은?

① 기준시가 15억원 이하의 2개 주택을 소유하는 자의 주택임대소득
② 농어촌지역에서의 전통주 제조소득으로 소득금액의 합계액이 연 1,200만원 이하인 소득
③ 조림기간 5년 이상인 임지의 임목의 벌채 · 양도로 발생하는 소득금액으로서 연 600만원 이하의 금액
④ 어로어업 또는 양식어업에서 발생하는 소득으로서 해당 과세기간의 소득금액의 합계액이 5,000만원 이하인 소득

11. 다음 중 소득세법상 사업소득의 필요경비로 인정되지 않는 것은?

① 사용자 본인의 고용 · 산재 보험료
② 종업원의 급여
③ 사용자 본인에게 지출한 급여
④ 판매한 상품의 매입가격과 그 부대비용

12. 다음 중 소득세법상 기부금에 대한 설명으로 가장 옳지 않은 것은?

① 기부금이란 사업자가 사업과 직접적인 관계없이 무상으로 지출하는 금액을 말한다.
② 사업자가 특별재난지역에서 자원봉사를 한 경우 기부금은 봉사 일수에 8만원을 곱한 금액이다.
③ 기부금을 지급하기 전이라도 장부에 미지급비용으로 계상하면 지급한 것으로 본다.
④ 일반 기부금은 필요경비 산입 한도가 있다.

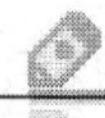

13. 다음 중 소득세법상 인적공제 시 생계를 같이 하는 부양가족에 대한 설명으로 가장 옳지 않은 것은?

① 직계비속 · 입양자는 항상 생계를 같이하는 부양가족으로 본다.

② 거주자 또는 동거가족이 취학 · 질병의 요양, 근무상 또는 사업상의 형편 등으로 본래의 주소 또는 거소에서 일시 퇴거한 경우에도 그 사실이 입증될 때에는 생계를 같이하는 자로 본다.

③ 거주자의 부양가족 중 거주자의 직계존속이 주거 형편에 따라 별거하고 있는 경우에는 생계를 같이 하는 자로 본다.

④ 배우자의 경우 거주자의 주소 또는 거소에서 현실적으로 생계를 같이 하는 경우에만 부양가족으로 본다.

14. 다음 중 소득세법상 추가공제 금액으로 옳은 것은?

① 경로우대자공제 : 1명당 100만원

② 장애인공제 : 1명당 100만원

③ 한부모공제 : 연 50만원

④ 부녀자공제 : 연 100만원

15. 다음 중 소득세법상 기본공제대상자의 공제대상 교육비가 아닌 것은?

① 학교 또는 보육시설 등에 지급한 수업료

② 중학생 1명당 연 50만원의 교복구입 비용

③ 초등학생의 영어학원 수업료

④ 고등학생 1명당 연 30만원의 현장체험학습 비용

16. 다음 중 소득세법상 자녀세액공제에 대한 설명으로 옳지 않은 것은?

① 종합소득이 있는 거주자의 기본공제대상자에 해당하는 8세 이상의 자녀가 대상이 된다.

② 공제대상 자녀수가 2명인 경우 55만원을 공제한다.

③ 손자녀는 자녀세액공제 대상이 아니다.

④ 해당 과세기간에 출산한 자녀가 있는 경우 첫째인 경우 연 30만원을 공제한다.

17. 다음 중 소득세법상 결손금 또는 이월결손금에 대한 설명으로 옳은 것은?

① 사업소득금액을 계산할 때 발생한 결손금은 이자소득금액, 배당소득금액, 근로소득금액, 연금소득금액, 기타소득금액에서 순서대로 공제한다.

② 부동산임대업(주택임대 제외)에서 발생한 이월결손금은 부동산임대업(주택임대 제외)의 소득금액에서 공제한다.

③ 천재지변으로 장부가 멸실되어 소득금액을 추계신고하는 경우에는 이월결손금 공제규정을 적용하지 않는다.

④ 해당 과세기간 중 발생한 결손금과 이월결손금이 모두 있는 경우 이월결손금을 먼저 소득금액에서 공제한다.

18. 다음 중 소득세법상 토지와 건물, 부동산에 관한 권리 등을 20x1년 6월 25일에 양도한 거주자의 양도소득세 예정신고 기한은?

① 6월 30일　　② 7월 25일　　③ 7월 31일　　④ 8월 31일

19. 다음은 20x1년 홍길동씨의 소득 내역이다. 소득세법상 홍길동 씨가 신고해야 할 종합소득금액은 얼마인가?

가. 사업소득금액 : 50,000,000원 나. 양도소득금액 : 30,000,000원 다. 근로소득금액 : 10,000,000원

① 30,000,000원　　② 40,000,000원　　③ 60,000,000원　　④ 80,000,000원

20. 다음 중 소득세법상 중간예납에 대한 설명으로 옳지 않은 것은?

① 중간예납기간은 해당연도 1월 1일부터 6월 30일까지이다.

② 당해 과세연도에 신규로 사업을 개시한 경우에는 중간예납의무가 없다.

③ 중간예납세액은 8월 31일까지 납부하여야 한다.

④ 중간예납세액이 1천만원을 초과하는 경우 그 납부할 세액을 분납할 수 있다.

제113회 세무회계3급 답안 및 해설

세법1부-법인세법, 부가가치세법

1	2	3	4	5	6	7	8	9	10	11	12	13	14	15
③	④	①	②	②	①	③	④	③	③	④	③	①	④	④
16	**17**	**18**	**19**	**20**										
③	①	②	②	①										

01. 영리외국법인의 각 사업연도소득은 국내원천소득만 과세대상이다.
02. 법인세는 손금불산입 대상이다.
03. 재해를 입은 자산에 대한 외장의 복구는 수익적 지출이다.
04. 각 사업연도 소득금액=당기순이익(400,000,000)+가산조정(10,000,000)-차감조정(30,000,000)
=380,000,000원
05. 일반기업의 2억원 이하의 과세표준에 적용되는 세율은 9%이다.
06. 부가가치세법상 사업자는 사업 목적이 영리이든 비영리이든 관계없다.
07. 대표자의 주소 변경은 사업자등록 정정 사유에 해당하지 않는다.
08. 일반과세자인 신규사업자는 사업개시일(4.1)부터 개시일이 속하는 과세기간의 종료일(6.30)까지를 최초 과세기간으로 한다.
09. 현금판매, 외상판매 또는 할부판매의 공급시기는 재화가 인도되거나 이용가능하게 되는 때이다.
10. 상품 판매는 재화의 공급에 해당한다.
11. 간이과세자가 재화를 수출하는 경우에 그 수출하는 재화에 대해서는 영세율을 적용한다.
12. 고속철도에 의한 여객운송용역은 과세이다.
13. 면세사업자는 대손세액공제를 적용받을 수 없다.
14. 예정신고 시 누락된 공제가능한 매입세액을 확정신고 시 신고하는 경우의 매입세액은 공제가 가능하다.
15. 공급물품의 단가와 수량은 임의적 기재사항이다.
16. 재화의 공급대가와 관련된 국고보조금과 공공보조금은 공급가액에 포함할 수 있다.
17. 감가상각자산인 경우에만 공통매입세액 재계산을 한다.
18. 신용카드 사용에 따른 세액 공제금액은 발급금액의 1.3%이다.
19. 세금계산서의 발급시기가 지난 후 해당 재화 또는 용역의 공급시기가 속하는 과세기간에 대한 확정신고 기한까지 세금계산서를 발급(지연발급)하는 경우 그 공급가액의 1퍼센트를 가산세로 한다.
20. 일정 간이과세자는 세금계산서의 발급이 가능하고 세금계산서와 관련된 가산세의 적용을 받는다.

세법2부 – 소득세법

1	2	3	4	5	6	7	8	9	10	11	12	13	14	15
②	②	②	②	①	③	①	④	③	①	③	③	④	①	③
16	17	18	19	20										
③	②	④	③	③										

01. 소득세는 거주자별로 소득세 신고 및 납부 의무를 진다.
02. 비거주자의 경우 국내사업장의 소재지가 납세지이다.
03. 양도소득은 부당행위계산부인 규정이 적용된다.
04. 비영업대금이익의 원천징수세율은 25%이다.
05. 배당소득가산액은 100분의 10에 해당하는 금액을 더한 금액으로 한다.
06. 임원이 연임된 경우는 현실적인 퇴직이 아니다.
07. 물품(유가증권을 포함한다) 또는 장소를 일시적으로 대여하고 사용료로서 받는 금품이 기타소득이며, 계속적으로 대여하고 사용료로서 받는 금품은 사업소득이다.
08. 1년 미만이어도 근로소득공제는 월할 계산하지 않는다.
09. 공적연금소득을 지연 지급하여 이자를 함께 지급할 경우 해당 지연이자는 공적연금소득으로 본다.
10. 2개 주택을 소유하는 자의 주택임대소득은 과세대상 사업소득이다.
11. 사용자 본인에 대한 급여는 필요경비로 인정되지 않는다.
12. 기부금은 기부금을 지출하는 날이 속하는 사업연도에 귀속한다.
13. 배우자의 경우 동거 여부와 무관하게 생계를 같이하는 부양가족으로 본다.
14. 장애인공제 : 1명당 200만원, 한부모공제 : 연 100만원, 부녀자공제 : 연 50만원
15. 취학 후 학원 수업료는 공제대상 교육비가 아니다.
16. 손자녀도 자녀세액공제 대상이다.
17. ① 사업소득금액을 계산할 때 발생한 결손금은 근로소득금액, 연금소득금액, 기타소득금액, 이자소득금액, 배당소득금액에서 순서대로 공제한다.
    ③ 천재지변으로 장부가 멸실된 경우 추계신고 하더라도 이월결손금 공제규정을 적용할 수 있다.
    ④ 결손금을 먼저 소득금액에서 공제한다.
18. 양도일이 속하는 달의 말일(6.30)부터 2개월 이내(8.31)에 예정신고를 해야 한다.
19. 종합소득금액 = 사업소득금액(50,000,000) + 근로소득금액(10,000,000) = 60,000,000원
    양도소득은 분류과세한다.
20. 중간예납세액은 11월 30일까지 납부하여야 한다.

제112회 세무회계3급

합격율	시험년월
60%	2024.8

세법1부 법인세법, 부가가치세법

01. 다음 중 법인세법상 법인세 납세의무가 없는 소득은?

① 영리내국법인의 토지 등 양도소득
② 영리외국법인의 청산소득
③ 영리외국법인의 국내원천소득
④ 영리내국법인의 국내·외 모든 소득

02. 다음 중 법인세법상 손금불산입된 금액이 사외로 유출된 것이 분명하지만 그 귀속이 불분명한 경우에 소득처분으로 옳은 것은?

① 배당
② 대표자 상여
③ 기타소득
④ 기타사외유출

03. 다음 중 법인세법상 익금산입 항목에 해당하는 것은?

① 자산의 임대료
② 국세 과오납금의 환급금 이자
③ 법인세 환급액
④ 부가가치세 매출세액

04. 다음 중 법인세법상 감가상각자산이 아닌 것은?

① 기계장치 ② 건물
③ 영업권 ④ 토지

05. 다음 중 법인세법상 내국법인 ㈜갑의 제5기(20x1.1.1.~20x1.12.31.) 과세표준이 100,000,000원일 경우 법인세 산출세액은 얼마인가?

① 9,000,000원 ② 10,000,000원 ③ 14,000,000원 ④ 20,000,000원

06. 다음 중 부가가치세법상 부가가치세에 대한 설명으로 가장 옳지 않은 것은?

① 부가가치세는 그 세부담을 전가하는 간접세이다.
② 원칙적으로 모든 재화나 용역의 소비행위에 대하여 과세하는 일반소비세이다.
③ 하치장은 사업장으로 보지 아니한다.
④ 직매장은 사업장으로 보지 아니한다.

07. 다음 중 부가가치세법상 과세기간에 대한 설명으로 가장 옳지 않은 것은?

① 부가가치세의 신고·납부기한은 예정·확정신고기간 종료 후 25일이다.
② 일반과세자의 과세기간은 1월 1일부터 12월 31일까지이다.
③ 신규사업자의 최초 과세기간은 사업 개시일(사업개시전 등록신청을 한 경우에는 등록신청일)부터 그 날이 속하는 과세기간의 종료일까지로 한다.
④ 폐업자는 폐업일이 속하는 과세기간의 개시일부터 폐업일까지를 최종 과세기간으로 한다.

08. 다음 중 부가가치세법상 납세의무자에 대한 설명으로 가장 옳지 않은 것은?

① 사업목적이 영리이든 비영리이든 관계없이 사업상 독립적으로 재화 또는 용역을 공급하는 사업자는 납세의무를 진다.
② 국가 및 지방자치단체는 납세의무자가 될 수 있다.
③ 재화를 수입하는 자는 사업자 여부와 관계없이 재화의 수입에 대하여 부가가치세 납세의무를 진다.
④ 영세율을 적용받는 사업자는 부가가치세법상의 사업자등록의무가 없다.

09. 다음 중 부가가치세법상 과세거래에 해당하는 것은?

① 금융·보험 용역　　② 상가의 임대
③ 토지의 처분　　④ 주택의 임대

10. 다음 중 부가가치세법상 사업의 종류와 사업장을 연결한 내용으로 가장 옳지 않은 것은?

① 무인자동판매기사업 : 사업에 관한 업무총괄장소
② 제조업 : 최종제품을 완성하는 장소
③ 건설업 : 건설현장
④ 비거주자 또는 외국법인 : 국내사업장

11. 다음 중 부가가치세법상 재화의 공급시기로 가장 옳지 않은 것은?

① 위탁판매 : 수탁자의 공급일
② 수출재화 : 수출재화의 선적일
③ 장기할부판매 : 재화가 실제로 인도되는 때
④ 현금판매, 외상판매 : 재화가 인도되거나 이용가능하게 되는 때

12. 다음 중 부가가치세법상 사업자가 공급하는 재화 및 용역에 대해서 세금계산서 발급의무가 면제되는 경우가 아닌 것은?

① 개인적 공급　　② 사업상 증여
③ 판매목적 타사업장 반출 재화　　④ 폐업 시 잔존재화

13. 다음 중 부가가치세법상 영세율 적용 대상에 해당하지 않는 것은?

① 항공기의 외국항행용역　　② 수출하는 재화
③ 국외에서 제공하는 용역　　④ 수돗물의 공급

14. 다음 중 부가가치세법상 과세표준에 포함하는 것은?

① 에누리액　　② 할부판매의 이자 상당액
③ 할인액　　④ 환입된 재화의 가액

15. 다음 중 부가가치세법상 재화 공급의 특례에 대한 설명으로 가장 옳지 않은 것은?

① 사업을 위하여 무상으로 다른 사업자에게 인도하는 견본품은 재화의 공급으로 보지 않는다.
② 사업자가 폐업할 때 자기생산·취득재화 중 남아있는 재화는 자기에게 공급한 것으로 본다.
③ 양도담보의 목적으로 부동산을 제공하는 것은 재화의 공급으로 본다.
④ 법률에 따라 조세를 물납하는 것은 재화의 공급으로 보지 않는다.

16. 다음 중 부가가치세법상 영수증 발급 대상 사업자가 아닌 것은?

① 미용업　　② 욕탕업
③ 입장권을 발행하여 경영하는 사업　　④ 제조업

17. 다음 중 부가가치세법상 공제받을 수 있는 매입세액은 얼마인가? (단, 세금계산서는 적법하게 수취하였다.)

• 직원 복리후생 관련 상품의 매입세액 : 1,500,000원 • 거래처 선물 관련 매입세액 : 2,000,000원 • 승용자동차(1,500cc, 4인용)에 사용한 유류 관련 매입세액 : 3,000,000원

① 1,500,000원　　② 2,000,000원　　③ 3,000,000원　　④ 4,500,000원

18. 다음 중 부가가치세법상 면세포기에 대한 설명으로 가장 옳지 않은 것은?

① 면세포기를 한 사업자는 신고한 날로부터 3년간 부가가치세를 면제받지 못한다.
② 면세포기 신고기한은 규정되어 있지 않으므로 과세기간 중 언제라도 할 수 있다.
③ 면세포기란 면세되는 재화·용역을 공급하는 사업자가 면세적용을 포기하고 과세로 전환하는 것을 말한다.
④ 면세대상 재화·용역을 공급하는 모든 사업자는 면세포기를 할 수 있다.

19. 다음 중 부가가치세법상 환급에 대한 설명으로 가장 옳지 않은 것은?

① 일반환급은 확정신고기한이 지난 후 30일 이내에 환급된다.
② 사업자가 재무구조개선계획을 이행 중인 때에는 조기환급을 받을 수 없다.
③ 사업자가 영세율을 적용하는 경우 조기환급을 받을 수 있다.
④ 조기환급신고는 예정신고기간 중 또는 과세기간 최종 3개월 중 매월 또는 매 2월에 할 수 있다.

20. 다음 중 부가가치세법상 간이과세자에 대한 설명으로 옳은 것은?

① 간이과세자는 부가가치세법상 사업자가 아니다.
② 간이과세자는 개인사업자를 대상으로 하므로 법인사업자는 간이과세를 적용받지 못한다.
③ 간이과세자는 과세기간을 6개월 단위로 하여 부가가치세를 신고한다.
④ 간이과세자는 확정신고를 할 필요없이 고지세액을 납부한다.

세법2부 소득세법

01. 다음 중 소득세법에 대한 설명으로 가장 옳지 않은 것은?

① 원칙적으로 열거주의 과세방식을 취하고 있다.
② 개인별 소득을 기준으로 과세한다.
③ 누진세율 구조로 되어있다.
④ 정부부과고지 납세제도를 취하고 있다.

02. 다음 중 소득세법상 납세의무자에 대한 설명으로 가장 옳지 않은 것은?

① 소득세의 납세의무자는 거주자와 비거주자이다.
② 거주자는 국내에 거소를 두거나 1과세기간 동안 국내에 180일 이상의 거소를 둔 개인을 말한다.
③ 거주자는 국내원천소득뿐만 아니라 국외원천소득에 대해서도 납세의무를 진다.
④ 비거주자는 국내원천소득에 대해서만 납세의무를 진다.

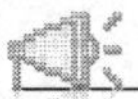

03. 다음 중 소득세법상 근로소득에 해당하지 않는 것은?

① 휴가비 기타 이와 유사한 성질의 급여
② 벽지수당, 해외근무수당
③ 연 또는 월단위로 받는 여비
④ 종업원에게 지급한 경조금(사회통념상 타당한 범위 내에서 지급한 금액)

04. 다음 중 소득세법상 종합과세대상 금융소득에 해당하지 않는 것은?

① 국내에서 지급되는 금융소득 중 원천징수되지 않은 소득
② 원천징수대상이 아닌 국외에서 받은 금융소득
③ 비실명금융소득
④ 출자공동사업자의 배당소득

05. 다음 중 소득세법상 배당소득의 수입시기로 가장 옳지 않은 것은?

① 무기명주식의 이익이나 배당 : 그 지급을 받은 날
② 잉여금의 처분에 의한 배당 : 그 과세기간 종료일
③ 법인의 해산으로 인한 배당 : 잔여재산가액 확정일
④ 법인세법에 의하여 처분된 배당 : 당해 법인의 당해 사업연도의 결산확정일

06. 다음은 소득세법상 기업업무추진비에 대한 설명이다. 빈칸에 들어갈 말로 옳은 것은?

2개 이상의 사업장을 가진 자가 사업장별 거래내용이 구분될 수 있도록 기록한 경우 기업업무추진비 기본 한도금액은 각 사업장별 ( )에 따라 안분한다.

① 수입금액 ② 필요경비 ③ 소득금액 ④ 사업장의 면적

07. 다음 중 소득세법상 연금소득에 대한 설명으로 가장 옳지 않은 것은?

① 사적연금소득이 연 1,500만원 이하이고, 분리과세를 선택한 경우 원천징수로 과세종결된다.
② 「산업재해보상보험법」에 따라 받는 각종 연금은 비과세 연금소득에 해당한다.
③ 연금소득공제액이 900만원을 초과하는 경우에는 900만원을 공제한다.
④ 연금계좌에서 연금수령하는 경우의 연금소득은 연금을 지급받기로 한 날이 수입시기가 된다.

08. 다음 중 소득세법상 종합소득과세표준 확정신고기한으로 가장 옳지 않은 것은?

① 거주자가 사망한 경우 : 그 상속개시일이 속하는 해의 다음연도 5월 31일까지
② 거주자가 출국하는 경우 : 출국일의 전날까지
③ 성실신고확인대상 사업자 : 다음 해의 5월 1일부터 6월 30일까지
④ 분리과세대상 주택임대사업자 : 다음 해의 5월 1일부터 5월 31일까지

09. 다음 중 소득세법상 부당행위계산부인의 대상이 되는 소득으로 묶인 것은?

① 이자소득, 사업소득
② 이자소득, 배당소득
③ 사업소득, 기타소득
④ 배당소득, 연금소득

10. 다음 중 소득세법상 기타소득이 아닌 것은?

① 복권, 경품권, 그 밖의 추첨권에 당첨되어 받는 금품
② 장소를 계속적으로 대여하고 사용료로서 받는 금품
③ 계약의 위약 또는 해약으로 인하여 받는 위약금
④ 뇌물

11. 다음 중 소득세법상 일용근로자에 대한 설명으로 가장 옳지 않은 것은?

① 일용근로자의 근로소득공제액은 1일 150,000원이다.
② 일용근로소득의 원천징수 세율은 6%이다.
③ 일용근로소득은 근로소득세액공제의 적용이 없다.
④ 일용근로자가 부담하는 건강보험료는 근로소득금액에서 공제되지 않는다.

12. 다음 자료를 바탕으로 거주자 홍길동의 사업소득 총수입금액을 계산하면 얼마인가?

> • 매출액 : 8,000,000원
> • 사업과 관련된 자산수증이익 : 20,000,000원
> • 국세환급가산금 : 10,000,000원

① 8,000,000원　② 18,000,000원　③ 28,000,000원　④ 38,000,000원

13. 다음은 거주자 갑의 20x1년도 부양가족 현황이다. 소득세법상 거주자 갑이 받을 수 있는 인적공제(기본공제와 추가공제)는 얼마인가? (단, 아래 자료의 소득 외에 다른 소득은 없다.)

> 가. 본인(50세) : 총급여액 5,000만원
> 나. 배우자(54세) : 총급여액 500만원
> 다. 모(75세) : 소득 없음
> 라. 자(25세) : 소득 없음

① 4,500,000원　② 5,500,000원　③ 6,500,000원　④ 7,500,000원

14. 다음 중 소득세법상 세액공제대상 의료비에 해당하는 것은?

① 시력보정용 안경구입비용 연 30만원
② 건강증진을 위한 의약품 구입비용 연 50만원
③ 국외에서 지출한 의료비 연 100만원
④ 미용 · 성형수술을 위한 의료비 연 30만원

15. 다음은 20x1년 김종합씨의 소득 내역이다. 소득세법상 김종합씨가 신고해야 할 종합소득금액은 얼마인가?

> 사업소득금액 : 50,000,000원　퇴직소득금액 : 100,000,000원
> 양도소득금액 : 10,000,000원　근로소득금액 : 30,000,000원

① 50,000,000원　② 80,000,000원　③ 90,000,000원　④ 190,000,000원

16. 다음 중 소득세법상 특별세액공제에 대한 설명으로 옳지 않은 것은?

① 초등학생의 교복구입비는 교육비세액공제 대상이 아니다.
② 초 · 중 · 고등학교에서 구입한 교과서 대금은 교육비세액공제 대상이다.
③ 의료비가 총급여액의 3%를 초과하지 않는 경우에는 의료비세액공제를 적용받을 수 없다.
④ 장애인전용 보장성보험료는 납입한 금액에 제한 없이 세액공제대상이다.

17. 다음 중 소득세법상 중간예납에 대한 설명으로 가장 옳지 않은 것은?

① 종합소득이 있는 거주자만이 중간예납의무를 진다.
② 해당 과세기간에 신규로 사업을 시작한 자는 중간예납의무가 없다.
③ 중간예납은 분할납부할 수 없다.
④ 이자소득과 배당소득만 있는 거주자는 중간예납의무가 없다.

18. 다음 중 소득세법상 원천징수에 대한 설명으로 가장 옳지 않은 것은?

① 완납적 원천징수에 해당하면 별도의 확정신고가 필요 없다.
② 부가가치세가 면세되는 인적용역의 원천징수세율은 3%이다.
③ 직전연도의 상시고용인원이 20명 이하인 경우 원천징수세액을 매 분기별로 납부할 수 있다.
④ 원천징수의무자는 원천징수한 세액을 그 징수일이 속하는 달의 다음 달 10일까지 납부하여야 한다.

19. 다음 중 과세대상 건물을 20x1년 3월 15일에 양도한 경우 소득세법상 양도소득세 예정신고기한으로 옳은 것은?

① 3월 31일 ② 4월 30일 ③ 5월 31일 ④ 12월 31일

20. 다음 중 소득세법상 2천만원 이하의 주택임대소득에 대해서 분리과세를 신청하는 경우 적용되는 세율은?

① 6% ② 10% ③ 14% ④ 20%

제112회 세무회계3급 답안 및 해설

세법1부 - 법인세법, 부가가치세법

1	2	3	4	5	6	7	8	9	10	11	12	13	14	15
②	②	①	④	①	④	②	④	②	③	③	③	④	②	③
16	17	18	19	20										
④	①	④	②	②										

01. 외국법인의 청산소득은 국내에서 법인세 납부의무가 없다.

02. 사외유출된 것이 분명하지만 그 **귀속이 불분명한 경우에는 대표자에 대한 상여로 처분**한다.

03. 자산의 임대료는 익금에 해당한다.

04. **토지는 감가상각자산에 해당하지 않는다.**

05. 과세표준(100,000,000)×9%(2억 이하)=9,000,000원

06. 직매장은 사업장으로 본다.

07. 일반과세자의 과세기간은 6개월 단위로 제1기와 제2기로 나누어 과세한다.

08. 영세율을 적용받는 사업자는 부가가치세법상 사업자등록 의무가 있다.

09. 상가의 임대는 과세거래에 해당한다.

10. 건설업의 경우 **법인은 법인의 등기부상 소재지, 개인은 업무총괄장소를 사업장**으로 한다.

11. 장기할부판매의 경우 **대가의 각 부분을 받기로 한 때를 공급시기**로 한다.

12. 판매목적으로 **타사업장에 반출하는 경우에는 세금계산서를 발급**하여야 한다.

13. **수돗물의 공급은 면세대상 거래**이다.

14. **할부판매의 이자 상당액은 공급가액에 포함**된다.

15. 양도담보의 목적으로 동산, 부동산 등을 제공하는 것은 재화의 공급으로 보지 않는다.

16. 주로 사업자가 아닌 자에게 재화 등을 공급하는 자는 세금계산서 대신 영수증을 발급하여야 한다.

17. 거래처 선물 관련 매입세액과 승용자동차(1,500cc, 4인용)에 사용한 유류 관련 매입세액은 불공제 매입세액이다.

18. 법에서 열거된 면세사업자만이 면세포기를 할 수 있다.

19. **재무구조개선계획을 이행 중인 때에는 조기환급**을 받을 수 있다.

20. 간이과세자는 부가가치세법상 사업자이며, 1월 1일부터 12월 31일까지를 과세기간으로 하여 부가가치세를 확정 신고한다.

세법2부 - 소득세법

1	2	3	4	5	6	7	8	9	10	11	12	13	14	15
④	②	④	③	②	①	④	①	③	②	③	③	②	①	②
16	17	18	19	20										
④	③	③	③	③										

01. 소득세법은 **신고납세주의**를 취하고 있다.

02. 거주자는 국내에 주소를 두거나 1과세기간 동안 **국내에 183일 이상의 거소를 둔 개인**을 말한다.

03. 사회통념상 타당하다고 인정되는 범위 내의 경조금은 근로소득으로 보지 않는다.

04. **비실명금융소득은 무조건 분리과세대상 금융소득**이다.

05. 잉여금 처분에 의한 배당은 당해 **법인의 잉여금 처분결의일을 수입시기**로 한다.

06. 2개 이상의 사업장을 가진 경우 **기업업무추진비 기본한도금액은 수입금액에 따라 안분**한다.

07. 연금계좌에서 연금수령하는 경우의 연금소득은 **연금수령한 날이 수입시기**가 된다.

08. 거주자가 사망한 경우 종합소득 확정신고기한은 **상속개시일이 속하는 달의 말일부터 6개월이 되는 날**까지이다(단, **상속인이 출국하는 경우에는 출국일 전날**까지).

09. 배당소득(**출자공동사업자의 배당소득**만 해당한다), **사업소득 또는 기타소득**이 부당행위계산부인의 대상이 되는 소득이다.

10. **물품 또는 장소를 계속적으로 대여하고 사용료로서 받는 금품은 사업소득**이다.

11. 일용근로자의 경우 산출세액의 **55%에 해당하는 금액을 근로소득세액공제**로 하여 산출세액에서 공제한다.

12. 총수입금액 = 매출액(8,000,000) + 사업관련자산수증익(20,000,000) = 28,000,000원
국세환급가산금은 총수입금액불산입이다.

13. 부양가족기본공제(150만원 × 3명 = 450만원) + 경로우대(100만원) = 550만원
자(25세)는 **나이 요건 미충족으로 제외**한다.

14. **시력보정용 안경구입비용은 1인당 연 50만원 이내에서 공제대상 의료비**에 포함된다.

15. 종합소득금액 = 사업소득금액(50,000,000) + 근로소득금액(30,000,000) = 80,000,000원
양도소득과 퇴직소득은 분류과세한다.

16. **장애인전용 보장성보험료는 연 100만원 한도** 내에서 세액공제를 적용한다.

17. 중간예납은 분할납부할 수 있다.

18. 상시고용인원이 20명 이하인 경우에는 매 **반기별로 납부**할 수 있다.

19. **양도일이 속하는 달의 말일(3.31)부터 2개월 이내(5.31)**에 예정신고를 해야 한다.

20. **주택임대소득의 분리과세 세율은 14%**이다.

제111회 세무회계3급

합격율	시험년월
46%	2024.2

세법1부 법인세법, 부가가치세법

01. 다음 중 법인세법상 청산소득에 대한 법인세 납세의무가 있는 것은?

① 영리내국법인 ② 비영리내국법인
③ 영리외국법인 ④ 비영리외국법인

02. ㈜세무는 출장비 15,000,000원을 지출하고 전액 여비교통비로 처리하였다. 해당 비용이 ㈜세무의 업무와 전혀 무관한 개인주주(임원 또는 사용인이 아님)가 지출한 비용인 경우 이에 대한 소득처분으로 옳은 것은?

① 유보 ② 상여
③ 배당 ④ 기타사외유출

03. 다음은 ㈜재경의 제5기 사업연도(20x1.1.1.~20x1.12.31.) 세금과공과의 내역이다. 제5기 사업연도 세무조정 시 손금불산입해야 할 금액은 얼마인가?

• 폐수배출부담금	10,000,000원	• 공장용 토지 구매에 따른 취득세	9,000,000원
• 본사건물에 대한 재산세	2,000,000원	• 국민연금 회사부담분 납부액	3,000,000원

① 14,000,000원 ② 16,000,000원
③ 19,000,000원 ④ 20,000,000원

04. 다음 중 법인세법상 인정되는 감가상각방법이 아닌 것은?

① 정률법 ② 정액법 ③ 생산량비례법 ④ 연수합계법

05. 사업연도가 매년 1월 1일부터 12월 31일까지인 법인(성실신고확인서를 제출함)의 20x1년 각 사업연도 소득에 대한 법인세 과세표준 확정신고기한은 언제인가?

① 20x2.02.28. ② 20x2.03.31. ③ 20x2.04.30. ④ 20x2.05.31.

06. 다음 중 부가가치세의 특징으로 가장 옳지 않은 것은?

① 원칙적으로 모든 재화와 용역의 공급을 과세대상으로 하는 일반소비세이다.
② 법률상의 납세의무자와 실질적인 담세자가 일치하지 않는 간접세이다.
③ 모든 거래단계에서 창출된 부가가치에 대해서 과세하는 다단계과세방법이다.
④ 국제적 이중과세의 문제를 해결하기 위하여 생산지국과세원칙을 따르고 있다.

07. 다음 중 부가가치세법상 사업자등록에 대한 설명으로 가장 옳지 않은 것은?

① 사업자등록신청자는 부가가치세법상 사업자이어야 한다.
② 면세사업자는 부가가치세법상 사업자등록의무가 없다.
③ 사업자는 사업개시일로부터 20일 이내에 사업자등록을 신청하여야 한다.
④ 과세사업과 면세사업을 겸영하는 사업자는 사업자등록 의무가 없다.

08. 다음 중 부가가치세법상 사업장으로 가장 옳지 않은 것은?

① 제조업 : 최종제품을 완성하는 장소
② 부동산임대업 : 부동산의 등기부상 소재지
③ 무인자동판매기를 통하여 재화 · 용역을 공급하는 사업 : 무인자동판매기 소재지
④ 광업 : 광업사무소의 소재지

09. 다음 중 부가가치세법상 재화의 공급시기에 대한 설명으로 가장 옳지 않은 것은?

① 개인적 공급 : 재화를 사용하거나 소비하는 때
② 면세사업에 전용하는 재화 : 재화를 사용하거나 소비하는 때
③ 폐업시 잔존재화 : 폐업신고일
④ 판매 목적으로 다른 사업장에 반출하는 재화 : 재화를 반출하는 때

10. 다음 중 부가가치세법상 세금계산서 관련 가산세가 가장 높은 것은?

① 세금계산서의 부실기재
② 세금계산서의 가공발급 · 가공수취
③ 세금계산서 공급가액의 과다기재
④ 세금계산서의 지연발급

11. 다음 중 부가가치세법상 면세가 적용되는 재화 또는 용역은 몇 개인가?

• 미가공식료품	• 국외에서 제공하는 용역	• 박물관, 미술관에 입장하게 하는 것
• 일반고속버스(우등고속버스 제외)	• 시내버스	• 자동차 운전학원

① 1개　　② 2개　　③ 3개　　④ 4개

12. 다음 중 부가가치세법상 영세율이 적용되는 거래가 아닌 것은?

① 선박 또는 항공기의 외국항행용역
② 국가 등에 무상으로 공급하는 재화 또는 용역
③ 내국신용장 또는 구매확인서에 의한 수출
④ 수탁가공무역 방식의 수출

13. 다음 중 부가가치세법상 ( )에 들어갈 용어로 알맞은 것은?

( )은(는) 간이과세자에서 일반과세자로 과세유형이 변경될 경우 적용된다.

① 재고매입세액 ② 재고납부세액 ③ 매출세액 ④ 환급세액

14. 다음 중 부가가치세법상 재화의 공급으로 보는 거래 중 세금계산서 발급의무가 면제되지 않는 것은?(단, 사업자단위과세사업자 및 주사업장총괄납부사업자 아님)

① 면세사업에의 전용 ② 사업상 증여
③ 판매목적 타사업장 반출 ④ 개인적공급

15. 다음 중 부가가치세법상 조기환급 사유가 아닌 것은?

① 영세율을 적용받는 경우
② 사업 설비를 신설·취득·확장 또는 증축하는 경우
③ 재무구조개선계획을 이행 중인 경우
④ 사업의 업종을 추가하는 경우

16. 다음 중 부가가치세법상 대손세액공제에 관한 설명으로 가장 옳지 않은 것은?

① 채무자의 파산으로 회수할 수 없는 채권은 공제 대상이다.
② 대손세액공제는 예정신고 또는 확정신고 시 공제 가능하다.
③ 대손세액 공제의 범위는 공급일부터 10년이 지난 날이 속하는 과세기간에 대한 확정신고기한까지 확정되는 대손세액으로 한다.
④ 대손금액을 회수한 경우 회수한 대손금액에 관련된 대손세액을 회수한 날이 속하는 과세기간의 매출세액에 더한다.

17. 다음 자료에서 부가가치세법상 매출세액에서 공제되지 않는 세액의 합계액은?(단, 모든 거래는 업무와 관련성이 있다.)

• 토지의 형질변경과 관련된 매입세액	1,000,000원
• 직원명의 카드로 구입한 소모품 관련 매입세액	50,000원
• 거래처와의 식사 관련 매입세액	80,000원

① 1,000,000원　② 1,050,000원　③ 1,080,000원　④ 1,130,000원

18. 다음 중 부가가치세법상 간이과세자에 대한 설명으로 가장 옳지 않은 것은?

① 간이과세자는 직전 연도 공급대가의 합계액이 1억4백만원에 미달하는 개인사업자에 적용된다.
② 간이과세자는 간이과세를 포기하고 일반과세를 적용받을 수 있다.
③ 간이과세자는 의제매입세액공제를 적용받을 수 없다.
④ 간이과세자는 어떠한 경우에도 세금계산서를 발급할 수 없다.

19. 다음 중 부가가치세법상 계속사업자인 일반과세자의 제2기 과세기간에 해당하는 것은?

① 01월 01일~12월 31일　② 07월 01일~09월 30일
③ 07월 01일~12월 31일　④ 10월 01일~12월 31일

20. 다음 자료를 이용하여 부가가치세법상 과세표준을 계산하면 얼마인가?

가. 외상매출금	300,000,000원
나. 거래상대방에게 지급한 장려금	5,000,000원
다. 외상매출금의 지급이 지체되었음을 이유로 받는 연체이자	3,000,000원

① 292,000,000원　② 295,000,000원　③ 300,000,000원　④ 303,000,000원

세법2부 소득세법

01. 다음 중 소득세법상 과세기간에 대한 설명으로 가장 옳지 않은 것은?

① 소득세의 과세기간은 1월 1일부터 12월 31일까지 1년으로 한다.
② 거주자가 사망한 경우의 과세기간은 1월 1일부터 사망한 날까지로 한다.
③ 거주자가 주소 또는 거소를 국외로 이전하여 비거주자가 되는 경우의 과세기간은 1월 1일부터 출국한 날까지로 한다.
④ 비거주자는 필요한 경우 과세기간을 달리 정할 수 있다.

02. 다음 중 소득세법상 금융소득의 수입시기로 가장 옳지 않은 것은?

① 보통예금의 이자 : 실제로 이자를 지급받은 날
② 통지예금의 이자 : 약정에 따른 이자 지급일
③ 법인세법상 잉여금 처분에 의한 배당 : 잉여금 처분 결의일
④ 저축성보험의 보험차익 : 보험금 또는 환급금의 지급일

03. 다음 중 소득세법상 필요경비가 인정되지 않는 소득은 무엇인가?

① 배당소득 ② 사업소득 ③ 기타소득 ④ 양도소득

04. 다음 중 소득세법상 대주주인 임원이 사택을 제공받아 이익을 얻을 경우 해당되는 소득은 무엇인가?

① 근로소득 ② 사업소득 ③ 배당소득 ④ 기타소득

05. 다음 중 소득세법상 연금소득에 대한 설명으로 가장 옳지 않은 것은?

① 연금소득은 종합소득과세표준에 합산하여 신고하는 것이 원칙이다.
② 공적연금소득은 연금소득을 지급할 때 간이세액표에 의하여 원천징수한다.
③ 공적연금소득의 수입시기는 연금을 지급받은 날이다.
④ 공적연금소득만 있는 자가 연말정산을 한 경우에는 확정신고를 하지 아니할 수 있다.

06. 다음 중 소득세법상 기타소득에 해당하지 않는 것은?

① 고용관계 없이 다수인에게 강의를 하고 받은 강연료
② 연예인 및 직업운동선수 등이 사업활동과 관련하여 받은 전속계약금
③ 다수가 순위경쟁하는 대회에서 받은 상금
④ 일시적인 문예창작소득

07. 다음 중 소득세법상 (   )에 들어갈 숫자로 옳은 것은?

식사 기타 음식물을 제공받지 아니하는 근로자가 지급 받는 월 (   )만원 이하의 식사대는 소득세를 과세하지 아니한다.

① 10　　② 20　　③ 30　　④ 40

08. 다음 중 소득세법상 근로소득 원천징수에 대한 설명으로 가장 옳지 않은 것은?

① 원천징수의무자가 1월부터 12월까지의 근로소득을 지급하지 못한 경우 원천징수하지 아니한다.
② 원천징수의무자는 매월 급여 지급 시 근로소득 간이세액표에 의하여 원천징수 후 지급한다.
③ 직전 연도의 상시고용 인원이 20명 이하인 원천징수의무자(금융 및 보험업을 경영하는 자 아님)는 반기별 납부 신청을 할 수 있다.
④ 원천징수의무자가 일용근로자에게 일용근로소득을 지급한 때 원천징수 함으로써 납세의무가 종결된다.

09. 다음 중 소득세법상 업무용승용차 관련 비용에 대한 설명으로 가장 옳지 않은 것은?

① 모든 사업자에 대하여 적용한다.

② 감가상각방법은 정액법을 적용한다.

③ 감가상각 내용연수는 5년으로 한다.

④ 업무용승용차 관련 비용 등의 필요경비를 계산할 때 월수의 계산은 역에 따라 계산하되, 1월 미만의 일수는 1월로 한다.

10. 다음 중 소득세법상 사업소득의 필요경비가 아닌 것은?

① 상품의 운반비용　　② 종업원의 퇴직급여

③ 소득세 중간예납세액　　④ 판매장려금 및 판매수당

11. 다음 중 소득세법상 연말정산에 대한 설명으로 옳지 않은 것은?

① 원천징수의무자는 해당 과세기간의 다음 연도 1월분 급여를 지급할 때 연말정산을 한다.

② 근로자가 과세기간 중 퇴직한 경우에는 퇴직한 달의 급여를 지급할 때 중도퇴사자 정산을 한다.

③ 근로소득 외에 다른 소득이 없는 자는 연말정산으로 납세의무를 종결한다.

④ 근로소득 외에 다른 소득이 있는 자는 다음 연도 5월에 근로소득과 다른 소득을 합산하여 종합소득세를 신고납부한다.

12. 20x1년 귀속 소득이 다음과 같을 때, 소득세법상 종합소득세 확정신고를 해야 할 의무가 있는 자로 옳은 것은?

① 갑 : 농가부업소득 2,000만원

② 을 : 복권 당첨금 15억원

③ 병 : 상가양도소득 1,000만원

④ 정 : 근로소득 5,000만원, 부업으로 경영하는 커피전문점 사업소득 2,500만원

13. 다음 중 소득세법상 인적공제 항목의 추가공제액으로 옳은 것은?

① 한부모공제 : 500,000원
② 부녀자공제 : 1,000,000원
③ 장애인공제 : 1,000,000원
④ 경로우대자공제 : 1,000,000원

14. 다음 중 소득세법상 세액공제 대상 교육비에 해당하지 않는 것은?(단, 모두 기본공제대상자이다.)

① 장애인인 직계존속의 재활교육을 위하여 기관에 지출하는 특수교육비
② 거주자 본인의 대학원 학비
③ 중학생 자녀의 학원비
④ 고등학생 자녀의 교복구입비용(연 50만원 이내)

15. 다음 중 소득세법상 일용근로자의 근로소득에 관련된 설명으로 옳은 것은?

① 근로소득공제액은 1일 10만원이다.
② 신용카드 등 사용금액에 대한 소득공제가 적용된다.
③ 근로소득세액공제가 없다.
④ 일용근로자의 일용근로소득에 대해서는 100분의 6의 세율이 적용된다.

16. 다음 중 소득세법상 소득세 신고 · 납부에 관한 설명으로 가장 옳지 않은 것은?

① 중간예납세액의 납부에 대해서는 분할 납부가 적용되지 않는다.
② 종합소득세 자진납부세액이 1천만원을 초과하는 경우 분할 납부할 수 있다.
③ 소득세법상 중간예납을 하여야 할 자는 중간예납세액을 11월 30일까지 납부하여야 한다.
④ 성실신고사업자가 아닌 거주자의 종합소득세 확정신고는 다음 연도 5월 31일까지이다.

17. 다음 중 소득세법상 복식부기의무대상 사업자가 추계 신고한 경우 불이익이 아닌 것은?

① 기장세액공제의 배제
② 기준경비율의 1/2 적용
③ 무신고가산세 또는 무기장가산세의 적용
④ 이월결손금공제의 배제

18. 다음 중 소득세법상 과세 대상 토지를 양도할 경우에 적용될 수 있는 가장 낮은 세율로 옳은 것은?

① 6% ② 10% ③ 16% ④ 24%

19. 다음 중 소득세법상 사업장현황신고에 대한 설명으로 옳지 않은 것은?

① 사업장현황신고 기한은 해당 과세기간의 다음 연도 2월 25일까지이다.
② 사업장현황신고 시, 사업자가 납부할 세액은 없다.
③ 사업장현황신고는 면세사업자에만 해당되는 규정이다.
④ 주택임대사업자가 사업장현황신고를 하지 않아도 신고불성실 가산세는 없다.

20. ㈜민국에서 회계과장으로 근무하는 김근로씨의 20x1년도 소득자료는 다음과 같다. 종합소득과세표준은 얼마인가?

• 근로소득금액	30,000,000원
• 상가임대업의 결손금	△2,000,000원
• 종합소득공제금액	3,500,000원

① 24,500,000원 ② 26,500,000원 ③ 28,000,000원 ④ 30,000,000원

제111회 세무회계3급 답안 및 해설

세법1부 - 법인세법, 부가가치세법

1	2	3	4	5	6	7	8	9	10	11	12	13	14	15
①	③	③	④	③	④	④	③	③	②	④	②	①	③	④
16	**17**	**18**	**19**	**20**										
②	③	④	③	③										

01. **영리내국법인만 청산소득 납세의무**가 있다.

02. **개인주주**(임원 또는 사용인이 아님)**가 사용하는 것은 배당으로 처분**한다.

03. 손금불산입금액 = 폐수배출부담금(10,000,000) + 토지 취득세(9,000,000) = 19,000,000원
폐수배출부담금은 법령에 따른 의무의 불이행 또는 금지 · 제한 등의 위반에 대한 제재로서 부과되는 공과금으로 손금에 산입하지 아니한다.
공장용 토지 구매에 따른 취득세는 손금불산입하여야 한다.

04. **연수합계법은 법인세법상 인정되는 상각방법이 아니다.**

05. 각 사업연도 종료일이 속하는 달의 말일부터 3개월(**내국법인이 성실신고확인서를 제출하는 경우에는 4개월**) 이내에 법인세 과세표준과 세액을 신고하여야 하므로 성실신고확인서를 제출한 **12월 말 결산법인은 4월 말까지** 법인세 과세표준과 세액을 신고해야 한다.

06. 부가가치세의 **국제적 이중과세 문제를 해결하기 위하여 소비지국과세원칙**을 따르고 있다.

07. 과세사업과 면세사업을 **겸영하는 사업자도 부가가치세법상의 사업자등록**을 하여야 한다.

08. 무인자동판매기를 통하여 재화 · 용역을 공급하는 사업은 사업에 관한 **업무 총괄하는 장소를 사업장**으로 본다.

09. **폐업시 잔존재화의 공급시기는 폐업일**이다.

10. **세금계산서의 가공발급 · 가공수취 가산세는 공급가액의 3퍼센트**로 가장 높다.
① 세금계산서의 필요적 기재사항의 전부 또는 일부가 착오 또는 과실로 적혀 있지 아니하거나 사실과 다른 경우 : 그 공급가액의 1퍼센트
③ 재화 또는 용역을 공급하고 세금계산서등의 공급가액을 과다하게 기재한 경우 : 실제보다 과다하게 기재한 부분에 대한 공급가액의 2퍼센트
④ 세금계산서의 발급시기가 지난 후 해당 재화 또는 용역의 공급시기가 속하는 과세기간에 대한 확정신고 기한까지 세금계산서를 발급하는 경우 : 그 공급가액의 1퍼센트

11. **자동차 운전학원은 과세**이며 **국외에서 제공하는 용역은 영세율을 적용**한다.

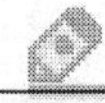

12. **국가, 지방자치단체, 지방자치단체조합** 또는 대통령령으로 정하는 **공익단체에 무상으로 공급하는 재화 또는 용역은 면세를 적용**한다.

13. 간이과세자가 일반과세자로 변경되면 그 변경 당시의 재고품, 건설 중인 자산 및 감가상각자산에 대하여 대통령령으로 정하는 바에 따라 계산한 금액을 **매입세액으로 공제(재고매입세액)**할 수 있다.

14. **판매목적 타사업장 반출은 세금계산서 발급 의무**가 있다.

15. 조기환급 사유는 다음과 같다.

1. 사업자가 영세율을 적용받는 경우
2. 사업자가 사업 설비를 신설·취득·확장 또는 증축하는 경우
3. 사업자가 재무구조개선계획을 이행 중인 경우

16. **대손세액공제는 확정신고 때만 가능**하다.

17. 토지의 형질변경과 관련된 매입세액(1,000,000)+거래처와의 식사 관련 매입세액(80,000) =1,080,000원

토지 관련 매입세액과 기업업무추진비 관련 매입세액은 불공제 대상이다.

18. **직전 연도의 공급대가의 합계액이 4,800만원 미만인 간이과세사업자는 영수증을 발급하여야 한다.** 이외의 간이과세자는 세금계산서를 발급하여야 한다.

19. 부가가치세의 제1기 과세기간은 **1월 1일부터 6월 30일까지**(제1기 예정신고기간은 1월 1일부터 3월 31일까지), 제2기 과세기간은 7월 1일부터 12월 31일까지(제2기 예정신고기간은 7월 1일부터 9월 30일까지)이다.

20. 과세표준=외상매출금(300,000,000)

사업자가 재화 또는 용역을 공급받는 자에게 지급하는 장려금은 과세표준에서 공제하지 않는다. 공급에 대한 대가의 지급이 지체되었음을 이유로 받는 **연체이자는 과세표준에 포함하지 않는다.**

세법2부 - 소득세법

1	2	3	4	5	6	7	8	9	10	11	12	13	14	15
④	②	①	①	③	②	②	①	①	③	①	④	④	③	④
16	**17**	**18**	**19**	**20**										
①	①	①	①	②										

01. 비거주자에 대해서 **과세기간을 달리 정할 수 없다.**

02. 통지예금에 대한 이자소득의 수입시기는 **인출일**이다.

03. **이자소득과 배당소득은 소득세법상 필요경비가 인정되지 않는 소득**이다.

04. **대주주인 임원이 사택을 제공받음으로써 얻은 이익은 근로소득**으로 과세한다.

05. 공적연금소득의 수입시기는 **연금을 지급받기로 한 날**이다.

06. 연예인 및 직업운동선수 등이 사업활동과 관련하여 받은 **전속계약금은 사업소득**이다.

07. 식사 등을 제공받지 않는 조건으로 지급 받는 **월 20만원 이하의 식사대는 비과세 근로소득**이다.

08. 근로소득을 지급하여야 할 원천징수의무자가 1월부터 11월까지의 근로소득을 해당 과세기간의 12월 31일까지 지급하지 못한 경우에는 **12월 31일**에, 12월분의 근로소득을 다음 연도 2월 말일까지 지급하지 아니한 경우에는 그 근로소득을 **다음 연도 2월 말일에 지급한 것으로 보아 소득세를 원천징수한다.**

09. **복식부기의무 사업자에 한하여 필요경비 불산입 특례**를 적용한다.

10. 소득세 중간예납세액은 필요경비가 아니다.

11. **다음 연도 2월분 급여를 지급할 때 연말정산**을 한다.
원천징수의무자는 해당 과세기간의 다음 연도 2월분의 근로소득 또는 퇴직자의 퇴직하는 달의 근로소득을 지급할 때에는 법령에 따라 계산한 소득세(연말정산 원천세)를 원천징수한다.

12. **농가부업소득이 3,000만원 이하인 경우에는 비과세**된다. 복권당첨금은 분리과세로 납세의무가 종결된다. 양도소득은 분류과세한다.

13. **한부모공제는 1,000,000원**, **부녀자공제는 500,000원**, 장애인 공제는 2,000,000원, 경로우대자 공제금액은 1,000,000원이다.

14. 학원 및 체육시설에 지급한 교육비는 **초등학교 취학 전 아동을 위하여 지출한 금액**만 세액공제 대상 교육비에 해당한다.

15. 일용근로자의 근로소득에 대해서는 100분의 6으로 한다.
일용근로자의 **근로소득공제액은 1일 15만원**이다. 일용근로자에게는 **신용카드 등 사용금액에 대한 소득공제가 적용되지 않으며**, 일용근로자에 대해서도 **근로소득 세액공제를 적용**한다.

16. 중간예납에 대해서도 **분납요건을 충족한 경우 분납 신청**이 가능하다.

17. 소득세법상 간편장부대상자가 복식부기에 따라 기장하여 소득금액을 계산하고 과세표준 및 세액을 신고했을 경우 기장세액공제를 적용한다. **복식부기의무자는 기장세액공제 적용 대상이 아니다.**

18. 토지의 양도로 발생하는 소득에 대해서는 **소득세 기본세율을 적용**하여 세액을 계산하며, **적용받을 수 있는 가장 낮은 세율은 6%**이다.

19. **사업장현황신고기한은 해당 과세기간의 다음 연도 2월 10일까지**이다.

20. 종합소득과세표준 = 근로소득금액(30,000,000) - 종합소득공제금액(3,500,000) = 26,500,000원
상가임대업의 결손금은 근로소득금액에서 공제되지 않는다.

제110회 세무회계3급

합격율	시험년월
57%	2024.4

세법1부 법인세법, 부가가치세법

01. 다음 중 법인세법상 소득처분이 아닌 것은?

① 상여 ② 유보 ③ 배당 ④ 급여

02. 다음 중 법인세법상 익금 항목에 해당하는 것은?

① 부가가치세 매출세액
② 손금에 산입된 금액 중 환입된 금액
③ 국세 또는 지방세의 과오납금의 환급금이자
④ 감자차익

03. 다음 중 법인세법상 중소기업의 기업업무추진비 연간 기본한도액은 얼마인가?

① 12,000,000원 ② 20,000,000원 ③ 25,000,000원 ④ 36,000,000원

04. 다음 중 법인세법상 손금으로 인정되는 금액은 얼마인가?

• 업무용승용차 관련 비용 중 사적사용비용	2,000,000원
• 법인세와 법인지방소득세	4,000,000원
• 사용자로서 부담하는 임직원에 대한 국민건강보험료	3,000,000원

① 3,000,000원 ② 5,000,000원 ③ 6,000,000원 ④ 8,000,000원

05. 다음 중 법인세법상 감가상각 대상에서 제외되는 자산이 아닌 것은?

① 사업에 사용하지 아니하는 자산(유휴설비 제외)
② 건설 중인 자산
③ 시간의 경과에 따라 그 가치가 감소되지 아니하는 자산
④ 특허권

06. 다음 중 부가가치세법상 부가가치세의 특징으로 가장 옳지 않은 것은?

① 최종소비자와 담세자가 일치하지 않는 간접세이다.
② 종업원이 근로를 제공하는 것은 독립성이 없으므로 과세대상이 아니다.
③ 국가는 과세권자이므로 납세의무가 없다.
④ 소비지국과세원칙을 채택하고 있다.

07. 다음 중 부가가치세법상 사업자등록에 관한 설명으로 가장 옳지 않은 것은?

① 사업자등록은 전국 모든 세무서에서 신청할 수 있다.
② 신규로 사업을 시작하려는 자는 사업개시일 이전이라도 사업자등록을 신청할 수 있다.
③ 사업자는 사업장마다 사업개시일부터 30일 이내에 사업자등록을 신청하는 것이 원칙이다.
④ 사업자가 휴업을 하는 경우 지체 없이 사업장 관할세무서장에게 신고하여야 한다.

08. 다음 중 부가가치세법상 사업장으로 가장 옳지 않은 것은?

① 비주거용 부동산임대업 : 사업자의 주소 또는 거소
② 건설업(개인일 경우) : 사업에 관한 업무를 총괄하는 장소
③ 광업 : 광업사무소의 소재지
④ 제조업 : 최종제품을 완성하는 장소

09. 다음 중 부가가치세법상 납세의무자에 대한 설명으로 가장 옳지 않은 것은?

① 면세사업자는 부가가치세를 납부할 의무가 없다.
② 사업자란 영리를 목적으로 사업상 독립적으로 재화 또는 용역을 공급하는 자를 말한다.
③ 간이과세자는 부가가치세법상 사업자에 해당한다.
④ 과세사업자는 일반과세자와 간이과세자로 구분한다.

10. 다음 중 부가가치세법상 사업자등록정정 신고의 사유가 아닌 것은?

① 상호를 변경하는 때
② 사업의 종류를 변경하거나 추가하는 때
③ 사업장을 이전하는 때
④ 하치장 설치신고를 하는 때

11. 다음 중 부가가치세법상 용역의 공급으로 보는 것은?

① 권리의 양도
② 기계장치의 양도
③ 교육서비스의 제공
④ 전기 · 가스의 공급

12. 다음 중 부가가치세법상 간주공급의 공급시기로 가장 옳지 않은 것은?

① 개인적 공급 : 재화를 사용하거나 소비하는 때
② 폐업 시 잔존재화 : 폐업일
③ 사업상 증여 : 재화를 증여하는 때
④ 판매목적 타사업장 반출 : 재화를 판매하는 때

13. 다음 중 부가가치세법상 면세되는 재화 또는 용역은 모두 몇 개인가?

a. 의료보건용역과 혈액	b. 수돗물	c. 연탄과 무연탄	d. 수집용 우표

① 1개 ② 2개 ③ 3개 ④ 4개

14. 다음 중 부가가치세법상 아래의 괄호 안에 들어갈 숫자로 알맞은 것은?

> 대손세액 공제의 범위는 사업자가 부가가치세가 과세되는 재화 또는 용역을 공급한 후 그 공급일로부터 (   )년이 지난 날이 속하는 과세기간에 대한 확정신고 기한까지 확정되는 대손세액으로 한다.

① 3 ② 7 ③ 10 ④ 15

15. 다음 중 부가가치세법상 세금계산서 교부 대상 업종에 해당하지 않으면서 거래상대방의 요구에도 세금계산서를 발행할 수 없는 업종은 무엇인가?

① 세무사업 ② 제조업
③ 입장권을 발행하여 영위하는 사업 ④ 자동차판매업

16. 다음은 ㈜한국의 20x1년 제1기 부가가치세 확정신고기간에 발생한 거래이다. 20x1년 제1기 확정신고기간의 부가가치세 과세표준은 얼마인가?

• 특수관계인 매출액	10,000,000원(시가 15,000,000원)
• 특수관계인 이외의 매출액	60,000,000원

① 10,000,000원 ② 60,000,000원 ③ 70,000,000원 ④ 75,000,000원

17. 다음은 제조업을 영위하는 과세사업자인 ㈜서울의 20x1년 1월 1일부터 3월 31일까지의 매입내역이다. 20x1년 제1기 예정신고 시 공제 가능한 매입세액은 모두 얼마인가? 단, 세금계산서는 모두 적법하게 수령하였다.

매입내역	매입가액	매입세액
기계장치	100,000,000원	10,000,000원
원재료	150,000,000원	15,000,000원
업무무관자산	200,000,000원	20,000,000원
비영업용소형승용차	50,000,000원	5,000,000원

① 20,000,000원 ② 25,000,000원 ③ 30,000,000원 ④ 35,000,000원

18. 다음 중 부가가치세법상 간이과세자에 대한 설명으로 가장 옳지 않은 것은?

① 간이과세는 포기가 가능하다.
② 음식점을 영위하는 간이과세자는 의제매입세액공제를 적용받을 수 있다.
③ 일반과세자가 신규사업장을 추가하는 경우 그 신규사업장에 대하여도 간이과세를 적용받을 수 없다.
④ 연간 공급대가가 4천800만원 미만이면 부가가치세 납부의무가 면제된다.

19. 다음 중 부가가치세법상 공통매입세액 재계산의 대상이 아닌 것은?

① 비품 구입에 따른 매입세액
② 운반용 트럭 취득에 관련된 매입세액
③ 광고선전비 관련 매입세액
④ 건물의 구입에 관련된 매입세액

20. 다음 중 부가가치세법상 면세포기에 관한 설명으로 가장 옳지 않은 것은?

① 면세포기를 한 사업자는 신고한 날로부터 3년간 부가가치세를 면제받지 못한다.
② 면세를 포기하고자 하는 사업자는 면세포기신고서를 관할 세무서장에게 제출하여야 한다.
③ 면세포기는 언제든 가능하다.
④ 모든 재화와 용역에 대해서 면세포기가 가능하다.

세법2부 소득세법

01. 다음 중 소득세법상 거주자와 비거주자에 대한 설명으로 가장 옳지 않은 것은?

① 거주자란 국내에 주소를 두거나 183일 이상의 거소를 둔 개인을 말한다.
② 거주자가 비거주자로 되는 시기는 거주자가 주소 또는 거소의 국외 이전을 위하여 출국하는 날의 다음 날이다.
③ 거주자와 비거주자에 대한 구분은 국적과 무관하다.
④ 비거주자는 국내에 주소를 둔 날이 속하는 달의 말일까지는 비거주자로 본다.

02. 다음 중 소득세법상 금융소득의 과세방법에 대한 설명으로 옳은 것은?

① 비실명 이자소득은 무조건 분리과세 된다.
② 금융소득의 필요경비는 인정받을 수 있다.
③ 원천징수 되지 않은 이자소득은 조건부 종합과세 대상이다.
④ 부부의 금융소득 합계액이 연 2,000만원을 초과하면 종합과세 대상이다.

03. 다음 중 소득세법상 근로소득에 대한 설명으로 가장 옳지 않은 것은?

① 급여의 수입시기는 근로를 제공한 날이다.
② 잉여금처분에 의한 상여의 수입시기는 당해 법인의 잉여금 처분결의일이다.
③ 근로소득금액은 총급여액에서 근로소득공제를 차감한 것이다.
④ 근로소득공제는 금액의 제한이 없다.

04. 다음 중 소득세법상 연금소득에 관한 설명으로 가장 옳지 않은 것은?

① 연금소득은 종합과세하는 것이 원칙이다.
② 사적연금소득의 지급자는 연말정산 의무가 있다.
③ 「국민연금법」에 따라 받는 유족연금은 비과세 연금소득이다.
④ 공적연금만 있는 자는 연말정산으로 모든 납세의무가 종결된다.

05. 다음 중 소득세법상 퇴직소득에 대한 설명으로 가장 옳지 않은 것은?

① 퇴직소득은 종합소득과 합산하지 않고 별도로 과세한다.
② 퇴직소득공제액 산정 시 근속연수를 계산할 때 1년 미만의 기간이 있는 경우에는 이를 없는 것으로 본다.
③ 종업원이 임원이 된 경우로서 퇴직급여를 실제로 받지 않은 경우에는 퇴직으로 보지 않을 수 있다.
④ 임원 퇴직금의 한도 초과금액은 근로소득으로 과세한다.

06. 다음 중 소득세법상 부당행위계산의 부인 규정이 적용되는 소득은 무엇인가?

① 이자소득 ② 퇴직소득 ③ 기타소득 ④ 연금소득

07. 다음 중 소득세법상 비과세 근로소득에 해당하지 않은 것은?

① 공무원에게 지급되는 직급보조비
② 실비변상적인 정도의 일직료나 숙직료
③ 교육기본법에 따른 장학금 중 대학생이 근로를 대가로 지급받는 장학금
④ 천재 · 지변 기타 재해로 인하여 받은 급여

08. 다음 자료는 ㈜중부에 재직 중인 한태연 과장의 20x1년 급여 내역이다. 소득세법상 총급여액은 얼마인가?

• 급여	48,000,000원(매월 4,000,000원)
• 상여금	16,000,000원(분기별 4,000,000원)
• 식대(식사를 제공받지 않음)	2,400,000원(매월 200,000원)
• 직책수당	1,200,000원(매월 100,000원)

① 48,000,000원 ② 64,000,000원 ③ 65,200,000원 ④ 67,600,000원

09. 다음 중 소득세법상 사업장현황신고에 대한 설명으로 가장 옳지 않은 것은?

① 부가가치세가 면제되는 개인사업자는 사업장 현황신고를 하여야 한다.

② 사업자는 해당 사업장의 현황을 해당 과세기간의 다음 연도 2월 10일까지 사업장 소재지 관할 세무서장에게 신고하여야 한다.

③ 해당 과세기간 중 사업을 폐업 또는 휴업한 사업자는 사업장 현황신고를 하지 않아도 된다.

④ 2 이상의 사업장이 있는 사업자는 각 사업장별로 사업장 현황신고를 하여야 한다.

10. 다음 중 소득세법상 사업소득의 수입시기로 가장 옳지 않은 것은?

① 상품 등의 시용판매 : 상대방에게 물건이 도달한 날

② 상품 등의 위탁판매 : 수탁자가 그 위탁품을 판매하는 날

③ 무인판매기에 의한 판매 : 당해 사업자가 무인판매기에서 현금을 인출하는 때

④ 어음의 할인 : 그 어음의 만기일. 다만, 만기 전에 그 어음을 양도하는 때에는 그 양도일로 한다.

11. 나인영 세무사는 문예잡지에 일시적으로 수필을 기고하여 원고료로 10,000,000원을 받았다. 소득세법상 나인영 세무사의 기타소득금액은 얼마인가? 단, 실제 소요된 필요경비는 없다고 가정한다.

① 10,000,000원 ② 8,000,000원 ③ 6,000,000원 ④ 4,000,000원

12. 다음 중 소득세법상 거주자에게 소득을 지급하는 자에게 원천징수의무가 없는 소득은 무엇인가?

① 이자소득 ② 연금소득 ③ 퇴직소득 ④ 양도소득

13. 다음은 거주자 정광수 씨의 부양가족에 관한 자료이다. 소득세법상 거주자 정광수 씨의 인적공제액은 모두 얼마인가?

> 정광수 씨(45세, 남성, 세대주)와 생계를 같이 하는 동거가족은 아래와 같다.
> • 한순자 : 배우자, 40세, 소득 없음, 장애인
> • 정상철 : 아들, 12세, 소득 없음

① 6,000,000원　② 6,500,000원　③ 7,000,000원　④ 7,500,000원

14. 다음 중 소득세법상 특별세액공제 대상 교육비에 대한 설명으로 가장 옳지 않은 것은?

① 근로자 본인의 대학원 교육비는 공제 대상이다.
② 취학전아동의 현장체험학습비는 공제 대상에서 제외된다.
③ 직계존속을 위한 교육비는 공제 대상에서 제외된다.
④ 고등학생 자녀의 사설학원 교육비는 공제 대상이다.

15. 다음 중 소득세법상 결손금 소급공제에 관한 설명으로 가장 옳지 않은 것은?

① 부동산임대업에서 발생한 이월결손금은 소급공제가 허용되지 않는다.
② 법정신고기한까지 신고하지 아니하여 기한후신고를 할 때에도 결손금소급공제를 신청할 수 있다.
③ 비중소기업은 결손금소급공제가 허용되지 않는다.
④ 사업소득에 한하여 소급공제하며, 기납부한 소득세를 환급받을 수 있다.

16. 다음 중 소득세법상 종합소득 확정신고를 하지 않아도 되는 경우를 고르시오. 단, 모두 원천징수는 적법하게 이행되었다.

① 비상장주식 배당소득만 10,000,000원이 있는 경우
② 국내 은행예금 이자소득만 45,000,000원이 있는 경우
③ 일시적인 인적용역에 대한 대가로 50,000,000원을 받은 경우
④ 기타소득금액 10,000,000원과 일용근로소득이 있는 경우

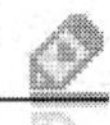

17. 다음 중 소득세법상 미등기 양도자산의 세율로 옳은 것은?

① 50% ② 60% ③ 70% ④ 80%

18. 소득세법상 거주자의 종합소득 과세표준이 12,000,000원인 경우, 산출세액은 얼마인가?

① 250,000원 ② 500,000원 ③ 720,000원 ④ 840,000원

19. 다음 중 아래의 괄호 안에 들어갈 금액으로 알맞은 것은?

사업소득은 모두 종합소득에 합산하여 과세하는 것이 원칙이나, 예외적으로 주택임대소득의 수입금액이 (　　　　　) 이하일 경우에는 종합소득 확정신고 시 세액계산을 종합과세방법과 분리과세방법 중 선택이 가능하다.

① 5,000,000원 ② 15,000,000원 ③ 20,000,000원 ④ 25,000,000원

20. 다음 중 소득세법상 소액부징수에 관한 내용으로 가장 옳지 않은 것은?

① 원천징수세액이 1천원 미만인 경우(이자소득은 제외한다) 해당 소득세를 징수하지 않는다.
② 일용근로자의 원천징수세액이 2천원 미만인 경우 해당 소득세를 징수하지 않는다.
③ 납세조합의 징수세액이 1천원 미만인 경우 해당 소득세를 징수하지 않는다.
④ 중간예납세액이 50만원 미만인 경우 해당 소득세를 징수하지 않는다.

제110회 세무회계3급 답안 및 해설

세법1부 - 법인세법, 부가가치세법

1	2	3	4	5	6	7	8	9	10	11	12	13	14	15
④	②	④	①	④	③	③	①	②	④	③	④	③	③	③
16	**17**	**18**	**19**	**20**										
④	②	②	③	④										

01. 급여는 법인세법상 소득처분 사항이 아니다.

02. **손금에 산입된 금액 중 환입된 금액은 익금산입 항목**이다.

03. **중소기업의 기업업무추진비 기본한도액은 36,000,000원**이다.

04. 「국민건강보험법」 및 「노인장기요양보험법」에 따라 **사용자로서 부담하는 보험료 및 부담금은 손금으로 산입(3,000,000원)**한다.
업무용승용차 관련 비용 중 **업무사용금액에 해당하지 아니하는 금액은 손금불산입사항**이다.
각 사업연도에 납부하였거나 납부할 **법인세 또는 법인지방소득세는 손금에 산입하지 아니한다.**

05. 특허권은 감가상각 대상 무형자산이다.
사업에 사용하지 아니하는 것(유휴설비를 제외한다), 건설 중인 것, 시간의 경과에 따라 그 가치가 감소되지 아니하는 것(토지 등)는 감가상각대상 자산에서 제외한다.

06. 납세의무자는 사업자 또는 재화를 수입하는 자로서 **국가·지방자치단체와 지방자치단체조합을 포함**한다.

07. 사업자는 사업장마다 **사업개시일부터 20일 이내에 사업장 관할 세무서장에게 사업자등록을 신청**하여야 한다.

08. 부동산임대업의 사업장은 부동산의 등기부상 소재지이다.

09. "사업자"란 **사업 목적이 영리이든 비영리이든 관계없이** 사업상 독립적으로 재화 또는 용역을 공급하는 자를 말한다.

10. **하치장 설치신고는 사업자등록 정정 사유가 아니다.**

11. **교육 서비스의 제공은 용역의 공급에 해당**하고, **전기, 가스, 열 등 관리할 수 있는 자연력은 재화**로 본다.

12. ***판매목적 타사업장 반출의 공급시기는 재화를 반출하는 때***이다.

13. 수집용 우표는 과세 재화이고, 나머지는 면세되는 재화 또는 용역이다.

15. **입장권을 발행하여 영위하는 사업은 영수증만 발행**할 수 있다.

16. 과세표준 = 특수관계인 매출(15,000,000) + 이외 매출액(60,000,000) = 75,000,000원
특수관계인 매출액의 공급대가는 시가에 의해 계산한다.
17. 공제가능매입세액 = 기계장치(10,000,000) + 원재료(15,000,000) = 25,000,000원
업무무관자산과 비영업용소형승용차 구입을 위한 매입세액은 불공제 대상이다.
18. 간이과세자는 의제매입세액공제를 적용받을 수 없다.
19. 감가상각자산만이 공통매입세액 재계산의 대상이 된다.
20. 영세율 적용 대상 등 일정한 재화 또는 용역에 대해서 면세포기를 할 수 있다.

세법2부 - 소득세법

1	2	3	4	5	6	7	8	9	10	11	12	13	14	15
④	①	④	②	②	③	①	③	③	①	④	④	②	④	②
16	17	18	19	20										
①	③	③	③	②										

01. 비거주자는 국내에 주소를 둔 날에 거주자가 된다.
02. 금융소득을 포함한 종합소득은 인별 과세를 원칙으로 한다. 원천징수 되지 않은 이자소득은 무조건 종합과세한다. 금융소득은 필요경비를 인정받을 수 없다.
03. 근로소득공제는 2천만원을 한도로 한다.
04. 사적연금소득 지급자에게는 연말정산 의무가 없다.
05. 근속연수를 계산할 때 1년 미만의 기간이 있는 경우에는 이를 1년으로 본다.
06. 기타소득의 경우 부당행위계산의 부인이 적용된다.
07. 공무원에게 지급되는 직급보조비는 과세되는 근로소득이다.
08. 총급여액 = 급여(48,000,000) + 상여금(16,000,000) + 직책수당(1,200,000) = 65,200,000원
09. 해당 과세기간 중 사업을 폐업 또는 휴업한 사업자도 사업장현황신고를 하여야 한다.
10. 시용판매는 상대방이 구입의 의사를 표시한 날이다.
11. 기타소득금액 = 기타소득(10,000,000) × (1 - 60%) = 4,000,000원
원고료는 의제필요경비율 60%를 적용한다.
12. 양도소득은 원천징수 대상이 아니다.

13.

관계	요건		기본공제	추가공제	판단
	연령	소득			
본인	-	-	○		
배우자	-	○	○	장애인	
아들(12)	○	○	○		
• 기본공제(3명) = 1,500,000×3 = 4,500,000원				• 장애인공제(1명) = 2,000,000원	

14. 사설학원 교육비는 초등학교 취학 전 아동을 위하여 지급한 교육비가 공제 대상에 해당한다.

15. 결손금 소급공제세액을 환급받으려는 자는 **과세표준확정신고기한까지 납세지 관할 세무서장에게 환급을 신청**하여야 한다.

16. **분리과세 대상 이자·배당소득만 있는 경우 확정신고를 하지 않을 수 있다.**

17. **미등기 양도자산의 세율은 70%**이다.

18. 산출세액 = 과세표준(12,000,000) × 소득세 최저세율(6%) = 720,000원
과세표준 14,000,000원 이하인 경우 소득세 최저세율 6%를 적용한다.

20. **원천징수세액이 1천원 미만인 경우(이자소득은 제외한다) 해당 소득세를 징수하지 아니한다.**

제108회 세무회계3급

합격율	시험년월
39%	2023.12

108회 이전은 세법 1, 2부 각 객관식 25문항으로 문제가 출제되었습니다.

세법1부 법인세법, 부가가치세법

01. 다음 중 법인세법상 납세의무자에 대한 설명으로 옳지 않은 것은?

① 영리내국법인은 국내·외 모든 소득에 대해서 법인세 납세의무가 있다.

② 영리외국법인은 국내의 원천소득, 토지 등 양도소득에 대해서 법인세 납세의무가 있다.

③ 비영리내국법인은 국내원천소득 중 일정한 수익사업에서 발생한 소득과 청산소득에 대해서 법인세 납세의무가 있다.

④ 비영리외국법인은 국내원천소득 중 수익사업에서 발생한 소득에 대해서 납세의무가 있다.

02. 다음 중 법인세법상 소득처분의 성격이 다른 것은?

① 배당　　② 상여　　③ 유보　　④ 기타사외유출

03. 다음 중 법인세법상 사업연도에 대한 설명으로 옳지 않은 것은?

① 내국법인의 사업연도 개시일은 법인의 설립등기일이다.

② 사업연도는 1년 미만으로 정할 수 없다.

③ 법인이 해산한 경우에 사업연도 개시일부터 해산등기일까지를 1사업연도로 본다.

④ 회사가 합병에 의하여 해산한 경우 사업연도 개시일부터 합병등기일까지는 1사업연도로 본다.

04. 다음 중 법인세법상 손금으로 인정되지 않는 것은?

① 대여 시점의 특수관계자에 대한 업무무관가지급금의 대손금
② 양도한 자산의 양도 당시의 장부가액
③ 업무와 관련된 부동산의 재산세
④ 사내근로복지기금에 출연하는 금품

05. 다음 중 법인세법상 결산조정과 신고조정에 대한 설명으로 옳지 않은 것은?

① 대손충당금은 신고조정사항이다.
② 재고자산평가손실은 결산조정사항이다.
③ 감가상각자산의 즉시상각은 결산조정사항이다.
④ 생산설비의 폐기손실은 결산조정항목이다.

06. 다음 중 법인세법상 손익의 귀속시기로 옳지 않은 것은?

① 상품(부동산 제외)의 판매 : 상품의 인도일
② 시용판매 : 상대방(고객)에게 상품을 인도한 날
③ 단기할부판매 : 인도기준
④ 위탁판매 : 수탁자가 그 위탁자산을 판매한 날

07. 다음은 ㈜한국의 제10기 사업연도(20x1.1.1.~20x1.12.31.)의 기업업무추진비 관련 자료이다. 다음 중 법인세법상 ㈜한국의 기업업무추진비 한도초과액과 그 세무조정으로 옳은 것은?

(1) ㈜한국이 거래처에 지출한 기업업무추진비 금액은 48,000,000원이며, 모두 법인카드를 사용하였다. (2) ㈜한국의 기업업무추진비한도액은 39,000,000원이다.

① 〈손금불산입〉 9,000,000원 (유 보)
② 〈손금불산입〉 9,000,000원 (기타사외유출)
③ 〈손금불산입〉 12,000,000원 (유 보)
④ 〈손금불산입〉 12,000,000원 (기타사외유출)

08. 다음 중 법인세법상 감가상각자산에 포함되는 것은?

① 사업에 사용하지 않는 자산
② 건설중인자산
③ 시간의 경과에 따라 그 가치가 감소하지 아니하는 자산
④ 유휴설비

09. 다음 중 법인세법상 퇴직금 지급 시 퇴직급여로 인정되지 않는 경우는?

① 임원이 연임된 경우
② 상근임원이 비상근임원으로 된 경우
③ 합병으로 퇴직하는 경우
④ 사용인이 임원으로 취임하는 경우

10. 제조업을 영위하는 법인으로서 업무용 승용차의 운행기록부를 작성하지 않은 경우, 법인세법상 차량 1대당 관련 비용으로 인정되는 연간 금액은 얼마인가? (단, 업무전용자동차보험에는 가입하지 않았다.)

① 0원 ② 4,000,000원 ③ 8,000,000원 ④ 15,000,000원

11. 다음 중 법인세법상 수익적지출에 해당하지 않는 것은?

① 본래의 용도를 변경하기 위한 개조
② 기계의 소모된 부속품 대체
③ 자동차 타이어의 대체
④ 파손된 유리의 교체

12. 다음의 자료에서 법인세법상 20x1년 귀속 기부금은 얼마인가?

특례기부금 1억원을 지급함(법인세법상 기부금에 해당하며, 한도초과액은 없는 것으로 가정한다.)
• 실제로 지급한 연도 : 20x1년
• 장부에 계상한 연도 : 20x2년

① 0원 ② 70,000,000원 ③ 100,000,000원 ④ 130,000,000원

13. 다음 자료를 토대로 법인세법상 적용되는 세율은 얼마인가?

• 당 회사의 사업연도는 1월 1일부터 12월 31일이지만 20x1년 7월 1일에 법인 설립신고를 했다. • 과세표준은 90,000,000원이다.

① 9%　　② 10%　　③ 19%　　④ 20%

14. 다음 중 부가가치세법상 사용하는 용어의 정의로 옳지 않은 것은?

① 사업자란 영리를 목적으로 사업상 독립적으로 재화 또는 용역을 공급하는 자를 말한다.
② 과세사업이란 부가가치세가 과세되는 재화 또는 용역을 공급하는 사업을 말한다.
③ 면세사업이란 부가가치세가 면제되는 재화 또는 용역을 공급하는 사업을 말한다.
④ 일반과세자란 간이과세자가 아닌 사업자를 말한다.

15. 다음은 부가가치세법상 사업자단위과세사업자에 관한 설명이다. 빈칸에 알맞은 것은?

사업장 단위로 등록한 사업자가 사업자단위과세사업자로 변경하려면 사업자단위과세사업자로 적용받으려는 과세기간 개시 (　　)일 전까지 사업자의 본점 또는 주사무소 관할세무서장에게 변경등록을 신청하여야 한다.

① 10　　② 15　　③ 20　　④ 25

16. 다음 중 부가가치세법상 사업자가 아닌 A씨가 과세 대상 재화를 수입하는 경우에 대한 설명으로 옳지 않은 것은?

① 부가가치세법상 납세의무자에 해당한다.
② 부가가치세는 세관장이 징수한다.
③ 납세지는 A씨의 주소지를 관할하는 세무서이다.
④ 부가가치세법상 사업자등록은 하지 않아도 된다.

17. 다음 중 부가가치세법상 과세거래에 해당하지 않는 것은?

① 상가 부동산 임대　　② 사업에 사용하던 기계장치의 처분
③ 소형승용차의 처분　　④ 상품권의 판매

18. 다음 중 부가가치세법상 영세율 적용 대상 거래가 아닌 것은?

① 용역의 국외 공급 ② 재화의 수출

③ 외국항행용역의 공급 ④ 국외의 사업자에게 견본품 반출

19. 다음 중 부가가치세법상 면세포기에 대한 설명으로 옳지 않은 것은?

① 면세대상이기만 하면 면세포기가 가능하다.

② 사업을 개시할 때에도 면세포기를 신고할 수 있다.

③ 면세포기신고일로부터 3년간은 부가가치세의 면제를 받지 못한다.

④ 3년이 경과한 후 면세적용신고를 제출하지 아니하면 계속 면세를 포기한 것으로 본다.

20. 다음 중 부가가치세법상 세금계산서의 필요적 기재사항에 해당하지 않는 것은?

① 공급하는 사업자의 등록번호와 성명 또는 명칭

② 공급가액과 부가가치세액

③ 작성연월일

④ 공급받는자의 성명 또는 명칭

21. 다음 자료는 제조업을 영위하는 과세사업자인 ㈜대한의 20x1년 10월 1일부터 12월 31일까지의 매입내역이다. 20x1년 제2기 확정신고 시 공제받을 수 있는 부가가치세법상 매입세액은 얼마인가?

매입내역	매입가액	매입세액
가사 관련 자산 구입	10,000,000원	1,000,000원
사업용 기계장치 구입	50,000,000원	5,000,000원
거래처 선물 구입	20,000,000원	2,000,000원

① 3,000,000원 ② 5,000,000원 ③ 6,000,000원 ④ 7,000,000원

22. 다음 중 부가가치세법상 매입자발행세금계산서에 관한 설명으로 옳지 않은 것은?

① 매입자발행세금계산서를 발행하려는 자는 재화 또는 용역의 공급시기가 속하는 과세기간의 종료일로부터 1년 이내에 신청하여야 한다.

② 매입자발행세금계산서합계표를 제출한 경우 매입세액으로 공제받을 수 있다.

③ 거래 건당 공급대가가 3만원 이상인 경우에 매입자발행세금계산서 발행이 가능하다.

④ 신청을 받은 관할세무서장은 필요한 경우에 신청인에게 보정을 명할 수 있다.

23. 다음 중 부가가치세법상 겸영사업자가 공통매입세액 안분계산을 생략하고 전액을 공제 받는 경우가 아닌 것은?

① 해당 과세기간의 면세공급가액비율이 5% 미만인 경우
② 해당 과세기간의 공통매입세액 합계액이 5만원 미만인 경우
③ 해당 과세기간에 신규로 사업을 개시한 경우
④ 해당 과세기간에 폐업을 한 경우

24. 다음 중 부가가치세법상 의제매입세액공제를 받을 수 없는 업종은?

① 제조업　② 음식점업　③ 유흥주점업　④ 상품판매업

25. 다음 중 부가가치세법상 간이과세자에 대한 설명으로 옳지 않은 것은?

① 재고납부세액의 계산 대상은 감가상각자산뿐만 아니라 제품, 상품 등 재고자산도 포함된다.
② 당해연도 1월 간이과세를 포기하는 경우 3년간 간이과세를 적용받을 수 없다.
③ 납부의무를 면제받더라도 재고납부세액은 납부해야 한다.
④ 일반과세가 적용되는 사업장을 보유하고 있는 사업자는 간이과세자로 보지 아니한다.

세법2부 소득세법

01. 다음 중 소득세법에 관한 설명으로 옳은 것은?

① 종합과세제도를 채택하고 있으므로 거주자의 모든 소득을 합산하여 과세한다.
② 소득세는 지방세에 해당한다.
③ 거주자가 사망한 경우의 과세기간은 1월 1일부터 사망한 날까지이다.
④ 소득세는 단일세율제도를 채택하고 있다.

02. 다음 중 소득세법상 납세지에 대한 설명으로 옳지 않은 것은?

① 법인이 원천징수하는 소득세의 납세지는 법인의 본점 또는 주사무소의 소재지로 한다.
② 거주자가 원천징수하는 소득세의 납세지는 거주자의 주소지로 한다.
③ 거주자의 소득세 납세지는 거주자의 주소지로 하되, 주소지가 없는 경우에는 거소지로 한다.
④ 비거주자의 소득세 납세지는 국내사업장의 소재지로 하되, 국내사업장이 없는 경우에는 국내원천소득이 발생하는 장소로 한다.

03. 소득세법상 복식부기의무자인 A씨가 종합소득세 확정신고 시 제출하지 않아도 되는 항목은 무엇인가?

① 재무상태표 ② 합계잔액시산표

③ 손익계산서 ④ 이익잉여금처분계산서

04. 다음 중 소득세법상 종합과세 대상이 아닌 것으로 짝지어진 것을 고르면?

① 금융소득과 양도소득 ② 퇴직소득과 양도소득

③ 기타소득과 퇴직소득 ④ 근로소득과 양도소득

05. 다음 중 소득세법상 이자소득에 해당하지 않는 것은?

① 내국법인이 발행한 채권 또는 증권의 이자와 할인액

② 일시적인 비영업대금의 이익

③ 국가나 지방자치단체가 발행한 채권 또는 증권의 이자와 할인액

④ 허가받은 대금업을 영위하는 자가 금전을 대여하고 받은 이자

06. 다음 중 소득세법상 배당소득의 수입시기에 대한 설명으로 옳지 않은 것은?

① 법인세법에 의하여 처분된 배당 : 해당 법인의 해당 사업연도 결산확정일

② 출자공동사업자의 배당 : 과세기간 종료일

③ 법인이 합병으로 인한 의제배당 : 합병등기를 한 날

④ 잉여금의 처분에 의한 배당 : 그 지급을 받은 날

07. 다음 중 소득세법상 비과세 근로소득에 포함되지 않는 것은?

① 일직료 · 숙직료 또는 실비변상적인 정도의 금액

② 근로자가 벽지에 근무함으로 인하여 받는 월 20만원 이내의 벽지 수당

③ 근로자가 천재지변 그 밖의 재해로 인하여 받은 급여

④ 종업원이 받은 본인 및 자녀의 학자금, 장학금

08. 다음 중 소득세법상 기타소득이 아닌 것은?

① 고용계약에 따라 강연을 하고 받은 강연료

② 계약의 위약 또는 해약으로 인하여 받는 위약금

③ 유실물의 습득으로 인하여 보상금을 받는 경우 그 보상금

④ 일시적인 강의료

09. 다음 중 소득세법상 연금소득공제 한도액은 얼마인가?

① 5,000,000원 ② 7,000,000원 ③ 9,000,000원 ④ 10,000,000원

10. 다음 중 소득세법상 사업소득의 필요경비에 해당하지 않는 것은?

① 사업장의 임차료
② 업무와 관련된 차량의 주·정차위반과태료
③ 종업원에게 지급한 성과급
④ 사업장의 화재에 대비한 보험금

11. 다음 중 소득세법상 사업자가 기계장치를 취득하고 감가상각방법을 신고하지 않은 경우에 적용되는 감가상각방법으로 옳은 것은?

① 정액법 ② 생산량비례법 ③ 정률법 ④ 내용연수법

12. 다음 중 소득세법상 퇴직소득에 관한 설명으로 옳지 않은 것은?

① 퇴직소득에 대한 총수입금액의 수입시기는 원칙적으로 퇴직한 날로 한다.
② 법에 따라 퇴직급여를 중간 정산하여 지급한 경우에는 현실적인 퇴직으로 볼 수 없다.
③ 공적연금 관련법에 따라 받는 일시금은 퇴직소득에 해당한다.
④ 현실적인 퇴직을 원인으로 지급받는 퇴직위로금은 퇴직소득에 해당한다.

13. 다음 중 소득세법상 기본공제대상자 판정 시 소득요건에 대한 설명으로 옳지 않은 것은?

① 거주자 본인은 소득의 제한을 받지 않는다.
② 거주자의 배우자는 연간 소득금액의 합계액이 100만원 이하여야 한다.
③ 총급여액이 500만원 이하인 근로소득만 있는 부양가족은 기본공제대상자이다.
④ 부양가족이 장애인인 경우, 소득제한 없이 기본공제대상자로 적용이 가능하다.

14. 다음 자료를 바탕으로 거주자 A(여성)가 20x1년도에 최대로 적용받을 수 있는 종합소득공제금액은 얼마인가?

> (1) 거주자 A의 종합소득금액은 29,000,000원이며, 20x1년 7월 1일 남편과 이혼하였다.
> (2) A의 부양가족은 다음과 같다.
> 자녀 B : 2017년 6월 6일 출생, 20x1년도 소득 없음

① 1,500,000원 ② 2,500,000원 ③ 3,000,000원 ④ 4,000,000원

15. 다음 중 소득세법상 소득공제 대상이 아닌 것은?

① 국민건강보험료 본인부담금 ② 장애인전용 보장성보험료
③ 고용보험료 본인부담금 ④ 주택마련저축 납입액

16. 다음 중 소득세법상 부당행위계산부인의 대상이 되는 소득이 아닌 것은?

① 이자소득 ② 출자공동사업자의 배당소득
③ 기타소득 ④ 사업소득

17. 다음 중 소득세법상 원천징수에 관한 설명으로 옳지 않은 것은?

① 이자소득으로 원천징수 세액이 1천원 미만인 경우에는 원천징수 의무가 없다.
② 인적용역사업자에 대한 원천징수 세율은 3%가 적용된다.
③ 비영업대금의 이익에 대한 원천징수 세율은 25%가 적용된다.
④ 소득세가 과세되지 아니하는 소득에 대해서는 원천징수 의무가 없다.

18. 다음은 근로소득이 있는 거주자 이동욱 씨의 교육비 관련 자료이다. 소득세법상 세액공제 대상 교육비는 얼마인가?

> (1) 본인의 대학교 등록금에 대한 학자금 대출 상환액 : 3,000,000원
> (2) 기본공제대상자인 고등학생 자녀의 교복구입비 : 700,000원

① 3,000,000원 ② 3,500,000원 ③ 3,700,000원 ④ 4,200,000원

19. 다음 중 소득세법상 기준경비율 적용 시 인정되는 주요경비에 해당하지 않는 것은? (단, 소득세법상 법적 증빙을 갖춘 것으로 가정한다.)

① 사업용 무형자산에 대한 임차료
② 사업용 유형자산 매입비용
③ 사업용 유형자산의 임차료
④ 종업원의 퇴직금

20. 다음 중 소득세법상 결손금과 이월결손금에 대한 설명으로 옳지 않은 것은?

① 결손금이란 소득금액 계산 시 필요경비가 총수입금액을 초과하는 경우 그 초과하는 금액을 말한다.
② 부동산임대업에서 발생한 이월결손금은 부동산임대업의 소득금액에서 공제한다.
③ 20x1년에 발생한 결손금은 과세기간의 종료일부터 15년간 공제가 가능하다.
④ 추계신고 시에도 원칙적으로 이월결손금공제가 가능하다.

21. 다음의 자료를 바탕으로 간편장부대상자인 서영락 씨가 복식부기에 따라 장부를 작성하여 소득세를 신고하는 경우 적용받을 수 있는 소득세법상 기장세액공제액을 계산하면 얼마인가?

• 사업소득금액 : 15,000,000원	• 종합소득금액 : 15,000,000원	• 산출세액 : 1,800,000원

① 0원　② 360,000원　③ 1,000,000원　④ 1,800,000원

22. 다음 중 소득세법상 10년간 이월공제가 가능한 세액공제는 무엇인가?

① 외국납부세액공제　② 기장세액공제　③ 배당세액공제　④ 근로소득세액공제

23. 다음 중 소득세법상 종합소득세 기본세율로 옳지 않은 것은?

① 1,400만원 이하 : 9%
② 1,400만원 초과 5,000만원 이하 : 84만원+1,400만원 초과분의 15%
③ 5,000만원 초과 8,800만원 이하 : 624만원+5,000만원 초과분의 24%
④ 8,800만원 초과 1억 5천만원 이하 : 1,536만원+8,800만원 초과분의 35%

24. 다음 중 소득세법상 중간예납에 대한 설명으로 옳지 않은 것은?

① 신규사업개시자는 중간예납의무를 지지 않는다.
② 중간예납세액은 당해연도 11월 16일부터 11월 30일까지 납부하여야 한다.
③ 중간예납기간은 당해연도 1월 1일부터 6월 30일까지이다.
④ 중간예납세액이 100만원 미만인 경우 중간예납세액을 징수하지 아니한다.

25. 다음 중 소득세법상 양도소득세 과세 대상 자산이 아닌 것은?

① 서화 · 골동품 ② 부동산을 취득할 수 있는 권리
③ 비상장주식 ④ 토지 및 건물

제108회 세무회계3급 답안 및 해설

세법1부－법인세법, 부가가치세법

1	2	3	4	5	6	7	8	9	10	11	12	13	14	15
③	③	①,②	①	①	②	②	④	①	①	①	③	①	①	③
16	**17**	**18**	**19**	**20**	**21**	**22**	**23**	**24**	**25**					
③	④	④	①	④	②	③	④	④	②					

01. **비영리법인은 청산소득에 대해서 법인세 납세의무가 없다.**

02. 유보는 사내유보이며, 나머지는 사외유출이다.

03. ① **최초 사업연도에만 법인의 설립등기일이 사업연도 개시일**이 된다.
② **법인의 사업연도는 1년 미만으로 할 수 있다.**

04. 특수관계자에 대한 업무무관가지급금의 대손금은 손금불산입 항목에 해당한다.

05. 대손충당금은 결산조정사항이다.

06. 시용판매의 경우 **상대방의 구입의사 표시일**이다.

07. 기업업무추진 한도초과액 = 기업업무추진비 해당액(48,000,000)
－기업업무추진비한도액(39,000,000) = 9,000,000원
기업업무추진비 한도초과액은 손금불산입하고 기타사외유출로 처분한다.

08. **유휴설비도 감가상각자산에 포함**된다.

09. 임원이 연임된 경우는 현실적인 퇴직으로 보지 않는다.

10. **업무전용자동차보험에 가입하지 아니한 경우 전액 손금불산입**한다.

11. 본래의 용도를 변경하기 위한 개조는 자본적 지출에 해당한다.

12. **실제로 지급한 연도에 기부금으로 인정**된다.

13. 법인세 산출세액 계산 시 **과세표준 2억원 이하인 경우에는 9%의 세율을 적용**한다.

14. 사업자란 **사업목적이 영리이든 비영리이든 관계없이** 사업상 독립적으로 재화 또는 용역을 공급하는 자를 말한다.

15. 사업자단위과세를 적용받으려면 적용받으려는 **과세기간 개시 20일 전까지 신청**해야 한다.

16. 재화를 수입하는 자의 부가가치세 **납세지는 「관세법」에 따라 수입을 신고하는 세관의 소재지**로 한다.

17. 상품권은 유가증권으로 부가가치세 과세대상이 아니다.

18. 국외의 사업자에게 **견본품을 반출하는 경우에는 재화의 공급으로 보지 않으므로** 영세율은 적용하지 않는다.

19. **법에서 정해진 경우에만 면세포기가 가능**하다.

20. 공급받는자의 성명 또는 명칭은 임의적 기재사항이다.

21. 사업용 기계장치 매입세액 5,000,000원
가사 관련 자산과 거래처 선물 구입에 대한 매입세액은 불공제 대상이다.
22. 거래 건당 공급대가가 5만원 이상인 경우 신청할 수 있다.
23. 폐업은 안분계산을 생략하는 사유가 아니다.
24. 상품판매업은 의제매입세액공제 대상이 될 수 없다.
25. 간이과세를 포기 시에는 다시 포기신고의 철회가 가능하다.

세법2부-소득세법

1	2	3	4	5	6	7	8	9	10	11	12	13	14	15
③	②	④	②	④	④	④	①	③	②	③	②	④	④	②
16	17	18	19	20	21	22	23	24	25					
①	①	②	②	④	②	①	①	②,④	①					

01. 사망한 경우의 과세기간은 1월 1일부터 사망한 날까지이다.
02. 거주자가 원천징수하는 소득세의 납세지는 거주자의 주된 사업장 소재지로 한다.
03. 이익영여금처분계산서는 법인사업자만 제출한다.
04. 퇴직소득과 양도소득은 종합과세 대상 소득이 아니다.
05. 허가받은 대금업을 영위하는 자가 금전을 대여하고 받은 이자는 사업소득이다.
06. 잉여금의 처분에 의한 배당소득의 수입시기는 당해 법인의 잉여금처분결의일이다.
07. 종업원이 받은 본인 및 자녀의 학자금, 장학금은 근로소득에 포함하는 소득이다.
08. 고용계약이 있으면 근로소득이다.
09. 연금소득공제액이 900만원을 초과하는 경우에는 900만원을 공제한다.
10. 벌금 및 과태료 등 법을 위반함에 따라 발생한 것은 필요경비에 산입할 수 없다.
11. 사업자가 유형자산에 대해서 감가상각방법을 신고하지 않은 경우에는 정률법이 적용된다.
12. 법에 따라 퇴직급여를 중간 정산하여 지급한 경우에는 현실적인 퇴직으로 본다.
13. 배우자, 직계존속, 직계비속, 형제자매 등 부양가족은 연간소득금액의 합계액이 100만원 이하여야 기본공제 대상자이다.
장애인인 경우에는 연간 소득금액의 합계액이 100만원 이하여야 기본공제대상자이다.
14. 종합소득공제액 = 인적공제(1,500,000×2명 - 본인, 자녀) + 한부모공제(1,000,000)
= 4,000,000원
15. 장애인전용 보장성보험료는 특별세액공제 대상이다.
16. 출자공동사업자의 배당소득, 사업소득, 기타소득 있는 거주자의 행위 또는 계산이 그 거주자와 특수관계인과의 거래로 인하여 그 소득에 대한 조세부담을 부당하게 감소시킨 것으로 인정되는 경우에는 그 거주자의 행위 또는 계산과 관계없이 해당 과세기간의 소득금액을 계산할 수 있다.
17. 이자소득에 대해서는 원천징수 세액이 1천원 미만이라도 원천징수 의무가 있다.

18. 세액공제대상 교육비 = 학자금 대출상환액(3,000,000)
+ 고등학생 교복구입비(500,000, 한도 50만원) = 3,500,000원

19. 사업용 유형자산 매입비용은 제외된다.

20. **추계신고 시에는 원칙적으로 이월결손금공제가 불가능**하다.

21. 기장세액공제 = MIN[산출세액(1,800,000 × 20%), 한도액 1,000,000] = 360,000원
산출세액 × (사업소득금액 ÷ 종합소득금액)과 1,000,000원 중 적은 금액을 기장세액공제로 받을 수 있다.

22. **외국납부세액은 10년간 이월공제**할 수 있다

23. **1,400만원 이하는 6%(최저세율)**이다.

24. 소득세법상 **중간예납기간은 11월 30일까지**이다.
중간예납세액이 50만원 미만인 경우 중간예납세액을 징수하지 아니한다.

25. 원칙적으로 **서화 · 골동품의 양도로 발생하는 소득은 기타소득**으로 한다.

제107회 세무회계3급

합격율	시험년월
46%	2023.10

세법1부 법인세법, 부가가치세법

01. 다음 중 법인세법상 납세의무가 없는 것은?

① 영리외국법인의 국내원천소득
② 비영리내국법인의 토지등 양도소득
③ 영리내국법인의 청산소득
④ 지방자치단체의 토지등 양도소득

02. 법인세법상 내국법인이 본점의 이전 등으로 인하여 납세지가 변경된 경우 그 변경일로부터 몇 일 이내에 납세지 관할세무서장에게 납세지 변경신고를 하여야 하는가?

① 7일 ② 15일 ③ 20일 ④ 30일

03. 다음 중 법인세법상 배당의 귀속시기로 옳지 않은 것은?

① 감자로 인한 의제배당 : 감자를 결의한 날
② 잉여금의 자본전입으로 인한 의제배당 : 주주총회에서 결의한 날
③ 합병으로 인한 의제배당 : 해당 법인의 합병등기일
④ 해산으로 인한 의제배당 : 해당 법인의 해산등기일

04. 다음 중 법인세법상 익금에 해당하는 것은?

① 부가가치세의 매출세액
② 사업수입금액
③ 법인세 환급액
④ 감자차익

05. ㈜서울은 토지를 100,000,000원에 취득하면서 취득세 5,000,000원을 납부하고 및 공인중개사 수수료로 5,000,000원을 지급하였다. 법인세법상 토지의 취득가액은 얼마인가?

① 95,000,000원 ② 100,000,000원 ③ 105,000,000원 ④ 110,000,000원

06. 다음 중 법인세법상 기타사외유출로 소득처분 할 수 있는 항목이 아닌 것은?

① 기부금 한도초과액
② 업무용승용차 처분손실로서 업무용승용차별로 800만원을 초과하는 금액
③ 대주주가 거주하는 주택의 수선비
④ 업무무관자산 등 관련 차입금이자

07. 다음은 ㈜한국의 감가상각 관련 자료이다. 법인세법상 20x1년의 감가상각비 세무조정으로 옳은 것은?

> • 20x0년 감가상각비 한도초과액 2,000,000원
> • 20x1년 감가상각비 시인부족액 1,000,000원

① 세무조정 없음
② 손금불산입 1,000,000원
③ 손금산입 1,000,000원
④ 손금불산입 3,000,000원

08. 다음은 ㈜중부의 제9기 사업연도(20x1.1.1.~12.31.) 자료이다. 각사업연도소득금액은 얼마인가?

> 1. 손익계산서상 당기순손실 : △5,000,000원
> 2. 세무조정사항은 다음과 같다.
> ① 익금산입 · 손금불산입 : 10,000,000원
> ② 손금산입 · 익금불산입 : 3,000,000원
> ③ 당해연도 기부금한도초과액 : 50,000원

① 2,000,000원 ② 2,050,000원 ③ 8,000,000원 ④ 12,050,000원

09. 다음 중 법인세법상 가지급금 인정이자 계산의 대상이 되는 것은? (단, 대표자 및 직원은 모두 주주가 아니다.)

① 직원에 대한 경조사비 대여액
② 직원에 대한 사택 제공
③ 직원에 대한 월정급여액의 범위 내 일시적인 급료의 가불금
④ 대표자의 자녀에 대한 학자금 대여액

10. 다음 중 법인세법상 부당행위계산의 유형에 해당하지 않는 것은?

① 자산을 무상 또는 시가보다 낮은 가액으로 양도한 경우
② 금전을 시가보다 높은 이자율로 차입한 경우
③ 자산을 시가보다 낮은 가액으로 매입한 경우
④ 불량채권을 양수한 경우

11. 다음 중 법인세법상 중간예납에 대한 설명으로 옳지 않은 것은?

① 중간예납세액은 중간예납기간이 지난 날부터 3개월 이내에 납부하여야 한다.
② 사업연도의 기간이 6개월 이하인 내국법인은 중간예납의무가 없다.
③ 중간예납기간은 해당 사업연도 개시일부터 6개월이 되는 날까지로 한다.
④ 청산법인 및 국내사업장이 없는 외국법인은 중간예납의무가 없다.

12. 다음 중 법인세법상 법인세 신고 시 제출하여야 하는 서류가 아닌 것은?

① 세무조정계산서 ② 재무상태표
③ 잉여금처분계산서 ④ 자본변동표

13. 다음 중 법인세법상 과세표준이 2억원 초과 200억원 이하인 경우 적용되는 세율로 옳은 것은?

① 10% ② 19% ③ 21% ④ 24%

14. 다음 중 우리나라 부가가치세법의 특징으로 옳지 않은 것은?

① 세부담이 최종소비자에게 전가되는 간접세이다.
② 영리 목적이 있는 경우에만 부가가치세가 과세된다.
③ 전단계매입세액공제법이 적용된다.
④ 소비지국 과세원칙을 채택하고 있다.

15. 제조업을 영위하는 신규 사업자 A씨가 20x1년 3월 1일부터 제조장에서 제조를 시작한 경우, 부가가치세법상 최초 과세기간 개시일은 언제부터인가? (단, 사업자등록신청일은 20x1년 2월 1일이다.)

① 1월 1일 ② 2월 1일 ③ 3월 1일 ④ 4월 1일

16. 다음 중 부가가치세법상 사업자에 대한 설명으로 옳지 않은 것은?

① 영세율을 적용받는 사업자는 부가가치세법상 사업자등록 의무가 있다.

② 재화를 수입하는 자는 사업자가 아니어도 부가가치세의 납세의무자가 될 수 있다.

③ 주사업장총괄납부사업자는 각 사업장별로 부가가치세를 신고하고 납부는 주사업장에서 총괄하여 납부한다.

④ 과세사업과 면세사업을 겸영하는 자를 겸영사업자라 하며 겸영사업자는 부가가치세 납세의무가 없다.

17. 다음 중 부가가치세법상 재화의 공급으로 의제되는 것이 아닌 것은?

① 사업자가 자기생산재화를 사업과 직접 관계없이 자기의 개인적인 목적을 위하여 사용 또는 소비하는 것

② 사업자가 자기생산재화를 자기의 면세사업을 위하여 사용 또는 소비하는 것

③ 사업자가 폐업할 때 자기생산재화 중 남아 있는 재화

④ 사업자가 복리후생적인 목적으로 자기의 사용인에게 사업을 위해 착용하는 작업복을 무상으로 제공하는 경우

18. 다음 중 부가가치세법상 공급가액에 포함하지 않는 것은?

① 공급대가를 현물로 받는 경우 자기가 공급한 재화의 시가

② 대가의 일부로 받은 운송비

③ 공급에 대한 대가의 지급이 지체되었음을 이유로 받는 연체이자

④ 재화의 수입 시 부과된 관세

19. 다음 부가가치세법상 영세율 적용 대상 중 세금계산서가 발급되는 것은?

① 내국신용장 또는 구매확인서에 의한 수출재화

② 국외에서 제공하는 용역

③ 직수출하는 재화

④ 선박 · 항공기의 외국항행용역

20. 다음 중 부가가치세법상 매입세액공제를 받을 수 있는 증빙이 아닌 것은?

① 세금계산서 ② 견적서

③ 현금영수증 ④ 사업용 신용카드매출전표

21. 다음은 ㈜세무의 20x1년 제2기 부가가치세 예정신고기간의 매출 관련 자료이다. 아래의 자료를 이용하여 예정신고기간의 부가가치세 과세표준을 계산하면 얼마인가?

• 총매출액 50,000,000원	• 매출에누리 2,000,000원	• 매출할인 1,000,000원

① 47,000,000원 ② 48,000,000원 ③ 49,000,000원 ④ 50,000,000원

22. 부가가치세법상 소매업을 영위하는 법인사업자의 신용카드로 공급한 대가가 11,000,000원인 경우에 적용받을 수 있는 신용카드발행세액공제액은 얼마인가?

① 0원 ② 100,000원 ③ 130,000원 ④ 150,000원

23. 다음 중 부가가치세법상 조기환급 사유가 아닌 것은?

① 영세율을 적용받은 경우
② 폐업하는 경우
③ 재무구조개선계획을 이행 중인 경우
④ 사업 설비를 신설·취득·확장 또는 증축하는 경우

24. 다음 중 부가가치세법상 대손세액공제에 관한 설명으로 옳지 않은 것은?

① 대손세액공제는 대손이 확정되는 날이 속하는 예정신고기간 또는 확정신고기간의 매출세액에서 차감한다.
② 대손세액은 대손금액(부가가치세가 포함된 금액)의 110분의 10으로 한다.
③ 간이과세자는 대손세액공제를 적용할 수 없다.
④ 대손세액공제의 범위는 재화 또는 용역의 공급일부터 10년이 지난 날이 속하는 과세기간에 대한 확정신고기한까지 대손세액공제요건이 확정된 대손세액에 한한다.

25. 다음 중 부가가치세법상 간이과세자에 관한 설명으로 옳지 않은 것은?

① 간이과세자 적용 대상 판정 시 직전 1역년의 공급대가는 부가가치세가 포함된 대가를 말한다.
② 간이과세자는 간이과세를 포기하고 일반과세자가 될 수 있다.
③ 간이과세자는 세금계산서불성실가산세가 적용되지 않는다.
④ 간이과세자도 일반과세자와 마찬가지로 부가가치세법상 사업자이다.

세법2부 소득세법

01. 다음 중 소득세법상 거주자와 비거주자에 대한 설명으로 옳지 않은 것은?

① 국내에 주소가 없더라도 183일 이상 거소를 둔 개인은 거주자에 해당한다.
② 거주자는 국내·외 원천소득에 대하여 납세의무가 있다.
③ 거주자 또는 비거주자의 판정에 따라 납세의무의 범위가 달라진다.
④ 비거주자는 국외원천소득에 대하여 납세의무가 있다.

02. 다음 중 우리나라의 소득세법에 대한 설명으로 옳지 않은 것은?

① 직접세
② 1년을 초과하는 과세기간 인정
③ 종합과세와 분류과세
④ 신고납부제도

03. 다음 중 소득세법상 금융소득의 과세방법으로 옳지 않은 것은?

① 직장공제회 초과반환금은 무조건 분리과세한다.
② 비실명 이자·배당소득은 무조건 분리과세한다.
③ 원천징수된 이자·배당소득 합계액이 2천만원 초과하는 경우 분리과세한다.
④ 국내에서 원천징수하지 않은 국내금융소득은 무조건 종합과세한다.

04. 다음 중 소득세법상 종합소득과세표준 확정신고의무자는?

① 근로소득만 있는 자
② 공적연금소득만 있는 자
③ 퇴직소득만 있는 자
④ 결손금이 있는 사업소득자

05. 다음 중 소득세법상 과세기간의 총수입금액에서 필요경비를 공제하여 소득금액을 계산하는 소득으로 짝지어진 것은?

① 이자소득, 배당소득
② 연금소득, 퇴직소득
③ 사업소득, 양도소득
④ 사업소득, 연금소득

06. 다음은 거주자 A씨의 20x1년 귀속 근로소득 관련 자료이다. 소득세법상 총급여액은 얼마인가? (단, 급여지급일은 매월 말일이며, 근무기간은 20x1년 1월 1일부터 12월 31일까지로 가정한다.)

• 기본급 : 매월 2,000,000원 수령 • 식대보조금 : 매월 150,000원 수령(단, 별도의 현물 식사를 제공받지 않으며, 기본급과 별도로 받음)

① 24,000,000원　② 24,600,000원　③ 25,200,000원　④ 25,800,000원

07. 다음 중 소득세법상 일용근로자의 일용근로소득에 적용되는 원천징수세율로 옳은 것은?

① 6%　② 8%　③ 14%　④ 20%

08. 다음 중 소득세법상 아래의 빈칸에 들어갈 금액으로 옳은 것은?

기타소득금액이 (　　)이하인 경우에는 거주자의 선택에 의하여 분리과세하거나 종합과세한다.

① 100만원　② 200만원　③ 300만원　④ 400만원

09. 다음 중 소득세법상 근로소득에 해당하지 않는 것은?

① 법인세법에 따라 상여로 처분된 금액
② 근로를 제공함으로써 받는 보수 및 상여금
③ 종업원이 퇴직 이후에 지급받은 직무발명보상금
④ 퇴직함으로써 받은 소득으로써 퇴직소득에 속하지 아니하는 소득

10. 다음 중 소득세법상 비과세하는 사업소득으로 옳은 것은?

① 기준시가가 10억원인 1주택을 소유한 자가 받은 주택임대소득
② 부동산매매업에서 발생하는 소득
③ 건설업에서 발생하는 소득
④ 교육서비스업에서 발생하는 소득

11. 다음 자료에서 소득세법상 필요경비 불산입되는 기업업무추진비의 합계액은 얼마인가?

- 건당 3만원을 초과하는 기업업무추진비 중 간이영수증 수취분 3,000,000원
- 기업업무추진비 중 지출증빙 없이 지출한 경조금(1건) 1,000,000원
- 이외의 기업업무추진비는 필요경비에 해당한다고 가정한다.

① 0원 ② 1,000,000원 ③ 3,000,000원 ④ 4,000,000원

12. 다음 중 소득세법상 퇴직소득에 대한 설명으로 옳지 않은 것은?

① 임원이 연임되어 받는 퇴직금은 근로소득에 해당한다.
② 해고예고수당은 퇴직소득에 해당한다.
③ 임원의 퇴직소득 중 법인세법에 따라 임원퇴직급여 한도초과액으로 손금불산입된 금액은 근로소득에 해당한다.
④ 종업원이 임원이 된 경우에는 무조건 퇴직으로 본다.

13. 다음 중 소득세법상 사업소득의 총수입금액에 산입되는 것은?

① 자산의 임의평가차익
② 사업과 무관한 자산수증이익
③ 가사용으로 소비된 재고자산
④ 국세 과오납금의 환급이자

14. 다음 중 소득세법상 업무용승용차 관련 비용 등의 필요경비 불산입 특례 규정에 대한 설명으로 가장 옳지 않은 것은?

① 성실신고확인서를 제출하는 사업자에게만 적용된다.
② 업무용승용차 관련 비용에는 차량렌트비도 포함된다.
③ 업무용승용차별 연간 감가상각비는 8백만원을 한도로 필요경비로 인정한다.
④ 업무용승용차가 1,000㏄미만인 경차인 경우에는 업무용승용차 관련 비용 등에 관한 명세서를 제출하지 아니한다.

15. 다음 중 소득세법상 기본공제와 추가공제 대상자 판정 시 연령제한 요건으로 옳지 않은 것은?

① 직계존속 : 60세 이상
② 경로우대공제 : 75세 이상
③ 국민기초생활보장법에 의한 수급자 : 나이 제한 없음
④ 부양가족 중 장애인 : 나이 제한 없음

16. 다음 중 소득세법상 아래의 괄호 안에 각각 들어갈 내용으로 옳은 것은?

> 사업자인 저술가가 제공하는 인적용역을 제공받고 원천징수대상 사업소득으로 1억원을 지급하는 경우 원천징수한 소득세 (가)원을 그 징수일이 속하는 달의 다음 달 (나)까지 납부하여야 한다.

	(가)	(나)
①	3,000,000원	10일
②	5,000,000원	10일
③	10,000,000원	5일
④	10,000,000원	10일

17. 다음은 근로소득자 문장열 씨의 20x1년 귀속 연말정산 관련 자료이다. 20x1년 연말정산 시 특별소득공제액은 얼마인가?

> • 국민건강보험료 총납부액 400,000원(회사부담분 200,000원 포함)
> • 고용보험료 총납부액 1,000,000원(회사부담분 500,000원 포함)
> • 근로소득자 본인의 생명보험료(보장성보험) 납입액 1,200,000원

① 400,000원 ② 700,000원 ③ 1,400,000원 ④ 1,900,000원

18. 다음 중 소득세법상 아래의 ( )안에 들어갈 용어로 알맞은 것은?

> 납세지관할세무서장이나 관할지방국세청장은 거주자가 과세기간 중 사업부진이나 그 밖의 사유로 장기간 휴업 또는 폐업 상태로 있는 때로서 소득세를 포탈할 우려가 있다고 인정되는 경우나 그 외에 조세를 포탈할 우려가 있다고 인정되는 상당한 이유가 있는 경우에는 과세기간 종료 전에도 해당 과세기간의 소득에 대하여 과세할 수 있는데 이를 ( )라 한다.

① 중간예납 ② 수시부과 ③ 분리과세 ④ 가산세

19. 다음 중 소득세법상 세액공제 대상 의료비에 해당하는 것은?

① 건강증진을 위한 의약품 구입비용
② 미용 · 성형수술을 위한 비용
③ 국외에서 지출한 의료비
④ 보청기 구입을 위하여 지출한 비용

20. 사업소득만 존재하는 거주자 박종배 씨의 자녀가 1명인 경우, 소득세법상 자녀세액공제액은 얼마인가? (단, 자녀는 9세이며, 기본공제대상자에 해당한다.)

① 0원 ② 250,000원 ③ 300,000원 ④ 450,000원

21. 다음 중 소득세법상 이월공제되는 세액공제에 해당하는 것은?

① 연금계좌세액공제 ② 자녀세액공제
③ 근로소득세액공제 ④ 외국납부세액공제

22. 다음 중 소득세법상 결손금에 관한 설명으로 옳지 않은 것은?

① 필요경비가 총수입금액보다 큰 경우 결손금이라고 한다.
② 상가임대업에서 발생한 결손금은 근로소득금액과 통산이 가능하다.
③ 이월결손금과 당해연도 결손금이 있는 경우 당해연도의 결손금부터 공제한다.
④ 금융소득에 대해서는 결손금이 존재하지 않는다.

23. 다음 중 소득세법상 성실신고확인대상사업자에 대한 설명으로 옳은 것은?

① 성실신고확인서를 첨부하지 않더라도 6월 30일까지 신고하면 정기신고한 것으로 본다.
② 성실신고확인서를 첨부하지 않아도 관련 가산세가 없다.
③ 간편장부대상자는 성실신고확인대상사업자가 될 수 없다.
④ 성실신고확인대상사업자에 대한 판정은 해당 과세기간의 수입금액 합계액을 기준으로 한다.

24. 다음 중 소득세법상 분할납부에 대한 설명으로 옳지 않은 것은?

① 납부할 세액이 1천만원을 초과하는 자는 납부기한이 지난 후 1개월 이내에 분납할 수 있다.
② 납부할 세액이 2천만원 이하인 경우 1천만원을 초과하는 금액을 분납할 수 있다.
③ 납부할 세액이 2천만원을 초과하는 경우 세액의 50% 이하의 금액을 분납할 수 있다.
④ 분납의 조건과 방법은 법인세법과 동일하다.

25. 다음 중 소득세법상 양도소득 기본공제 금액으로 옳은 것은?

① 200만원 ② 250만원 ③ 300만원 ④ 350만원

제107회 세무회계3급 답안 및 해설

세법1부－법인세법, 부가가치세법

1	2	3	4	5	6	7	8	9	10	11	12	13	14	15
④	②	④	②	④	③	③	②	④	③	①	④	②	②	②
16	17	18	19	20	21	22	23	24	25					
④	④	③	①	②	①	①	②	①	③					

01. 지방자치단체는 법인세 납세의무가 없다.

02. 법인은 납세지가 변경된 경우에는 그 **변경된 날부터 15일 이내에 변경 후의 납세지 관할 세무서장에게 이를 신고**하여야 한다.

03. 해산으로 인한 의제배당은 **잔여재산의 가액이 확정된 날을 귀속시기**로 한다.

04. 사업수입금액은 익금에 해당하며 나머지는 익금불산입항목이다.

05. 취득가액(토지)＝매입가액(100,000,000)＋취득세(5,000,000)＋중개수수료(5,000,000)
＝110,000,000원

타인으로부터 매입한 자산의 취득가액은 **매입가액에 취득세, 등록면허세, 그 밖의 부대비용을 가산한 금액**으로 한다.

06. 대주주가 거주하는 주택의 수선비는 손금불산입하고 배당으로 소득처분한다.

07. 감가상각비 상각부인액(2,000,000)은 추후 시인부족액의 범위(1,000,000) 내에서 손금 추인한다.

08. 각사업연도소득금액＝당기순손실(△5,000,000)＋익금산입(10,000,000)
－손금산입(3,000,000)＋기부금한도초과(50,000)＝2,050,000원

09. **대표자의 자녀에 대한 학자금 대여액은 가지급금 인정이자의 계산 대상**이 된다.

10. 자산을 시가보다 높은 가액으로 매입하는 경우 부당행위계산 부인을 적용한다.

11. 내국법인은 **중간예납기간이 지난 날부터 2개월 이내**에 중간예납세액을 납세지 관할 세무서 등에 납부하여야 한다.

12. 법인세 신고의무가 있는 내국법인이 법인세 신고 시 제출하여야 하는 서류는 재무상태표, 포괄손익계산서, 잉여금처분계산서(또는 결손금처리계산서), 세무조정계산서, 기타 대통령령이 정하는 서류(세무조정계산서의 부속서류, 현금흐름표)이다.

13. 과세표준 2억원 초과 200억원 이하에 적용되는 세율은 19%이다

14. **영리 여부에 관계없이** 사업상 독립적으로 재화 또는 용역을 공급하면 과세대상에 해당된다.

15. 신규로 사업을 시작하는 자에 대한 최초의 과세기간은 사업개시일부터 그 날이 속하는 과세기간의 종료일까지로 한다. 다만, 사업개시일 이전에 사업자등록을 신청한 경우에는 사업자등록을 신청한 날부터 그 신청일이 속하는 과세기간의 종료일까지로 한다.

16. **겸영사업자는 부가가치세 납세의무가 있으므로 과세사업자**이다.
17. 사업자가 실비변상적이거나 복리후생적인 목적으로 그 사용인에게 대가를 받지 아니하거나 시가보다 낮은 대가를 받고 제공하는 것으로서 **사업을 위해 착용하는 작업복, 작업모 및 작업화를 제공하는 경우 재화의 공급으로 보지 아니한다.**
18. 공급에 대한 대가의 지급이 지체되었음을 이유로 받는 연체이자는 공급가액에 포함하지 아니한다.
19. 내국신용장 또는 구매확인서에 의하여 공급하는 재화는 세금계산서 발급의무의 면제 규정에서 제외하고 있으므로 재화의 공급자인 사업자가 수출업자에게 영세율세금계산서를 발급하여야 한다.
20. 견적서만으로는 매입세액공제를 받을 수 없다.
21. 과세표준 = 총매출액(50,000,000) - 매출에누리(2,000,000) - 매출할인(1,000,000)
    = 47,000,000원
22. 법인사업자와 직전 연도의 재화 또는 용역의 공급가액의 합계액이 **10억원을 초과하는 개인사업자는 신용카드발행세액공제를 적용받을 수 없다.**
23. 폐업은 조기환급사유가 아니다
24. **대손세액공제는 예정신고 시에는 적용하지 아니한다.**
25. **간이과세자에 대해서도 세금계산서불성실가산세가 적용**된다.

세법2부 – 소득세법

1	2	3	4	5	6	7	8	9	10	11	12	13	14	15
④	②	③	④	③	①	①	③	③	①	④	④	③	①	②
16	**17**	**18**	**19**	**20**	**21**	**22**	**23**	**24**	**25**					
①	②	②	④	②	④	②	④	①	②					

01. **비거주자에게는 국내원천소득에 대해서만 과세**한다.
02. 소득세법의 과세기간은 1월 1일부터 12월 31일까지 1년으로 한다.
03. 2천만원 이하이면서 원천징수된 이자 · 배당소득은 종합소득과세표준 계산 시 합산하지 아니하고 분리과세한다. 2천만원을 초과하는 경우 종합과세한다.
04. 근로소득만 있는자, 퇴직소득만 있는 자, 공적연금소득만 있는 자는 과세표준확정신고를 하지 아니할 수 있다.
05. **사업소득과 양도소득에서는 필요경비를 인정**한다.
06. 총급여액 = 기본급(2,000,000) × 12개월 = 24,000,000원
    근로자가 사내급식이나 이와 유사한 방법으로 제공받는 식사 기타 음식물 또는 근로자(식사 기타 음식물을 제공받지 아니하는 자에 한정한다)가 받는 **월 20만원 이하의 식사대는 비과세한다.**
07. **일용근로자의 근로소득에 대해서는 100분의 6**으로 한다.
08. 기타소득금액이 300만원 이하인 경우 거주자가 **분리과세 또는 종합과세를 선택**할 수 있다.
09. 종업원 등 또는 대학의 교직원이 **퇴직한 후에 지급받는 직무발명보상금은 기타소득에 해당한다.**

10. 1개의 주택을 소유하는 자의 **주택임대소득(기준시가가 12억원을 초과하는 주택 및 국외에 소재하는 주택의 임대소득은 제외한다)은 비과세**한다.

11. 필요경비불산입 = 간이영수증 수취분(3,000,000) + 증빙불비 경조금(1,000,000)
= 4,000,000원

건당 3만원을 초과하는 기업업무추진비와 **건당 20만원을 초과하는 경조금은 필요경비에 산입하지 아니한다.**

12. 종업원이 임원이 된 경우로서 **퇴직급여를 실제로 받지 않은 경우는 퇴직으로 보지 않을 수 있다.**

13. 재고자산을 가사용으로 소비하는 경우 총수입금액에 산입한다.

14. 업무용승용차관련 규정은 복식부기의무자도 적용된다.

15. 경로우대공제는 70세 이상인 기본공제대상자에 대하여 1명당 연 100만원을 추가로 공제한다.

16. 원천징수의무자는 원천징수한 소득세를 그 징수일이 속하는 달의 다음 달 10일까지 납부하여야 하며, **원천징수대상 사업소득의 원천징수세율은 100분의 3**으로 한다.

17. 특별소득공제 = 국민건강보험료 근로자부담분(200,000)
+ 고용보험료 근로자부담분(500,000) = 700,000원

보장성보험료는 특별세액공제 적용 대상이다.

19. 보청기 구입을 위하여 지출한 비용은 특별세액공제 대상 의료비이다.

20. 종합소득이 있는 거주자의 기본공제대상자에 해당하는 자녀로서 **8세 이상의 사람에 대해서는 1명인 경우 연 25만원(개정세법 25)을 공제**한다.

21. 외국정부에 납부하였거나 납부할 외국소득세액이 해당 과세기간의 공제한도금액을 초과하는 경우 그 초과하는 금액은 해당 과세기간의 다음 과세기간 개시일부터 **10년 이내에 끝나는 과세기간(이월공제기간)으로 이월하여** 그 이월된 과세기간의 공제한도금액 내에서 공제받을 수 있다.

22. **부동산임대업에서 발생한 결손금은 부동산임대업의 소득금액에서 공제**한다.

23. ① 성실신고확인서를 첨부하여야 한다.
② 첨부하지 않으면 가산세가 부과된다.
③ 간편장부대상자(직전과세기간 수입금액으로 판정)도 성실신고확인대상(해당 과세기간의 수입금액으로 판정)사업자가 될 수 있다.

24. 거주자로서 납부할 세액이 각각 **1천만원을 초과하는 자**는 그 납부할 세액의 일부를 납부기한이 지난 후 **2개월 이내에 분할납부**할 수 있다.

25. 양도소득 기본공제는 양도소득 종류별로 해당 과세기간의 양도소득금액에서 **각각 연 250만원을 공제**한다.

제103회 세무회계3급

합격율	시험년월
49%	2023.02

세법1부 법인세법, 부가가치세법

01. 다음 중 법인세법상 납세의무자에 해당하지 않는 법인은?

① 영리내국법인 ② 비영리내국법인
③ 내국법인 중 국가와 지방자치단체 ④ 국내원천소득이 있는 외국법인

02. 다음 중 법인세법상 사업연도에 대한 설명으로 옳은 것은?

① 내국법인의 최초 사업연도 개시일은 설립등기일로 한다.
② 법인의 사업연도는 변경할 수 없다.
③ 법령이나 정관 등에 사업연도 규정이 없는 내국법인은 무조건 매년 1월 1일부터 12월 31일까지를 그 법인의 사업연도로 한다.
④ 사업연도는 법령 또는 정관 등에서 정하는 1회계기간으로 하며 그 기간은 1년을 초과해도 상관없다.

03. 다음 중 법인세법상 손금불산입 항목에 해당하는 것은?

① 폐수배출부담금 ② 교통유발부담금
③ 환경개선부담금 ④ 전기요금 납부지연 연체가산금

04. 법인세법상 익금산입액이 법인의 임원이 경영하는 국내사업장의 사업소득을 구성하고 있는 경우의 소득처분은 다음 중 무엇인가?

① 유보 ② 기타사외유출 ③ 배당 ④ 기타

05. 다음 중 법인세법상 손금에 산입할 수 없는 기부금은 무엇인가?

① 국가에 무상으로 기증하는 금품의 가액
② 국방헌금
③ 대표이사 상조회비
④ 천재지변으로 생기는 이재민을 위한 구호금품의 가액

06. 다음 중 법인세법상 업무용승용차 관련비용에 해당하지 않는 것은?

① 자동차수리비　② 자동차보험료
③ 자동차세　④ 운전기사 급여

07. 다음 중 법인세법상 업무용 기계장치에 대한 감가상각방법을 신고하지 않은 경우 적용할 상각방법으로 옳은 것은?

① 정액법
② 정률법
③ 생산량비례법
④ 해당 자산의 사용수익기간에 따라 균등하게 안분한 금액

08. 다음 중 법인세법상 지급이자 손금불산입 소득처분으로 가장 옳지 않은 것은?

① 채권자불분명사채이자 원천징수세액상당액 : 기타사외유출
② 건설자금이자 중 특정차입금 이자 : 유보
③ 업무무관자산 등에 대한 지급이자 : 대표자 상여
④ 비실명 채권 · 증권이자에 대한 원천징수세액상당액 : 기타사외유출

09. 다음 중 법인세법상 수익적 지출에 해당하는 것은?

① 재해를 입은 자산에 대한 외장의 복구　② 빌딩의 피난시설 설치
③ 엘리베이터 설치　④ 냉난방장치 설치

10. 다음 중 법인세법상 현실적인 퇴직으로 볼 수 없는 것은?

① 임원이 연임된 경우
② 직원이 해당 법인의 임원으로 취임한 경우
③ 근로자퇴직급여 보장법에 따라 퇴직급여를 중간정산하여 지급한 경우
④ 임원 또는 직원이 그 법인의 조직변경, 합병, 분할 또는 사업양도에 의하여 퇴직한 경우

11. 다음 중 법인세법상 중간예납에 대한 설명으로 가장 옳지 않은 것은?

① 사업연도의 기간이 6개월을 초과하는 내국법인은 각 사업연도 중 중간예납기간에 대한 법인세액을 납부할 의무가 있다(학교법인 등 제외).
② 중간예납기간은 해당 사업연도의 개시일부터 6개월이 되는 날까지로 한다.
③ 내국법인은 중간예납기간이 지난 날부터 3개월 이내에 중간예납세액을 대통령령으로 정하는 바에 따라 납세지 관할 세무서에 납부하여야 한다.
④ 내국법인이 납부할 중간예납세액이 1천만원을 초과하는 경우에는 분납할 수 있다.

12. 다음 자료에 의하여 계산한 ㈜한국의 제6기 사업연도(20x1.1.1.~12.31)의 법인세 과세표준은 얼마인가?

(1) 손익계산서상 당기순이익 250,000,000원 (2) 세무조정 결과는 다음과 같다. ① 익금산입 · 손금불산입 : 60,000,000원 ② 손금산입 · 익금불산입 : 10,000,000원 (3) 당기 말 현재 공제 가능한 세무상 이월결손금은 10,000,000원이다

① 190,000,000원 ② 200,000,000원 ③ 290,000,000원 ④ 300,000,000원

13. 다음 중 법인세법상 성실신고확인제도에 대한 설명으로 가장 옳지 않은 것은?

① 성실신고확인대상자인 개인사업자가 법인으로 전환된 지 3년 이내인 경우 성실신고확인대상이다.
② 성실신고확인서를 제출하는 법인은 법인세 신고기한을 2개월 연장한다.
③ 성실신고확인대상사업자가 성실신고확인서를 제출하지 아니하는 경우 가산세를 납부하여야 한다.
④ 주식회사의 외부감사에 관한 법률에 따라 감사인에 의한 감사를 받은 내국법인은 성실신고확인서를 제출하지 않을 수 있다.

14. 다음 중 부가가치세법에 대한 설명으로 가장 옳지 않은 것은?

① 간이과세자도 영세율을 적용받을 수 있다.
② 용역의 수입은 부가가치세 과세 대상에 해당하지 아니한다.
③ 사업자가 아닌 자가 재화를 수입하는 경우 부가가치세 납세의무가 없다.
④ 면세사업자는 부가가치세 납세의무가 없다.

15. 부가가치세법상 사업자가 20x1년 6월 1일에 사업을 개시한 경우, 사업자등록을 하여야 하는 기한으로 다음 중 옳은 것은?

① 20x1년 6월 20일 ② 20x1년 6월 30일 ③ 20x1년 7월 01일 ④ 20x1년 7월 25일

16. 다음 중 부가가치세법상 납세지에 대한 설명으로 가장 옳지 않은 것은?

① 사업자의 부가가치세 납세지는 각 사업장의 소재지로 한다.
② 사업장은 사업자가 사업을 하기 위하여 거래의 전부 또는 일부를 하는 고정된 장소로 한다.
③ 주사업장 총괄 납부 사업자는 각 사업장을 대신하여 그 사업자의 본점 또는 주사무소의 소재지를 부가가치세 납세지로 한다.
④ 사업자가 사업장을 두지 아니하면 사업자의 주소 또는 거소를 사업장으로 한다.

17. 다음 중 부가가치세법상 세금계산서에 대한 내용으로 가장 옳지 않은 것은?

① 간이과세자는 어떠한 경우에도 세금계산서를 발급할 수 없다.
② 공급연월일은 반드시 기재하지 않아도 세금계산서의 효력에는 영향이 없다.
③ 전자세금계산서를 발급하고, 국세청에 전송한 경우에는 별도의 보관의무가 없다.
④ 법인사업자는 전자세금계산서 의무발급자에 해당한다.

18. 다음 자료에 따라 부가가치세법상 부가가치세 납부세액을 계산하면 얼마인가? 단, 모든 거래는 부가가치세율 10% 적용 대상 거래이며, 제시된 금액은 공급가액이다.

- 총매출액 : 200,000,000원
- 총매입액 : 100,000,000원(광고 목적 홍보물 10,000,000원, 거래처 선물 구입비 20,000,000원 포함)

① 13,000,000원 ② 12,000,000원 ③ 10,000,000원 ④ 8,000,000원

19. 다음 중 부가가치세법상 영세율 적용대상에 해당하는 것은?

① 연탄과 무연탄
② 항공기의 외국항행용역
③ 의료보건용역
④ 금융·보험용역

20. 다음 중 부가가치세법상 과세사업을 영위하는 사업자의 부가가치세 신고 시 매입세액공제가 가능한 것은? 단, 법적 증빙은 모두 적정하게 수령했다고 가정한다.

① 화물운반용 트럭
② 가사관련 비용
③ 토지
④ 업무용 승용차 구입비용

21. 다음 중 부가가치세법상 부가가치세 과세표준에 포함되는 것은?

① 환입된 재화의 가액
② 공급에 대한 대가의 지급이 지체되었음을 이유로 받은 연체이자
③ 공급받은 자에게 도달하기 전에 파손 및 멸실한 재화의 가액
④ 폐업하는 경우의 잔존재화(매입세액이 공제된 재화)의 시가

22. 부가가치세법상 과세사업과 면세사업에 공통으로 사용하는 재화를 공급하는 경우 과세표준 안분계산을 생략할 수 있는 사유로 가장 옳지 않은 것은?

① 재화를 공급하는 날이 속하는 과세기간의 직전 과세기간의 총공급가액 중 면세공급가액이 5퍼센트 미만인 경우(다만, 해당 재화의 공급가액이 5천만 원 이상인 경우는 제외)
② 휴업 등으로 인하여 직전 과세기간의 공급가액이 없는 경우
③ 재화의 공급가액이 50만원 미만인 경우
④ 재화를 공급하는 날이 속하는 과세기간에 신규로 사업을 시작하여 직전 과세기간이 없는 경우

23. 다음 중 부가가치세법상 12월 20일 폐업한 일반과세자의 제2기 과세기간에 해당하는 것은?

① 07월 01일~12월 31일
② 07월 01일~12월 20일
③ 10월 01일~12월 31일
④ 10월 01일~12월 20일

24. 다음 중 부가가치세법상 간이과세자가 적용받을 수 없는 것은?

① 재고납부세액
② 재고매입세액
③ 매입세금계산서 등에 대한 세액공제
④ 신용카드매출전표발급 등에 대한 세액공제

25. 다음 중 부가가치세법상 환급에 대한 설명으로 가장 옳지 않은 것은?

① 사업자가 영세율을 적용받는 경우 조기환급을 받을 수 있다.

② 재고자산을 취득한 경우에는 조기환급 대상에 해당하지 아니한다.

③ 조기환급은 각 예정신고기간별로 또는 조기환급기간별로 해당 신고기한이 지난 후 15일 이내에 사업자에게 환급하여야 한다.

④ 일반환급은 각 예정신고기한 또는 확정신고기한이 지난 후 30일 이내에 사업자에게 환급하여야 한다.

세법2부 소득세법

01. 다음 중 소득세법에 관한 설명으로 가장 옳지 않은 것은?

① 일부 소득을 제외하고 원칙적으로 열거주의 과세방식을 취하고 있다.

② 누진세율구조로 되어있다.

③ 부과고지 납세제도를 취하고 있다.

⑤ 개인 단위 과세를 원칙으로 한다.

02. 다음 중 소득세법상 종합소득으로 분류되지 않는 소득은?

① 배당소득 ② 근로소득 ③ 퇴직소득 ④ 사업소득

03. 다음 중 소득세법상 근로소득의 수입시기로 가장 옳지 않은 것은?

① 급여 : 근로를 제공한 날

② 인정상여 : 상여로 소득처분 된 날

③ 잉여금처분상여 : 잉여금처분 결의일

④ 임원의 퇴직소득금액 중 한도초과금액 : 지급받거나 지급받기로 한 날

04. 다음 중 소득세법상 이자소득 및 배당소득의 원천징수세율로 옳은 것은?

① 비실명 이자소득 : 14%

② 비영업대금이익 : 30%

③ 출자공동사업자의 배당소득 : 25%

④ 직장공제회 초과반환금 : 20%

05. 다음 중 소득세법상 배당소득 총수입금액에 가산하는 배당가산액(Gross－up)에 대한 배당가산율로 옳은 것은?

① 10%　　② 11%　　③ 14%　　④ 15%

06. 다음 중 소득세법상 무조건 분리과세하는 기타소득으로 옳은 것은?

① 고용관계 없이 다수인에게 강연하고 받은 강연료
② 복권당첨소득
③ 뇌물 · 알선수재로 인한 금품
④ 무형자산의 양도소득

07. 다음 중 소득세법상 일용근로자에 대한 설명으로 가장 옳지 않은 것은?

① 일용근로자의 근로소득공제액은 1일 10만원이다.
② 일용근로자의 원천징수세율은 6%이다.
③ 일정한 고용주에게 3월 이상 계속하여 고용되어 있지 아니하는 경우 일용근로자로 본다.
④ 일용근로자는 연말정산을 하지 않는다.

08. 경리과장으로 근무하고 있는 김세무 씨의 20x1년도의 급여액은 다음과 같다. 소득세법상 김세무 씨의 비과세 근로소득의 합계액은 얼마인가?

a. 급여	6,000,000원
b. 실비변상적인 정도의 일직료 · 숙직료	1,200,000원
c. 상여금	2,500,000원
d. 연장근로수당	1,000,000원
e. 천재지변으로 인하여 지급받은 금액	500,000원

① 500,000원　　② 1,200,000원　　③ 1,700,000원　　④ 2,700,000원

09. 다음 중 소득세법상 연금소득의 과세방법으로 가장 옳지 않은 것은?

① 공적연금소득은 연금소득을 지급할 때 간이세액표에 의하여 원천징수한다.
② 해당연도의 다음연도 1월분 연금소득을 지급할 때에 연말정산한다.
③ 사적연금소득은 연금소득자의 나이와 소득 유형에 따라 원천징수세율을 차등 적용한다.
④ 연금소득은 무조건 분리과세한다.

10. 다음 중 소득세법상 부당행위계산부인의 대상이 되는 소득이 아닌 것은?

① 출자공동사업자의 배당소득　　② 근로소득
③ 사업소득　　④ 기타소득

11. 다음 중 소득세법상 사업소득이 아닌 것은?

① 광업에서 발생하는 소득
② 건설업에서 발생하는 소득
③ 어업에서 발생하는 소득
④ 저작자 외의 자가 저작권 사용의 대가로 받는 금품

12. 다음 중 소득세법상 사업소득의 총수입금액에 불산입하는 것은?

① 재고자산을 가사용으로 소비하거나 종업원 또는 타인에게 지급한 경우 그 소비·지급한 때의 가액
② 사업과 관련하여 해당 사업용 자산의 손실로 인하여 수령한 보험차익
③ 거래상대방으로부터 받는 장려금 기타 이와 유사한 성질의 금액
④ 부가가치세의 매출세액

13. 다음 중 소득세법상 사업소득의 필요경비로 인정되지 않는 것은?

① 종업원을 위한 직장체육비　　② 업무 관련 출장비
③ 업무 관련 과태료　　④ 사업 관련 자산의 종합부동산세

14. 다음 중 소득세법상 근로소득공제의 최대 한도액은 얼마인가?

① 10,000,000원　② 15,000,000원　③ 20,000,000원　④ 25,000,000원

15. 거주자 오대한 씨의 소득세법상 종합소득과세표준을 계산할 때 다음 자료에 따른 인적공제액은 얼마인가?

(1) 오대한 씨는 근로소득 5천만원이 있다.
(2) 부양가족으로서 20세 이하의 자녀 1명과 배우자가 있으며, 부양가족은 모두 소득이 없다.

① 3,000,000원　② 4,500,000원　③ 6,000,000원　④ 7,500,000원

16. 다음 중 소득세법상 인적공제 항목의 추가공제액으로 옳은 것은?

① 경로우대자공제 : 1,000,000원
② 장애인공제 : 1,000,000원
③ 한부모공제 : 500,000원
④ 부녀자공제 : 1,000,000원

17. 다음 중 소득세법상 아래의 괄호 안에 각각 들어갈 내용으로 옳은 것은?

• 거주자란 국내에 주소를 두거나 (㉠) 이상의 거소를 둔 개인을 말한다.
• 소득세법상 납세지를 변경할 경우 변경 후의 납세지 관할 세무서장에게 변경된 날부터 (㉡) 이내에 신고하여야 한다.

① ㉠ 90일, ㉡ 7일
② ㉠ 182일, ㉡ 15일
③ ㉠ 183일, ㉡ 15일
④ ㉠ 365일, ㉡ 20일

18. 다음 중 소득세법상 세액공제 대상 교육비 한도액으로 가장 옳지 않은 것은?

① 근로자 본인 : 전액
② 유치원아 또는 영유아 등 취학 전 아동 : 1인당 연 300만원
③ 초 · 중 · 고등학생 : 1인당 연 500만원
④ 대학생 : 1인당 연 900만원

19. 다음 중 소득세법상 보장성보험료에 대한 세액공제율로 아래의 빈칸에 각각 들어갈 숫자를 순서대로 나열한 것은?

• 일반보장성 보험 세액공제액 : 보험료납입액(100만원 한도)×( )%
• 장애인전용보장성보험 세액공제액 : 보험료납입액(100만원 한도)×( )%

① 10, 12
② 12, 12
③ 10, 15
④ 12, 15

20. 다음 중 소득세법상 연말정산 대상 소득이 아닌 것은?

① 기타소득
② 공적연금소득
③ 간편장부대상자인 보험모집인
④ 근로소득

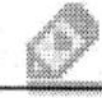

21. 다음 자료를 이용하여 소득세법상 자녀세액공제액을 구하면 얼마인가? 단, 자료의 직계비속은 모두 소득이 없는 것으로 가정한다.

- 첫째 : 24세(장애인)
- 둘째 : 17세
- 셋째 : 7개월(해당 과세기간에 출생)

① 300,000원 ② 600,000원 ③ 750,000원 ④ 1,250,000원

22. 다음 중 소득세법상 종합소득과세표준 확정신고기한으로 옳지 않은 것은?

① 사업소득이 있는 거주자 : 다음 해의 5월 1일~5월 31일
② 거주자가 사망한 경우 : 그 상속개시일이 속하는 달의 말일부터 6개월이 되는 날까지
③ 성실신고확인대상 사업자 : 다음 해의 5월 1일~6월 30일
④ 거주자가 출국한 경우 : 출국일이 속하는 달의 말일부터 6개월이 되는 날까지

23. 다음 중 소득세법상 결손금 및 이월결손금 공제에 대한 설명으로 옳은 것은?

① 단순경비율 추계신고 시 이월결손금 공제가 가능하다.
② 사업소득에서 발생한 결손금은 부동산임대업에서 발생한 사업소득과 통산할 수 있다.
③ 이월결손금의 공제 순서는 연금소득>근로소득>기타소득>이자소득>배당소득이다.
④ 결손금은 3년 이내에 이월하여 공제 가능하다.

24. 다음 중 소득세법상 양도소득세 비과세 대상에 해당하는 것은?

① 파산선고에 의한 처분으로 발생하는 소득
② 해외주식의 양도소득
③ 비사업용 토지 양도소득
④ 분양권 양도소득

25. 다음 중 소득세법상 원천징수에 대한 설명으로 가장 옳지 않은 것은?

① 예납적 원천징수에 해당하면 별도의 확정신고가 필요하다.
② 원천징수의무자는 원천징수한 세액을 그 징수일이 속하는 달의 다음 달 10일까지 납부하여야 한다.
③ 원천징수는 납세의무자의 세부담을 분산시킨다.
④ 원천징수로 분리과세하는 소득이 기타소득에는 있으나, 이자소득에는 없다.

제103회 세무회계3급 답안 및 해설

세법1부－법인세법, 부가가치세법

1	2	3	4	5	6	7	8	9	10	11	12	13	14	15
③	①	①	②	③	④	②	③	①	①	③	③	②	③	①
16	17	18	19	20	21	22	23	24	25					
③	①	②	②	①	④	②	②	②	④					

01. 내국법인 중 **국가와 지방자치단체(지방자치단체조합을 포함한다)는 법인세 면제대상**이다. 법인세를 납부할 의무가 없다.

02. ② 사업연도를 변경하려는 법인은 **직전 사업연도 종료일로부터 3개월 이내에 변경신고**하여야 한다.
   ③ 정관 등에 사업연도 **규정이 없는 법인은 납세지 관할 세무서장에게 신고**하여야 한다. **무신고시 매년 1월 1일부터 12월 31일까지**를 그 법인의 사업연도로 한다.
   ④ **사업연도는 1년을 초과할 수 없다.**

03. **폐수배출부담금은 법령에 따른 의무의 불이행 또는 금지·제한 등의 위반에 대한 제재**로서 부과되는 공과금으로서 손금불산입 항목이다.

04. 귀속자가 법인이거나 사업을 영위하는 개인인 경우에는 기타사외유출.

05. **대표이사 상조회비는 손금에 산입**할 수 없다. ①②④ 특례기부금에 해당한다.

06. 운전기사의 급여는 인건비이다.

07. **건축물 외의 유형자산의 상각방법을 신고하지 아니한 경우 정률법**에 따른 상각방법에 의하여 계산한다.

08. **업무무관자산 등에 대한 지급이자의 소득처분은 기타사외유출**이다.

09. 재해를 입은 자산에 대한 **외장의 복구는 수익적 지출**이다.

10. 임원이 연임된 경우는 현실적인 퇴직으로 보지 않는다.

11. 내국법인은 **중간예납기간이 지난 날부터 2개월 이내에 중간예납세액을 납부**하여야 한다.

12. 과세표준 = 당기순이익(250,000,000) + 익금산입(60,000,000) - 손금산입(10,000,000)
    - 이월결손금(10,000,000) = 290,000,000원

13. 납세의무가 있는 내국법인은 각 사업연도의 종료일이 속하는 달의 말일부터 3개월(**내국법인이 성실신고확인서를 제출하는 경우에는 4개월**로 한다) 이내에 그 사업연도의 소득에 대한 법인세의 과세표준과 세액을 납세지 관할 세무서장에게 신고하여야 한다.

14. **재화의 수입은 사업자인지 여부를 불문(개인도 과세)하고 과세대상에 포함**된다.

15. 사업자는 사업장마다 **사업개시일부터 20일 이내에 사업장 관할 세무서장에게 사업자등록을 신청**하여야 한다.

16. **사업자 단위 과세 사업자는 각 사업장을 대신**하여 그 사업자의 본점 또는 주사무소의 소재지를 부가가치세 납세지로 한다.
17. **간이과세자 중 직전 연도의 공급대가의 합계액이 4천800만원 이상**인 자는 세금계산서를 발급할 수 있다.
18. 매출세액 = 매출액(200,000,000) × 10% = 20,000,000원
    매입세액 = 매입액(100,000,000 - 20,000,000) × 10% = 8,000,000원
    → (거래처 선물 구입비는 매입세액 불공제 대상이다)
    납부세액 = 매출세액(20,000,000) - 매입세액(8,000,000) = 12,000,000원
19. **선박 또는 항공기의 외국항행용역은 영세율 적용대상**에 해당한다.
20. **화물운반용 트럭에 대한 매입세액은 공제 가능**하다.
21. 사업자가 사업을 폐업하는 때에 잔존하는 재화(**매입세액이 공제되지 아니한 재화는 제외**)는 사업자가 자기에게 재화를 공급하는 것으로 본다
22. 휴업 등으로 인하여 직전 과세기간의 공급가액이 없을 때에는 그 **재화를 공급한 날에 가장 가까운 과세기간의 공급가액으로 계산**한다.
23. 폐업자는 **폐업일이 속하는 과세기간 개시일(7.1)부터 폐업일(12.20)까지를 최종 과세기간**으로 한다.
24. **재고매입세액(간이과세자에서 일반과세자로 변경)은 일반과세자만 적용**받을 수 있다.
25. **일반환급은 확정신고기한이 지난 후 30일 이내에 환급**된다.

세법2부 – 소득세법

1	2	3	4	5	6	7	8	9	10	11	12	13	14	15
③	③	②	③	①	②	①	③	④	②	④	④	③	③	②
16	**17**	**18**	**19**	**20**	**21**	**22**	**23**	**24**	**25**					
①	③	③	④	①	④	④	②	①	④					

01. **소득세법은 신고납세주의**를 취하고 있다.
02. 퇴직소득은 분류과세소득이다.
03. **인정상여의 수입시기는 근로를 제공한 날**이다.
04. 비실명이자소득 : 42%(또는 90%), 비영업대금이익 : 25%(14%)
    직장공제회 초과반환금 : 기본세율
05. 해당 과세기간의 **총수입금액에 그 배당소득의 100분의 10**에 해당하는 금액을 더한 금액으로 한다.
06. **복권당첨소득은 무조건 분리과세**한다.
07. **일용근로자의 근로소득공제액은 1일 15만원**이다.
08. 비과세근로소득 = 실비변상적인 정도의 일직료 · 숙직료(1,200,000) + 천재지변으로 인하여 지급받은 금액(500,000) = 1,700,000원

09. **연금소득은 종합과세하는 것이 원칙**이다. 다만, 사적연금 중 이연퇴직소득을 연금수령하는 연금소득 등 일부는 분리과세 한다.

10. **출자공동사업자의 배당소득, 사업소득, 기타소득**이 있는 거주자의 행위 또는 계산이 그 거주자와 특수관계인과의 거래로 인하여 그 소득에 대한 조세 부담을 부당하게 감소시킨 것으로 인정되는 경우에는 그 거주자의 행위 또는 계산과 관계없이 해당 과세기간의 소득금액을 계산할 수 있다.

11. **저작자 외의 자가 저작권 사용의 대가로 받는 금품은 기타소득**이다.

12. 부가가치세의 매출세액은 총수입금액에 불산입한다.

13. 벌금 및 과태료는 필요경비에 불산입한다.

14. **근로소득 공제액이 2천만원을 초과하는 경우에는 2천만원을 공제**한다.

15. 인적공제액 = 3명(본인, 배우자, 자녀) × 1,500,000원 = 4,500,000원

16. 장애인공제 : 2,000,000원, 한부모공제 : 1,000,000원, 부녀자공제 : 500,000원

18. **초 · 중 · 고등학생의 교육비는 1인당 연간 300만원을 한도**로 한다.

19. 근로소득이 있는 거주자가 해당 과세기간에 만기에 환급되는 금액이 납입보험료를 초과하지 아니하는 보험의 보험계약에 따라 지급하는 **보험료를 지급한 경우 그 금액의 100분의 12(장애인전용보장성보험 경우에는 100분의 15)**에 해당하는 금액을 해당 과세기간의 종합소득산출세액에서 공제한다.

20. 기타소득은 연말정산 대상 소득에 해당하지 아니한다.

21. 자녀세액공제액 = 1명(25만원, 개정세법 25) + 2명(30만원, 개정세법 25)
 + 출산입양[1명(셋째) × 70만원] = 1,250,000원

22. 과세표준확정신고를 하여야 하는 거주자가 출국하는 경우 출국일이 속하는 과세기간의 과세표준을 **출국일의 전날까지 신고**하여야 한다.

23. ① 이월결손금은 장부를 작성시 공제대상이다.
 ③ 이월결손금은 사업소득금액, 근로소득금액, 연금소득금액, 기타소득금액, 이자소득금액 및 배당소득금액에서 순서대로 공제한다.
 ④ **이월결손금은 15년 이내에 이월공제**한다.

24. **파산선고에 의한 처분으로 발생하는 소득은 양도소득세 비과세**이다.

25. 비실명소득은 무조건 분리과세한다.

제97회 세무회계3급

합격율	시험년월
50%	2022.02

세법1부 법인세법, 부가가치세법

01. 다음 중 법인세법에 대한 설명으로 틀린 것은?

① 법인세는 법인을 납세의무자로 하여 법인이 얻는 소득을 과세 대상으로 하는 조세이다.
② 국세기본법에 따른 법인으로 보는 단체의 경우, 단체에 해당하므로 소득세법을 적용한다.
③ 법인세는 담세자와 납세의무자가 동일한 직접세이다.
④ 비영리법인일지라도 국내원천 수익사업소득이 있다면 법인세 납세의무가 있다.

02. 다음 중 법인세법상 사업연도에 관한 설명으로 가장 틀린 것은?

① 사업연도는 법령이나 법인의 정관 등에서 정하는 1회계기간으로 한다.
② 법인의 사업연도를 1년을 초과하여 정하는 경우, 납세지 관할 세무서장의 승인을 받아야 한다.
③ 법령이나 정관 등에 사업연도에 관한 규정이 없는 경우에는 따로 사업연도를 정하여 신고하여야 한다.
④ 사업연도를 변경하려는 법인은 그 직전 사업연도 종료일부터 3개월 이내에 납세지 관할 세무서장에게 신고하여야 한다.

03. 다음 중 법인세법상 익금산입 · 손금불산입액의 귀속자와 소득처분이 잘못 연결된 것은?

① 임원 또는 사용인 : 상여
② 주주(임원 또는 직원인 주주 제외) : 배당
③ 귀속자 불분명 : 대표자 상여
④ 법인 또는 개인사업자 : 기타소득

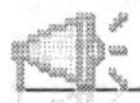

04. 다음 중 법인세법상 손익의 귀속시기에 대한 설명으로 가장 틀린 것은?

① 건설용역의 경우 계약기간의 장단기를 불문하고 진행기준만 인정한다.

② 상품 등의 시용판매의 경우 일반적으로 상대방이 구입의사를 표시한 날이 수입시기이다.

③ 임대료의 지급기간이 1년을 초과하면 발생주의로 인식해야 한다.

④ 위탁판매를 하는 경우 수탁자가 그 위탁자산을 매매한 날이 수입시기이다.

05. 다음 중 법인세법상 대손금으로 열거하고 있는 회수할 수 없는 채권에 해당하지 않는 것은?

① 소멸시효가 완성된 외상매출금

② 채무자의 파산으로 회수할 수 없는 채권

③ 회수기일이 6개월 이상 지난 채권 중 채권가액이 30만원 이하인 채권

④ 부도발생일로부터 3개월 이상 지난 수표

06. 다음 중 법인세법상 손금으로 인정되는 기부금으로 올바르지 않은 것은?

① 국가나 지방자치단체에 무상으로 기증하는 금품의 가액

② 국방헌금과 국군장병 위문금품의 가액

③ 천재지변으로 생기는 이재민을 위한 구호금품의 가액

④ 대표이사 동창회에 기증하는 금품의 가액

07. 법인세법상 사업연도가 매년 1월 1일부터 12월 31일까지인 법인이 20x1년 각 사업연도 소득에 귀속되는 재고자산의 평가방법을 변경하고자 하는 경우, 다음 중 재고자산 평가방법의 변경신고기한으로 옳은 것은?

① 20x1년 12월 31일　　② 20x1년 06월 30일

③ 20x1년 09월 30일　　④ 20x1년 10월 31일

08. 다음 중 업무 관련 자산으로서 법인세법상 감가상각자산에 해당하지 않는 것은?

① 건설중인자산　　② 기계장치

③ 특허권　　④ 건물 및 구축물

09. 다음은 법인세법상 지급이자 손금불산입 항목을 나열한 것이다. 법인세법상 지급이자 손금불산입 규정이 동시에 적용되는 경우 손금불산입하는 순서로 옳은 것은?

> 가. 채권자가 불분명한 사채의 이자
> 나. 지급받은 자가 불분명한 채권 · 증권의 이자
> 다. 건설자금에 충당한 차입금의 이자
> 라. 업무무관자산 등에 대한 지급이자

① 가>나>다>라　② 가>나>라>다
③ 나>가>다>라　④ 나>가>라>다

10. 다음은 법인세법상 업무용승용차에 관한 내용이다. 빈칸에 각각 들어갈 내용으로 알맞은 것은?

> 업무용승용차는 법인세법상 (가)을(를) 상각방법으로 하고, 내용연수를 (나)년으로 하여 계산한 금액을 감가상각비로 하여 손금에 산입하여야 한다.

	(가)	(나)		(가)	(나)
①	정액법	5	②	정률법	3
③	정액법	8	④	정률법	5

11. 다음 중 법인세법상 세금과공과금으로 손금산입이 가능한 것은 무엇인가?

① 반출하였으나 판매하지 아니한 제품에 대한 개별소비세의 미납액
② 벌금
③ 법령에 따라 의무적으로 납부하는 것이 아닌 공과금
④ 업무용 소형승용차의 자동차세

12. 다음은 법인세법상 과세표준 등의 신고에 관한 설명이다. 아래의 괄호 안에 각각 들어갈 숫자의 합계는 얼마인가?

> 납세의무가 있는 내국법인은 각 사업연도의 종료일이 속하는 달의 말일부터 (㉠)개월 이내에 그 사업연도의 소득에 대한 법인세의 과세표준과 세액을 납세지 관할 세무서장에게 신고하여야 한다. 다만, 내국법인이 성실신고확인서를 제출하는 경우에는 (㉡)개월로 한다.

① 4　② 6　③ 7　④ 8

13. 다음 중 법인세법상 내국법인의 과세표준을 계산할 때 각 사업연도의 소득에서 공제하지 않는 것은?

① 이월결손금 ② 비과세소득 ③ 소득공제액 ④ 세액공제액

14. 다음 중 우리나라 부가가치세의 특징으로 옳은 것을 모두 고르시오.

가. 소비지국 과세원칙	나. 단일세율 과세
다. 간접세	라. 직접세
마. 국세	바. 과세지국 과세원칙
사. 목적세	아. 지방세

① 가, 나, 라, 바 ② 가, 다, 라, 마
③ 나, 마, 사, 아 ④ 가, 나, 다, 마

15. 다음 중 부가가치세법상 과세기간에 대한 설명으로 옳지 않은 것은?

① 간이과세자의 과세기간은 1월 1일부터 12월 31일까지로 한다.
② 일반과세자는 1월 1일부터 6월 30일까지를 제1기로 하고, 7월 1일부터 12월 31일까지를 제2기로 한다.
③ 사업자가 폐업하는 경우의 과세기간은 폐업일이 속하는 과세기간의 개시일부터 해당 과세기간의 종료일까지로 한다.
④ 신규로 사업을 시작하는 자에 대한 최초의 과세기간은 사업 개시일부터 그 날이 속하는 과세기간의 종료일까지로 한다.

16. 다음 중 부가가치세법상 납세의무자에 대한 설명으로 틀린 것은?

① 사업자는 영리와 비영리를 불문한다.
② 사업자는 사업상 독립적으로 재화 또는 용역을 공급하는 자를 말한다.
③ 법인격이 없는 사단·재단 또는 그 밖의 단체는 납세의무자가 아니다.
④ 국가와 지방자치단체도 납세의무자이다.

17. 다음 중 부가가치세법상 재화의 공급시기로 옳지 않은 것은?

① 현금판매, 외상판매 또는 할부판매 : 재화가 인도되거나 이용가능하게 되는 때
② 폐업 시 남아 있는 재화 : 폐업일
③ 재화의 공급으로 보는 가공의 경우 : 재화의 가공이 완료된 때
④ 장기할부판매 : 대가의 각 부분을 받기로 한 때

18. 다음 중 부가가치세법상 영세율에 관한 설명으로 옳지 않은 것은?

① 내국신용장 또는 구매 확인서에 의하여 재화를 공급하는 경우 재화의 수출로 보아 영세율을 적용한다.

② 내국물품을 외국으로 반출하는 경우 재화의 수출로 보아 영세율을 적용한다.

③ 수출에 따른 영세율이 적용되는 경우 관련 매입세액에 대해서는 공제가 불가능하다.

④ 위탁판매수출의 경우에도 재화의 수출로 보아 영세율을 적용한다.

19. 다음 중 부가가치세법상 면세가 적용되는 재화 또는 용역에 해당하지 않는 것은?

① 전기　　② 연탄과 무연탄

③ 도서　　④ 토지

20. 다음 중 부가가치세법상 세금계산서의 필요적 기재사항이 아닌 것은?

① 부가가치세액　　② 공급받는 자의 상호 또는 성명

③ 공급가액　　④ 작성연월일

21. 다음은 부가가치세법상 의제매입세액 공제율에 대한 설명이다. 아래의 빈칸에 들어갈 요율로 알맞은 것은?

> · 음식점업 중 과세유흥장소를 경영하는 사업자 : 102분의 2
> · 과세유흥장소 외의 음식점을 경영하는 개인사업자 : 108분의 8
> (과세표준 2억원 이하의 경우 109분의 9)
> · 과세유흥장소 외의 음식점을 경영하는 법인 사업자 : (　　　)

① 104분의 4　　② 105분의 5　　③ 106분의 6　　④ 107분의 7

22. 다음 중 부가가치세법상 매입세액 불공제 대상에 해당하지 않는 것은?

① 사업과 직접 관련이 없는 지출에 대한 매입세액

② 개별소비세 과세대상 비영업용 소형승용차의 구입에 관한 매입세액

③ 직원들을 위한 복리후생비 성격의 지출에 대한 매입세액

④ 토지의 자본적 지출과 관련된 매입세액

23. 다음 중 부가가치세법상 부가가치세의 과세표준에 대한 설명으로 옳지 않은 것은?

① 금전 외의 대가 수령 시 공급한 재화 또는 용역의 시가를 공급가액으로 한다.
② 공급대가란 부가가치세를 포함한 금액이다.
③ 대손금은 과세표준에서 공제한다.
④ 매출할인액은 과세표준에 포함하지 아니한다.

24. 다음 중 부가가치세법상 예정신고 및 납부에 관한 설명으로 옳지 않은 것은?

① 예정신고 시 대손세액공제는 신고대상에 포함하지 아니한다.
② 개인사업자는 원칙적으로 예정신고를 하지 않고 관할 세무서장이 납부할 세액을 납부고지하여 징수한다.
③ 납세지 관할 세무서장은 예정신고 기한이 지난 후 15일 이내에 예정신고한 사업자에게 일반환급에 대해서도 환급하여야 한다.
④ 예정신고와 납부는 해당 과세기간이 끝난 후 25일 이내에 하여야 한다.

25. 다음 중 부가가치세법상 간이과세자에 대한 설명으로 옳지 않은 것은?

① 간이과세가 적용되지 아니하는 다른 사업장을 보유하고 있는 사업자는 간이과세자가 될 수 없다.
② 부동산임대업을 경영하는 사업자로서 직전 연도의 공급대가 합계액이 4천800만원 미만인 사업자는 간이과세자가 될 수 있다.
③ 부동산매매업을 영위하는 사업자는 간이과세자가 될 수 없다.
④ 수의사업을 영위하는 자로서 직전 연도의 공급대가 합계액이 1억 4백만원에 미달하는 사업자는 간이과세자가 될 수 있다.

세법2부 소득세법

01. 다음 중 소득세법상 납세의무자인 거주자 김한세 씨의 20x1년 10월 10일 사망한 경우 과세기간으로 옳은 것은?

① 20x1.01.01. ~ 20x1.12.31. ② 20x1.01.01. ~ 20x1.10.10.
③ 20x1.01.01. ~ 20x1.10.31. ④ 20x1.01.01. ~ 20x1.09.30.

02. 다음 중 소득세법상 거주자와 비거주자에 대한 설명으로 틀린 것은?

① 비거주자가 국내에 주소를 둔 날 거주자로 된다.
② 비거주자가 국내에 거소를 둔 기간이 183일 되는 날 거주자로 된다.
③ 거주자가 주소 또는 거소의 국외 이전을 위하여 출국하는 날의 다음날 비거주자로 된다.
④ 국외에서 근무하는 공무원은 형평성의 원칙에 따라 비거주자로 본다.

03. 다음 중 소득세법상 납세의무에 관한 설명으로 옳지 않은 것은?

① 공동사업에 관한 소득금액을 계산하는 경우 해당 공동사업자별로 납세의무를 진다.
② 피상속인의 소득금액에 대해 과세하는 경우 그 상속인이 납세의무를 진다.
③ 비거주자는 국내원천소득에 대해서 소득세 납세의무를 진다.
④ 공동소유한 부동산에 대한 양도소득세를 신고납부하는 경우 지분 비율이 가장 큰 자가 납세의무를 진다.

04. 다음 중 소득세법상 이자소득의 수입시기로 옳지 않은 것은?

① 기명채권 등의 이자와 할인액 : 그 지급을 받은 날
② 통지예금의 이자 : 인출일
③ 저축성보험의 보험차익 : 보험금 또는 환급금의 지급일
④ 채권 등의 보유기간이자 상당액 : 채권 등의 매도일 또는 이자 등의 지급일

05. 다음 중 소득세법상 비영업대금의 이익(온라인투자연계금융업자를 통한 대출 이자소득 제외)에 대한 원천징수세율은 얼마인가?

① 10%　　② 15%　　③ 20%　　④ 25%

06. 다음 중 소득세법상 비과세하는 근로소득에 해당하지 않는 것은?

① 자가운전보조금 중 월 20만원 이내의 금액
② 월 20만원 이내의 벽지수당
③ 식사나 기타 음식물을 제공받지 아니하는 근로자가 받는 월 20만원 이하의 식사대
④ 생산직 근로자가 지급받는 연월차수당

07. 다음의 자료에서 소득세법상 사업소득에 포함되는 금액은 얼마인가?

• 거래상대방으로부터 수령한 판매장려금	1,000,000원
• 사업과 관련 없이 받은 자산수증이익	500,000원
• 소득세 환급액	200,000원
• 간주임대료	300,000원

① 1,000,000원 ② 1,200,000원
③ 1,300,000원 ④ 1,500,000원

08. 다음 중 소득세법상 사업소득의 필요경비로 인정되는 것은?

① 당해연도 사업과 관련하여 발생한 소득세
② 벌금, 과태료
③ 업무용승용차 관련하여 발생하는 자동차세
④ 채권자 불분명 차입금의 이자비용

09. 다음은 거주자 하민우 씨의 20x1년 귀속 소득자료이다. 소득세법상 아래의 자료에 의한 하민우 씨의 20x1년 귀속 기타소득은 얼마인가?

• 뇌물 : 50,000,000원
• 고용관계 중 주식매수선택권을 행사함으로써 얻은 이익 : 15,000,000원

① 0원 ② 15,000,000원
③ 50,000,000원 ④ 65,000,000원

10. 다음 중 소득세법상 원천징수에 대한 설명으로 옳지 않은 것은?

① 정기예금의 이자소득은 지급 시 14% 세율로 원천징수한다.
② 기타소득은 연 300만원 이하의 분리과세 대상 소득만 원천징수한다.
③ 분리과세 대상 소득은 확정신고 없이 원천징수로써 납세의무가 종결된다.
④ 근로소득은 매월 간이세액표에 따라 원천징수하고, 다음 연도 2월분 급여 지급 시 연말정산한다.

11. 다음 중 소득세법상 배당소득에 해당하지 않는 것은?

① 내국법인으로부터 받는 이익이나 잉여금의 배당 또는 분배금
② 법인으로 보는 단체로부터 받는 배당금 또는 분배금
③ 채권 또는 증권의 환매조건부 매매차익
④ 국내 또는 국외에서 받는 대통령령으로 정하는 집합투자기구로부터의 이익

12. 다음 중 소득세법상 연금소득에 대한 설명으로 옳지 않은 것은?

① 사적연금도 연금으로 수령 시 연금소득으로 과세한다.
② 연금소득금액은 총연금액에서 연금소득공제를 적용한 금액으로 한다.
③ 공적연금소득만 있는 자는 연말정산으로 모든 납세의무가 종결된다.
④ 공적연금소득과 사적연금소득을 지급하는 원천징수의무자는 모두 연말정산 의무가 있다.

13. 다음 중 소득세법상 퇴직소득에 해당하지 않는 것은?

① 종교 관련 종사자가 현실적인 퇴직을 원인으로 종교단체로부터 지급받는 소득
② 사용자 부담금을 기초로 하여 현실적인 퇴직을 원인으로 지급받는 소득
③ 계속근로기간 중 근로자퇴직급여보장법과 상관없이 근로자가 요청하여 퇴직급여를 미리 지급받는 소득
④ 공적연금 관련법에 따라 받는 일시금

14. 다음에서 서술하고 있는 소득세법상 소득금액계산의 특례는 무엇인가?

> 사업소득 또는 기타소득이 있는 거주자의 행위 또는 계산이 그 거주자와 특수관계인과의 거래로 인하여 그 소득에 대한 조세 부담을 부당하게 감소시킨 것으로 인정되는 경우에는 그 거주자의 행위 또는 계산과 관계없이 해당 과세기간의 소득금액을 계산할 수 있다.

① 부당행위계산의 부인
② 비거주자 등과의 거래에 대한 소득금액 계산 특례
③ 결손금 및 이월결손금 공제
④ 채권 등에 대한 소득금액 계산 특례

15. 다음 중 소득세법상 일용근로자에 대한 설명으로 틀린 것은?

① 일용근로자는 근로를 제공한 날 또는 시간에 따라 근로대가를 계산하거나 근로를 제공한 날 또는 시간의 근로성과에 따라 급여를 계산하여 받는 사람을 말한다.

② 동일한 고용주에게 계속하여 1년 이상 고용된 건설공사 종사자는 일용근로자가 아니다.

③ 일용근로소득은 종합소득금액에 합산하여 과세한다.

④ 일용근로자에 대한 근로소득공제액은 1일당 15만원을 적용한다.

16. 다음 중 소득세법상 공동사업장에 대한 설명으로 틀린 것은?

① 공동사업장을 1거주자로 보아 공동사업장별로 소득금액을 계산한다.

② 공동사업장의 소득금액은 공동사업자 간에 약정된 손익분배비율에 의하여 각 공동사업자별로 분배한다.

③ 거주자 1인과 그의 특수관계인이 공동사업자에 포함되어 있는 경우로서 손익분배비율을 거짓으로 정하는 경우에도 약정된 손익분배비율에 따라 공동사업장의 소득금액을 분배한다.

④ 공동사업자간 특수관계인에 해당하는지 여부는 해당 과세기간 종료일 현재의 상황에 의한다.

17. 다음은 당해연도 과세기간 종료일 현재 거주자 황경환씨와 부양가족에 대한 자료이다. 당해연도에 본인을 포함하여 거주자 황경환 씨가 적용받을 수 있는 인적공제 합계액은 얼마인가? (단, 본인과 부양가족 모두 장애인이 아니다.)

- 황경환(본인) : 나이 34세, 세대주, 남성, 당해연도 종합소득금액 12,000,000원
- 황석현(부친) : 나이 65세, 세대원, 남성, 당해연도 소득금액 없음

① 3,000,000원
② 4,000,000원
③ 4,500,000원
④ 5,500,000원

18. 다음은 정남진 씨의 20x1년도 귀속 소득자료이다. 20x1년도 종합소득금액은 얼마인가?

• 사업소득금액	10,000,000원
• 근로소득금액	40,000,000원
• 기타소득금액	10,000,000원
• 이자소득금액(정기예금이자)	5,000,000원
• 퇴직소득금액	10,000,000원

① 50,000,000원
② 60,000,000원
③ 70,000,000원
④ 75,000,000원

19. 다음은 근로소득자 윤재국 씨가 당해연도에 지출한 교육비 내역이다. 윤재국 씨의 당해연도 세액공제대상 교육비는 얼마인가?

구분	나이	소득금액	교육비 지출내역	
윤재국	42세	50,000,000원	본인의 대학 교육비	4,000,000원
하영은	48세	없음	배우자의 대학원 교육비	5,000,000원
윤상영	21세	없음	장남의 대학 교육비	9,000,000원

① 13,000,000원
② 14,000,000원
③ 15,000,000원
④ 18,000,000원

20. 다음 중 소득세법상 세액공제에 해당하지 않는 것은?

① 연금계좌세액공제
② 대손세액공제
③ 재해손실세액공제
④ 외국납부세액공제

21. 다음은 소득세법상 종합소득과세표준 신고기한에 대한 설명이다. 아래의 괄호 안에 들어갈 내용으로 알맞은 것은? (단, 성실신고확인대상사업자를 제외한다.)

> 해당 과세기간의 종합소득금액이 있는 거주자(종합소득과세표준이 없거나 결손금이 있는 거주자를 포함한다)는 그 종합소득 과세표준을 그 과세기간의 (   )까지 대통령령으로 정하는 바에 따라 납세지 관할 세무서장에게 신고하여야 한다.

① 당해 연도 12월 1일부터 12월 31일
② 다음 연도 12월 1일부터 12월 31일
③ 당해 연도 5월 1일부터 5월 31일
④ 다음 연도 5월 1일부터 5월 31일

22. 소득세법에서는 납세자의 세부담 경감을 위하여 납부할 세액이 1천만원을 초과하는 자는 그 납부할 세액의 일부를 분할납부를 할 수 있는 제도를 두고 있다. 다음 중 분할납부할 수 있는 기한으로 옳은 것은?

① 납부기한이 지난 후 1개월 이내
② 납부기한이 지난 후 2개월 이내
③ 납부기한이 지난 후 3개월 이내
④ 납부기한이 지난 후 4개월 이내

23. 다음은 소득세법상 기장세액공제액의 계산식이다. 아래의 빈칸에 들어갈 숫자로 알맞은 것은?

$$\text{기장세액공제금액} = \text{종합소득 산출세액} \times \frac{\text{기장소득금액}}{\text{종합소득금액}} \times \frac{(\quad)}{100}$$

① 10 ② 20 ③ 30 ④ 40

24. 다음은 소득세법상 소액 부징수에 관한 설명이다. 빈칸에 들어갈 금액으로 알맞은 것은?

> • 다음 각 호의 어느 하나에 해당하는 경우에는 소득세를 징수하지 아니한다.
> 1. 소득세법상 원천징수의무에 따라 징수하는 원천징수세액이 ( )원 미만인 경우
> (단, 이자소득과 대통령으로 정하는 사업소득은 제외)

① 100 ② 1,000 ③ 10,000 ④ 100,000

25. 다음은 소득세법상 경비 등의 지출증명 수취 및 보관과 관련한 내용이다. 빈칸에 들어갈 내용으로 옳은 것은?

> 거주자가 사업소득금액 또는 기타소득금액을 계산할 때 또는 필요경비를 계산하려는 경우에는 그 비용의 지출에 대한 증명서류를 받아 이를 확정신고 기간 종료일로부터 ( )년간 보관하여야 한다.

① 3 ② 5 ③ 7 ④ 10

제97회 세무회계3급 답안 및 해설

세법1부－법인세법, 부가가치세법

1	2	3	4	5	6	7	8	9	10	11	12	13	14	15
②	②	④	①	④	④	③	①	①	①	④	③	④	④	③
16	**17**	**18**	**19**	**20**	**21**	**22**	**23**	**24**	**25**					
③	③	③	①	②	③	③	③	③	④					

01. **법인으로 보는 단체는 비영리내국법인으로 보아 법인세법을 적용**한다.

02. 사업연도는 법령이나 법인의 정관(定款) 등에서 정하는 1회계기간으로 한다. 다만, **그 기간은 1년을 초과하지 못한다.**

03. **귀속자가 법인이거나 사업을 영위하는 개인인 경우에는 기타사외유출**로 한다.

04. 건설용역의 제공으로 인한 익금과 손금은 그 목적물의 건설 등의 착수일이 속하는 사업연도부터 그 목적물의 인도일이 속하는 사업연도까지 그 목적물의 건설 등을 완료한 정도를 기준**(진행기준)**으로 하여 계산한 수익과 비용을 각각 해당 사업연도의 익금과 손금에 산입한다. 다만, **중소기업인 법인이 수행하는 계약기간이 1년 미만인 건설 등의 경우**와 기업회계기준에 따라 그 목적물의 인도일이 속하는 사업연도의 수익과 비용으로 계상한 경우에는 그 목적물의 인도일이 속하는 사업연도의 익금과 손금**(인도기준)**에 산입할 수 있다.

05. **부도발생일부터 6개월 이상 지난 수표 또는 어음상의 채권 및 외상매출금**(중소기업의 외상매출금으로서 부도발생일 이전의 것에 한정한다). 다만, 해당 법인이 채무자의 재산에 대하여 저당권을 설정하고 있는 경우는 제외한다.

06. **대표이사 동창회에 기증하는 금품의 가액은 비지정기부금**에 해당한다.

07. 재고자산의 평가방법을 신고한 법인으로서 그 평가방법을 변경하고자 하는 법인은 변경할 평가방법을 적용하고자 하는 **사업연도의 종료일 이전 3월이 되는 날까지 재고자산 평가방법 변경신고서를 납세지 관할 세무서장에게 제출**하여야 한다.

08. 건설중인자산은 감가상각자산에 포함하지 않는다.

09. 지급이자 손금불산입은 다음 순서에 의한다.

① 채권자가 불분명한 사채의 이자
② 지급받은 자가 불분명한 채권·증권의 이자·할인액 또는 차익
③ 건설자금에 충당한 차입금의 이자
④ 업무무관자산 등에 대한 지급이자

10. **업무용승용차는 정액법을 상각방법**으로 하고 **내용연수를 5년**으로 하여 계산한 금액을 감가상각비로 하여 손금에 산입하여야 한다.

11. 업무용 소형승용차의 자동차세는 손금으로 인정된다.
12. 납세의무가 있는 내국법인은 각 **사업연도의 종료일이 속하는 달의 말일부터 3개월**(내국법인이 **성실신고확인서를 제출하는 경우에는 4개월**로 한다) 이내에 그 사업연도의 소득에 대한 법인세의 과세표준과 세액을 납세지 관할 세무서장에게 신고하여야 한다.
13. 내국법인의 각 사업연도의 소득에 대한 법인세의 과세표준은 각 사업연도의 소득의 범위에서 요건을 갖춘 **이월결손금, 비과세소득, 소득공제액을 차례로 공제한 금액**으로 한다.
14. 우리나라 부가가치세는 소비지국 과세원칙을 채택하고 있으며, 단일세율로 과세하는 국세로서 면세대상을 제외한 모든 재화와 용역의 소비에 대하여 과세하는 일반소비세이다. 또한 법률상의 납세의무자와 담세자가 일치하지 않는 간접세이다.
15. 사업자가 폐업하는 경우의 과세기간은 **폐업일이 속하는 과세기간의 개시일부터 폐업일까지**로 한다.
16. 사업자 또는 재화를 수입하는 자에 해당하는 개인, 법인(국가 · 지방자치단체와 지방자치단체조합을 포함한다), 법인격이 없는 사단 · 재단 또는 그 밖의 단체도 부가가치세를 납부할 의무가 있다.
17. **재화의 공급으로 보는 가공의 경우 : 가공된 재화를 인도하는 때**
18. 영세율을 적용하는 매출과 관련되는 매입세액은 매출세액에서 공제한다.
19. 전기는 법에서 열거하고 있는 면세 대상 재화 또는 용역의 공급에 해당하지 않는다.
20. 세금계산서의 **필요적 기재사항은 공급하는 사업자의 등록번호와 성명 또는 명칭, 공급받는자의 등록번호, 공급가액과 부가가치세액, 작성연월일**이다. 공급받는 자의 상호 또는 성명은 임의적 기재사항이다.
21. 과세유흥장소 외의 음식점을 경영하는 법인 사업자의 의제매입세액 공제율은 106분의 6이다.
22. 직원들을 위한 복리후생적 성격의 지출에 대한 매입세액은 법에서 열거하고 있는 불공제매입세액에 해당하지 않으므로 매출세액에서 공제할 수 있다.
23. **대손금액은 과세표준에서 공제하지 아니한다.**
24. 납세지 관할 세무서장은 각 과세기간별로 그 과세기간에 대한 환급세액을 확정신고한 사업자에게 그 **확정신고기한이 지난 후 30일 이내 환급**하여야 한다. 다만, 조기환급 사유에 해당하는 경우 환급세액을 각 예정신고기간별로 그 예정신고 기한이 지난 후 15일 이내에 예정신고한 사업자에게 환급하여야 한다.
25. **수의사업과 그 밖에 이와 유사한 사업서비스업을 영위하는 사업자는 간이과세자**로 보지 아니한다.

세법2부－소득세법

1	2	3	4	5	6	7	8	9	10	11	12	13	14	15
②	④	④	①	④	④	③	③	③	②	③	④	③	①	③
16	17	18	19	20	21	22	23	24	25					
③	①	②	①	②	④	②	②	②	②					

01. 거주자가 사망한 경우의 **과세기간은 1월 1일부터 사망한 날**까지로 한다.

02. **국외에서 근무하는 공무원은 거주자**로 본다.

03. 공동으로 소유한 자산에 대한 양도소득금액을 계산하는 경우에는 해당 **자산을 공동으로 소유하는 각 거주자가 납세의무**를 진다.

04. **기명채권의 이자와 할인액의 수입시기는 약정에 의한 지급일**이다.

05. 원천징수의무자가 소득을 지급하여 소득세를 원천징수할 때 적용하는 세율은 **비영업대금의 이익에 대해서는 100분의 25를 적용**한다.

06. 법정 요건을 갖춘 생산직 및 그 관련직에 종사하는 근로자가 받는 법정 한도 금액 이내의 연장근로·야간근로·휴일근로수당은 비과세하나 **연월차수당은 비과세하지 않는다.**

07. 사업과 무관한 자산수증이익과 **소득세 환급액은 총수입금액에 해당하지 않는다.**

08. 업무용승용차 관련 자동차세는 소득세법에서 열거하는 필요경비 불산입 대상에 해당하지 않으며, **사업용 자산에 부과되는 제세공과금으로 필요경비에 산입**할 수 있다.

09. **고용관계 중 주식매수선택권을 부여받아 이를 행사함으로써 얻는 이익은 근로소득**이다.

10. 기타소득은 **계약금이 위약금 또는 배상금으로 대체되는 경우와 뇌물, 알선수재 및 배임수재에 의하여 받는 금품에 대해서만 원천징수의무가 제외**된다.

11. **채권 또는 증권의 환매조건부 매매차익은 이자소득에 해당**한다.

12. 원천징수의무자가 해당 과세기간의 다음 연도 1월분 공적연금소득을 지급할 때에는 공적연금소득에 대하여 연말정산을 하여야 하는 것이나 **사적연금소득을 지급할 때에는 연말정산 의무가 없다.**

13. 계속근로기간 중에 근로자퇴직급여 보장법의 **일정사유로 퇴직급여를 미리 지급받은 경우(임원인 근로소득자를 포함)에는 그 지급받은 날에 퇴직한 것**으로 본다.

14. 납세지 관할 세무서장 또는 지방국세청장은 출자공동사업자의 배당소득, 사업소득 또는 기타소득이 있는 거주자의 행위 또는 계산이 그 **거주자와 특수관계인과의 거래**로 인하여 그 소득에 대한 **조세부담을 부당하게 감소시킨 것으로 인정되는 경우**에는 그 거주자의 행위 또는 계산과 관계없이 해당 과세기간의 소득금액을 계산할 수 있다.

15. 일용근로소득은 분리과세소득이다.

16. 거주자 1인과 그의 특수관계인이 공동사업자에 포함되어 있는 경우로서 손익분배비율을 거짓으로 정하는 경우에는 경우에는 그 특수관계인의 소득금액은 그 **손익분배비율이 큰 공동사업자의 소득금액**으로 본다.

17. 기본공제 = 1,500,000원 × 2명(본인, 부친) = 3,000,000원
거주자 본인과 해당 과세기간의 소득금액 합계액이 100만원 이하이면서 60세 이상인 거주자와 생계를 같이 하는 거주자의 직계존속은 기본공제 대상자에 해당하므로 1명당 연 150만원을 곱하여 계산한 금액을 그 거주자의 해당 과세 기간의 종합소득금액에서 공제한다.

18. 종합소득금액 = 사업소득금액(10,000,000) + 근로소득금액(40,000,000) + 기타소득금액(10,000,000)
= 60,000,000원

- 기타소득금액이 300만원을 초과하므로 종합소득과세표준에 합산하고, 이자소득은 2천만원 이하이므로 합산하지 않는다. 퇴직소득은 종합소득과 분류하여 과세한다.

19. 세액대상교육비 = 본인 대학 교육비(4,000,000) + 장남 대학 교육비(9,000,000) = 13,000,000원
대학원교육비는 본인만 세액공제 대상이다. 나이의 제한을 받지 아니하는 기본공제 대상자인 직계비속으로서 **대학생을 위하여 지급한 교육비는 1명당 연 900만원을 한도**로 한다.

20. **대손세액공제는 부가가치세법상의 세액공제**이다.

21. 해당 과세기간의 종합소득금액이 있는 거주자(종합소득과세표준이 없거나 결손금이 있는 거주자를 포함한다)는 그 종합소득 과세표준을 그 과세기간의 **다음 연도 5월 1일부터 5월 31일까지** 납세지 관할 세무서장에게 신고하여야 한다.

22. 거주자로서 납부할 세액이 **1천만원을 초과하는 자는 그 납부할 세액의 일부를 납부기한이 지난 후 2개월 이내에 분할납부**할 수 있다.

23. 간편장부대상자가 과세표준확정신고를 할 때 복식부기에 따라 기장(記帳)하여 소득금액을 계산하고 해당 장부에 의하여 계산한 사업소득금액이 종합소득금액에서 차지하는 비율을 종합소득 산출세액에 곱하여 계산한 금액의 **100분의 20에 해당하는 금액을 종합소득 산출세액에서 공제**한다. 다만, 공제세액이 100만원을 초과하는 경우에는 100만원을 공제한다.

24. 소득세법상 원천징수의무에 따른 **원천징수세액이 1천원 미만인 경우에는 해당 소득세를 징수하지 아니한다.**

25. 거주자가 사업소득금액 또는 기타소득금액을 계산할 때 필요경비를 계산하려는 경우에는 그 비용의 지출에 대한 증명서류를 받아 이를 **확정신고기간 종료일부터 5년간 보관하여야 한다.**

저자약력

■ **김영철 세무사**

· 고려대학교 공과대학 산업공학과
· 한국방송통신대학 경영대학원 회계 · 세무전공
· (전)POSCO 광양제철소 생산관리부
· (전)삼성 SDI 천안(사) 경리/관리과장
· (전)강원랜드 회계팀장
· (전)코스닥상장법인CFO(ERP. ISO추진팀장)
· (전)농업진흥청/농어촌공사/소상공인지원센타 세법 · 회계강사

로그인 세무회계 3급

12판발행 : 2025년 2월 11일
저자 : 김 영 철
발행인 : 허 병 관
발행처 : 도서출판 어울림
주소 : 서울시 영등포구 양산로 57-5, 1301호 (양평동3가)
전화 : 02-2232-8607, 8602
팩스 : 02-2232-8608
등록 : 제2-4071호
Homepage : http://www.aubook.co.kr

저자와의 협의하에 인지생략

ISBN 978-89-6239-959-2 13320 정 가 : 27,000원